KINDER LERNEN ZUKUNFT. Über die Fächer hinaus: Prinzipien und Perspektiven

Beiträge zur Reform der Grundschule – Band 151
Herausgeber: Der Vorstand des Grundschulverbandes e.V.
Verantwortlich für diesen Band: Ulrich Hecker

Herausgegeben von Ulrich Hecker, Maresi Lassek, Jörg Ramseger

KINDER LERNEN ZUKUNFT

Über die Fächer hinaus: Prinzipien und Perspektiven

Grundschulverband e. V.
Frankfurt am Main

© 2020 Grundschulverband
Frankfurt am Main

Satz und Gestaltung: novuprint · Agentur für Mediendesign, Werbung, Publikationen GmbH, 30175 Hannover

Bildnachweis: Die Rechte für die Abbildungen liegen bei den jeweiligen Autorinnen und Autoren, falls nicht anders vermerkt; picture alliance / David Crosling/AAPIMAGE (40), Pawel Czerwinski/Unsplash (131 oben), Javiera Argandona/Unsplash (131 links), Chrissie Kremer/Unsplash (131 Mitte), Pasha Waltz/Unsplash (131 rechts), Bert Butzke, Mülheim (191, 195, 198, 207, 215, 216, 223, 252, 257, 258, 263, 264, 269, 275, 279)

Bibliografische Information der Deutschen Nationalbibliothek:
Die Deutsche Nationalbibliothek verzeichnet diese Publikation in der Deutschen Nationalbibliografie; detaillierte bibliografische Daten sind im Internet über http://dnb.d-nb.de abrufbar.

Druck und Bindung: Strube Druck und Medien OHG, 34587 Felsberg

ISBN 978-3-941649-30-9 / Best.-Nr. 1114 (Beiträge zur Reform der Grundschule, Band 151)

Bestelladresse: info@grundschulverband.de bzw. direkt online unter www.grundschulverband.de → Shop → Buchreihe

In manchen Beiträgen des vorliegenden Bandes bringen Autorinnen und Autoren ihr Bemühen um eine gendersensible Sprache durch besondere schriftsprachliche Zeichen zum Ausdruck. Da es zurzeit keine allgemein anerkannte Lösung für das Problem „gendersensibler" (Schrift-)Sprache gibt, verwendet jede Autorin und jeder Autor ihre oder seine bevorzugte Form.

Inhalt

Ulrich Hecker / Maresi Lassek / Jörg Ramseger
KINDER LERNEN ZUKUNFT:
Über die Fächer hinaus – Prinzipien und Perspektiven ... 7

1 Lernen als Selbstaneignung der Welt

Jörg Ramseger
Lernen als Selbstaneignung der Welt ... 10

2 Eine Schule der allseitigen Bildung: Prinzipien

Ariane Garlichs
Gute Bindungen als Basis für Autonomie-Entwicklung ... 24

Mandy Singer-Brodowski / Lydia Kater-Wettstädt
Bildung für nachhaltige Entwicklung und ihre Potenziale
für eine zukunftsfähige Grundschule ... 36

Stephan Riegger
Gesunde Schule. Möglichkeiten der Gesundheitsförderung
durch Neugestaltung der Schulhöfe ... 47

*Ulrich Bosse / Rainer Devantié / Ulrich Gebhard / Yasmin Goudarzi /
Torsten Hoke / Ulrike Quartier / Jess Rehr / Ian Voß*
Natur in der Schule ... 63

Thomas Irion
Digitale Grundbildung – zukunftsorientiert und grundschulgerecht ... 90

3 Über die Fächer hinaus

Marion Gutzmann
Sprachliche Bildung als durchgängiges Unterrichtsprinzip
in allen Fächern und Lernbereichen ... 104

Markus Peschel
Sprache und Sache. Sprachunterricht ist auch Fachunterricht ... 125

Bernd Wollring
Mathematik ist überall – Lernumgebungen
zum Erkunden, Entdecken und Erschließen ... 137

Martin Binder / Christian Wiesmüller
Praktisch lernen? Wie anders? Zum Verhältnis von Theorie
und Praxis im Sachunterricht am Beispiel „Technik" ... 158

Ulrike Oltmanns / Rudolf Schmitt
Eine Welt in der Schule   168

Sandra Czerwonka
Die Schule als Kulturort:
In den Fächern und über die Fächer hinaus   182

Hans Brügelmann
Demokratische Bildung in einer
demokratischen Grundschule   192

4   Eine Schule für alle Kinder: Perspektiven

Ulrich Hecker / Maresi Lassek
„Allen Kindern gerecht werden". Fördern als Kernauftrag der Schule   204

Julie A. Panagiotopoulou / Galina Putjata
Schule in der Migrationsgesellschaft   220

Rolf Werning
Inklusive schulische Bildung: Entwicklungslinien,
aktuelle Situation und zukünftige Perspektiven   229

Hans Wocken
Die Grundschule – eine inklusive Schule. Entwicklungsaufgaben
und Entwicklungsrisiken in den 2020er-Jahren   237

Kerstin Merz-Atalik
Diversität, Inklusion und Chancengerechtigkeit.
Auf dem Weg zu einer inklusiven Grundschulpädagogik?   248

Natascha Korff / Mira Telscher
Berufsbilder im Wandel. Erkenntnisse und Überlegungen
zur Professionalisierung für eine inklusive Schule   261

Diemut Kucharz
Kinder lernen Zukunft. Die Zukunftsfragen der Grundschule   273

5   Für die Grundschule und ihre Kinder: Forderungen an Politik, Pädagogik und Gesellschaft

Grundschulverband e. V.
Für die Grundschule und ihre Kinder!
Forderungen an Politik, Pädagogik und Gesellschaft   284

Autorinnen und Autoren   290

Ulrich Hecker / Maresi Lassek / Jörg Ramseger

KINDER LERNEN ZUKUNFT:
Über die Fächer hinaus – Prinzipien und Perspektiven

Zur Einführung in diesen Band

Im ersten Band von „KINDER LERNEN ZUKUNFT" (Band 150) wurden „**Anforderungen** an eine zukunftsfähige Grundschule" beschrieben **und** dazu „**tragfähige Grundlagen**" für das fachliche und überfachliche Lernen in der Grundschule dargestellt. Die leitenden Fragen waren: Was sind die tragfähigen Grundlagen, die Schulen zugrunde legen müssen und auf die alle Kinder zur Einlösung ihrer Bildungsansprüche ein Recht haben? Welche Erfahrungen müssen die Schulen Kindern ermöglichen? Und sind sie darüber ausreichend informiert und hinreichend dafür ausgestattet?

Die öffentliche Diskussion von fachlichen Kenntnissen hat sich in den vergangenen Jahren zunehmend auf die testbaren Lernleistungen der Kinder in Mathematik und Deutsch fokussiert. Diese Ausrichtung zog einen Bedeutungsverlust für die übrigen Fächer und Lernbereiche nach sich. So ist z. B. der Sachunterricht als derjenige Lernbereich, der Kindern Wissen von der Welt vermitteln und ihnen helfen soll, das eigene Umfeld zu erschließen und zu verstehen, mit der ihm eigentlich zukommenden zentralen Bedeutung in den vergangenen Jahren ins Hintertreffen geraten. Eine ähnlich nachteilige Entwicklung kann für die Bewertung kultureller und ästhetischer Erfahrungen (Musik und Kunst) als besonderer Form der Weltbegegnung registriert werden. Die jüngsten Beschlüsse der Kultusministerkonferenz, Standards zur Vergleichbarkeit von sprachlichen und mathematischen Kompetenzen am Ende der Grundschule zu vereinbaren, unterstreichen diese Entwicklung.[1]
Die in Band 150 der „Beiträge zur Reform der Grundschule" veröffentlichten „tragfähigen Grundlagen in den Fächern und Lernbereichen" stärken die allseitigen Bildungsansprüche der Kinder und zeigen Wege ihrer Umsetzung.

Der hier vorliegende zweite Band von „**KINDER LERNEN ZUKUNFT**" geht „**über die Fächer hinaus**" und beschäftigt sich mit **Prinzipien und Perspektiven** einer zukunftsfähigen Grundschule. Er benennt Lern- und Anforderungsbereiche, die als Querschnittsaufgaben alle Lernbereiche und Fächer berühren und in der Schul- und Unterrichtskultur verankert sein sollten.

---

1) Ländervereinbarung über die gemeinsame Grundstruktur des Schulwesens und die gesamtstaatliche Verantwortung der Länder in zentralen bildungspolitischen Fragen (Beschluss der Kultusministerkonferenz vom 15.10.2020). www.kmk.org/fileadmin/Dateien/veroeffentlichungen_beschluesse/2020/2020_10_15-Laendervereinbarung.pdf

Dabei geht es um aktuelle Antworten auf wichtige Zukunftsfragen der Grundschule wie auch unseres gesellschaftlichen Zusammenlebens:
Heterogenität und Inklusion: Wie kann individuelles und gemeinsames Lernen in Bildungseinrichtungen ohne Selektion erfolgreich gefördert werden?
Bildungsgerechtigkeit: Wie können Kinder aus benachteiligten Familien bessere Chancen für erfolgreiche Bildungswege erhalten?
Digitale Medien: Wie können digitale Medien die Erfahrungen der Kinder in ihrer Lebenswelt sinnvoll ergänzen und bereichern?
Demokratische Bildung: Wie kann eine „Grundschule der Demokratie" gestaltet werden und was bedeuten Kinderrechte ganz praktisch für die Pädagogik?
Bildung für eine nachhaltige Gesellschaft: Wie können Bildungsprozesse gelingen, damit sie zum Erhalt der natürlichen Lebensgrundlagen in der globalisierten Welt beitragen und Impulse geben, sich aktiv dafür einzusetzen?

Mit diesem Band will der Grundschulverband wesentliche Positionen zur Gestaltung der Grundschule in den kommenden Jahren auf den Weg bringen und so die Weiterentwicklung der Grundschule mit neuen Impulsen versehen.

Mit den **„Anforderungen an eine zukunftsfähige Grundschule"** setzt der Grundschulverband Maßstäbe für bildungspolitische und pädagogische Entwicklungen, die allen Kindern gerecht werden:
Die Schule der Zukunft muss eine Schule der allseitigen Bildung und des gemeinsamen Lernens sein, zugleich auch eine demokratische Schule, ein Ort der Lebens- und Lernfreude und eine Schule, die Leistungen würdigt und fördert.
Um eine in diese Richtung weisende Entwicklung zu unterstützen, werden Politik, Pädagogik und Gesellschaft mit Forderungen für aktuelle Handlungsfelder konfrontiert. Darin heißt es: Kinder brauchen eine inklusive Schule als vielseitig anregungsreiche Lernumgebung, in der alle Kinder länger gemeinsam lernen können, damit Bildungsbiografien von mehr Kontinuität und weniger Auslese geprägt werden. Um dies zu erreichen, bedarf es einer qualitätsvollen Personalausstattung und eines kindergerechten Leistungskonzepts.
Folgerichtig schließt das Buch mit diesen **„Forderungen an Politik, Pädagogik und Gesellschaft"** des Grundschulverbands unter dem richtungsweisenden Motto „Für die Grundschule und ihre Kinder".

Lernen als Selbstaneignung der Welt

Jörg Ramseger

Lernen als Selbstaneignung der Welt

Stoff bildet nicht

Zwei große Missverständnisse prägen die Sicht auf und die Erwartungen der Öffentlichkeit an die (Grund-)Schule seit ihrem Bestehen. Das eine ist die Annahme, dass die öffentliche Schule den Kindern in erster Linie „Stoff" zu vermitteln habe und dass diese „Stoffvermittlung" die Hauptaufgabe der Lehrerinnen und Lehrer in der öffentlichen Schule sei. Das zweite Missverständnis liegt darin, dass vielfach angenommen wird, der „Lernstoff" werde durch das Abarbeiten von „Aufgaben" erworben, die die Lehrkräfte den Kindern zu stellen hätten. Beide Annahmen werden bisweilen auch von Lehrerinnen und Lehrern selber vertreten und prägen dann auch deren didaktisches Handeln. Manche Lehramtsstudierende im Anfangssemester sind, sofern sie ihre eigene Sekundarschule primär als „Stoffvermittlungsmaschine" erfahren oder wahrgenommen haben, geradezu fixiert auf diese Vorstellung pädagogischer Tätigkeit in der Schule. Sie müssen erst einmal „entwöhnt" und mit anderen Vorstellungen pädagogischen Denkens und Handelns sowie anderen Praxisbeispielen konfrontiert werden, um sich von den Vorbildern pädagogischen Handelns ihrer Jugend emanzipieren zu können.

In starkem Gegensatz zu diesem Bild von Schule als einer Stoffvermittlungsmaschine, mit dem das Bild von Lehrkräften als „Lehrplanvollzugsbeamten" korrespondiert, formuliert der Grundschulverband in seinen *„Anforderungen an eine zukunftsfähige Grundschule"*:

> *„Jeglicher Unterricht muss auf die Erweiterung der Selbst- und Welterfahrung der Kinder abzielen. Lernen bedeutet immer Selbst- und Neukonstruktion der Welt. Damit sich Bildung ereignen kann, muss die Schule den Kindern die Gelegenheit eröffnen, ihren eigenen Fragen zu dieser Welt möglichst selbstständig nachzugehen und zu (bisweilen erst vorläufigen) Lösungen zu gelangen. Dabei sind sie auf strukturierende Hilfen professioneller Pädagoginnen und Pädagogen angewiesen. Guter Unterricht erfordert mithin Raum für selbstständiges Arbeiten sowie Unterstützung und Herausforderungen in dialogischen Situationen. Schule soll Kinder dazu anregen, selber weitere Erfahrungen zu machen und immer mehr Fähigkeiten und Kompetenzen erwerben zu wollen. Dabei sollte sie die Kinder stärker als bislang üblich als ‚Experten ihrer selbst' verstehen und ernst nehmen"* (Grundschulverband 2020, 17).

In diesem Sinne geht es in der Schule *nicht* um „Stoffvermittlung", denn ob etwas als „Stoff", d. h. als Sache, die die Gesellschaft für wichtig befunden hat, einen jungen Menschen auch persönlich erreicht und nachhaltig verändert, entscheiden weder die Gesellschaft noch die Lehrkraft, sondern das Gehirn und das Gemüt des lernenden Subjektes auf der Basis seiner bisherigen Erfahrung. „Stoff verstopft nur das Gehirn", hat mal ein bedeutender Pädagoge gesagt. Ich glaube, es war Heinrich Wolgast.

Bildender Unterricht

Der eigentliche Zweck der Schule besteht so gesehen nicht in der „Stoffverarbeitung", sondern in der *Differenzierung der Erfahrungen* der Schülerin oder des Schülers und dem *Gewinn von tragfähiger Erkenntnis* bei der Aneignung und Gestaltung der Welt. Der Unterscheidung von „Stoffaneignung" und „Erkenntnisgewinn" entspricht die Differenz von Lernen und Bildung: Lernen kann ich fast jeden „Stoff" und ihn wenig später bei der Prüfung auch wiedergeben – um ihn alsbald wieder zu vergessen. Man spricht daher auch etwas abschätzig vom „Bulimie-Lernen", das den Kindern und Jugendlichen in der Schule und den Studierenden an der Universität noch allzu oft zugemutet werde. *Bildung* hingegen ereignet sich nur in einer „Wechselwirkung des Ichs mit der Welt", wie Humboldt es genannt hat (Humboldt 1794, 235 f.). Sie setzt ein sich aktiv selbst bildendes Subjekt voraus, dessen Erkenntnisfortschritt allerdings durch kluge didaktische Unterstützung gefördert und durch ungeeignete Unterrichtsarrangements auch behindert werden kann.

Wenn also Pädagogik nicht „Stoffvermittlung", sondern *Hilfe bei der Selbstaneignung der Welt durch ein sich selbst bildendes Subjekt* ist, bekommt das berühmte Didaktische Dreieck von Lerngegenstand („Stoff"), Lehrkraft und Schülerin oder Schüler eine eindeutige Dynamik: Ob ein Gegenstand wirklich zu einem „Lerngegenstand" wird, entscheidet der Schüler oder die Schülerin in der eigenständigen Auseinandersetzung mit dem Problem. Die Lehrkraft kann nur „zeigen" (wörtlich für „Didaktik"!), hinweisen, problematisieren, korrigieren, auch vorleben und vormachen. „Bewirken" kann sie zumindest unmittelbar nichts. Denn begreifen und verstehen muss das Kind den Sachverhalt selber. Deswegen arbeitet ein bildender Unterricht immer, wie Martin Wagenschein es einmal gesagt hat, „mit dem Kind von der Sache aus, die *für das Kind* die Sache ist".

Dass echte Bildung, also eine Erweiterung der Erkenntnis auf der Basis einer persönlichen (!) Auseinandersetzung mit einem Phänomen, einer Frage oder einem Problem immer ein Selbstbildungsprozess ist, wissen wir nicht erst seit Piaget oder Glaserfeld. Alle bedeutenden Pädagogen der europäischen Klassik – Rousseau, Fichte, Herbart, Wilhelm von Humboldt u. a. m. – wussten und lehrten es bereits vor 200 Jahren; Montessori, Dewey, Freinet und andere Reformpädagoginnen und –pädagogen vor über 100 Jahren auch schon. Es gerät nur in der Prüfungs- und Noten-versessenen Schule immer wieder in Vergessenheit.

Der Gegenstand des Denkens, sagt der amerikanische Erziehungswissenschaftler John Dewey, „besteht nicht aus Gedanken, sondern aus Handlungen, Tatsachen, Ereignissen und den Beziehungen der Dinge zueinander" (Dewey 1915). Dewey zeigt damit auf, was Unterricht leisten muss, wenn er erfolgreich sein soll: Er muss die Schülerinnen und Schüler dergestalt an eine Sache oder einen Sachverhalt heranführen, dass sie Anlass haben, in Bezug auf diesen Sachverhalt aktiv handelnd tätig zu werden. Also im Deutschunterricht Texte nicht nur besprechen, sondern vor allem selber welche produzieren; im Sachunterricht Experimente nicht einfach nachvollziehen, sondern Experimente als Beweise für eine Vermutung selber entwickeln; im Musikunterricht Musik nicht bloß hören und analysieren, sondern vor allem selber musizieren und Grundstrukturen und Merkmale der Musik selber erfahren.

Foto: Manfred Molicki, Haslach-Grundschule Villingen-Schwenningen

„Der Gegenstand des Denkens besteht nicht aus Gedanken, sondern aus Handlungen, Tatsachen, Ereignissen und den Beziehungen der Dinge zueinander" (John Dewey)

Deweys „Learning by doing" umfasst dabei folgende Anforderungen:
„1. … dass der Schüler eine wirkliche, für den Erwerb von Erfahrungen geeignete Sachlage vor sich hat – dass eine zusammenhängende Tätigkeit vorhanden ist, an der er um ihrer selbst willen interessiert ist;
2. dass in dieser Sachlage ein echtes Problem erwächst und damit eine Anregung zum Denken;

3. dass er das nötige Wissen besitzt und die notwendigen Beobachtungen anstellt, um das Problem zu behandeln;
4. dass er auf mögliche Lösungen verfällt und verpflichtet ist, sie in geordneter Weise zu entwickeln;
5. dass er die Möglichkeit und die Gelegenheit hat, seine Gedanken durch praktische Anwendungen zu erproben, ihren Sinn zu klären und ihren Wert selbständig zu entdecken"
(Dewey 2000, 218).

Ganz in diesem Sinne haben Mandy Singer-Brodowski und Lydia Kater-Wettstädt mit Bezug auf die Bildung für nachhaltige Entwicklung als einem zentralen Lernfeld einer zeitgemäßen Grundschule allgemein-didaktische Prinzipien aufgezählt, über die in der Grundschuldidaktik Einigkeit herrscht und die besondere Chancen und Potenziale für die Umsetzung von Bildung für nachhaltige Entwicklung bergen. Es sind dies die Prinzipien
- „der Zugänglichkeit oder auch Lebensweltorientierung
  Leitfragen: Wie kann ich ein Thema verständlich, greifbar, fragwürdig machen? Welche Bezüge zur Lebenswelt der Kinder gibt es?
- der Handlungs- und Reflexionsorientierung
  Leitfrage: Welche Handlungen und welche Impulse über das Handeln nachzudenken, kann ich geben?
- des entdeckenden Lernens verbunden mit einer Problem- bzw. Phänomenorientierung (insbes. im Sachunterricht)
  Leitfrage: Welche Frage- / Problemstellung sollen die Lernenden wie selbstständig erschließen?
- der Verbindung von formalem und materialem Lernen
  Leitfrage: Welche Inhalte / Sachverhalte erlauben welchen Kompetenzerwerb? (vgl. Muheim et al. 2014, 44 ff.)
- der Vielperspektivität bzw. Interdisziplinarität
  (insbes. im Sachunterricht)
  Leitfrage: Welche Perspektiven auf den Gegenstand sind möglich und welche für das Verständnis nötig? (vgl. Wulfmeyer 2020, 22 f.)."[1]

Auf einige der von den Autorinnen genannten Leitfragen hat die Pädagogik schon vor langer Zeit Antworten gegeben: Damit sich ein lernendes Subjekt im Humboldt'schen Sinne mit der Welt verbinden kann, muss es zunächst selber Aufmerksamkeit für diese Welt erlangen, das heißt, es muss mit einer Frage an die Welt herantreten. Nur was mir persönlich fragwürdig wird, fordert mich heraus, meine Präkonzepte zu hinterfragen und meine Gedanken

---

1) Siehe hierzu auch den Beitrag von M. Singer-Brodowski / L. Kater-Wettstädt, in diesem Buch, S. 36–46, das Zitat auf S. 39.

neu zu strukturieren. Mit anderen Worten: Nur ein Lernarrangement, das bei den Kindern eine sie ernsthaft interessierende Frage auslöst, kann überhaupt bildende Kraft entfalten. Die Frage muss nicht unbedingt von den Kindern selber kommen. Lehrerinnen und Lehrer können natürlich gleichfalls erstaunliche Phänomene in den Unterricht einbringen und damit Fragen an die Welt bei den Kindern erst aufwerfen, die sich die Schülerinnen und Schüler ohne die Anregung der Lehrkraft vielleicht niemals stellen würden. Aber die Frage muss in den Augen der Kinder bedeutsam sein. Sind die Kinder an der Frage nicht interessiert und gelingt es der Lehrerin nicht, diese Bedeutsamkeit zu vermitteln, wird der Unterricht wenig erfolgreich sein. Es könnte klüger sein, dann eine andere Frage zu wählen.

Einige Beispiele sollen verdeutlichen, wie solche Fragen mit Bezug auf typische Grundschulthemen lauten könnten:

- **Biologie im Sachunterricht:** Wieso schlafen einige Tiere den ganzen Winter und was lässt sie im Frühling erwachen?
- **Elementare Himmelskunde im Sachunterricht:** Wie entstehen eigentlich die Jahreszeiten?
- **Textgattung Märchen im Deutschunterricht:** Gibt es wirklich Hexen? Was ist ein Prinz? Wie macht uns ein Autor / eine Autorin gruseln?
- **Grammatik:** Woran erkenne ich ein unregelmäßiges Verb und wie unterscheidet es sich von regelmäßigen Verben? Und warum ist diese Unterscheidung wichtig?
- **Einführung in das Bruchrechnen:** Wie kann man eine Geburtstagstorte gerecht auf 12 Kinder aufteilen? Geht es auch mit 13 Kindern?
- **Musikunterricht:** Wie entstehen eigentlich Töne? Warum klingt ein Xylophon anders als eine Gitarre? Welche Stimmung erzeugt eine bestimmte Melodie bei mir?
- **Sportunterricht:** Was können wir tun, um mehr Bälle ins Tor zu kriegen?

Ein weiterer Gedanke – und hier nehme ich Bezug auf Johann Friedrich Herbart in seiner Allgemeinen Pädagogik von 1806: Ein bildender oder, wie er sagte, ein „erziehender Unterricht" setzt Herbart zufolge immer das Vorhandensein zweier psycho-physischer Zustände voraus, die er „Vertiefung" und „Besinnung" nannte.

„Vertiefung" meint, dass sich das lernende Subjekt ganz auf eine Sache einlassen muss, um sie zu verstehen, und das kostet natürlich Zeit. Maria Montessori hat hierfür später den Begriff der „Polarisation der Aufmerksamkeit" geprägt – einer Aufmerksamkeit, die so stark ist, dass sich das lernende Subjekt durch nichts davon ablenken lässt, die der Sache zu Grunde liegende Fragestellung wieder und wieder zu durchdenken. „Besinnung" meint, dass die Reorganisation der eigenen Gedanken dabei auf einen Prozess der Selbstreflexion angewiesen ist, auf „meta-kognitive Reflexion".

Beides muss durch die Pädagoginnen und Pädagogen sichergestellt werden, wenn sich „Bildung" ereignen soll – und beides wird unter dem in der Schule üblichen Unterrichtsmaß und dem in der Schule allgegenwärtigen Zeitdruck erschreckend oft sträflich vernachlässigt, wenn nicht gar völlig ignoriert. Eine tragfähige Erkenntnis ist mithin nicht in Kurzstunden im 45-Minuten-Takt zu erlangen – sie setzt bisweilen einen stunden-, tage- und womöglich wochenlangen Diskurs über das Phänomen voraus. Hierfür gewährt die Schule mit ihrem Drang zum Enzyklopädismus in der Regel genauso wenig Raum wie die Universität mit ihrer Gleichgültigkeit gegenüber den Lernvoraussetzungen ihrer Studierenden und den Erkenntnissen der Lernpsychologie.

Die Aufgaben der Lehrkraft

Mit der vom Grundschulverband vertretenen Pädagogik der Selbstaneignung der Welt durch das lernende Kind sind also, das zeigen schon die oben skizzierten Darlegungen, eine Menge Voraussetzungen verbunden. Im Folgenden werden nur einige davon aufgezählt:

- Bildender Unterricht geht nicht von „Aufgaben" aus, die im Unterricht anhand eines Lehrbuchs oder mithilfe von Arbeitsblättern abgearbeitet werden können, sondern von Fragen an die Welt. Es ist der Auftrag der Lehrkräfte, solche Fragen von Seiten der Kinder aufzunehmen oder ihnen die Welt durch geeignete Impulse „frag-würdig" zu machen, damit diese selber handelnd und denkend eine Antwort finden können.
- Damit die Kinder im handelnden Umgang mit dem Problem eine „denkende Erfahrung" machen können, muss die Lehrkraft ein Lernarrangement entwickeln, in dem die Kinder auch selber handelnd-entdeckend lernen und arbeiten können. Aus diesem Grund haben bekannte Reformpädagogen wie z. B. Célestin Freinet schon im frühen 20. Jahrhundert ihre Klassenräume in „Lernwerkstätten" umgewandelt, die den Kindern freien Zugang zu vielfältigsten Materialien und Arbeitsflächen für konkretes Handeln bereitstellen. Und auch Arbeitszeit – „Freiarbeitszeit".
- Weil der Erkenntnisgewinn auf Prozesse der „Vertiefung" und der „Besinnung" angewiesen ist, muss die Lehrkraft ein entsprechendes Lernklima herstellen und sicherstellen, das Vertiefung und Besinnung ermöglicht. Das betrifft die Lernraumgestaltung, die Lernorganisation und die Klassenführung, von Sozialtechnologen gerne auch „classroom management" genannt.
- Und weil sich Erkenntnisgewinn immer nur in Dialogen mit einem Gesprächspartner bzw. einer -partnerin ereignet, die die Gedanken der oder des Lernenden immer wieder hinterfragen und auf Präzision in der Darstellung dringen, kommt der Gestaltung der Dialoge in der Lern-

gemeinschaft besondere Bedeutung zu.[2] Wir sprechen dann von einer „ko-konstruktivistischen Lernumgebung", in der die Kinder im Dialog untereinander und mit der Lehrkraft die Sachverhalte klären und ihre eigenen Gedanken neu strukturieren.[3]

- Schließlich ist die Lehrkraft in Bezug auf die Lerngegenstände und die Fragen, die im Unterricht verhandelt werden sollen, nicht völlig frei. Vielmehr muss sie die Ansprüche der Gesellschaft an die nachwachsende Generation, die in den Bildungsplänen des Staates kodifiziert sind, mit den aktuell sich in den Vordergrund drängenden Fragen der Kinder an die Welt abgleichen und eine ausgewogene Balance herstellen zwischen der Bearbeitung der Fragen der Kinder und der Behandlung von Unterrichtsthemen und -gegenständen, deren Bearbeitung für das Vorankommen der Kinder im Bildungssystem unstrittig ist und deren Bedeutsamkeit die Lehrkraft oft erst in den Fragehorizont der Kinder bringen muss, damit diese ein genuines Interesse daran entwickeln können.

Ein professioneller Pädagoge bzw. eine professionelle Pädagogin unterscheidet sich von einem Laienpädagogen und einem bloßen Lehrplanvollzugsbeamten darin, dass er bzw. sie diese Balance, die immer nur durch eine individuelle Abwägung der Lehrplananforderungen mit den realen Lebensbedingungen und Vorerfahrungen der konkreten Schülerinnen und Schüler gefunden werden kann, mit großem Selbstbewusstsein und Einsicht in die realen Lernmöglichkeiten der einzelnen Kinder trifft und sich nicht einfach einem Lehrplan, einem Lehrgang oder einem Lehrwerk unterwirft.

Dazu braucht die Lehrkraft einerseits sichere Fachkenntnisse und umfangreiche fachdidaktische Kenntnisse sowie die Gewährung von „pädagogischer Autonomie" seitens des Staates. Sie braucht andererseits aber auch ein hinreichendes Wissen über die konkreten Lebensumstände der einzelnen Kinder sowie ein gehöriges Maß an Empathie, um überhaupt herausfinden zu können, was die Kinder denken und wie sie in Bezug auf den jeweiligen Gegenstand handeln können. Die Lehrkraft muss mithin die „Zone der nächsten Entwicklung" (Wygotski) bestimmen können, die das Kind als Nächstes beschreiben muss, um einen spürbaren Lernfortschritt machen zu können, der dem Kind Könnenserfahrung vermittelt und dadurch zu weiterem Lernen ermutigt und auffordert.

---

2) Siehe hierzu exemplarisch die Arbeiten von Urs Ruf und Peter Gallin (1995; 1999; 2008; 2011).
3) Siehe hierzu Schmitt 2000; Voß 2002.

Kinder in besonderen Lebenslagen

Viele Lehrkräfte vertreten die Auffassung, dass ein Unterricht, der die Selbstaneignung der Welt durch die Schülerinnen und Schüler zur Basisphilosophie hat, mit Kindern aus sogenannten „bildungsnahen" Familien leicht durchführbar sei, mit Kindern also, die schon in der frühesten Kindheit jede erdenkliche Förderung im Elternhaus erfahren haben und deren Selbstständigkeitsentwicklung im Elternhaus von früh auf unterstützt wurde, weil die Eltern selber das Erziehungsziel verfolgen, ihre Kinder zu autonom handlungsfähigen Subjekten zu erziehen.

Demgegenüber mache die Arbeit mit Kindern aus weniger gut strukturierten Lebensverhältnissen und/oder aus angeblich „bildungsfernen" Familien, in denen beispielsweise die Nutzung der Schriftkultur kaum gepflegt oder überhaupt nicht vorgelebt werde, andere Lehrstrategien erforderlich. Solche Kinder seien z. B. mit „offenen" Unterrichtsformaten, die die Selbstlernkräfte der Kinder ausnutzen wollen, eher überfordert und bräuchten strikte Anweisungen, was sie jeweils Schritt für Schritt zu tun hätten, um im Laufe der Grundschulzeit überhaupt nur die simpelsten Basiskompetenzen im Lesen, Schreiben und Rechnen zu erwerben, die die Grundschule den meisten Kindern gemeinhin im ersten und zweiten Schuljahr vermittelt. „Selbstaneignung der Welt" sei insofern eine Unterrichtsphilosophie, die nur schon gebildete Kinder voranbringe.

Dieser Auffassung liegen meines Erachtens zwei Missverständnisse zugrunde.

Zum einen wird hier offenkundig „Offenheit" mit „Strukturlosigkeit" oder Laisser-faire gleichgesetzt, wobei allerdings der Kern der *Öffnung des Unterrichts für die Erfahrungswelt der Kinder* völlig verkannt wird.[4]

Zum anderen beruht die These, dass sich jedes Individuum seine Welt selbst aneignet und sie sich auch selbst aneignen muss, nicht auf einer willkürlichen Setzung pädagogischer Idealisten, sondern auf erziehungswissenschaftlicher und lernpsychologischer Erfahrung, die spätestens seit den Arbeiten von Jean Piaget in den 1940er-Jahren, aber auch von der modernen physiologischen bzw. neurobiologischen Lehr-Lern-Forschung empirisch untermauert ist: Das Gehirn eines Kindes aus einem bildungsfernen Elternhaus ist zunächst physiologisch genauso strukturiert wie das eines Kindes aus einem bildungsnahen Elternhaus und es arbeitet nach denselben physiologischen und psychologischen Prinzipien.

Es unterscheidet sich allerdings von dem des Kindes aus privilegierten Lebensumständen – in Abhängigkeit von den Lernanregungen in der frühen

---

4) Vgl. hierzu ausführlicher Ramseger 1992.

und frühesten Kindheit – häufig hinsichtlich der *Menge* der neuronalen Verknüpfungen, die wiederum für die Differenziertheit des schon entwickelten Weltbildes und die Lerngeschwindigkeit verantwortlich ist. Es unterscheidet sich aber auch hinsichtlich der konkreten Erfahrungen, d. h. der Inhalte, Begriffe und Interpretationsmuster der Welt sowie hinsichtlich der Lernstrategien, mit der das Kind bislang die Welt interpretiert hat. Leider stehen diese Erfahrungen, Interpretationsmuster und Lernstrategien häufig in einem Widerspruch zu jenem Vorwissen und jenen Verhaltensweisen, die die Schule für ein erfolgreiches Lernen implizit oder explizit voraussetzt und belohnt.

Dies ist am Beispiel der Bildungssprache, deren frühzeitiger Erwerb für den Schulerfolg maßgeblich ist, oft gezeigt worden.[5] Denn jede Äußerung einer Lehrkraft im Unterricht setzt im Grunde vom ersten Schultag an die Beherrschung dieser Bildungs(hoch)sprache schon voraus. Während die Kinder, die diese Sprache schon beherrschen, jeden Impuls der Lehrkraft aufgreifen und sofort in weiteres Lernen umsetzen können, sind die Schülerinnen und Schüler mit einem „restringierten Sprachcode", wie es Basil Bernstein einmal genannt hat, oder die Kinder nicht-deutscher Herkunftssprachen zunächst mit Übersetzungsleistungen und Verstehensversuchen beschäftigt. Das bremst sie bei der „Selbstaneignung der Welt" und verunsichert sie hinsichtlich ihrer Selbstwirksamkeitserfahrung, insbesondere, wenn die Unterschiede in der Verstehensleistung der Kinder durch eine vergleichende Leistungsbewertung immer wieder öffentlich gemacht und die Kinder öffentlich in Rangfolgen des Lernerfolgs platziert werden.[6]

Aber auch die in der vorschulischen und vor allem in der familialen Sozialisation erworbenen Begriffe, in denen Erfahrungen als Verallgemeinerungen der Welt abgespeichert werden, unterscheiden sich von Kind zu Kind fundamental. So umfasst beispielsweise der Begriff „Familie" von einem Kind einer arabischen Großfamilie in einem innerstädtischen Ballungszentrum vermutlich ganz andere Erfahrungen als derselbe Begriff bei einem Einzelkind einer alleinerziehenden Mutter aus der akademischen Oberschicht in einem Villenvorort. Das heißt auch, dass verschiedene Schülerinnen und Schüler dieselben Impulse, die sie von einer Lehrkraft erhalten, immer ganz unterschiedlich aufnehmen, interpretieren und weiter verarbeiten – abhängig von den schon gespeicherten Erfahrungen und Begriffen aus der vor- und außerschulischen Sozialisation.

Mit anderen Worten: Bei *allen* Kinder (und auch allen erwachsenen Menschen) erfolgt Lernen *immer* als Selbstaneignung der Welt – egal, welchem Unterricht sie ausgesetzt sind. Aber ob die Impulse, die die Schule den Kin-

---

5) Siehe hierzu auch den Beitrag von Marion Gutzmann in diesem Buch, S. 104–124.
6) Siehe hierzu die Aufsätze von Hans Brügelmann (2020) und Ulrich Hecker (2020) im Band 150 der „Beiträge zur Reform der Grundschule".

dern anbietet, hilfreich oder verwirrend, ermutigend oder entmutigend wirken und ob sie dem Kind helfen, eine neue Erkenntnis zu erwerben, hängt fundamental davon ab, ob die Lehrkraft *Anknüpfungspunkte* an die schon erworbenen Interpretationsmuster der Welt des jeweiligen Kindes findet. Daraus lässt sich schnell ableiten, dass nur ein hochgradig differenzierender und zugleich individualisierender Unterricht allen Kindern eine Chance der Erfahrungserweiterung und des Weiterlernens bietet. Viele moderne Grundschulen planen daher Freiarbeitszeiten und Projektunterricht in den täglichen Arbeitsplan ein und arbeiten mit individuellen (!) Wochenarbeitsplänen und Logbüchern, die den Kindern Möglichkeiten der Selbstdifferenzierung eröffnen, aber bei ihren individuellen Arbeiten auch Struktur und Orientierung geben.[7]

Das Verhältnis von Instruktion und Eigenaktivität

Ein weiteres Missverständnis in Bezug auf das Theorem von der „Selbstaneignung der Welt" als Basiskonzept schulischen Lernens betrifft das Ausmaß der den Kindern im Lernprozess zugestandenen und zugemuteten Selbststeuerung bzw. der Fremdsteuerung der Kinder durch die Lehrkraft.

Es ist eine unbestreitbare Erfahrung wohl aller Lehrkräfte, dass einige Kinder im Unterricht nur geringe Anstöße und ab und zu ein anerkennendes Feedback brauchen, um sich weitgehend unabhängig auch komplexe Gegenstände anzueignen, während andere Kinder ohne die ständige Begleitung durch einen sachkundigen Erwachsenen keinen klaren Gedanken zu formulieren, keinen Plan zu erstellen und kein Ziel konsequent zu verfolgen in der Lage zu sein scheinen.

Daraus schlussfolgern manche Pädagoginnen und Pädagogen, dass Kinder aus benachteiligten Lebenslagen und sogenannten „bildungsfernen" Familien, insbesondere aber solche Kinder, die in ihrer außerschulischen Lebenswelt überwiegend verwirrende Strukturen und in ihren Eltern keine Vorbilder für zielgerichtetes Handeln und Leben erfahren, von einem Unterricht, der allen Schülerinnen und Schülern jederzeit genau sagt, was sie zu tun und zu lassen haben, am meisten profitieren würden. Diese Kinder seien primär auf Lenkung und Instruktion angewiesen. Manche erziehungswissenschaftlichen Studien scheinen diese Auffassung zu bestätigen.[8]

Meines Erachtens wird von diesen Pädagoginnen und Pädagogen allerdings der Begriff „Selbstaneignung" nicht als *physiologisches Konzept*, sondern als *didaktische Handlungsnorm* missverstanden, dergestalt, dass die schnell und leicht lernenden Schülerinnen und Schüler in der Freiarbeit weitgehend

---

7) Für gute Beispiele siehe Bostelmann 2006 und 2009 sowie Vaupel 2018.
8) Vgl. z. B. Blumberg 2008; Buch 2012; Ewerhardy et al. 2012; Schründer-Lenzen / Merkens 2006.

sich selbst überlassen werden können, während den anderen Kindern Freiarbeit gar nicht gut täte und man daher beispielsweise in Schulen in sozialen Brennpunkten eher ganz darauf verzichten solle.

Damit wird aber meines Erachtens das didaktische Handlungsrepertoire der Lehrkräfte unsinnig beschränkt. Denn *wie viel* Führung und Anleitung ein Kind bei der Selbstaneignung der Welt benötigt, hängt primär von der Selbststeuerungsfähigkeit des jeweiligen Kindes ab – *die aber von Gegenstand zu Gegenstand schwankt*. Manche Kinder können sich *manche* Gegenstände weitgehend allein aneignen, während bei anderen Gegenständen *alle* Kinder auf professionelle Strukturierungshilfen und vermehrte Hinweise und Hilfen seitens einer fachkundigen Lehrkraft angewiesen sind.

Um es am Beispiel des Frontalunterrichts als einer weitgehend durchstrukturierten Lehrveranstaltungsform zu verdeutlichen: Selbstverständlich kann ein sorgsam durchdachter Vortrag oder eine Vorlesung in Verbindung mit Rückfrage- und Diskussionsmöglichkeiten sehr viele Menschen gleichzeitig bewegen und bereichern. Nur darf sich der Vortragende nicht der Illusion hingeben, dass alle Zuhörer dieselben Gedanken gedacht und dieselben Schlüsse aus seinem Vortrag gezogen haben und seine zentrale Botschaft genau so verstanden haben, wie er es sich in der Vorbereitung gedacht hatte. Das Gegenteil ist wahrscheinlicher: dass nämlich alle Anwesenden ganz *unterschiedliche* Schlüsse aus der frontal gesteuerten Veranstaltung gezogen haben, jeweils abhängig von ihren individuellen Vorerfahrungen. Insofern macht der Frontalunterricht durchaus Sinn, wenn man von überwiegend homogenen Vorerfahrungen der Zuhörenden ausgehen und an diese anknüpfen kann. In der Grundschule ist das selten der Fall und betrifft immer nur Teilgruppen, die auf einem ähnlichen Kompetenzniveau stehen.

Gerade wegen der Unterschiedlichkeit der Kinder ist ein besonders wirksamer Grundschulunterricht erneut vor allem dann zu erwarten, wenn die Unterrichtsangebote weitgehend individuell an die Vorerfahrungen der Kinder angepasst oder für diese zumindest offen sind. Weil aber keine Lehrkraft 23 individuelle Curricula entwerfen und jedes Kind einzeln betreuen kann, kommt es darauf an,
- erstens die Selbststeuerungskräfte der Kinder auszunutzen, beispielsweise durch selbstdifferenzierende Aufgaben und Herausforderungen von unterschiedlichen Schwierigkeitsniveaus, die sich die Kinder selber wählen;
- und zweitens mit den Kindern in der wöchentlichen Arbeitsplanbesprechung gemeinsam zu erörtern, wo jedes einzelne Kind gerade steht, was es als Nächstes vorhat und welche Schritte sich dafür anbieten.

Zu solchen selbstdifferenzierenden Aufgabenformaten zählen insbesondere Projekte, bei denen die Kinder ganz unterschiedliche Beiträge zu einem gemeinsamen Vorhaben beisteuern können – ein jedes auf seinem Niveau. Solche Projekte erleichtern es den Lehrkräften, zwei scheinbar widerstreitende Prinzipien gleichzeitig zu realisieren: Differenzierung und Integration. Solche Projekte als regelmäßigen Bestandteil des alltäglichen Unterrichts zu initiieren, an den Fragen der Kinder auszurichten und dabei die gegebenen Kompetenzen der Kinder aufzugreifen, zu differenzieren und zu weiterem Lernen aufzufordern ist die eigentliche Kunst zeitgemäßer und zukunftsweisender Grundschularbeit. Die pädagogische Literatur ist voll von schönen Beispielen. In erfolgreichen Grundschulen kann man sie auch live erleben.

Dies alles ist schließlich überhaupt kein Gegensatz zu der in der didaktischen Forschung der vergangenen zwei Jahrzehnte herausgestellten Erkenntnis, dass ein erfolgreicher Grundschulunterricht *klare Strukturen* und *adaptive Unterrichtsformate* erfordert und *die richtige Mischung* von Instruktion und Eigenaktivität erfolgsentscheidend ist.[9] Oder, wie es die Begründerin des offenen Unterrichts in Großbritannien, Lilian Weber, vor vielen Jahrzehnten einmal ausgedrückt hat: Je offener der Unterricht angelegt wird, umso mehr Strukturierung braucht es im Klassenzimmer. Wir würden heute ergänzen: Je geringer die Selbststeuerungskompetenzen der Kinder sind, umso mehr Hilfe und Strukturierung seitens der Lehrkraft brauchen sie. Aber sie müssen doch auch in der Schule lernen, Schritt für Schritt Verantwortung für ihren Lernprozess zu übernehmen und diesen allmählich auch selbst mit zu strukturieren. Das bedeutet aber: *Das richtige Maß* von Instruktion und Eigenaktivität muss jede Lehrkraft in jedem Unterrichtsvorhaben immer wieder neu ausmitteln. *Darin* besteht ihre genuine Aufgabe und dafür braucht sie eine in langjähriger Ausbildung erworbene professionelle Kompetenz.

Literatur

Blumberg, Eva (2008): Multikriteriale Zielerreichung im naturwissenschaftsbezogenen Sachunterricht der Grundschule. Eine Studie zum Einfluss von Strukturierung in schülerorientierten Lehr-Lernumgebungen auf das Erreichen kognitiver, motivationaler und selbstbezogener Zielsetzungen. Münster (Westfalen), Univ., Diss. Online verfügbar unter: https://nbn-resolving.org/urn:nbn:de:hbz:6-42569418514

Bostelmann, A. (Hg., 2006): Das Portfolio-Konzept in der Grundschule. Individualisiertes Lernen organisieren. Mülheim/R.: Verlag an der Ruhr.

Bostelmann, A. (Hg., 2009): Mein Logbuch. Material für selbstorganisiertes Lernen. Norderstedt: Books on Demand GmbH.

Brügelmann, H. (2020): Pädagogische Leistungskultur statt Ziffernnoten. In: Hecker, U. et al., 274–297.

Buck, P. (2012): Wenn authentisches Verstehen ein Ziel des Sachunterrichts ist. Konstruktivistische Auffassungen vom Lernen sind zwar nützlich, aber nicht hinreichend. In: Sache, Wort, Zahl, 40. Jg., H. 128, 48–53.

Dewey, J. (1915/2000): Demokratie und Erziehung – Eine Einleitung in die philosophische Pädagogik. Herausgegeben und übersetzt von E. Hylla, Braunschweig/Berlin/Hamburg 1949 (Orig.: Democracy and Education, New York 1915.) Neuausgabe 2000 herausgeg. von Oelkers, J., Weinheim: Beltz.

---

9) Vgl. u. a. Bloomberg 2008; Buck 2012; Ewerhardy et al. 2012; Möller 2016 u. v. a. m.

Ewerhardy, A. / Kleickmann, Th. / Möller, K. (2012): Fördert ein konstruktivistisch orientierter naturwissenschaftlicher Sachunterricht mit strukturierenden Anteilen das konzeptuelle Verständnis bei den Lernenden? In: Zeitschrift für Grundschulforschung, 5. Jg., H. 1, 76–88.
Gallin, P. / Ruf, U. (1995): Ich mache das so! Wie machst du es? Das machen wir ab. Sprache und Mathematik; 1.–3. Schuljahr. Zürich: Interkantonale Lehrmittelzentrale, Lehrmittelverl. des Kantons Zürich.
Gallin, P. / Ruf, U. (1999): Dialogisches Lernen in Sprache und Mathematik. Bd. 2, Spuren legen – Spuren lesen: Unterricht mit Kernideen und Reisetagebüchern. Seelze/Velber: Klett-Kallmeyer.
Gallin, P. / Ruf, U. (2008): Besser lernen im Dialog: dialogisches Lernen in der Unterrichtspraxis. Seelze/Velber: Klett-Kallmeyer.
Gallin, P. / Ruf, U. (2011^4): Dialogisches Lernen in Sprache und Mathematik. Bd. 1, Austausch unter Ungleichen: Grundzüge einer interaktiven und fächerübergreifenden Didaktik. Seelze/Velber: Klett-Kallmeyer.
Grundschulverband (2020): Anforderungen an eine zukunftsfähige Grundschule. In: Hecker, U. et al., 16–27.
Hecker, U. (2020): Kinder(n) zeigen, was sie können. Leistungen wahrnehmen – würdigen – fördern. In: Hecker, U. et al., 280–292.
Hecker, U. / Lassek, M. / Ramseger, J. (Hg., 2020): Kinder lernen Zukunft. Anforderungen und tragfähige Grundlagen. (Beiträge zur Reform der Grundschule Bd. 150) Frankfurt: Grundschulverband e. V.
Humboldt, W. von (1793-1794/1960): Theorie der Bildung des Menschen. In: Ders.: Werke in fünf Bänden, hrsg. von A. Flitner und K. Giel. Darmstadt: Wissenschaftliche Buchgesellschaft. Band 1, 234–240.
Möller, K. (2016): Bedingungen und Effekte qualitätsvollen Unterrichts – ein Beitrag aus fachdidaktischer Perspektive. In: McElvany, N. / Bos, W. / Holtappels, H. G. et al. (Hg.): Bedingungen und Effekte guten Unterrichts. Münster; New York: Waxmann, 43–64. Online-Publikation. URL: http://www.ciando.com/ebook/bid-2098859
Ramseger, J. (1992^3): Offener Unterricht in der Erprobung. Erfahrungen mit einem didaktischen Modell. 3. Aufl. München: Juventa.
Schmitt, H. (2000): Kindern in ihrem Denken begegnen. Lernen auf der Grundlage der Erfahrungen von Kindern. In: Grundschulmagazin, 28. Jg., H. 6, 37–40.
Schründer-Lenzen, A. / Merkens, H. (2006): Differenzen schriftsprachlicher Kompetenzentwicklung bei Kindern mit und ohne Migrationshintergrund. In: Schründer-Lenzen, A.: Risikofaktoren kindlicher Entwicklung. Migration, Leistungsangst und Schulübergang. Wiesbaden: VS Verlag f. Sozialwissenschaften, 15–44.
Vaupel, D. (2018): Wochenplan. Auf den Punkt gebracht. Frankfurt / M.: Debus Verlag.
Voß, R. (Hg., 2002^4): Die Schule neu erfinden. Systemisch-konstruktivistische Annäherungen an Schule und Pädagogik. 4. überarb. Aufl. Neuwied u. a.: Luchterhand.

Eine Schule der allseitigen Bildung: Prinzipien

Ariane Garlichs

Gute Bindungen als Basis für Autonomie-Entwicklung

Entwicklungstheoretische Annahmen und Erkenntnisse

Bereits in den ersten Lebensmonaten bahnt sich beim Menschen eine grundlegende Disposition zur Begegnung mit der Welt an, für die Erikson (1950) die Worte Urvertrauen und Urmisstrauen geprägt hat. Der Säugling ist in hohem Maße auf regelmäßige Zuwendung, Nahrung und Pflege angewiesen, die ihm seine primären Bezugspersonen in jeweils spezifischer Weise gewähren.

Mit dem Erwerb des „aufrechten Ganges" (im 10. bis 16. Lebensmonat) verfügt das kleine Kind dann über die Fähigkeit, sich von der Mutter wegzubewegen und erstmals über Nähe und Distanz selbst zu entscheiden. Hier zeigen sich nach Margaret Mahler (1978) die Anfänge des Loslösungs- und Individuationsprozesses (der ein Leben lang andauert). Die Phase bis etwa zum 36. Monat beschreibt sie als einen stürmischen Entwicklungsprozess. Das Kind erlebt alle Dinge aus einem neuen Blickwinkel, es strebt auf Entdeckungsreise und möchte seine Mutter wiederum an seinen Entdeckungen teilhaben lassen. Ein „Liebesverhältnis zur Welt" (Greenacre, 1957) entsteht. Mit einer verlässlich verfügbaren Bezugsperson zum emotionalen Auftanken und Ausruhen lassen sich die „Entdeckungen" lustvoll erleben und auch die frustrierenden Erfahrungen (etwa das ständige Hinfallen) besser verarbeiten. Mütter reagieren in dieser Zeit oft begeistert auf noch so kleine Fortschritte ihres Kleinkindes. Dieses „genießt" die Freude und Aufmerksamkeit an seinen Entdeckungen, legt der Mutter seine Fundstücke in den Schoß und wartet

Zur Entstehung des Textes: Dieser Text entstand 2001 als Vorlage für ein Referat. Beziehungsarbeit ist in pädagogischen und sozialen Berufen die Grundlage für alles weitere Tun und hat mich in der eigenen Schulpraxis, der Hochschullehre und Forschung über Jahrzehnte beschäftigt, besonders in Zusammenarbeit mit meiner Kollegin Marianne Leuzinger-Bohleber, deren geistiger Anteil diesem Text immanent ist und durch noch so viele Einzelzitate nicht ausgemacht werden kann.

Die grundlegenden entwicklungstheoretischen Konzepte und deren Folgerungen gelten heute wie ehedem. Die gesellschaftlichen Bedingungen haben sich in den letzten beiden Jahrzehnten verändert, die Bedeutung von wertschätzenden Beziehungen und Sicherheit gewährenden Bindungen hat mit der zunehmenden Modernisierung für die pädagogische Arbeit in Kitas und Schulen eher zugenommen.

auf ihren Kommentar mit Blicken oder Worten, um gleich darauf wieder zu neuen Erkundungen fortzustürmen.

Ein von Neugier getragenes aktives Explorationsverhalten hat offensichtlich mit der Qualität der frühen Beziehungserfahrungen zu tun.[1] Mit einer sicheren Bindung im Hintergrund lässt sich die nähere Umwelt leicht entdecken, weiß man doch, wohin man seine Erfahrungen zurücktragen, mit wem man Neuigkeiten, Glück und Enttäuschung teilen kann.

Beispiele kindlicher Denk- und Verhaltensmuster – Geborgenheit als Basis für Autonomieentwicklung

Die relative Stabilität der Familienbeziehungen vermittelt Kindern demnach die Sicherheit, „das Nest" zu eigenen Erkundungen verlassen zu können und es dennoch beim Zurückkehren in vertrauter Form wieder vorzufinden. Psychisch gesunde Kinder lernen auch, sich frühzeitig gegenüber ihren Eltern und Geschwistern zu behaupten. So quittierte die dreijährige Bettina – um ein Beispiel zu nennen – einen Streit beim Sonntagsnachmittagskaffee zwischen ihren Eltern und den beiden älteren Geschwistern mit den Worten: *„Ich wohn' jetzt nicht mehr bei Euch!"* Sie verließ das Zimmer, ging zu einer Nachbarsfamilie (mit einem gleichaltrigen Mädchen) und blieb dort so lange, bis sich ihre Eltern besannen und sie zum Schlafen wieder nach Hause holten.

Bettina hatte offensichtlich das Glück, nicht nur ausreichendes Vertrauen in ihre Familie zu haben, sondern auch in der nahen Nachbarschaft soweit zu Hause zu sein, dass sie für Notfälle eine Ersatzfamilie wusste (Garlichs / Leuzinger-Bohleber 1999, 23 f.).

Die mutigen Abgrenzungsversuche der kleinen Bettina, die von ihren Eltern nicht negativ sanktioniert wurden, lassen erkennen, dass sie sich im Wegbewegen nicht ängstlich absichern musste. Sie hielt ihren Protest über eine erstaunlich lange Zeit durch. Auch die Eltern erwiesen sich in dieser Situation als wenig aufgeregt. Das hatte allerdings zur Voraussetzung, dass sie die Verhältnisse in der Nachbarschaft realistisch einschätzen konnten und keine Sorge haben mussten, dass sich Bettina in eine für sie unlösbare Situation begab. Bei Bettina könnte man im Sinne Winnicotts (1965, 1971) von einer „good enough family" sprechen, die Geborgenheit vermittelt *und* Eigenständigkeit zulässt.

Je nach Beziehungserfahrung und Familienstruktur gestalten sich die Versuche des inneren und äußeren Wegbewegens unterschiedlich. Einzelkinder,

---

1) Heute wissen wir allerdings, dass die Anfänge der Autonomieentwicklung sehr viel früher liegen: Bereits in den ersten Lebenswochen kann der Säugling durch Augenbewegungen aktiv Blickkontakt aufnehmen und aufrechterhalten oder abbrechen und verweigern, s. Stern (1985, 1990).

die bei alleinerziehenden Eltern aufwachsen, sind in alltagspraktischen Angelegenheiten oft erstaunlich früh selbstständig, was ihre psychische Autonomie angeht im Allgemeinen jedoch in einer fragileren Lage. Sie sind darauf angewiesen, die tragende Beziehung zu dem Elternteil, bei dem sie leben, nicht unnötig zu gefährden. Damit werden Abgrenzungswünsche zu einem Risiko, das möglichst umgangen wird.[2] Die Erfahrung, vom Aufbruch eines Kindes und der Wiedervereinigung mit seiner Mutter, die das bekannte Kinderlied „Hänschen klein" thematisiert, kann dann nicht in befriedigender Form gemacht werden. Auch in Familien, in denen die Beziehungserfahrungen instabil und/oder nicht positiv getönt sind, ergibt sich jeweils eine spezifische Gefühlslage, die Einfluss auf die Autonomiebestrebungen der Kinder hat. Dafür zwei Beispiele aus einer größeren Untersuchung.

Im Jahr 1990 interessierten uns die Zukunftshoffnungen und Zukunftsängste von Kindern und Jugendlichen aus beiden Teilen Deutschlands. Wir entschlossen uns relativ schnell zu einer größeren empirischen Untersuchung, in die 180 Schüler aus 2., 4. und 8. Schuljahren in Jena und Kassel einbezogen wurden (s. dazu im Einzelnen Leuzinger-Bohleber und Garlichs 1993). Mit den Grundschülern haben wir einen projektiven Test durchgeführt,[3] der für unseren Zusammenhang interessant ist. Er sollte uns Einblick in die entwicklungspsychologischen Voraussetzungen der einzelnen Kinder geben.

Eine Reihe von Bildkarten mit Szenen aus dem Leben einer Schweinefamilie (zwei erwachsenen und drei kleinen Schweinen) werden den Kindern vorgelegt.[4] Diese können sich nach freiem Belieben einzelne Bildkarten auswählen und dazu eine Geschichte erfinden. Das, was sie dabei zum Ausdruck bringen, ist – so die Annahme der Testkonstrukteure – ein Spiegel ihrer eigenen inneren Situation.

Sehen wir uns zwei Beispiele zur sog. „Aufbruch"-Tafel an:

---

2) Abgrenzungswünsche können u. U. durch symbiotische Wünsche von beiden Seiten (Kind und Erwachsenem) überlagert oder zurückgedrängt werden.
3) Außerdem wurden eine Traumreise in die Zukunft, eine Zeichenaufgabe und ein Gespräch über die Zeichnung durchgeführt, sodass von jedem Kind ein ganzes Set an Daten vorlag.
4) Je ein großes und ein kleines Schwein haben einen auffallend großen schwarzen Fleck, weswegen der Test Schweinchen-Schwarzfuß-Test heißt (s. Corman 1977)

> Sarah (2. Schuljahr) erzählt zu dem Bild: *„Da geht er mal allein spazieren und guckt sich alles an, wo er mit seinem Vater lang gegangen ist. Er guckt sich ganz viel an. Da hinten sieht er Häuser und dann ist er ganz neugierig, und dann geht er immer weiter und immer weiter. Und dann guckt er sich die Häuser an, und dann geht er wieder zurück und erzählt denen* (seiner Familie, Interviewer) *alles."*

Diese Geschichte ist uns aus verschiedenen Gründen aufgefallen. Aus psychoanalytischer Sicht sind darin viele Indikatoren enthalten, z. B. dass Sarah als Zweitklässlerin über eine erstaunlich gut entwickelte Autonomie verfügt: Sie fantasiert zu der Situation des Alleinseins einen Spaziergang, in dem sich das Schweinchen Schwarzfuß „alles angucken will", was es schon mal mit seinem Vater zusammen angeschaut hat. Es ist eine Situation der Neugier, der Spannung und des Interesses an der Welt, die das Kind umgibt. Erstaunlich für eine 8-Jährige ist auch die darin enthaltene Introspektion: Das Mädchen thematisiert von sich aus, dass das Schweinchen „neugierig ist" und „vieles Neue anguckt". Eindrücklich ist auch, dass sich das fantasierte Schweinchen (symbolhaft ein Selbstbild des Kindes)„nicht einsam und allein fühlt", obschon es (objektiv) allein ist! Dass es einen Weg geht, den es schon einmal mit seinem Vater zusammen erkundet hat und am Schluss alles, was es erlebt hat, seiner Familie erzählt, ist ein Hinweis, dass das Kind über sichere innere Objekte verfügt, die es begleiten, wo immer es auch hingeht, und es „innerlich nicht allein lassen". *Diese innere Befindlichkeit, gewährt dem Kind ein Gefühl der Sicherheit und Geborgenheit, ein Grund, warum es Neues als etwas Aufregendes, Interessantes und nicht primär als etwas Bedrohliches, Angstmachendes erleben kann.* Auffällig ist zudem, dass sich Sarah das Schweinchen Schwarzfuß als Jungen vorstellt; möglicherweise ein Hinweis darauf, dass Grundschüler spüren, dass in unserer Gesellschaft autonomes Wegbewegen im Allgemeinen eher einem Jungen zugestanden wird als einem Mädchen.

Sarahs Phantasien stellen eine gute Illustration für den altersadäquaten Stand der Autonomieentwicklung eines Grundschulkindes dar (vgl. Leuzinger-Bohleber / Garlichs 1992 Kap. 5.1.4): Von einem siebenjährigen Kind wird in unserer Gesellschaft nicht erwartet, dass es ohne Bezug zu seiner Primärfamilie oder anderen Erwachsenen „in die weite Welt hinausgeht". Es ist noch sehr auf die Begleitung und den Schutz konstanter erwachsener Bezugspersonen angewiesen. Dennoch ist es – im Gegensatz zum Kleinkind – in der Lage, allein auf eine (überschaubare) Entdeckungsreise zu gehen, sofern es sich innerlich von seinen primären Bezugspersonen als stabile Introjekte begleitet fühlt, und seine Entdeckungen auf einen antizipierten Dialog mit ihnen ausrichten kann. Dies ist die psychische Voraussetzung für die Fähigkeit allein zu sein, ohne sich einsam zu fühlen.

Eine andere innere Situation vermuten wir bei folgendem Kind:

> Till (4. Schulj.) kommentiert die Abbildung so: *„Dann läuft er von zuhause weg. Er ist unglücklich, weil die Eltern mit ihn geschimpft haben, und dann ist er weggelaufen."*

Das von Till phantasierte Schweinchen läuft aus einer **Konfliktsituation** mit seinen Eltern weg. Die Eltern haben mit ihm (Till) geschimpft, daher ist er so unglücklich, dass er von ihnen wegläuft. Im Gegensatz zu Sarah kann er bei diesem Weglaufen keine guten inneren Objekte mitnehmen, sondern versucht, sich vor „bösen", strafenden elterlichen Figuren in Sicherheit zu bringen.

Kinderanalytische Erfahrungen haben vielfach gezeigt, dass ein Kind mit zehn Jahren i. d. R. die elterlichen Objekte schon soweit internalisiert hat, dass eine äußere Distanz keinen wirklichen Schutz vor fantasierten Strafen mehr bietet, sondern die „strafenden Objekte", metaphorisch ausgedrückt, innerlich mitgetragen werden. Daher ist das alleingelassene Kind den eigenen strafenden, inneren Stimmen erst recht ausgesetzt. Die Schweinchen-Schwarzfuß-Geschichten lassen uns bei Till vermuten, dass er auch die **Situation des Alleinseins als Strafe** erlebt und sich innerlich verlassen und einsam vorkommt. Er wird nicht in der Lage sein, sich an dem Neuen und Unbekannten zu freuen und sich seiner Neugier und Abenteuerlust hinzugeben.

Gesellschaftliche Bedingungen von Autonomieentwicklung

Die psychoanalytische Entwicklungstheorie betrachtet Entwicklungsprozesse immer im Zusammenhang mit den folgenden drei Dimensionen:
- der gesellschaftlichen Situation,
- den entwicklungspsychologischen Phasen,
- der je spezifischen individuellen Sozialisation.

Bei einer unvorhergesehenen Veränderung der gesellschaftlichen Bedingungen des Aufwachsens, wie wir es z. B. beim Wegfall der Mauer und der deutsch-deutschen Vereinigung erlebt haben, offenbart sich zwangsläufig auch, wie Menschen den Zusammenbruch der haltenden Strukturen verarbeiten und inwieweit Kinder und Jugendliche einen altersgemäßen Grad an Autonomie entwickeln konnten.

Dazu ein Beispiel:

> Sandra Bartsch (13 Jahre, Polenz / Sachsen):
> *Ich war hin- und hergerissen*
> *Eigentlich war mein Leben ganz „normal": Ich wurde drei Jahre und kam in den Kindergarten. Im Alter von sechs Jahren hatte ich Schuleingang, lernte das Einmaleins, den Pioniergruß und Lesen. Mir wurde gesagt: „Der Sozialismus ist gut und der Kapitalismus ist schlecht". Ich akzeptierte es, denn es wird schon stimmen, was die Lehrer sagen. Es wäre bestimmt alles so weitergegangen.*
> *Einer sagt, was zu tun ist, und alle machen mit. Doch dann kam die Wende, und alles wurde anders. Ich wusste nicht mehr, was ich denken sollte. Was erst richtig und gut war, sollte nun falsch und schlecht sein. Es gab plötzlich keinen Pioniergruß, keinen Gruppenrat und keine Appelle mehr. Jemand sagte, dass die Kinder in den Schulen nicht ihre eigene Meinung vertraten, sondern die des Lehrers. Stimmte dies? Ich grübelte lange. Dieser Jemand hatte recht.*
> *Unbewusst tat man doch immer das, was von uns erwartet wurde. Ich war hin und hergerissen. Was ist nun richtig? Was ist falsch? So ging es bestimmt vielen Menschen ...*[5]

Wie das Beispiel vermuten lässt, hat Sandra in ihrem bisherigen Leben völlig unauffällig funktioniert. Möglicherweise hatte sie einen fortgeschrittenen Grad an **Selbstständigkeit** in ihrem Alltag bereits realisiert, und doch offenbart der plötzliche Wegfall der gewohnten institutionellen Strukturen ein gravierendes Defizit an psychischer Eigenständigkeit (die sich unter den Bedingungen eines autoritären gesellschaftlichen Systems nicht ohne Weiteres entwickeln kann – und wenn, dann am ehesten im Schutz einer oppositionellen Gruppe bzw. Familie).

Zur besseren Kennzeichnung der unterschiedlichen Dimensionen von Selbstständigkeit unterscheidet Rülcker (1990):
- **Funktionale Selbstständigkeit**, wenn es um das Funktionieren in Alltagszusammenhängen geht (wie einen Fahrplan lesen, Geld wechseln, eine Verabredung treffen) und
- **produktive Selbstständigkeit**, wenn es um das Vertreten einer eigenen Position auch gegenüber Personen und Gruppen anderer Meinung geht.

Eines ist dabei vorauszusetzen: Ohne eine ausreichende Basis an funktionaler Tüchtigkeit, hat auch die produktive Selbstständigkeit keine Chance. Dieses im Einzelnen zu diskutieren, ist hier nicht der Ort. So viel kann aber gesagt

---

5) Aus: Regina Rusch (Hg.): Plötzlich ist alles ganz anders. Kinder schreiben über unser Land Frankfurt/M. 1992 (Eichhorn).

werden: **Die Veränderung von Bewusstsein und Verhalten fängt mit dem Bewusstwerden der eigenen Situation an.** Insofern hat Sandra erste Voraussetzungen für eine Neuorientierung gewonnen.

Bindungsmuster präformieren Sozial- und Lernverhalten

Ob sie es wollen oder nicht: Lehrerinnen und Lehrer sind Erben der (familiären und institutionellen) Beziehungsgeschichte ihrer Schülerinnen und Schüler. Die zunächst unter dem Einfluss der primären Bezugsperson (also z. B. der Mutter) in den ersten anderthalb Lebensjahren grundgelegten Bindungsmuster übertragen sie in neue soziale Felder. Die auf Bowlby (1958, 1969, 1973, 1980) zurückgehende und durch Forschungen von Ainsworth u. a. (1978) empirisch erhärtete Bindungstheorie unterscheidet im Wesentlichen drei Bindungstypen[6]:
- sicher gebundene Kinder, deren Mütter die Signale des Säuglings i.a. feinfühlig, verlässlich und angemessen beantwortet haben (sie machen den größten Teil der nicht klinischen Population aus)[7]
- unsicher-vermeidend gebundene Kinder, deren Mütter mit Kummer und Trostbedürfnissen eher zurückweisend umgehen, und
- unsicher-ambivalent gebundene Kinder, deren Mütter mal zurückweisend, mal überbeschützend, insgesamt also inkonsistent reagieren.

Für die pädagogische Arbeit sind die Ergebnisse der Bindungsforschung von besonderem Interesse (zum folgenden vgl. Garlichs / Leuzinger-Bohleber 1999, 165–171). Hinsichtlich ihrer sozial-emotionalen Entwicklung lassen sich u. a. folgende Hypothesen empirisch abstützen:
- Sicher gebundene Kinder zeigen im Kindergarten adäquateres Sozialverhalten. Sie sind z. B. in der Lage, auftauchende Konflikte selbstständig zu lösen (s. dazu Suess 1987), während die unabhängig wirkenden, aber vermeidenden Kinder eher ängstlich oder aggressiv sind, Konflikten aus dem Weg gehen oder die Erzieherin zu ihrer Lösung einspannen.

---

6) Ainsworth u. a. (1978) entwickelten eine Standardprozedur, die sog. Fremde-Situation, mit der sie die Reaktionen ein- bis anderthalbjähriger Kinder auf kurzzeitige Trennungen von der Mutter beobachten konnten. Die Forschungssituation besteht aus einer Folge von acht, jeweils drei Minuten währenden Episoden (s. Garlichs / Leuzinger-Bohleber 1999, 163), während derer die Mutter den Untersuchungsraum mehrfach verlässt und wieder betritt. Das Verhalten des Kindes bei Weggehen und Wiederkommen der Mutter in zwei ausgewählten Episoden dient als Indikator für seine Bindungsqualität.

7) Die quantitative Verteilung der einzelnen Bindungstypen hat in den verschiedenen Stichproben ein und derselben Kultur bisher jedoch nicht zu einheitlichen Ergebnisse geführt (ebd., 164).

- In Spielsituationen während des zweiten und dritten Lebensjahrs zeigen sicher gebundene Kinder mehr Fantasie, mehr positive Affekte und mehr Ausdauer. Sie sind konzentrierter, erfindungsreicher und frustrationstoleranter. Verlieren sie beim Spiel, so strengen sie sich in der nächsten Runde mehr an, während unsichere Kinder häufig verärgert oder resigniert reagieren.
- Bei unlösbaren Aufgaben versuchen sicher gebundene Kinder, in einer Probierphase zunächst selbst eine Lösung zu finden, und bitten erst dann die Mutter um Hilfe, während unsichere Kinder eher verärgert aufgeben.
- Sicher gebundene Kinder sind im Kindergarten und in der Schule bei ihren Kameraden beliebter. Sie neigen dazu, zwiespältige Situationen realistisch zu interpretieren. Zeigt man ihnen und einer Vergleichsgruppe vermeidend gebundener Kinder Bilder von Situationen, in denen a) ein Kind ein anderes offensichtlich absichtlich verletzt und b) offensichtlich unabsichtlich und c) die Situation nicht eindeutig ist, so interpretieren die unsicheren Kinder die zweideutige Situation häufiger als von absichtsvoller Aggression erfüllt, d. h., sie projizieren Aggression in die Situation.
- Im Alter von 10 Jahren haben ambivalente Kinder die wenigsten Freunde und die meisten Probleme mit ihnen. Vermeidende Kinder haben in diesem Alter schon erhebliche Mühe, Gefühle wie Kummer und Traurigkeit zu thematisieren.

Gute Lehrerbeziehungen wirken fort

Schulpflichtige Kinder bringen ein breites Spektrum bisheriger Beziehungserfahrungen mit. Es reicht von Kindern, deren Objektbeziehungen – wie die Psychoanalyse sagt – „good enough" sind, deren Beziehungserfahrungen also auf einem relativ sicheren seelischen Fundament ruhen, bis hin zu solchen Kindern, die kaum über tragende Objektbeziehungen verfügen, um eine einigermaßen gelungene Integration archaischer Triebimpulse leisten zu können. Vor allem die zweite Gruppe von Kindern wird die bisher traumatisierenden Objektbeziehungserfahrungen auch auf die neue schulische Situation und die Beziehung zur Lehrperson übertragen. Falls es diesen Kindern nicht gelingt, unter den für sie verantwortlichen Lehrpersonen mindestens eine zu finden, die über einen längeren Zeitraum ausreichend Halt und genügend gute Beziehungserfahrungen anbietet, kommt es zu einer Re-Traumatisierung. Statt einer zweiten Chance, einem „Nachholen" und „Heilen" im Sinne einer psychischen und psychosozialen Integration, können dann die desintegrativen seelischen Kräfte Oberhand gewinnen und Gewalt gegen das Selbst und die Anderen begünstigen. **Daher scheint uns heute die Aufgabe der Schule als Ort integrativer, sozialer Beziehungen, als „zweite Chance für die Heranwachsenden", wichtiger denn je.**

Mit einer hilfreichen und heilenden Lehrerbeziehung scheint es sich ähnlich wie mit einer guten therapeutischen Beziehung zu verhalten. Jugendliche, die kaum über tragende Objekterziehungserfahrungen verfügen, suchen und brauchen die Auseinandersetzung. Sie bringen Lehrkräfte, Mitschülerinnen und Mitschüler oft an die Grenzen ihrer Geduld und Belastbarkeit.

Die langfristige Wirkung der Beziehung zeigt sich oft erst viel später – manchmal in der nachschulischen Zeit, wie die Geschichte von Judith belegt.

Nach einer konfliktreichen, problematischen Schulzeit suchte Judith ihre Lehrerin, die sie sechs Jahre lang in der Mittelstufe begleitet hat, in einer extremen Notsituation wieder auf, weil sie sich anders keinen Rat wusste (von Ilsemann 1996). Der Bruder, an dem sie hing, hatte sich das Leben genommen, der alte Vater war zum Pflegefall geworden, nirgends war Aussicht auf Hilfe. Da besann sich Judith, inzwischen achtundzwanzigjährig, wieder auf ihre Lehrerin von ehedem, die sie 12 Jahre zuvor erleichtert hinter sich gelassen hatte.

Hier ihre Vorgeschichte:
Bis Judith mit knapper Mühe den Hauptschulabschluss erreicht, hatte sie schon viel durchgemacht. In ihren ersten Lebensjahren wuchs sie mit drei älteren und einem jüngeren Bruder auf. Als sie vier war, verlor sie durch die Trennung ihrer Eltern (die Mutter war 24, der Vater 60) alle ihre Bezugspersonen auf einmal und begann eine wechselhafte Karriere zwischen Heim und Pflegefamilien. Immer wieder riss sie aus, wollte zu den Brüdern und zum Vater, der schließlich das Sorgerecht erkämpfte. Mit 8 Jahren war sie bereits in fünf verschiedenen Schulen unterrichtet worden. Ihre Schulleistungen schwankten sehr. Auf Kränkungen reagierte sie mit Zuschlagen oder Weglaufen. Das Weglaufen probierte sie auch während einer Ski-Klassenfahrt gegenüber ihren Lehrern aus, die sie, fast krank vor Sorge, halb erfroren nachts wieder in Empfang nahmen. Ganz anders verhielt sie sich ihrer Klassenlehrerin gegenüber freitags nach Schulschluss in den „Förder- und Hausaufgabenstunden". Fast immer blieb sie da, genoss es, dass die Lehrerin Zeit hatte und Tee kochte. Dann arbeitete sie fleißig, wirkte sanft und zufrieden. Dennoch gelang es ihren Lehrerinnen und Lehrern nicht, sie dauerhaft zu integrieren. Mit 14 Jahren, als die Pubertät über sie hereinbrach, gründete sie in der Nähe von Hamburg-Altona eine Mädchen-Schlägergruppe, der sie (nachdem sie eine ältere Frau niedergeschlagen hatte, die wie tot umfiel), panikartig den Rücken kehrte, um noch am gleichen Abend ihre Lehrerin in der Bedrängnis aufzusuchen. Einige Monate später wurde diese vertrauensvolle Beziehung wieder unterbrochen, Judith befreundete sich mit einem türkischen Jungen, flüchtete zwei Tage nach dem Schulabschluss mit diesem in die Türkei und führte dort für drei Jahre im Schoß einer Großfamilie ein zufriedenes Leben. Als es ihr drei Jahre später wieder zu eng wurde, verließ sie mit ihrer kleinen Tochter Jessica

> ihren Mann und seine Familie und setzte von Deutschland aus ihre Scheidung durch. Danach versuchte sie auf exzessive Weise nachzuholen, was ihr in der Jugend und später als Ehefrau und Mutter in der Türkei entgangen war, bis sie wieder einen Freund hatte, bei dem sie und ihre kleine Tochter ein neues Zuhause fanden. Erneut bemühte sie sich, ihre in Hamburg verstreut lebenden Brüder und ihren altersschwachen Vater zu einem Familienverband zusammenzuführen. Die Sehnsucht nach guten Objektbeziehungen ließ sie nicht los, obwohl diese sich immer wieder als brüchig erwiesen.

Über alle Brüche hinweg schien die Beziehung zur ehemaligen Klassenlehrerin so etwas wie ein Zeichen der Hoffnung zu sein. Da diese Beziehung auch sehr konflikthaltig war, drängt sich die Frage auf, was es bewirkt haben könnte, dass Judith hier letztlich eine tragfähige Beziehung fand. Nach allem, was die Lehrerin selber über die Beziehung schreibt, haben wir den Eindruck, dass Judith dort – auch wenn es an der Oberfläche anders ausgesehen haben mag – Halt finden konnte. Sie hat die Lehrerin als Bündnispartnerin gegen das immer wieder in ihrem Leben ausbrechende Chaos erfahren. Sie spürte, dass die Lehrerin sie konfrontierte, Mitarbeit und Verantwortung von ihr einforderte, sie aber bei Schwierigkeiten nicht aufgab und als Persönlichkeit respektierte. An dem Abend, als sich die Lehrerin und ihre ehemalige Schülerin wiedersahen, sagte die Lehrerin schließlich: „Weißt Du, Judith, bei allem Zoff habe ich dich immer besonders gern gehabt"; Judith guckte sie ganz ruhig an und erwiderte: „Ja, das wusste ich immer" (von Ilsemann 1996, 56).

Die Geschichte von Judith ist noch nicht zu Ende, und wir wissen nicht, wie sie einmal zu Ende gehen wird. Das wird u.a. davon abhängen, ob es ihr gelingt, neue tragfähige Beziehungen (u.a. im privaten Bereich) aufzubauen, oder ob sie wieder hin und her geworfen wird. Eine gute Lehrerbeziehung kann zwar eine Zeit lang tragen, kann das Modell einer warmherzigen und verständigen Beziehung sein. Sie ist jedoch nicht als lebenslange Beziehung gedacht, sondern allenfalls als Begleitung bis an die Schwelle zum Erwachsenwerden. Bei dem Ausmaß an Traumatisierungen, das Judith in ihrer frühen Entwicklungsphase erfahren hat, kann man nicht erwarten, dass diese allein durch eine gute Lehrerbeziehung hinreichend verarbeitet werden können. Es darf allerdings nicht unterschätzt werden, dass diese Beziehung in Judiths Leben fast eine lebensrettende Funktion hatte.

Aus dem Schicksal von Judith und anderen Kindern, die in ihrer Biographie ähnlich hin und her geworfen worden sind, kann man ablesen, was eine „zweite Chance für verunsicherte Kinder" bedeuten könnte. Lehrerinnen und Lehrer kommen dabei zwangsläufig an ihre Grenzen und sind trotz hinreichend guter Ausbildung, langer Erfahrung und persönlichem Engagement ständig von Überforderung bedroht. Dass die Erfolge ihrer pädagogischen Bemühungen selten direkt sichtbar sind und, wenn sie es sind, fragil bleiben, ist eine zusätzliche Belastung, die Pädagoginnen und Pädagogen ohne eigene stützende Begleitung (wie Supervision oder Lehrerfortbildung) und Kraftquellen, die sie sich in ihrem persönlichen Leben erschließen, leicht in die Resignation treiben kann.

Nachtrag aus dem Jahr 2020

Meine hauptberufliche Tätigkeit habe ich vor über 20 Jahren beendet. Die Wirkung dessen, was ich versucht habe, spiegelt sich in den nachhaltigen Beziehungen einiger Studentinnen und Studenten zu mir wider. Es gibt nicht wenige, die immer noch gern mit mir aktuelle Probleme reflektieren oder von ihren Erfahrungen berichten. Einen schöneren Beweis für nachhaltige, authentische, wertschätzende Beziehungen, kann ich mir nicht vorstellen.

Vor Kurzem traf ich bei einer Schulversammlung eine Lehrerin wieder, die sich an mich aus dem Studium erinnerte. Sie sprach mich darauf an, dass sie Vieles gelernt habe, was sie jetzt in der „Multikulti-Schule" gebrauchen könnte. Auf mein Erstaunen, dass dies ja vor 20 Jahren noch gar nicht auf der Tagesordnung stand, erwiderte sie: Auf die Haltung kommt es an – das haben Sie doch immer gesagt!

Was über die gesellschaftlichen Bedingungen von Autonomieentwicklung am Beispiel der aus Sachsen stammenden 8-jährigen Sarah ausgeführt wurde, müsste angesichts der Flüchtlingswelle von 2015ff noch einmal neu erforscht und beschrieben werden. Kontinuität und Brüche in Biografien stellen sich durch Flucht und Immigration in unvergleichlich fundamentalerer Weise als bei der deutsch-deutschen Vereinigung. Viele der nach Deutschland eingewanderten Migranten erleben den Wechsel von Kultur und Herkunftsstaat als radikal. Es spielt dabei eine Rolle, auf wie vielen Ebenen sich der Bruch vollzieht und ob Fluchterfahrungen mit lang nachwirkenden Traumatisierungen verbunden waren. Das alles erfordert neue Forschungen und muss in einem anderen Zusammenhang diskutiert und dargestellt werden.

Literatur

Ainsworth, M./Blehar, M./Waters, E./Wall, S. (1978): Patterns of Attachment. A Psychological Study of the Strange Situation. Hillsdale (New Jersey): Erlbaum.
Bowlby, J. (1958): Über das Wesen der Mutter-Kind-Bindung. Psyche 13, 1959, 415–456.
Bowlby, J. (1969): Attachment and Loss. Vol. 1: Attachment. New York: Basic Books.
Bowlby, J. (J973): Attachment and Loss. Vol. 2: Separation. Anxiety and Anger. New York: Basic Books.
Bowlby, J. (1980): Anxiety and Loss. Vol. 3: Sadness and Depression. New York: Basic Books.
Corman, L. (1977): Der Schwarzfuß-Test. Grundlagen, Durchführung, Deutung und Auswertung. München: Ernst-Reinhardt Verlag.
Erikson, E. H. (1950/1971): Kindheit und Gesellschaft. Stuttgart: Klett.
Garlichs, A./Leuzinger-Bohleber, M. (1999): Identität und Bindung. Die Entwicklung von Beziehungen in Familie, Schule und Gesellschaft. Weinheim und München: Juventa.
Greenacre, P. (1957): The Childhood of the Artist Libidinal Phase Development and Giftedness. Psa Std. Child 12, 27–72.
Grossmann, K. E./Grossmann, K. (1995): Frühkindliche Bindung und Entwicklung individueller Psychodynamik über den Lebenslauf Familiendynamik 20, 171–192.
Ilsemann, C.v. (1996): Wüten und Trauern. In: A. Becker/H. v. Hentig (Hg.): Geschichten mit Kindern. Velber: Friedrich Verlag, 49–58.
Leuzinger-Bohleber, M./Garlichs, A. (1993): Zukunftshoffnungen und Zukunftsängste von Kindern und Jugendlichen in beiden Teilen Deutschlands. Eine angewandte psychoanalytische Studie im pädagogischen Feld. Weinheim und München: Juventa.
Mahler, M. S./Pine, F./Bergmann, A. (1978): Die psychische Geburt des Menschen. Symbiose und Individuation. Frankfurt/M.: Fischer.
Rülcker, T. (1990): Selbständigkeit als pädagogisches Zielkonzept. In: U. Preuss-Lausitz/T. Rülcker/H. Zeiher (Hg.): Selbständigkeit für Kinder – die große Freiheit? Weinheim und Basel: Beltz Verlag, 20–27.
Rusch, R. (Hg.) (1992): Plötzlich ist alles ganz anders. Kinder schreiben über unser Land. Frankfurt/M.: Eichborn
Stern, D. (1985): The Interpersonal World of the Infant. A View from Psychoanalysis and Developmental Psychology. New York: Basic Books.
Stern, D.N. (1990): Tagebuch eines Babys. München und Zürich: Piper.
Suess, G. (1987): Auswirkungen frühkindlicher Bindungserfahrungen auf die Kompetenz im Kindergarten. Diss. Universität Regensburg.
Suess, G. (1995): Das Selbst als Ausdruck dyadischer und individueller Organisation: Integrative Impulse der Bindungsforschung für die beraterische/therapeutische Praxis. In: G. Spangler/P. Zimmermann (Hg.): Die Bindungstheorie. Grundlagen, Forschung und Anwendung. Stuttgart: Klett, 396–408.
Suess, G./Grossmann, K.E./Sroufe, A. (1992): Effects of lnfant Attachment to Mother and Father on Quality of Adaption in Preschool. Int. J. Behavioral Development 15, 43–65.
Winnicott, D.W. (1965): The maturational processes and the facilitating environment. London: The Hograth Press.
Winnicott, D.W. (1971): Vom Spiel zur Kreativität. Stuttgart: Klett 1973.

Mandy Singer-Brodowski / Lydia Kater-Wettstädt

Bildung für nachhaltige Entwicklung und ihre Potenziale für eine zukunftsfähige Grundschule

Nachhaltigkeit als Zukunftsauftrag für einen sicheren Handlungsspielraum der Menschheit

Wenn bereits Grundschulkinder in den vergangenen Jahren freitags auf die Klimademonstration gingen mit Schildern wie „Oma, was ist ein Schneemann?", wird deutlich, dass Nachhaltigkeitsherausforderungen im alltäglichen Leben auch der jüngsten Mitglieder unserer Gesellschaft angekommen sind. Die globale Bewegung „Fridays for Future" stellt auch Anforderungen an das Bildungssystem und die Kenntnis und Professionalität von Grundschullehrkräften, mit durchaus kontrovers diskutierten Themen der Nachhaltigkeit im Unterricht umzugehen (Holfelder u. a., im Druck). Denn einerseits sind die Strategien, wie beispielsweise das 1,5-Grad-Klimaziel erreicht werden kann, politisch umkämpft. Andererseits ist die Ausrichtung individueller und gesellschaftlicher Handlungen im Hinblick auf eine nachhaltige Entwicklung dringlicher denn je: Globale Ökosysteme sind zunehmend bedroht und planetare Grenzen werden überschritten.[1] Damit werden nicht rückgängig zu machende Kipp-Punkte („Tipping Points") erreicht, die wiederum massive Schäden in anderen Ökosystemen verstärken und beschleunigen. Ein besonders gravierendes Beispiel für solche Zusammenhänge ist die menschenverursachte Klimaerwärmung, die das Auftauen der Permafrostböden in Sibirien beschleunigt.

In der Nachhaltigkeitsdebatte geht es daher darum, einen sicheren und gerechten Handlungsspielraum für die Menschheit zu gewährleisten (Leach et al. 2013). Die mit der nachhaltigen Entwicklung verbundenen Ziele beziehen sich auf Generationengerechtigkeit sowohl zwischen heute lebenden und zukünftig lebenden Generationen als auch zwischen den Generationen in verschiedenen Erdteilen (zur Einführung: Michelsen / Adomßent 2014). Nachhaltige Entwicklung ist ein Entscheidungs- und Gestaltungsraum, der nur

---

1) Die Erde stellt uns alle lebensnotwendigen Ressourcen zur Verfügung und ist auch in der Lage, sich trotz Nutzung zu regenerieren. Die intensive Nutzung durch den Menschen übersteigt derzeit aber das Maß, in dem die Erde sich regenerieren kann; die planetaren Grenzen beschreiben „quantitativ definierbare Schadensgrenzen, deren Überschreitung heute oder in Zukunft intolerable Folgen mit sich brächte, sodass auch großer Nutzen in anderen Bereichen diese Schäden nicht ausgleichen könnte" (WBGU 2006, 6).

abhängig von den vorherrschenden Bedingungen bestimmt werden kann. So können Lösungen für den Umgang mit Wasserknappheit nur abhängig von Beschaffungsmöglichkeiten unter Berücksichtigung kultureller Wassernutzung, Bedarfen und klimatischen Bedingungen gefunden werden. Noch viele weitere Faktoren – Einwohnerzahl, Infrastruktur, politisches Regime, verfügbare fruchtbare Fläche – spielen dabei eine Rolle.

Nach ersten wissenschaftlichen und zivilgesellschaftlichen Impulsen bereits in den 1960er-Jahren ist spätestens seit der 1992er-Konferenz der Vereinten Nationen in Rio de Janeiro und dem dortigen Ausrufen der Lokalen Agenda 21 die nachhaltige Entwicklung auf der politischen Agenda (historischer Überblick: Michelsen / Adomßent 2014). Die Verabschiedung der 17 „Sustainable Development Goals" (SDG) der Vereinten Nationen im Jahr 2015 stellt den bisherigen Höhepunkt der internationalen Vereinbarungen über das Leitbild der nachhaltigen Entwicklung dar. Diese globalen Nachhaltigkeitsziele umfassen z. B. die Reduktion von Armut, Hunger, Ungleichheiten, aber auch die Sicherung einer hochwertigen Bildung für alle (SDG 4).[2]

Bildung für nachhaltige Entwicklung

Die Herausforderungen einer nachhaltigen Entwicklung proaktiv anzugehen und Menschen zu befähigen, nachhaltige Lösungen zu entwickeln und umzusetzen, ist das Ziel der Bildung für nachhaltige Entwicklung (BNE). BNE reagiert damit auf die globalen Veränderungen und Herausforderungen unserer Zeit, ganz im Sinne Klafkis (1995) allgemeiner Didaktik entlang epochaltypischer Schlüsselprobleme. Vor dem Hintergrund unsicheren Wissens über das Erreichen nachhaltiger Entwicklung setzt BNE in erster Linie auf ein Wissen, welches dem Einzelnen ermöglicht, „aktiv, eigenverantwortlich und mit anderen gemeinsam Zukunft nachhaltig zu gestalten" (de Haan 2008, 27 f.).

Dabei basiert BNE auf einer grundlegenden Werteorientierung, die sich an Menschenwürde, Gerechtigkeit und den planetaren Grenzen orientiert (Stoltenberg / Burandt 2014, 573). Dies bedeutet aber keineswegs, dass im Rahmen von BNE-Angeboten die unkritische Übernahme eines bestimmten Werterahmens angestrebt wird oder etwa zu nachhaltigem Handeln erzogen werden soll. Vielmehr sollten Bildungsprozesse so angelegt werden, „dass dieser Werterahmen erfahren werden kann, die Lernenden sich eine eigene Position dazu bilden und sich an der aktiven Auslegung und Diskussion der Wertvorstellungen im Kontext einer nachhaltigen Entwicklung beteiligen können" (ebd., 574). Dabei soll der Komplexität der Herausforderungen, die

---

[2] https://www.bmz.de/de/themen/2030_agenda/17_ziele/index.html

sich häufig in einander gegenüberstehenden Interessenlagen niederschlägt, Rechnung getragen und in der Diskussion und Abwägung von Lösungsmöglichkeiten berücksichtigt werden. Die engen Zusammenhänge sozialer Fragen mit politischen, ökologischen, kulturellen, aber auch ökonomischen Aspekten werden durch das Prinzip der Retinität (vgl. z. B. Wulfmeyer 2020) beschrieben. Retinität (oder auch Gesamtvernetzung) meint die Abhängigkeit und Einbettung aller menschlichen Handlungen in ein komplexes Netzwerk von Ursachen und Wirkungen, die sowohl die Gesellschaft als Ganzes als auch die sie tragende Natur betreffen (SRU 1994). Der Mensch ist in seiner Wirkkraft einzigartig, woraus sich wiederum aber auch die Verantwortung für sein Handeln und die Natur als Grundlage menschlichen Lebens ergibt (ebd.).

Zur Stärkung von BNE haben die Vereinten Nationen und die UNESCO international verschiedene Programme ausgerufen. Die UN-Dekade BNE (2005–2014) und das UNESCO-Weltaktionsprogramm (2015–2019) zielten auf eine Erweiterung und Vertiefung nachhaltigkeitsbezogener Bildungsangebote in den verschiedenen Bildungsbereichen von der frühkindlichen Bildung über die Schule, die berufliche Bildung, die Hochschule bis hin zu einem Lernen in non-formalen Bildungskontexten und einem Lernen in lokalen Bildungslandschaften. Mit dem Jahr 2020 startete das neue UNESCO-Programm „Education for Sustainable Development for 2030" (ESD), das den Beitrag von Bildung für die Erreichung der „Sustainable Development Goals" ins Zentrum stellt.

Potenziale und Chancen des Bildungskonzeptes für die zukunftsfähige Grundschule

Die Didaktik der Grundschule fokussiert auf die Begegnung der Kinder mit der (zunehmend globalisierten) Welt, mit den Dingen und mit anderen Menschen sowie auf die Erziehung zur Selbstständigkeit und gesellschaftlichen Mündigkeit. Dafür werden grundlegende Kulturtechniken vermittelt sowie die Lebenswelt mit ihren Phänomenen und Dingen erkundet, um Erklärungen für mögliche offene Fragen zu finden oder neue Fragen zu entdecken. Zentrale didaktische Prinzipien, die daraus abgeleitet werden, sind für BNE besonders anschlussfähig und förderlich für deren Umsetzung (z. B. Wulfmeyer 2020; Schmitt 2019). Gleichzeitig stellt BNE als Bildungskonzept noch weiterführende Kriterien zur Orientierung einer zukunftsfähigen Unterrichts- und Schulkultur zur Verfügung, ganz im Sinne einer systematisch-strukturellen Verankerung (z. B. Barth 2017, Muheim et al. 2014).

Allgemeine didaktische Prinzipien, über die in der Grundschuldidaktik Einigkeit herrscht und die besondere Chancen und Potenziale für die Umsetzung einer BNE bergen, sind die Prinzipien

- **der Zugänglichkeit oder auch Lebensweltorientierung**
  Leitfragen: Wie kann ich ein Thema verständlich, greifbar, fragwürdig machen? Welche Bezüge zur Lebenswelt der Kinder gibt es?
- **der Handlungs- und Reflexionsorientierung**
  Leitfrage: Welche Handlungen und welche Impulse über das Handeln nachzudenken, kann ich geben?
- **des entdeckenden Lernens verbunden mit einer Problem- bzw. Phänomenorientierung (insbes. im Sachunterricht)**
  Leitfrage: Welche Frage- / Problemstellung sollen die Lernenden wie selbstständig erschließen?
- **der Verbindung von formalem und materialem Lernen**
  Leitfrage: Welche Inhalte / Sachverhalte erlauben welchen Kompetenzerwerb? (vgl. Muheim et al. 2014, 44 ff.)
- **der Vielperspektivität bzw. Interdisziplinarität (insbes. im Sachunterricht)**
  Leitfrage: Welche Perspektiven auf den Gegenstand sind möglich und welche für das Verständnis nötig? (vgl. Wulfmeyer 2020, 22 f.).

Daraus ergibt sich allerdings noch nicht automatisch eine Thematisierung von Zukunftsfragen und die Entwicklung von Fähigkeiten zur Mitgestaltung einer nachhaltigen Entwicklung. Vielmehr schaffen die flexiblen Strukturen, z. B. in Bezug auf Fachunterricht, fächerübergreifendes oder projektorientiertes Arbeiten, eine große Offenheit und Anschlussfähigkeit auch für außerschulische Akteure und damit einen fruchtbaren Boden für die Umsetzung von BNE. Die didaktischen Prinzipien, die BNE im Besonderen kennzeichnen, geben dann eine Perspektive für neue Schwerpunktsetzungen in Unterrichts- und Schulentwicklungsprozessen. Dies sind die Prinzipien

- **der Visionsorientierung, damit verbunden der Lösungsorientierung**
  Leitfrage: Wie sollte dieser Sachverhalt / dieses Phänomen etc. in Zukunft geschaffen sein, um ein gutes Leben für alle zu ermöglichen?
- **des vernetzenden Lernens**
  Leitfrage: Wie hängt alles zusammen, jetzt und in Zukunft, hier und dort, in Bezug auf die Nachhaltigkeitsdimensionen (Ökonomie, Ökologie, Soziales)?
- **der Partizipationsorientierung**
  Leitfrage: Welche Beteiligungsmöglichkeiten gibt es schulisch und gesellschaftlich? (vgl. Muhlheim et al. 2014, 39 ff.).

picture alliance / DAVID CROSLING/AAPIMAGE

Das mögliche Themenspektrum reicht im Rahmen einer BNE von Gesellschaftsformen, Biodiversität bis hin zu Klimawandel, Konsum oder Rechtsverhältnissen. Mögliche Sondierungs- und Orientierungsfragen zur Themenfindung können sein: Wie dringlich ist die Auseinandersetzung mit dem Thema? Welche Bedeutung hat es lokal und global? Inwiefern hängt es besonders mit negativen Auswirkungen für die gesellschaftliche und natürliche Entwicklung zusammen? Welche tatsächlichen Veränderungsmöglichkeiten stecken darin (Barth 2015)?

Nicht zuletzt liegen besondere Potenziale einer BNE auch in ihrem Anspruch, gesamtinstitutionellen Wandel in Richtung zukunftsfähige Grundschule zu bewirken. Wenn BNE in einer Schule aufgegriffen wird, geht es nicht nur um eine Integration im Unterricht, sondern auch um die Organisationsentwicklung der Schule: die Solaranlage auf dem Dach der „Klimaschule", den biologisch vielfältigen Schulgarten oder das inklusive Miteinander auf dem Pausenhof.[3] Projekte zur Weiterentwicklung der Schule in Richtung Nachhaltigkeit für das gesellschaftliche Zusammenleben sollten darüber hinaus Partizipationsmöglichkeiten für die Schüler*innen in innerschulischen, aber auch außerschulischen Entscheidungsprozessen eröffnen, z. B. in Bezug auf die Ausstattung der Schule oder die Gestaltung kultureller Angebote in der Gemeinde.

---

3) Vgl. den nachfolgenden Beitrag von Stephan Riegger in diesem Band.

BNE kann damit im doppelten Sinne nach „innen" und „außen" zur zukunftsfähigen Grundschule beitragen. Die Schule als eine der ersten Institutionen eines demokratischen Lernens, in der verschiedene Interessen ausgehandelt und gemeinsame Regeln gefunden werden müssen (Dewey 2000/1916), kann einen Werte-Grundstein legen und Erfahrungsort für demokratisches Aushandeln von Lösungen sein. Stehen doch gerade in Grundschulen noch sehr viel stärker Fragen der Kommunikation und des gemeinsamen Umgangs miteinander im Mittelpunkt. Instrumente der Mitbestimmung, die den Kindern Gehör verschaffen können, sind vielfältig, ob als Schülerumfrage, Meinungsboard im Schulflur oder als Onlineabstimmung auf der schulinternen Plattform. Aber auch der Umgang mit Ressourcen, wie Papier, Strom oder Wasser, und die Wertschätzung der Vielfalt in der Schülerschaft rücken dann in den Fokus und können zum Gegenstand von Schülerprojekten oder anderen Lernaktivitäten werden, die z. B. mögliche Reduktions- oder alternative Beschaffungsmöglichkeiten erarbeiten, oder von Gruppen, die rotierend das Tagesmotto für ein friedliches Miteinander bestimmen.

Stand der BNE in der Grundschule

Eine Verankerung von nachhaltiger Entwicklung und BNE findet zunehmend auch in den Bildungs- und Lehrplänen sowie in anderen orientierungsgebenden Dokumenten für die schulische Praxis statt (zum Überblick für die folgenden Aussagen: Brock 2018). In einer systematischen Untersuchung der Verankerung von BNE in Bildungs- und Lehrplänen zeigten sich eine Konzentration in einzelnen nachhaltigkeitsaffinen Unterrichtsfächern (z. B. Sachunterricht) und deutliche Unterschiede in der Intensität der Verankerung zwischen den Bundesländern. Dennoch ist ein eindeutiger Trend hin zur Verankerung von BNE zu konstatieren, der sich besonders in den neu verabschiedeten Bildungs- und Lehrplänen widerspiegelt (Holst et al. 2020, Holst/Brock 2020). In manchen Bundesländern, wie Baden-Württemberg, wird BNE dabei als übergreifendes Leitprinzip in die Lehrpläne aller Fächer und Schulstufen integriert. Auch bildungspolitische Rahmendokumente, wie Schulgesetze oder Erklärungen der Kultusministerkonferenz, greifen BNE zunehmend auf. So wird in den kommenden Jahren eine systematische Verankerung von BNE in den Curricula – auch der Grundschule – wahrscheinlicher und auch die Anreize für Lehrkräfte steigen, sich diesbezüglich weiterzubilden und BNE im Schulalltag umfangreich zu realisieren.

Die Aufnahme von BNE in zentralen Dokumenten wird flankiert von einem zunehmenden Bewusstsein und einer zunehmenden Bereitschaft für BNE seitens der Lehrkräfte. In einer Studie benannten 80 % der Lehrer*innen eine mangelnde Verankerung von BNE in den Curricula als wichtige Hürde der Umsetzung von nachhaltiger Entwicklung in der Schule (Brock / Grund 2018, 5). Gleichzeitig wünschten sie sich explizit mehr Zeit für BNE im Unterricht (ebd.). Wenn also ein steigender Trend der curricularen Aufnahme von BNE mit dieser Bereitschaft aufseiten der Lehrkräfte zusammenfällt, ist davon auszugehen, dass BNE auch in der schulischen Praxis zukünftig an Relevanz gewinnen wird und der Weg vom „Projekt zur Struktur" erfolgreich, aber möglicherweise nicht schnell genug, beschritten wird. Aufgrund der umfangreichen inhaltlichen und didaktischen Anforderungen, die sich aus einer Umsetzung von BNE ergeben, ist die Professionalisierung und Aus- und Weiterbildung von Lehrkräften dabei eine wesentliche Gelingensbedingung für BNE (ebd.). Damit stehen perspektivisch vor allem die an Lehreraus- und -weiterbildung Beteiligten in der Verantwortung, die systematische Verankerung voranzutreiben.

Nicht zuletzt der Grundschulverband unterstützt die diversen Bemühungen um eine Stärkung von BNE mit Nachdruck. Nachhaltige Entwicklung ist einer seiner Kernstandpunkte[4] und das Projekt „Eine Welt in der Schule"[5] unterstützt seit 40 Jahren die Fortbildung von Grundschullehrkräften sowie die Materialentwicklung im Kontext des Globalen Lernens. Lehrkräfte brauchen die aktive und praxisorientierte Unterstützung und den Austausch. Um diesen zu gewährleisten, braucht es auch Lernräume für Lehrkräfte, die es erlauben, z.B. andere Schulen, die sich bereits auf den Weg gemacht haben, BNE zu verankern, zu besuchen und ihren Alltag zu erleben. Dabei können auch Strukturen wie z.B. die Eine-Welt-Promotoren oder BNE-Promotoren der Länder koordinierend wirksam werden.

Praxisbeispiel

Für die Lehrerbildung gibt es unterschiedliche Strategien, BNE zu verankern. Exemplarisch dient hier ein Seminar an der Leuphana Universität Lüneburg und dessen Ergebnisse dafür, wie ein sogenannter „pädagogischer Doppeldecker" in der Hochschule BNE für Lehramts-, aber auch andere Studierende anschaulich und erfahrbar macht: BNE war zum einen Inhalt des Seminars und zum anderen Gestaltungsprinzip.

Das Seminar „Schulen auf dem Weg zur CO_2-Neutralität" griff die Themen Klimawandel, CO_2-Neutralität und den Schulentwicklungsansatz („Whole-School-Approach") auf, war im Bachelorstudium verortet und hälftig aus Sachunterrichtsstudierenden und Studierenden der Nachhaltigkeitswissen-

---

4) https://grundschulverband.de/wp-content/uploads/2019/04/Standpunkt-Nachhaltige-Entwicklung.pdf

5) https://grundschulverband.de/projekte/eine-welt-in-der-schule/
Siehe auch die nachfolgenden Beiträge vom „Projekt Eine Welt" in diesem Band.

Allgemeine didaktische Prinzipien	Umsetzung im Seminar (exemplarisch)
Zugänglichkeit / Lebensweltorientierung	aktuelle und dringliche Aspekte der Lebenswelt der Studierenden und der Kinder werden aufgegriffen
Handlungs- und Reflexionsorientierung	Seminarziel: Materialentwicklung mit fachlich-adäquater Reduktion mit Feedbackschleifen
Verbindung formal / material	Verbindung von Projektmanagement und fachlichem sowie didaktischem Wissen einer BNE
Vielperspektivität / Interdisziplinarität	Interdisziplinarität auf der Ebene der Seminarzusammensetzung, der Kollaboration mit Praxispartner*innen und auf inhaltlicher Ebene (Bezugswissenschaften für Klimawandel und Handlungsfelder)
BNE-Prinzipien	
Visionsorientierung	Kriterium für die Materialentwicklung
Vernetztes Lernen	Kriterium für die Materialentwicklung und für die eigene Auseinandersetzung mit den Themen
Partizipationsorientierung	• eigene Schwerpunktwahl und Materialentwicklung • eigenständiges Projektmanagement • eigenständiger Kontakt mit Praxispartner*innen

schaften zusammengesetzt. Im Rahmen des Seminars kooperierten die Lehrenden[6] mit Greenpeace, die das Projekt „Schools for Earth" ins Leben gerufen haben, um Schulen auf dem Weg zur CO_2-Neutralität zu begleiten, und zwei beteiligten niedersächsischen Grundschulen[7]. Das Ziel des Seminars war es, ein Lehr-Lernmaterial zum Thema Klimawandel und CO_2-relevanten Hand-

---

6) Das Seminar wurde von Lina Bürgener, Jan-Ole Brandt und Lydia Kater-Wettstädt durchgeführt.
7) Dies waren die Grundschule am Wingster Wald in Wingst und die Heiligengeistschule in Lüneburg.

lungsbereichen für (diese) Grundschulen zu entwickeln.[8] Wie in dem Seminar BNE-Prinzipien umgesetzt wurden, zeigt die obenstehende Tabelle anhand der oben genannten Kriterien.

Die Gruppen entwickelten im Rahmen des Seminars vielfältige Ideen zur Auseinandersetzung und Annäherung an das Thema Klimawandel und die dafür relevanten Handlungsfelder. Die Gruppen arbeiteten zu Themen wie veganer Ernährung, zu saisonaler und regionaler Ernährung, zum Umgang mit Abfall oder zu Energie. Dabei entstanden sind Materialien zur energetischen Optimierung von Lernorten, Erklär-Videos zum Kohlenstoffkreislauf und den Auswirkungen menschlichen Handelns sowie kindgerechte Anleitungen zum eigenen Erstellen von Erklär-Videos, Anleitungen für ein saisonales oder (veganes) Reste-Kochbuch, selbst komponierte Lieder zum Umgang mit Energie, ein Theaterstück „Wir sind die Kohlenstoffies", aber auch viele Arbeitsmaterialien, z. B. zum Lieblingsgemüse, zu fossilen Brennstoffen und erneuerbaren Energien, zur Hochbeet- und Kompostgestaltung, zur Einbindung einer CO_2-Waage[9] in den Unterricht (um das „Gewicht" von Produkten für den Klimawandel bzw. genauer den CO_2-Kreislauf zu bestimmen), Beobachtungsbögen vom Wochen- und Supermarkt im Vergleich oder zur Dokumentation des eigenen Konsum-, Wegwerf- und Nutzungsverhaltens. Es entstand auch Material dazu, wie ein „Freiraum" oder auch „Zukunftslabor" im Schulalltag verankert werden kann als zweckfreier Forschungsraum der Kinder (angelehnt an das Konzept der „Frei Days"). Denn wo haben Kinder schon einmal die Möglichkeit, daran zu arbeiten, was sie verändern würden, welche Nachhaltigkeitsziele sie verfolgen würden, wenn sie Bundeskanzler*in wären?

Multiprofessionelle Zusammenarbeit für BNE

An dem Beispiel wird deutlich, dass die Realisierung eines pädagogischen Angebots, ob für Lehramtsstudierende oder Grundschüler*innen, sehr gut in Kooperationen gelingen kann und aus dem Zusammenspiel disziplinärer und multiprofessioneller Perspektiven vielfältige, inspirierende Anregungen entstehen können. Die Zusammenarbeit mit Nichtregierungsorganisationen, Vereinen oder engagierten Einzelpersonen ist daher hilfreich für die Bearbeitung der komplexen Fragestellungen und Entwicklung von Problemlösungen (vgl. Stoltenberg 2007). Viele Nichtregierungsorganisationen bringen

---

8) Die Materialien sind seit September 2020 für alle Schulen des Projektes „Schools for Earth" online verfügbar.

9) Diese CO_2-Waage ist vom Verein „Wach auf – eine Welt, deine Welt" entwickelt worden und kann dort ausgeliehen werden. Die Idee ist angelehnt an die Klimawaage, entwickelt von der Behörde für Umwelt und Energie in Hamburg.

z. B. Expertise in Bezug auf das Leben in anderen Ländern mit und können authentisches Wissen, spannende Materialien, Begegnungen oder außerschulische Orte des Lernens anbieten.

Die Zusammenarbeit zwischen Lehrkräften und außerschulischen Organisationen wird besonders lebendig und fruchtbar durch weiterführende Kompetenzen, denn in diesen multiprofessionellen Teams ergänzen sich in der Regel spezifische Perspektiven und Expertisen (Bludau 2016). Zum Repertoire dieser Kompetenzen aufseiten der Lehrkräfte gehört es, die Partner*innen zu sondieren und anzusprechen, Aktivitäten zu organisieren (inkl. einer fachlichen Vorbereitung, der Begleitung und Nachbereitung im Unterricht) sowie die Kooperation mit den Partnern auf Augenhöhe zu gestalten. Nicht zuletzt durch die damit einhergehende Öffnung der Schule in die lokale Bildungslandschaft liefert BNE vielfältige Impulse für eine zukunftsfähige Grundschule.

Literatur

Barth, M. (2015): Implementing sustainability in higher education. Learning in an age of transformation. London [u. a.]: Routledge (Routledge studies in sustainable development). Online verfügbar unter http://lib.myilibrary.com?id=652473.

Barth, M. (2017): Bildung für nachhaltige Entwicklung – (k)ein Thema für den Sachunterricht? In: Gröger, M. u. a. (Hg.): Nachhaltig Handeln lernen im Sachunterricht. Siegen: universi – Universitätsverlag Siegen, 41–58.

Bludau, M. (2016): Globale Entwicklung als Lernbereich an Schulen? Kooperationen zwischen Lehrkräften und Nichtregierungsorganisationen. Opladen [u. a.]: Budrich UniPress Ltd.

Brock, A. (2018): Verankerung von Bildung für nachhaltige Entwicklung im Bildungsbereich Schule. In: Brock, A. u. a. (Hg.): Wegmarken zur Transformation. Nationales Monitoring von Bildung für nachhaltige Entwicklung in Deutschland. Opladen [u. a.]: Verlag Barbara Budrich, 67–115.

Brock, A./Grund, J. (2018): Executive Summary: Bildung für nachhaltige Entwicklung in Lehr-Lernsettings. Quantitative Studie des nationalen Monitorings. Befragung von LehrerInnen. Online verfügbar unter http://www.ewi-psy.fu-berlin.de/einrichtungen/weitere/institut-futur/aktuelles/dateien/executive_summary_lehrerinnen.pdf.

BMZ – Bundesministerium für wirtschaftliche Zusammenarbeit und Entwicklung; KMK – Kultusministerkonferenz (2015): Orientierungsrahmen für den Lernbereich Globale Entwicklung im Rahmen einer Bildung für nachhaltige Entwicklung. Bonn, Berlin.

de Haan, G. (2008): Gestaltungskompetenz als Kompetenzkonzept der Bildung für nachhaltige Entwicklung. In: Bormann, I./de Haan, G. (Hg.): Kompetenzen der Bildung für nachhaltige Entwicklung. Wiesbaden: VS Verlag für Sozialwissenschaften (GWV), 23–43.

Dewey, J. (2000): Demokratie und Erziehung. Eine Einleitung in die philosophische Pädagogik. Herausgegeben und mit einem Nachwort von Jürgen Oelkers (englischsprachige Originalausgabe 1916). Beltz: Weinheim/Basel.

Holfelder, A.-K./Singer-Brodowski, M./Holz, V./Kminek, H. (im Druck): Erziehungswissenschaftliche Fragen im Zusammenhang mit der Bewegung Fridays for Future. In: Zeitschrift für Pädagogik.

Holst, J./Brock, A. (2020): Bildung für nachhaltige Entwicklung (BNE) in der Schule: Strukturelle Verankerung in Schulgesetzen, Lehrplänen und der Lehrerbildung.

Download unter: https://www.ewi-psy.fu-berlin.de/einrichtungen/weitere/institut-futur/Projekte/ESD_for_2030/index.html

Holst, J. / Brock, A./Singer-Brodowski, M./Haan, Gerhard de (2020): Monitoring Progress of Change. Implementation of Education for Sustainable Development (ESD) within Documents of the German Education System. In: Sustainability. 12(10), 4306. https://doi.org/10.3390/su12104306

Klafki, W. (1995: „Schlüsselprobleme" als thematische Dimension einer zukunftsbezogenen „Allgemeinbildung". Zwölf Thesen. Die Deutsche Schule (Beiheft 3), 9–14.

Leach, M./Raworth, K./Rockström, J. (2013): Between social and planetary boundaries: Navigating pathways in the safe and just space for humanity. In: International Social Science Council (Hg.): World Social Science Report 2013: UNESCO Publishing, 84–89. Online verfügbar unter https://www.oecd-ilibrary.org/docserver/9789264203419-en.pdf?expires=1582284226&id=id&accname=ocid54016459&checksum=696E9CA033048DD51A731E900310A8E7.

Michelsen, G./Adomßent, M.(2014): Nachhaltige Entwicklung: Hintergründe und Zusammenhänge. In: Heinrichs, H./Michelsen, G. (Hg.): Nachhaltigkeitswissenschaften. Berlin: Springer Berlin (Springer-Lehrbuch), 3–59.

Muheim, V./Künzli, D.C./Bertschy, F./Wüst, L.(2014): Grundlagenband. Bildung für eine nachhaltige Entwicklung vertiefen. Herzogenbuchsee: INGOLDVerlag.

Schmitt, R. (2019): Bildung für nachhaltige Entwicklung. Eine Aufgabe für alle Fächer und Lernbereiche. Frankfurt am Main: Grundschulverband e. V. (Beiträge zur Reform der Grundschule, 147).

SRU – Sachverständigenrat für Umweltfragen (1994): Umweltgutachten 1994. Für eine dauerhaft-umweltgerechte Entwicklung. Stuttgart: Verlag Metzler-Poeschel.

Stoltenberg, U. (2007): Bildung für eine nachhaltige Entwicklung als regionales Projekt. In: Tradition und Innovation. Frankfurt am Main: VAS Verlag für Akad. Schriften, 80–92.

Stoltenberg, U./Burandt, S. (2014): Bildung für eine nachhaltige Entwicklung. In: Heinrichs, H. und Michelsen, G. (Hg.): Nachhaltigkeitswissenschaften. Berlin [u. a.]: Springer Verlag, 567–594.

Wissenschaftlicher Beirat der Bundesregierung Globale Umweltveränderungen (WBGU) (2006): Die Zukunft der Meere – zu warm, zu hoch, zu sauer. Sondergutachten. Berlin. Online verfügbar unter https://www.wbgu.de/fileadmin/user_upload/wbgu/publikationen/sondergutachten/sg2006/pdf/wbgu_sn2006.pdf

Wulfmeyer, M.(2020): Bildung für nachhaltige Entwicklung im Sachunterricht: Entwicklungen, Eckpfeiler, (Hinter-)Gründe und Ansprüche. In: Wulfmeyer, M. (Hg.): Bildung für nachhaltige Entwicklung im Sachunterricht: Grundlagen und Praxisbeispiele. Baltmannsweiler: Schneider Verlag Hohengehren (Basiswissen Grundschule, 43), 5–32.

Stephan Riegger

Gesunde Schule
Möglichkeiten der Gesundheitsförderung
durch Neugestaltung der Schulhöfe

Gesunde Schule – Anspruch der Kinder und Verpflichtung für Staat und Gesellschaft

Nie gab es eine Generation vor uns, die so viel Wissen über Gesundheit hatte. Dazu muss man nicht mehr in Fachzeitschriften nachschauen, es reicht ein Blick in die populären Frauenzeitschriften, in Wochenblätter oder Beilagen von Tageszeitungen und natürlich auf Hunderte von Internetseiten.

Es gab aber auch zuvor nie eine Generation, die dieses Wissen so oft ignorierte; zum Beispiel, dass Bewegung für die eigene und die Gesundheit von Kindern wichtig ist. Warum fahren Eltern ihre Kinder direkt vor die Schule, anstatt diese wenigstens ein kleines Stück Schulweg selbst laufen zu lassen? Warum sorgen Mütter und Väter, die in den zuständigen Verkehrsämtern beschäftigt sind, nicht für sichere Fuß- und Fahrradwege in der Schulumgebung? Warum vernachlässigen Gemeindevertreter die Pflege von Schulhöfen so lange, bis die Kinder mit Unterschriftenlisten, Zeichnungen und Petitionen auf diese Versäumnisse aufmerksam machen? Warum organisieren Kollegien und Schulleitungen – trotz rhythmisierter Ganztagsschule – nicht mehr Zeit für Bewegung, Spiel, Unterricht, Feste und Versammlungen auf dem Schulhof? An diesen Fragen kann man erkennen, dass offenbar zahlreiche Hindernisse auf dem Weg zu einer gesunden Schule liegen.

Gesundheit und Resilienz
Unser Verständnis von Gesundheit ist seit den 1980er-Jahren von den Studien von Aaron Antonovsky und seinem Konzept der Salutogenese (Entstehung und Erhalt von Gesundheit) geprägt. Seine Erkenntnisse gingen sinnstiftend in die „Ottawa Charta" der WHO (WHO 1986) ein. Dabei geht es nicht mehr um die Vermeidung von Krankheit (Pathogenese), sondern vielmehr um die Frage: Wie erhalte ich mich gesund? Diesem Verständnis unterliegt die Überzeugung, dass jeder Einzelne selbst für seine Gesundheit sorgen kann.

Eine Voraussetzung dafür ist ein an Kompetenzen gebundenes Wissen über Gesundheit und deren Erhalt: Resilienz (Sit 2008; Hellmreich et al. 2016). Beschrieben werden diese Kompetenzen in den sogenannten „Säulen der Resilienz". Gemeint sind u. a. die persönliche Überzeugung, gegenwärtige und auch zukünftige Probleme erfolgreich bewältigen zu können, Verantwortung für sich selbst und andere übernehmen zu können und mit anderen gemeinsam etwas planen und gestalten zu können. Dieses „Können" (Kompetenzen) zu erwerben, ist an Selber-Tun, Selber-Machen, Erfolgserlebnisse und Wirksamkeitserfahrung gebunden. Erfreulich daran ist, dass diese Kompetenzen nicht angeboren, sondern vermittelbar und erlernbar sind. Dazu bedarf es allerdings eines fächerübergreifenden Unterrichts verbunden mit handlungsorientierten Vermittlungsmethoden, die dann in einem bewegungs- und gesundheitsfreundlichen schulorganisatorischen Rahmen ihre Wirkung entfalten können. Dieses übersteigt bei Weitem die Möglichkeiten des Faches Gesundheitserziehung. Wo liegen die Chancen und Möglichkeiten, in Zukunft erfolgreich eine gesunde Schule zu machen? Dazu beitragen kann ein Blick auf Zeit und Raum im Kontext der Schule.

Zeit und Raum in der Schule
Kinder verbringen gegenwärtig einen großen Teil ihrer Lebenszeit in Innenräumen. Der dadurch entstehende Mangel an Bewegung wird durch die langen Stillsitzzeiten und die vorherrschende Methode des Frontalunterrichts noch verstärkt. Die zunehmende Technisierung des Kinderspiels, die Digitalisierung von Schulunterricht und Freizeit werden diesen Trend noch beschleunigen. Die Maßnahmen der Corona-Pandemie schränken die Bewegungsfreiheit noch weiter ein. Durch die Verhäuslichung und die Verinselung der Kindheit verschwindet das Straßenspiel und die sozialen Kontakte vieler Kinder werden beschränkt. Der Mangel an individueller Autonomie führt zu einer drastischen Verringerung des Aufenthaltes im Freien. In der Folge verbreiten sich Übergewicht, Adipositas und Diabetes mellitus epidemisch bei Kindern und Jugendlichen. Auf den gesundheitlichen Wert des Aufenthaltes im Freien für Kinder und Jugendliche verweisen internationale Studien (Dadvand / Pujol / Macià et al. 2018). Beim Spiel im Freien entwickeln sich vermehrt kognitive, soziale und emotionale Kompetenzen. Der positive Einfluss auf eine Abnahme von Übergewicht ist nachweislich vorhanden (Cleland / Crawford et al. 2008).

Ergebnisse neurologischer Studien weisen nach, dass Schulkinder mit häufigem Aufenthalt im Freien ein größeres Volumen in den Hirnregionen aufweisen, die mit den kognitiven Fähigkeiten assoziiert sind. Zudem ist die untersuchte körperliche Aktivität von Kindern und Jugendlichen umso höher, je mehr Zeit sie im Freien verbringen. Eine abwechslungsreiche und naturnahe Gestaltung der Schulhöfe und der unterrichtliche Aufenthalt im Freien sind somit wirksame Instrumente, mit denen die Schule positiv auf die Hirnentwicklung bei Kindern einwirken kann.

Die Ganztagsschule als gesunder Lebens- und Lernort der Zukunft
Die Grundschule der Zukunft ist auch in Deutschland – wie in den meisten Ländern – ganz sicher eine Ganztagsschule. Hierauf richtet der Grundschulverband seine Forderung auf den Zugang zu allseitiger Bil-

Schulhofgestaltung Berlin (vorher – nachher)
Fotos: Grün macht Schule, Senatsverwaltung BJF, Berlin

dung. Diese umfasst „die Erschließung vielfältiger kultureller und ästhetischer Erfahrungen in Bereichen wie Literatur, Kunst, Musik und Bewegung" (Grundschulverband 2019, 2). Die Rahmenbedingungen dafür herzustellen ist Aufgabe des Staates, mit den Ländern, Kommunen und Gemeinden (UN Kinderrechtskonvention 1989). Die Unterzeichnerstaaten der UN-Kinderrechtskonvention übernehmen auch die Verantwortung für die Gesundheit der Kinder und den sorgfältigen Umgang mit Zeit, Raum und den natürlichen Ressourcen. In der Folge verpflichtet das die am Schulbau beteiligten Verwaltungen zur Ausgestaltung des Schulhofes als Ort der Gesundheitsförderung, Bewegungserziehung und zur Ausstattung als Lehr- wie Lernraum.

Der Schulhof – ein didaktisches Instrument

Die Schulen sind im Gegenzug aufgerufen, den Schulhof als ein didaktisches Instrument intensiv zu nutzen, damit sich die Grundschule in Zukunft weiter zu einem Erfahrungsraum und Modell einer gesunden und nachhaltigen Lebensgestaltung entwickeln kann. Sie ist der Ort, an dem Kinder lernen, sorgsam und kompetent mit ihrer Gesundheit und den Ressourcen ihrer Lebenswelt umzugehen. In diesem Zusammenhang wird auf die Bedeutsamkeit der Qualifizierung dieses spezifischen Raumes in der Literatur vielfältig hingewiesen. Aktuell wird die Diskussion um eine Orientierung des Spiels, Sport- und Bewegungsunterrichts an dem Konzept der Salutogenese geführt. Damit verbunden ist die Aufforderung, die Bewegungspotenziale des Schulhofs näher zu untersuchen (Probst 2020, 243, 246). Dafür gibt es genügend Beispiele, die das Potenzial der Schulhöfe als gestalteten Bewegungsraum mit didaktischen Funktionen sichtbar machen (Alberts 2020, 252 u. 257).

Gesundheitsförderung, Bewegungserziehung und soziale Integration: Dafür brauchen die Schule, die Pädagoginnen und Pädagogen, Schülerinnen und Schüler Freiraum, Platz für Gestaltung, Eigentätigkeit und Entscheidungsfreiheit, damit sich die intendierten Wirkungen entfalten können – eine Chance auf Gesundheit. Hierauf werde ich im Folgenden am Beispiel der Gestaltung gesundheitsförderlicher Schulhöfe ausführlicher eingehen.

Teil 2: Möglichkeiten der Gesundheitsförderung durch Neugestaltung der Schulhöfe

Schulhof und Sportunterricht: Ausgleich für Bewegungsmangel?

Seit den 1980er-Jahren werden in Fachzeitschriften für Sportwissenschaft, Pädagogik, Schule oder Pädiatrie die gesundheitlichen und motorischen Defizite von Kindern und Jugendlichen als alarmierend, in den 1990er-Jahren als epidemisch beschrieben. Der Zusammenhang zwischen Bewegungsmangel und Übergewicht ist mit den Statistiken der WHO seit Jahrzehnten evidenzbasiert. Seit 1969 wird der Schulsport als Mittel für den Ausgleich benannt

(Paschen 1969; Obst/Bös 1998): gleichsam als „Kompensatorium" oder „Medizin" gegen das Stillsitzen im Frontalunterricht. Der zeitliche Umfang des Schulsports beträgt in der Regel zwei- bis dreimal pro Woche 45 Minuten – vorwiegend in der Sporthalle. Aber wie viel Bewegungszeit steckt wirklich drin im Schulsport? Nach Umkleidezeit, Geräteaufbau, Mannschaftsbildung, Ordnungsrufen, Anwesenheitsprüfung, Stundenthema bleibt pro Kind eine intensive Bewegungszeit zwischen 3 bis 4 Minuten – meist noch weniger. Das reicht nach den Maßstäben der WHO bei Weitem nicht aus.[1]

Der Schulhof: ein Missverständnis

Der Schulhof ist bildungspolitisch wirksam: im positiven und im negativen Sinne. Die Bewegungsbedürfnisse von Kindern und Jugendlichen sind wie Hunger nach Vielfalt, Abwechslung, Herausforderung, Spannung und sinnlichen Erlebnissen. Das alles lässt sich nicht mit dem vielerorts noch üblichen „Einheitshof" zufriedenstellen.

Spielwüste – die alltägliche Tristesse des Schulhofes (Foto: Riegger 2020)

Bewegung ist für Kinder eine anthropologische Entwicklungskonstante. Erwachsene bezeichnen das als „Bewegungsdrang", dem man Raum und Zeit zum „Abtoben" zumessen muss. Mit unkontrollierten Bewegungen ist allerdings keine sensorische Integration oder die Ausbildung von motorischen

---

1) Laut WHO müssen sich Kinder und Jugendliche (5 bis 17 Jahre) täglich mindestens 60 Minuten mäßig bis kräftig bewegen.

Kompetenzen zu erreichen. Die Ausstattungsmodelle für schulische Räume und Kitas (innen wie außen) folgen bislang weitgehend den rational gestalteten und DIN-genormten Modellen von IKEA und der Bewegungskatalogware von Ehrhardt, Thieme u. a.: fantasielos, wirkungslos, rückwärtsgewandt. Das macht den Schulhof zu einer Hygieneeinrichtung – zu einem „Bewegungs-Abort". Diese Einstellung hat gravierend negative Folgen: für die Atmosphäre, den Lernerfolg an den Schulen und die Gesundheit der Schülerinnen und Schüler.

… Schulhof: Was er nicht ist!

kein Abort für „Bewegungsdrang"	kein Spielplatz
kein Sportplatzersatz	kein Projekt
keine Teppichstange zum „Ausklopfen" des Bewegungsdrangs	kein Butterbrotplatz und keine Frischluftschleuse

… Schulhof: was er nicht ist! (Riegger 2020)

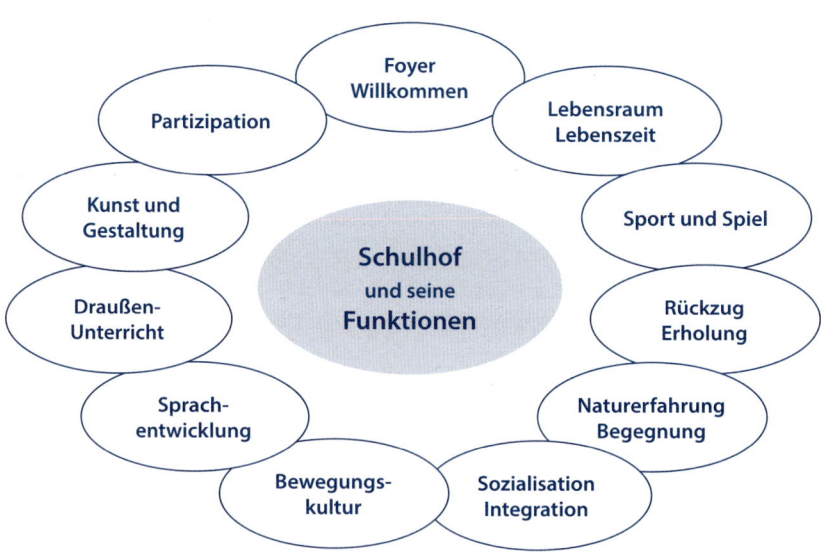

Der Schulhof und seine Funktionen (Riegger 2020)

Schulhof als Seismograf für die gute gesunde Schule

Am Geschehen auf den Schulhöfen kann man die Auswirkungen bildungspolitischer Versäumnisse beobachten. Zu erkennen sind alle Anzeichen für die strukturell-administrative Verwahrlosung und Fehlfunktionen politischer Zuständigkeitsstrukturen der Vergangenheit. In der fantasielosen Eintönigkeit der Ausstattung mancher Schulhöfe spiegelt sich auch die Unaufmerksamkeit gegenüber den ethnischen Bewegungskulturen der Stadtgesellschaft wieder. Der Schulhof kann als ein Seismograf für erfolgreiche oder misslungene gesellschaftliche Integration verstanden werden. Verkannt werden die vielfältigen und pädagogisch wertvollen Funktionen, die in diesem speziellen Raum eingebettet sind.

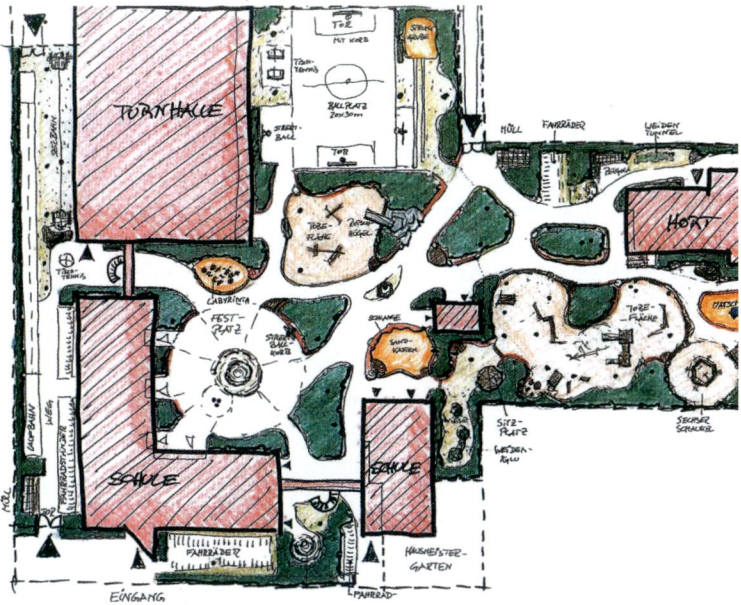

Alternativer Schulhofplan (Grafik: M. Dietzen, Landschaftsarchitekt)

Alternativen zum „sportiven" Schulhof

Die klassischen DIN-Norm-orientierten Kleinsportanlagen auf den Schulhöfen perpetuieren das Schulsportmodell der 1960er-Jahre oder noch früherer Epochen. Sie lassen kaum Platz für Anpassungen an neue Formen der aktuellen Bewegungskultur. Zu fragen ist daher, wie die Schulhöfe auf „Zukunft" vorbereitet werden können.[2] Naturnahe Alternativen zu normierten Sport-

---

[2] Berlin und Hamburg bauen aktuell neue Schulen, Schulsporthallen und Schulhöfe. Eine grundsätzliche Abkehr von dem klassischen DIN-genormten Schulsportprogramm ist dabei nicht vorgesehen.

Lauf- und Rollstrecken, Finn- und Rasenbahn
(Foto: Riegger 2002, gemeinsamer Schulhof der Biesalski Grund- und Sonderschule und der Quentin-Blake-Europaschule, Berlin)

anlagen sind aus den 1980er-Jahren bekannt (Koch / Meyer-Buck 1997) und von der KMK (Institut für Normierung 2002, 68 ff.) veröffentlicht worden.

Diese Modelle sind nicht in die verbindlichen Planungsrichtlinien der zuständigen Behörden aufgenommen worden. Auch haben die Vorschläge kaum Aufmerksamkeit bei den Schulbau-Architekten gefunden; die sogenannte „pädagogische Architektur" reklamiert Malaguzzis „Dritten Pädagogen" – aber der Schulhof wird immer noch ausgeblendet (Roßmann 2018). Schulen mit definiertem sportlichem Profil und Kooperation mit Sportvereinen brauchen Sportanlagen – auch wenn sich die Ziele zwischen Schul- und Vereinssport zunehmend deutlicher unterscheiden. Den Mangel an motorischen Grundlagen beklagen Schul- und Vereinssport gleichermaßen. Eine Lösung für den Ausgleich motorischer Defizite liegt in einer intelligenten, spiel- und bewegungsfreundlichen Planung der Schulhöfe (Gardner 1993). Erst dann kann der Dritte Pädagoge seine Wirkung entfalten.

Schulhof – freies Spiel im „Restraum"?

Der Schulhof steht nicht oben auf der Agenda der Bauverwaltungen. Die Vergabe an Landschaftsplaner geschieht häufig dann, wenn der „Kuchen" (d. h. der Platz auf dem Schulgelände) schon verteilt ist – ein typischer Fall von Restraumverwaltung. Aktuell wird in vielen Bundesländern in den für Schulbau zuständigen Hochbauabteilungen versucht, neben der weiteren Standardisierung des Schulbaus auch den Schulhof zu standardisieren. Vergleichbar mit den Ausstattungsplänen für die Sporthallen gibt es auch für den Schulhof Ausstattungslisten (Senatsverwaltung für Bildung, Jugend und Familie 2019). Der konzeptionelle Mangel zeigte schon in der Vergangenheit, was mit vorgeschriebenen DIN-genormten Kleinsportanlagen passiert.

Im Planungsfinale verlieren das freie Spiel und der Naturerfahrungsraum der Kinder viel zu häufig gegen den Platzbedarf für Feuerwehrzufahrten,

Vernachlässigte Sport-Kleinanlagen (Fotos: Riegger 2020, Berlin-Charlottenburg)

Müllplatz und Lehrerparkplatz. Die Qualitätsmerkmale für einen bewegungsfreundlichen Schulhof und dessen gesundheitliche Nutzungschancen kommen dabei unter die Räder.

Partizipation: eine pädagogische Methode zur Gesundheitsförderung

Die Schülerinnen und Schüler brauchen Freiräume, Platz für Gestaltung, Eigentätigkeit, Spielraum und Handlungsfreiheit für eigene Entscheidungen. Salutogenese und Resilienz-Forschung sprechen von der Notwendigkeit, Wirksamkeitserfahrungen zu machen, unter anderem auch bei der Mitwirkung an der Schulraumgestaltung. Der pädagogisch begleitete Prozess der Planungs- und Realisierungsbeteiligung wirkt sich nachhaltig positiv auf die gesundheitliche Stabilität von Kindern und Jugendlichen aus.

Daher gilt für eine gesunde Schule mit Zukunft: Die Mitwirkung an der Schulraumgestaltung ist ein pädagogisches und ein bildungspolitisches Prinzip (vgl. Hofmann 2014; Montag-Stiftung 2017). Der Schulhof als didaktisches Instrument bietet vielfältige Möglichkeiten, Beteiligungsformen in der

Schulhof als didaktisches Instrument

Schulprofil	Bildungsziel: Gesundheit
Salutogenese	Resilienz-Kompetenzen

Praxis	Praxis	Praxis
Partizipation	Integration	Unterricht
Methoden	Freies Spiel	im Freien

Schulhof als didaktisches Instrument (Riegger 2020)

täglichen Schulpraxis fächerübergreifend zu realisieren. Leider findet Planungsbeteiligung für die Schulhöfe zu häufig als einmalige Anstrengung und in unregelmäßigen Abständen statt. Dieses Vorgehen ist nicht zielführend für die Entwicklung von Resilienz und bürgerschaftlichen Handlungskompetenzen. Vielmehr überfordert und frustriert es häufig die Kollegien und erzeugt Widerstand und Ablehnung.

Beteiligung an der Schulhofplanung will gelernt sein
Partizipation ist eine Methode, deren Erfolg von den Kompetenzen aller Beteiligten abhängig ist. Wenn Planungs- und Realisierungsbeteiligung gelingen soll, müssen die Beteiligten sich die dafür notwendigen Kompetenzen aneignen oder sich durch entsprechende Fortbildungen darauf vorbereiten (Senatsverwaltung 2019b). Die in den Partizipationsverfahren enthaltenen bildungs- und gesundheitspolitischen Werte verlangen, dass Kinder und Jugendliche in ihrer Schulzeit wenigstens einmal daran teilgenommen haben. Daher ist eine konzeptionelle und curriculare Einbindung von Planungs- und Realisierungsverfahren in das Schulprogramm notwendig.

Kompetenzen für die Planungsbeteiligung
Die Lehrkräfte sind bei Schulhofplanungen (wie auch beim Schulbau) häufig die Letzten in der Beteiligten-Pipeline. Kompetenzen für die Planung und Nutzung haben sie in der Regel nicht. Dieses Thema kommt in der Lehrkräfteausbildung an den Universitäten nicht oder nur zufällig vor. Zudem

Bewegung im Naturerfahrungsraum, Gleichgewicht
(Foto: Riegger 2020, Erlebnisspielplatz Reuchlinstr., Berlin Moabit)

Intelligente Schulhofplanung – normfrei gestaltet (Foto: Riegger 2018)

fehlt es an den Kompetenzen für den „Draußenunterricht" (Gräfe et al. 2015). Lehrkräfte tun sich daher oftmals schwer, fachbezogene Ziele für die Nutzung des Schulhofs zu formulieren. Für die Konzeption des Schulhofs mit Zukunft ist das aber eine zentrale Aufgabe, die den Übergang von einem Bewegungsraum zu einem didaktischen Instrument hervorbringt.

Schulhof: intelligent gemacht – macht intelligent

Die motorischen Kompetenzen, wie z. B. das Gleichgewicht, entwickeln sich besser über eine die flexible Fußarbeit herausfordernde Gestaltung der Bodenflächen. Die Beschaffenheit des Untergrundes spielt bei der Entwicklung der Gleichgewichtskompetenzen und der Herausbildung der Selbstschutzreflexe eine entscheidende Rolle. Die wiederholte Nutzung sowie die Steigerung von Tempo und Komplexität der Bewegungen erzeugen die gewünschten Effekte. Die naturnahe Gestaltung eröffnet viele Herausforderungen, bei denen sich die motorischen Handlungskompetenzen spielerisch und ohne direkte Anleitung entwickeln können. Die Beziehungen zwischen den Gleichgewichtskompetenzen und den schulischen Leistungen wurde durch eine Studie aus Hessen nachgewiesen (Hessisches Kultusministerium 2012).

1. Doppelstundenblock	8:10 – 9:40	Klassenlehrer	E	M	D	Bio
20 min Pause	20 min Pause	20 min Pause	20 min Pause	20 min Pause	20 min Pause	20 min Pause
2. Doppelstundenblock	10:00 – 11:30	E	M	R	M	D
20 min Pause	20 min Pause	20 min Pause	20 min Pause	20 min Pause	20 min Pause	20 min Pause
3. Doppel- & Einzelstundenblock	11:50 – 12:35 12:40 – 13:25	Mathe ------------ Deutsch	Sport- unterricht	**Ganztags- thema**: Bewegung, Entspannung, Gesundheit, Spiele …	Englisch --------- Fach- unterricht	Mathe ----------- Eng
55 min Pause	55 min Pause	55 min Pause	55 min Pause	55 min Pause	55 min Pause	55 min Pause
4. Nachmittagsblock	14:15 – 15:45	Nachmittags- angebote	Kunst	Fach- unterricht	Nachmittags- angebote	

Rhythmisierter Tages- und Wochenablauf; Tagestakt-Muster 5. Klasse

Schulhof intensiv nutzen – Gesundheit fördern
Für eine systematische Nutzung des Schulgeländes im Sinne der Salutogenese braucht die Grundschule mit Zukunft ein entsprechendes rhythmisiertes Zeitmanagement, mit dem diese Chancen für die Intelligenzentwicklung in den Tagesablauf und in Wochenpläne eingearbeitet werden (vgl. Ramseger 2009).

Ausstattungs- und Qualitätsmerkmale für den Schulhof
Wesentlich für die motorische Entwicklung im freien Spiel auf Schulhöfen (und Spielplätzen) sind Gestaltungen und Einrichtungen zur Rotation, Translation und Hand-Auge-Koordination (Zielwurf, Werfen, Fangen), Heraus-

Kletterwand outdoor (Foto: Riegger 2018, Kurt-Schumacher-GS, Berlin)

forderung von Kraft (Klettern), Ausdauer, unterschiedliche Untergründe (Flexibilität und Selbstschutzreflexe), kurvige Laufwege (Geschicklichkeit), nicht normierte Treppen (Aufmerksamkeit, Reaktionsschnelligkeit) und Anreize für die Beweglichkeit (Gebüsch, Tunnel …).

Vertikale Räume nutzen: Räume und Einrichtungen sind in ihren Funktionen wandelbar. Durch die flexibel einsetzbaren Klettergriffe können bestehende Wände aktiviert werden. Besonders für Schulhöfe mit Platzmangel oder verwinkelten Resträumen ist die Anlage empfehlenswert.

Kletterwand indoor
(Foto: Riegger 2015, Kita Lobeckstr., Berlin-Moabit)

Dazu eignen sich Boulder-Anlagen (horizontales Klettern). Sie sind platzsparend und brauchen nach Einführung der Regeln und der Sicherheitsbestimmungen keine Betreuung mehr. Die Aufsicht kann aus der Distanz erfolgen. Diese Art der Kletteranlage ist sowohl für freies Spiel als auch für den Unterricht geeignet (Riegger 2019, 26–28). Didaktische Konzepte für Bewegtes Lernen in vielen Fächern, z. B. Geografie, Mathematik, Sprachen u. a. liegen vor.

Veränderbare Spielszenarien: Die „Bewegungsbaustelle" (Riegger 2008) gehört seit geraumer Zeit zu den didaktischen Instrumenten für Innen- und Außenräume von Schule und Kita. Die Vielfalt der Gestaltungs- und Spielmöglichkeiten eröffnet für die Kinder einen großen Raum für krea-

Bewegungsbaustelle bauen,
lernen und zusammen spielen
(Foto: Riegger 2015, Treviso-Marktplatz)

tive Aktivitäten. Die Beobachtungskriterien für die Entwicklung von Spielkompetenzen werden in den didaktischen Begleitmaterialien zur Verfügung gestellt. Stundenmodelle erleichtern den gezielten Einsatz für besonders benachteiligte Kinder (Motorik, Sprache, soziales Verhalten).

Bewegungsbaustelle Typ outdoor
(Foto: Juds, FSD Lwerk Berlin Brandenburg gGmbH, 2018)

Der Schulhof mit Zukunft braucht neue Zuständigkeiten

Lernen findet immer statt. In Anlehnung an P. Watzlawicks Kommunikationsaxiome könnte man formulieren: „Kinder können nicht „nicht" lernen …". Das erhöht die Bedeutung der „Wirkungszeit" des Schulhofes. Aus dieser Erkenntnis ergeben sich auch Konsequenzen für die offizielle Zuständigkeit. Die zuständigen Grünflächenämter der Kommunen sind mit ihren Aufgaben

Draußenunterricht (Foto: Grün macht Schule, Senatsverwaltung BJF, Berlin)

bereits überlastet. Ihre engen Budgets erlauben nur eine oberflächliche Pflege der Schulhöfe. Zu empfehlen ist daher, die Zuständigkeit verwaltungstechnisch neu zu verorten und den Schulen in Zukunft die Entscheidung über die Gestaltung und Nutzung ihres Schulhofs selbst zu überlassen. Die Pflege, der Erhalt sowie Neu- und Umplanungen sollten entsprechend personell und finanziell angemessen ausgestattet werden, damit die Schulen diese wichtige gesundheits- und gesellschaftspolitische Zukunftsaufgabe bewältigen können.

Zusammenfassung

Erkennbar ist heute, dass der Schulhof von den am Schulbau Beteiligten in seinem pädagogisch-gesellschaftlichem Funktionswert erst noch erkannt werden muss. Die Bedeutung einer pädagogischen Schulbauplanung muss daher den Schulhof als didaktisches Instrument für Lehren, Lernen und Gesundheitsförderung ernst nehmen. Erst dann können für die aktuellen Planungen von neuen Schulen und deren Außenräume die richtigen Konsequenzen gezogen werden. Die wissenschaftlichen Ergebnisse für die positiven Auswirkungen des Aufenthalts im Freien sind bekannt. Die Schule ist der richtige Ort, um den sitzenden Lebensstil der Lernenden zu überwinden: mit einer bewegungsfreundlichen Unterrichtsgestaltung, gestützt durch einen für den Draußenunterricht „attraktivierten" Schulhof mit hoher Aufenthaltsqualität.

Literatur

Alberts, H.: Sport und Bewegung in offenen Ganztagsschulen. In: Hecker, U., Lassek, M., Ramseger, J. (Hg., 2020), 251–261.

Cleland, V. / Crawford, D. / Baur, L. A. / Hume, C. et al. (2008): A prospective examination of children's time spent outdoors, objectively measured physical activity and overweight. In: International Journal of Obesity, 32 (11), 1685–1693.

Dadvand, P. / Pujol, J. / Macià, D. / Martínez-Vilavella, G. / Blanco-Hinojo, L. / Mortamais, M. et al. (2018): The Association between Lifelong Greenspace Exposure and 3-Dimensional Brain Magnetic Resonance Imaging in Barcelona Schoolchildren. In: Environmental Health Perspectives. https://doi.org/10.1289/EHP1876.

Gardner, H. (1983): Frames of mind: The theory of multiple intelligences. New York: Basic Books.

Gräfe, R. / Harring, M. / Sahrakhiz, S. / Witte, M.D. (2015): Lernen und Bildung in der Draußenschule. In: Die Grundschulzeitschrift. 29. Jg., H. 287, 10–15.
Auch online im Archiv Frühe Bildung Online: https://fruehe-bildung.online/grundschule/paedagogische-praxis/lernen-und-bildung-in-der-draussenschule.

Grundschulverband (2019): Kinder – Lernen – Zukunft. Anforderungen an eine zukunftsfähige Grundschule. Frankfurt a. M.: Grundschulverband e. V.
Online-Publikation: https://grundschulverband.de/unsere-themen/anforderungen-zukunftsfaehige-grundschule/

Hecker, U. / Lassek, M. / Ramseger, J. (Hg., 2020): Kinder lernen Zukunft. Anforderungen und tragfähige Grundlagen. Beiträge zur Reform der Grundschule Bd. 150. Frankfurt: Grundschulverband e. V.

Helmreich, I. / Lieb, K. / Nitsch, R. (2016): Resilienzforschung am Deutschen Resilienz-Zentrum Mainz. In: Journal Gesundheitsförderung, H. 1, 58 ff.

Hessisches Kultusministerium (Hg., 2012): Das Projekt „Schnecke – Bildung braucht Gesundheit" 1. http://www.bildung-kommt-ins-gleichgewicht.de/index.htm

Hofmann, S. (2014): Partizipation macht Architektur. Die Baupiloten – Methode und Projekte. Berlin: Jovis.

Institut für Normierung e. V. (Hg., 2002): Spielplätze und Freizeitanlagen. 6. Aufl., Berlin: Beuth.

Koch, J. / Meyer-Buck, H.(1997): Naturnahe Gestaltung von Spielanlagen und Sportanlage. Zukunftsorientierte Sportstättenentwicklung, Bd. 3. Berlin: ZNWB.

Montag Stiftung Jugend und Gesellschaft (Hg., 2017): Schulen planen und bauen 2.0. Grundlagen, Prozesse, Projekte. Berlin: Jovis und Seelze: Friedrich Verlag.

Obst, F. / Bös K. (1998): Mehr Unterrichtszeit im Schulsport: die tägliche Sportstunde. In: Sportpädagogik 22, H. 1, 12–14.

Paschen, K. (1969): Die Schulsport-Misere. Gedanken und Pläne zur „Täglichen Turnstunde". Braunschweig: Westermann.

Probst, A.: Tragfähige Grundlagen: Bewegung und Sport. In: Hecker, U., Lassek, M., Ramseger, J. (Hg., 2020), 241–261.

Ramseger, J. (2009): Rhythmisierung – der Versuch, eine gute Zeitstruktur zu finden. In: Appel, St. et al. (Hg.): Jahrbuch Ganztagsschule 2009: Leben, lernen, leisten. Schwalbach: Wochenschauverlag, 121–130. Online: http://tinyurl.com/ramseger-rhythmisierung

Riegger, St. (2008): Das Recht auf eine eigene Beule. Kinder als Bewegungsbauarbeiter. In: Praxis Förderschule. 3. Jg., H. 1, 8–12; Neuauflage in: Praxis Grundschule extra. Bewegung in der Schule. Ideen und Anregungen für den Schulalltag, Westermann 2017, 17–21.

Riegger, St. (2019): Die Bewegungsbaustelle und die Kletterwand. Berlin: LWerk. online: http://www.lwerk-berlin.de/wp-content/uploads/2017/06/ukb_bewegungsbaustelle_2013.pdf

Roßmann, N. (2018): Der Raum als „dritter Pädagoge". Über neue Konzepte im Schulbau. Bonn/Berlin: Bundeszentrale für politische Bildung. Online-Publikation: https://www.bpb.de/lernen/digitale-bildung/werkstatt/278835/der-raum-als-dritter-paedagoge-ueber-neue-konzepte-im-schulbau

Senatsverwaltung für Bildung, Jugend und Familie Berlin (Hg., 2019a): Musterfreiflächenprogramm Grundschule. Berlin. Online-Publikation: https://www.berlin.de/schulbau/neubau/planungsvorgaben/musterprogramme-782451.php

Senatsverwaltung für Bildung, Jugend und Familie Berlin (Hg., 2019b): Partizipation im Schulbau. Mitgestaltung, Mitwirkung, Mitbestimmung. Berlin: Online-Publikation. https://www.berlin.de/schulbau/aktuelles/partizipation-im-schulbau_web.pdf

Sit, M. (2008): Resilienz – Was Kinder stark macht. Wien: Dorner. Online-Publikation: https://tinyurl.com/sit-resilienz.

UN-Kinderrechtskonvention (2018). Online: https://www.kinderrechtskonvention.info/

WHO (1986): Ottawa Charta for Health Promotion. Ottawa. Online-Publikation https://www.who.int/healthpromotion/conferences/previous/ottawa/en/

Ulrich Bosse / Rainer Devantié / Ulrich Gebhard / Yasmin Goudarzi / Torsten Hoke / Ulrike Quartier / Jess Rehr / Ian Voß

Natur in der Schule
Teil I: Bedeutung, Idee, Konzept

Die meisten Menschen halten sich gern draußen auf und genießen den Aufenthalt in der Natur. Naturerfahrungen gelten als gesundheitsfördernd und sind positiv für die seelische und körperliche Entwicklung, ebenso für das Bewusstsein für eine nachhaltige Entwicklung. Sinnliche Erfahrungen in der Natur sind ortsunabhängig wertvoll. Ein Gefühl, aufgehoben, willkommen und zu Hause zu sein, kann helfen, Mut zu fassen. Jedoch wird vielfach in unserer Lebenswelt dieses Wohltuende zu wenig genutzt und dem Bedürfnis nach Naturbegegnung kaum nachgegangen. Die Gelegenheiten zum Kontakt zu „unberührter und ursprünglicher" Natur im Sinne relativ naturbelassener Flächen nehmen seit vielen Jahren ab. Die Bedeutung von Naturerfahrungen sind nicht eine gesellschaftliche und individuelle Herausforderung, sondern müssen auch in Zusammenhang von Schule neu gedacht werden bzw. als Aufgabe von Schule angesehen werden.

In unserer hoch entwickelten und technisierten Welt befindet sich unser Lebensumfeld in fortschreitendem Wandel. Vielerorts wurden und werden naturbelassene Räume abgelöst und bis dahin vielfältige und lebendige Natur durch funktionale und gestaltete Umgebung ersetzt. Oft bleiben nicht genügend Flächen, um die Begegnung mit der Vielfalt und verlässlichen Stabilität in der Natur zu ermöglichen. Hinzu kommen Veränderungen von Familien, sowohl hinsichtlich ihrer Struktur als auch bezüglich des Familienlebens. Kinder leben heute zum Teil an mehreren Wohnorten mit jeweils unterschiedlichen Familienmitgliedern. Eltern stehen häufig vor der Herausforderung, ihren Kindern eine ihnen Halt gebende Umgebung zu bieten und sich selber gleichzeitig beruflich und persönlich zu entwickeln. Diese Lebensweise benötigt ein hohes Maß an Struktur, um die vielfältigen Bedürfnisse organisatorisch zu bewältigen und eine gewünschte Lebensqualität zu gewährleisten. Vielfach bleibt dabei für unreglementierte und beiläufige Naturerfahrungen wenig Zeit. In dieser Situation kommt für die einzelnen Menschen das Bedürfnis nach Freiheit, Unstrukturiertheit, heilsamer Langeweile und daraus resultierender, von innen wachsender Kreativität oft zu kurz. Des Weiteren stehen Kinder und Jugendliche mit diesen ständigen Bewegungen in ihrem Umfeld vor der anspruchsvollen Aufgabe, der Vielfalt menschlichen Lebens gerecht zu werden und „am Ball" zu bleiben. Um dem Wunsch nach Teilhabe zu entsprechen, muss der Kontakt zu der sich rasant entwickelnden, oftmals medialen Welt gehalten, müssen die als notwendig angesehenen

Informationen erlangt, eingeordnet und auch verstanden werden. Es ist nicht leicht, dabei die richtige Dosierung zu finden, um Ermüdung und Erschöpfung durch einseitige Beanspruchung vorzubeugen und dem Wunsch nach Partizipation, Flexibilität, Spontanität und Veränderung gerecht zu werden. Regelmäßiger Naturkontakt ist hierfür von großer Relevanz.

Da Kinder und Jugendliche durch den Ganztagsschulausbau einen erheblichen und zunehmenden Teil ihrer Lebenszeit in der Schule verbringen, ist dort auch ein wichtiger Ansatzpunkt, um Naturbegegnungen wieder alltäglich werden zu lassen. Gleichzeitig bietet dieser Umstand die Möglichkeit, „alle" zu erreichen. Das regelmäßige Aufsuchen und Nutzen von naturnahen Räumen während der Schulzeit kann Naturbegegnungen und -erfahrungen wieder zum Teil des Lebens eines jeden jungen Menschen werden lassen, unabhängig von den Umständen, die ihn oder sie umgeben. Und dadurch wiederum wären auch jedem jungen Menschen die darin liegenden Bildungs- und Entwicklungschancen geboten. Dies zu ermöglichen und das entsprechende Angebot für vielfältige Kontakte zur Natur zu schaffen, sehen wir als wichtige Aufgabe von Schule.

Ausgehend von diesen Annahmen fokussieren wir in unserer Konzeption zwei zentrale Herausforderungen mit der heranwachsenden Generation. Es handelt sich dabei zum einen um die vielerorts beklagte Sinn- und Motivationskrise schulischen Lernens und zum anderen um die ebenfalls häufig konstatierte Naturferne von Kindern und Jugendlichen. Beide eigentlich unabhängigen Probleme können durch die Idee *„Natur in der Schule"* auf konstruktive Weise aufeinander bezogen werden, und zwar mit dem Ziel, zum einen positive Naturerfahrungen zu ermöglichen und zum anderen günstige Rahmenbedingungen für (fachliche) Lern- und Bildungsprozesse zu schaffen. Wir gehen dabei davon aus, dass Natur etwas ist, das Kindern, Jugendlichen und Erwachsenen in einem sehr komplexen und tiefen Sinne guttut, und zwar, indem es Wahrnehmungsraum und Sinninstanz (Gebhard 2014) zugleich ist. Zusätzlich

---

Während einer Tagung der Bielefelder Schulprojekte Laborschule und Oberstufen-Kolleg gemeinsam mit dem WWF im März 2017 entstand der Kontakt zu einer Hamburger Forschungsgruppe um Prof. Dr. Ulrich Gebhard. Aus dieser Verbindung ist unser gemeinsames Projekt *„Natur in der Schule"* entstanden, das an einem konzeptionellen Arbeitsschwerpunkt zum Bereich von Naturerfahrungen und Naturverbindung in der Schule sowie einem Forschungsvorhaben zu den Auswirkungen solcher Maßnahmen auf schulische Lern- und Entwicklungsprozesse arbeitet. Inspiration und Grundlage unseres Vorhabens stellt die langjährige Praxis an der Bielefelder Laborschule dar. Die Kinder der Eingangsstufe gehen dort regelmäßig in einem erheblichen Zeitumfang mit einer naturpädagogisch ausgebildeten Person in die umliegende Natur. Die dort erlebten Themen und Fragen werden im Rahmen des schulischen Unterrichts mit den Lehrpersonen und den Naturpädagogen aufgegrif-

ist auch von einem Einfluss von Naturerfahrungen auf das soziale Klima in der Schule im Allgemeinen und sozialen Fähigkeiten im Besonderen auszugehen.

Unsere zentrale Idee beruht auf der Annahme, dass in der Schule regelmäßige, selbstbestimmte, weitgehend unreglementierte Naturaufenthalte auf vier Ebenen positive Auswirkungen haben:

Naturerfahrungen fördern Lern- und Bildungsprozesse

Bei den Begegnungen mit der Natur wird weitgehend auf eine unmittelbare, gezielte Einbindung an fachliche Lernprozesse verzichtet und trotzdem – das sind zumindest die langjährigen Erfahrungen an der Laborschule Bielefeld – profitieren davon die inhaltlichen Lernprozesse für so gut wie alle Schülerinnen und Schüler in den verschiedensten Fächern. Wir gehen dabei davon aus, dass das Erleben der vielfältigen und komplexen Abläufe in der Natur zu einem elementaren Ankerpunkt in der Lernbiografie der Schülerinnen und Schüler werden kann, wodurch fachliche Lern- und Bildungsprozesse inspiriert werden können. Dies ist umso bemerkenswerter, als angesichts mehrerer Stunden in der Woche, die die Kinder der Eingangsstufe wildnispädagogisch betreut in der Natur verbringen, natürlich für das Unterrichten der klassischen Kulturtechniken und den Fachunterricht weniger Zeit bleibt. Diese Erfahrungen werden geteilt u. a. vom Projekt „Industriewald" (Augsburg 2004) und in Konzepten von Grundschulen, die von der Universität Siegen begleitet wurden (Schüler 2003).

Dieser in gewisser Weise unspezifische Lerneffekt soll in unserem Forschungsprojekt (Teil III unserer Beiträge in diesem Band) genauer betrachtet werden. Das zeigt Ähnlichkeiten mit der Wirkung von sogenannten „Alltagsphantasien" (Gebhard 2015). Diese Phantasien umfassen Assoziationen und Intuitionen, die ein Lerngegenstand auslösen kann, die allerdings häufig im Unterricht „exkommuniziert" werden, weil sie scheinbar das Lernen behin-

fen und vertieft (vgl. Bosse/Quartier 2020). Außerdem betreiben Laborschule und Oberstufen-Kolleg gemeinsam den „Alten Schulgarten", an dessen Ort unterschiedliche Projekte und Vorhaben zur Naturverbindung beider Schulen stattfinden.
In diesem Band stellen wir unsere Arbeit und unsere Ideen auf drei Ebenen vor. Im ersten Teil beginnen wir mit der Bedeutsamkeit unseres Konzepts, um unsere theoretischen Ausgangspunkte zu verdeutlichen. Im zweiten Teil liegt der Schwerpunkt auf der Darstellung der konkreten praktischen Arbeit, die täglich in der Laborschule und im Oberstufen-Kolleg stattfindet. Der dritte Teil fokussiert abschließend unser Forschungsvorhaben. Hier werden besonders die Fragestellungen und das Forschungsfeld betrachtet. Wir erhoffen uns von den Ergebnissen Hinweise auf eine gute Verbindung zwischen persönlichen und fachspezifischen Lernprozessen mit ausgiebigem Naturkontakt während der Schulzeit.

dern. Und in der Tat konnte in Untersuchungen gezeigt werden, dass die primäre Wirkung der Beschäftigung mit Alltagsphantasien als eine Irritation beschrieben werden kann, die zunächst von der routinierten und effizienten Beschäftigung mit einer Thematik wegzuführen scheint.

Bereits auf den zweiten Blick ist das nicht mehr erstaunlich: Die Phantasien nehmen – weil sie teilweise unlogisch, assoziativ und widersprüchlich erscheinen – nicht nur die objektivierende Version des Gegenstands in den Blick, sondern eben noch ganz andere Dimensionen, von denen sich die Schulweisheit oft nichts träumen lässt. Das ist geradezu der spezifische Charakter der Phantasien und das kann natürlich irritieren und auf „Abwege" führen. Allerdings – und das zeigen Interventionsstudien (Gebhard 2016, Oschatz 2012) – lohnt sich diese irritierende Tiefe: Wenn die Phantasien willkommen sind, wenn sie immer wieder zum Gegenstand expliziter Reflexion gemacht werden – auch wenn sie zunächst abschweifig erscheinen –, werden Bildungsprozesse, die Alltagsphantasien berücksichtigen, sinnhafter erlebt, unterstützen die Motivation und sind auch im Hinblick auf die kognitive Beschäftigung mit einem Gegenstand – langfristig, meist schon mittelfristig – effizienter.

Die Berücksichtigung der Alltagsphantasien und die damit verbundenen Irritationen können insofern geradezu zum „fruchtbaren Moment im Bildungsprozess" (Copei 1969) werden. Ähnliche Effekte sind auch bei den regelmäßigen unreglementierten Naturerfahrungen zu erwarten, die ausdrücklich – das ist der pädagogische Akzent unseres Ansatzes – nicht der direkten Erreichung von fachlichen Lernprozessen dienen sollen. Wir gehen davon aus, dass diese Wirksamkeit im Sinne der Inklusion für alle Schülerinnen und Schüler unabhängig von ihren individuellen geistigen, körperlichen oder seelischen Stärken und Schwächen entsteht.

Naturerfahrungen haben eine Wirkung auf Wohlbefinden und Gesundheit

Unser Konzept ist auch als ein Beitrag zur schulischen Gesundheitsförderung zu verstehen. Es gibt nämlich eine Reihe an empirischen Hinweisen für gesundheitsfördernde Wirkungen von Naturerfahrungen (Zusammenfassung in: Gebhard 2020, 2014). Naturräume mit Wiesen, Feldern, Bäumen und Wäldern haben eine belebende Wirkung bzw. ermöglichen eine Erholung von geistiger Müdigkeit und Stress. Der generelle Zusammenhang von Naturerfahrung und Wohlbefinden bzw. sogar „Lebenszufriedenheit" moderiert auch andere Detailaspekte von vor allem seelischer Gesundheit, die gerade für den Schulbereich von Bedeutung sein dürften, wie z. B. Selbstwertstützung (Zhang u. a. 2014, Wells/Evans 2003), Selbstwirksamkeit (Schwiersch 2009), Vitalität (Ryan et al. 2010; Cervinka u. a. 2012), Bewältigung von Stress oder auch eine gewisse antidepressive bzw. frustrationsreduzierende (Aspinwall 2013) Wirkung, indem positive Gefühle begünstigt werden und negative Gefühle abnehmen.

Symptome von chronischen Aufmerksamkeitsstörungen (Faber Taylor / Kuo 2009, 2011; van den Berg / van den Berg 2011) werden gemildert, zugleich verbessert sich die Konzentration und die „Selbstdisziplin" (Faber Taylor et al. 2002). Zudem zeigen sich Auswirkungen auf die psychosoziale Entwicklung, Kreativität, Konzentration und die Wahrnehmungsfähigkeit (Bixler et al. 2002). In vielen Studien wird auch ein positiver Effekt auf die subjektive Gefühlslage gezeigt: Aggression und Ärger nehmen ab, positive Gefühle zu (Korpela 2003; Lohr / Pearson-Mims 2006). Der Anblick und das Erleben von Natur sind geeignet, negative Affekte im Umkreis von Stress durch positive Affekte wie Freundlichkeit und Interessiertheit (Hartig et al. 1996) zu ersetzen.

Dabei ist es nicht nur das bloße Naturerleben im Allgemeinen, das subjektives Wohlbefinden befördert, sondern im Besonderen die sogenannte „Naturverbundenheit" (Mayer / McPherson Frantz 2004). Dieser Zusammenhang von Naturverbundenheit und seelischen Wohlbefinden scheint besonders bei solchen Menschen ausgeprägt zu sein, die ein Gefühl für die Schönheit der Natur haben (Zhang et al. 2014). Speziell nachgewiesen ist dieser Zusammenhang im Hinblick auf eine Steigerung des Selbstwertgefühls. Zudem gibt es Hinweise, dass der Sinn für Naturschönheit mit Lebenszufriedenheit korreliert (Diessner u. a. 2013). In diesem Zusammenhang wird zudem ein Zusammenhang von Schönheitssinn und Gerechtigkeits- bzw. Fairnessempfinden postuliert (Diessner u. a. 2009).

Der Zusammenhang von Naturerfahrungen und Gesundheit wird häufig mit evolutionären Annahmen in Verbindung gebracht, wonach eine Präferierung von naturnahen Umwelten und vor allem entsprechende Wirkungen von Natur mit biologisch fundierten Dispositionen zusammenhängen. Nach der „Attention Restoration Theory" von Kaplan / Kaplan (1989) wirken Naturräume deshalb günstig auf die Gesundheit, weil sie eine Erholung verbrauchter Aufmerksamkeitskapazität bewirken.

Naturerfahrungen wirken auf soziale Beziehungen und Kompetenzen

Soziale Kompetenzen sind für ein angenehmes Schulklima und auch für das Leben außerhalb von Schule wichtig. Sie müssen jedoch erlernt und erprobt werden, wobei Schule als ein zentraler Ort der Sozialisation von Kindern und Jugendlichen eine wichtige Rolle spielt. Viele Untersuchungen weisen darauf hin, dass regelmäßige Naturaufenthalte die Entwicklung von sozialen Kompetenzen fördern: So konnte nachgewiesen werden, dass Kinder, die einen Waldkindergarten besuchen – also regelmäßig mit einer Gruppe draußen sind –, einen erfahreneren Umgang mit anderen Kindern zeigen. Sie reagieren beispielsweise auch in schwierigen Situationen lösungsorientiert und produktiv und lösen Konflikte untereinander auf konstruktive Weise.

Auch in den Bereichen Toleranz und Kooperationsbereitschaft sind sie Kindern aus Regelkindergärten voraus (Häfner 2002, 120). Dies wirkt sich auch auf die Schule aus: Grundschulkinder, die einen Waldkindergarten besucht haben, sind gemäß Befragungen von Lehrkräften neben ihrer Konzentrationsfähigkeit und Motivation auch im Hinblick auf soziale Kompetenzen entwickelter. Soziale Fähigkeiten werden also insgesamt „flüssiger" (Dyment/Bell 2008). Bereits ein naturnah gestalteter Pausenhof hat positive Effekte auf die Kommunikationsbereitschaft und auch -fähigkeit. Zudem führt das Eintauchen in eine naturnahe Umgebung zu einem Anstieg prosozialer Orientierungen und im Gegenzug zu einer Abnahme selbstbezogener Bestrebungen (Weinstein et al. 2009). Vor dem Hintergrund der Selbstbestimmungstheorie der Motivation nehmen die Autoren der Studie an, dass besagtes Eintauchen in die Natur das Autonomieerleben fördert. Das auf diese Weise gesicherte Autonomieerleben macht es dann auch eher möglich, von sich selber abzusehen.

Insgesamt scheint es so zu sein, dass es vor allem die Freizügigkeit und Unkontrolliertheit ist, die nicht nur an Naturerfahrungen so attraktiv sind, sondern die auch einen wesentlichen Anteil an den sozialen Effekten haben dürften. Naturerfahrungen bekommen nämlich ihre zugespitzte Bedeutung innerhalb der Beziehung zu lebendigen Menschen. Der Aufenthalt von Kindern in der Natur ist oft an die Bedingung geknüpft, dass Freunde und Freundinnen dabei sind, wodurch sich auch das Sozialverhalten von Kindern positiv verändern kann.

Eine Befragung von Lehrkräften und Umweltpädagogen und -pädagoginnen in Australien (vgl. Maller 2009) bestätigt diese sozialen Wirkungen von Naturerfahrungen sehr deutlich. Und auch die umfangreichen Erfahrungen in den Bielefelder Versuchsschulen bestätigen dies. Die Natur bietet auf eigene Art und Weise eine Umgebung, in der Kinder und Jugendliche als Gruppe unbefangen soziales Verhalten und Kommunikationsprozesse entwickeln und ausprobieren. Zudem führt die offene und anregende Umgebung zu Entfaltungsmöglichkeiten, die eine gute Basis für positive Gruppenprozesse bilden.

Regelmäßige Naturkontakte im Hinblick auf eine nachhaltige Entwicklung

Nachhaltigkeit als anspruchsvolles, aber weitgehend nicht eingelöstes Politikkonzept ist insofern bei unserem Ansatz zentral, als dass Naturerfahrungen eine positive Wirkung auf die Naturverbundenheit und ein entsprechendes Verhalten möglich machen. Dies soll aber nicht auf moralisierende Weise im

Vordergrund stehen oder gar verordnet werden. Erst relative Freizügigkeit ermöglicht es, sich die Natur wahrhaft anzueignen. Der Naturraum wird als bedeutsam erlebt, in dem man eigene Bedürfnisse erfüllen und eigene Phantasien und Träume schweifen lassen kann. In dieser Hinsicht kann Naturerfahrung auch sinn- und identitätsstiftend sein (Persönlichkeitsentwicklung). Das Erleben von Natur verändert die Einstellungen gegenüber der Natur positiv. So muss mit Blick auf entsprechende Bildungsbemühungen für eine nachhaltige Entwicklung (BNE) sicherlich bedacht werden, dass es gerade die selbst gewählten, freizügigen Naturerfahrungen sind, die gleichsam beiläufig in Richtung umweltpfleglicher Einstellungen und Handlungsbereitschaften wirken können (Gebhard 2020). Deshalb werden bei den zu initiierenden Naturerfahrungen sowohl beiläufige Erlebnisse als auch partizipative Elemente – ein wichtiges Moment von Nachhaltigkeit – eine Rolle spielen.

Diesbezüglich kann man gerade in den zurückliegenden zwei Jahren ein deutlich zunehmendes Bewusstsein und Interesse bei Kindern und Jugendlichen im Rahmen der stark von dieser Altersgruppe getragenen Klimaproteste wahrnehmen. Ihr Engagement drückt sich in der spontanen Schüler- und Schülerinnenbewegung „*Fridays For Future*" ebenso aus wie in der gewachsenen Bereitschaft zu sozialem und auf Natur bezogenem Engagement. Die Notwendigkeit von Nachhaltigkeit ist stark in das Bewusstsein von Schülerinnen und Schülern gerückt. Sie haben deutlich erkannt, dass ihre späteren Lebensgrundlagen und somit ihre Zukunft von heutigem Handeln abhängen. Ein wichtiger Schritt bei diesem Engagement ist die Überleitung von einstellungsrelevanten in handlungsrelevante Aspekte, nicht zuletzt, um die fortwährende Lücke von Einstellung und Verhalten zu schließen.

In unseren naturpädagogischen Überlegungen spielt dies eine bedeutsame Rolle, jedoch nicht primär in kognitiv dozierenden Unterrichtsvorhaben als mehr in der Vertiefung durch unmittelbares Naturerleben.

Pädagogischer Ansatz: Erfahrungslernen

Wie bereits mehrfach angedeutet, zeigen sich diese positiven Auswirkungen am ehesten durch eine von Freizügigkeit geprägte Naturbegegnung. Zusätzlich stützten wir uns bei unserer Arbeit auf den pädagogischen Ansatz des Erfahrungslernens, welcher bei den Bielefelder Versuchsschulen bereits seit ihrer Gründung 1974 Anwendung findet. Im Anschluss an Dewey (1988) und Combe / Gebhard (2012) sind folgende Aspekte dabei von Bedeutung:

- **Irritation oder Krise als Beginn des Erfahrungsprozesses**
Der Beginn des Erfahrungsprozesses ist ein Geschehen, das aus der Zeit und Kontinuität herausrückt (Dewey 1988, 80 ff.), eine Irritation hervorruft, eine Frage aufwirft. Die Krisenhaftigkeit dieser Situation drückt sich dadurch aus,

dass eingespielte Routinen versagen. Die Situation enthält eine „Fremdheitszumutung". Der Anfang des Erfahrungsprozesses enthält dabei einen Moment der „Widerfahrnis" (Waldenfels 2002). Solch eine Situation kann pädagogisch nicht initiiert werden. Jedoch können die Gegebenheiten so offen gehalten werden, dass Platz für Unvorhersehbares ist.

- **Emotionale Involviertheit**

Eine wesentliche Bedingung für Irritationen bzw. besagte krisenhafte Erscheinungen ist, dass wir von einem Phänomen überhaupt emotional berührt werden. Diese emotionale Berührtheit kann positiv und auch krisenhaft sein. Charakteristisch und entscheidend für das Erfahrungslernen ist, dass solche bisweilen auch widersprüchlichen, ambivalenten Gefühle willkommen geheißen werden. Sie sind ein wesentlicher Motor von Lernprozessen.

- **Die Öffnung eines Vorstellungs-und Phantasieraumes**

Die Öffnung eines Vorstellungs-und Phantasieraumes ist der entscheidende Schritt für die Produktivität der Erfahrungsbewegung. Dieser Schritt führt über die Irritation hinaus und macht verstehbar, warum man den Anspruch von Erfahrungen und die damit verbundenen Irritationen auf sich nimmt.

- **Reflexion und Versprachlichung**

Es geht um die Suche nach einer Sprache, in der Erlebnisse, Wünsche, Phantasien und Emotionen artikuliert werden können, die bislang keinen (sprachlichen) Ausdruck finden konnten. Die Sprache nimmt Bezug nicht nur zur inneren Phantasieebene, sondern auch zur äußeren Realität. Erst durch die Reflexion wird das Erlebnis zur Erfahrung und somit auch dadurch erst ein Naturerlebnis zur Naturerfahrung.

Bildungstheoretischer Akzent: Subjektivierung und Objektivierung

Abschließend soll noch einmal auf den bildungstheoretischen Akzent unseres Konzeptes eingegangen werden, da Naturerfahrungen im Kontext Schule auch immer einen entsprechenden Hintergrund haben.

Lernprozesse können als die erfolgreiche Aufnahme neuer Informationen interpretiert werden, während der Begriff Bildung zusätzlich auf eine Berührung und Transformation der Person zielt, wobei Lernen und Bildung aufs Engste zusammenhängen. Man wird durch Bildung nicht nur kompetent, sondern gewissermaßen ein anderer Mensch (vgl. Peukert 2003).

Thema der Bildungstheorie seit Humboldt ist die „Verknüpfung unseres Ichs mit der Welt zu der allgemeinsten, regesten und freiesten Wechselwirkung" (1903, 283). Bildung ist nicht im ständigen Kreisen um sich selbst zu haben, sondern hat einen äußeren Gegenstand zur Bedingung, an dem das Subjekt sich abarbeiten kann. Hier ist zudem das Motiv der Freiheit und der

Notwendigkeit der Selbstbildung bereits angelegt. Diesen Elementen von Bildung soll bei den regelmäßigen Naturerfahrungen breiter Raum gegeben werden.

Im Zusammenhang mit dem erfahrungstheoretischen Ansatz wird die Irritation bzw. die Krise als Anlass bzw. Herausforderung für Bildungsprozesse verstanden. Bildung ist dann die Transformation „grundlegender Figuren des Welt- und Selbstverhältnisses angesichts der Konfrontation mit neuen Problemlagen" (Koller 2012, 17). Von zentraler Bedeutung für derartige Transformationen ist, dass man dafür ausreichend Zeit hat. Insofern ist die Entlastung von unmittelbarem Handlungsdruck eine wichtige Bedingung für Bildungsprozesse. In diesem Zusammenhang sei daran erinnert, dass das griechische Wort für Schule *„scholae"* in der wörtlichen Bedeutung *„Muße"* heißt.

Ein wichtiger Motor für Bildungsprozesse ist das Sinnbedürfnis der Subjekte. Diese Sinnkonstituierung hat gute Chancen, realisiert zu werden, wenn wir – wie im Falle unseres Projektes – bei der Aneignung von Naturphänomenen objektivierende und subjektivierende Perspektiven gleichermaßen kultivieren.

Subjektivierung und Objektivierung stellen je eine besondere Art der Beziehung dar, die das Individuum (Subjekt) zu einem Gegenstand (Objekt) entwickelt. Unter Objektivierung verstehen wir in Anlehnung an den Kulturpsychologen Boesch (1980) die „objektive", systematisierte Wahrnehmung, Beschreibung und Erklärung der empirischen Welt. Bei der Subjektivierung dagegen handelt es sich um die symbolischen Bedeutungen der Dinge, die in subjektiven Vorstellungen, Phantasien und Konnotationen zum Ausdruck kommen (ausführlich in: Gebhard 2015). Hierbei heften sich an besondere Ausschnitte der Umwelt Phantasien und Begleitvorstellungen. Ein Apfelbaum

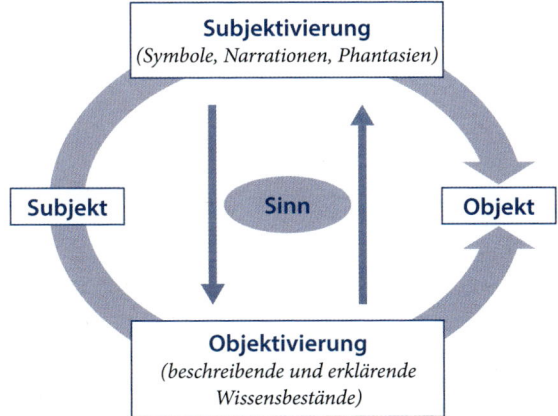

Die Grundkonstellation der Sinnkonstitution zwischen Subjekt und Objekt, zwischen Subjektivierung und Objektivierung (Gebhard 2020, 68)

beispielsweise kann neben der faktischen Bedeutung, die in Kategorien beispielsweise der Biologie, der Gärtnerei, der Ernährung beschreibbar sind, etwas ganz anderes an sich binden. Er kann Merkzeichen für die Fähigkeit des Kletterns sein, erinnert vielleicht an den Garten der Kindheit oder an soziale Erfahrungen des Apfelklauens. Solche persönlichen Assoziationen können sich zusätzlich mit kulturell vermittelten Symbolsystemen verbinden, beim Apfelbaum zum Beispiel mit der Paradiesgeschichte, mit dem Schönheitsurteil des Paris oder mit Schneewittchen.

Wir müssen unterscheiden zwischen den Methoden und Strukturen der Wissenschaft, die oft alleinige Grundlage für den Schulstoff sind, und der inneren subjektiven Bedeutung der Lerngegenstände. Diese Unterscheidung und zugleich die Vermittlung zwischen beidem ist die grundlegende didaktische Haltung in unserem Projekt: Sie zielt weniger auf das Beibringen von Lernstoff als vielmehr auf die Vermittlung von Subjekt und Objekt; genauer: auf die Fähigkeit der Subjekte, sich dieser Vermittlungsaufgabe zu stellen. Im Teil II unserer Beiträge in diesem Band über die schulische Praxis wird dieses anschaulich geschildert.

Teil II: Blick in die Praxis

Die Laborschule Bielefeld „… hat den Auftrag, neue Formen des Lehrens und Lernens und des Zusammenlebens in der Schule zu entwickeln" (www.laborschule-bielefeld.de). Sie zeichnet sich durch einen pädagogischen Ansatz des offenen Erfahrungslernens aus (vgl. Teil I unseres Beitrags in diesem Band), eines Lernens am Leben, offen für unterschiedliche Räume und Bedürfnisse. Bereits im Jahr 2000 wurde mit der Gründung eines Waldhorts an der Laborschule dieser Anspruch umgesetzt, Kindern einen Halt gebenden Rahmen für freizügige Naturerlebnisse und -erfahrungen zu bieten (vgl. Quartier et al. 2013). Diese zarten Anfänge wuchsen in den vergangenen zwei Jahrzehnten mit der Entwicklung des Konzepts der Naturwerkstatt (Quartier / Rehr 2017, 16 ff.) bis zur Eröffnung eines am Waldrand gelegenen Schulgartens als Lernort. Hierdurch bieten sich bis heute zahlreiche Anschlussmöglichkeiten für ein ganzheitliches Lernen in und aus der Natur an beiden Versuchsschulen Laborschule und Oberstufenkolleg für alle Jahrgänge. Im Folgenden wird nach einer Erläuterung der pädagogischen Herangehensweise bildlich gezeigt, welche Formen und Möglichkeiten sich für Naturerfahrungen und ein offenes Lernen draußen vor allem (aber nicht nur) in der Primarstufe bieten.

Was ist Wildnispädagogik?

Durch Wildnispädagogen und -pädagoginnen begleitet, werden Kinder und Jugendliche sowie auch Erwachsene eingeladen, sich in Bewegung zu setzen und draußen in der Natur Zeit zu verbringen, in der Regel gemeinsam in einer Gruppe und frei von pädagogischen Interventionen oder gar Unterrichtsvorhaben. Dies ist bedeutsam, denn anders als beispielsweise bei klassischem schulischem Lernen oder Programmen der Bildung für nachhaltige Entwicklung wird kein inhaltliches Thema bearbeitet oder kein Lernauftrag mit nach draußen genommen. Es geht im Kern um freie, unstrukturierte Zeit unter freiem Himmel – Zeit für Naturerlebnisse, die sinnlich, leiblich, geistig, emotional auf die Schülerinnen und Schüler wirken können. Die pädagogische Aufgabe der Begleiterin bzw. des Begleiters ist mit einem Mentoring zu vergleichen, einer Begleitung, die, behutsam am Kind orientiert, spontan auf äußere Eindrücke reagierend, einen sicheren Rahmen draußen bieten und halten kann.

Absicht der Wildnispädagogik ist es, in diesem Rahmen den Kindern und anderen zu ermöglichen, sich auf ganz persönliche Art und Weise draußen wohlzufühlen, sich Naturräumen anzunähern und so mit der Welt in Beziehung zu treten. Erste Impulse für die sogenannte Wildnispädagogik kamen vor etwa 35 Jahren aus den USA, aus der Wilderness Awareness School, die den Begriff „Nature Connection" geprägt hat. „Connection" oder das Verb

„to connect" machen deutlich, dass es darum geht, auf vielschichtige, tiefe Art und Weise eine Verbindung zwischen Mensch und Natur zu knüpfen oder auch einen Anschluss herzustellen. Grundlegend hierfür sind Lehr- und Lernmethoden, die auf indigene Kulturen zurückgehen und deren Fähigkeit, die Fertigkeiten, ihr Wissen und Verständnis, vor allem aber ihre Verbindung zur Natur auf scheinbar unsichtbare Art und Weise an die nächste Generation weiterzugeben. Mithilfe des sogenannten „Coyote Mentoring" agiert die begleitende Person leise und unaufgeregt, beiläufig, am kindlichen Spiel, ihrer Neugier und ihren Fragen angelehnt. Dabei ist von Bedeutung, Routinen zu verändern, beispielsweise durch regelmäßige unstrukturierte (Schul-)zeit draußen, den Schülerinnen und Schülern ein inspirierendes, gestaltungsoffenes, anregungsreiches Feld zu eröffnen, welches ihre Sinne übt, ihre Wahrnehmung weitet und anregt und damit zugleich auf ihr Selbst- und Weltbild wirkt. Erkenntnisse und Erfahrungen dieser Pädagogik wurden 2008 im „Coyote's Guide to Connecting with Nature" erstmals in Buchform zusammengetragen und sind im Handbuch „Grundlagen der Wildnispädagogik – Mit dem Coyote-Guide zu einer tieferen Verbindung zur Natur" übersetzt worden (Young et al. 2014).

In adaptierter Form konnten einige Prinzipien der Wildnispädagogik mit den pädagogischen Leitlinien der Laborschule zusammengedacht und jahrzehntelang erprobt werden (vgl. Quartier et al. 2013, 40 ff.). Beide Versuchsschulen bieten zahlreiche Gelegenheiten für Naturerfahrungen ihrer Schülerinnen und Schüler und schöpfen aus Erfahrungen einer pädagogischen Praxis, die auf dieser Ebene die positiven Wirkungen von Naturerlebnissen auf die Lern- und Bildungsprozesse ihrer Heranwachsenden, ihre Persönlichkeitsentwicklung, ihre Gesundheit und auf das Wohlbefinden und soziale Miteinander schon bestätigen kann (vgl. Teil I unseres Beitrags in diesem Band).

Zeit und Raum für Naturerfahrungen

Möglichkeiten für elementare Naturerfahrungen sind zahlreich. Die auf den folgenden Seiten beschriebenen Aktivitäten der Primarstufe lassen sich auf alle Jahrgangsstufen, auch die Sekundar- und Oberstufe, beziehen. Das von uns geplante Forschungsprojekt (siehe Teil III unserer Beiträge in diesem Band) wird seinen Blick auch auf diese Altersgruppen werfen. Die Abläufe sind nach unseren bisherigen jahrelangen Erfahrungen von sehr ähnlichen, deutlich wahrnehmbaren Stimmungen und Mustern geprägt, die von den Natur- und Wildnispädagoginnen und -pädagogen den Lern- und Entwicklungsprozess unterstützend aufgegriffen werden. Solche Stimmungen und Muster sind im Folgenden blau zusammengefasst.

Es geht nach draußen

Start und Neubeginn, Vorheriges abschließen, sich Neuem zuwenden und einlassen. Entspannter Fokus bei den Begleitenden, sie nehmen an, stimmen ein, transportieren Freude. Offenheit und innere Ruhe erleben.

Die Draußenzeiten in der Eingangsstufe der Laborschule finden meist nachmittags statt, gelegentlich am Vormittag. Schon bei dem Mittagessen in den kleinen Küchen ist die Vorfreude auf das Draußensein spürbar. Der Vormittag und die Lernzeiten im Haus werden abgeschlossen und in einer Versammlung wird abgestimmt, an welchen Ort es die Gruppe zieht, alle dürfen mitentscheiden. Die Vorfreude mischt sich nun mit erster Aufregung. Die Kinder wissen, was nötig ist, um sich draußen wohlzufühlen, und ziehen sich wetterangepasst an. Draußen vor der Tür ist die Stimmung ausgelassen, alle freuen sich auf etwas Neues, was auch immer uns heute begegnen mag. Die begleitende Natur- und Wildnispädagogin oder der -pädagoge stimmen die Kinder ein, helfen einzelnen in die Regenhose oder Stiefel, packen einen Rucksack mit Obst für einen kleinen Imbiss, einem Mobiltelefon und einer Erste-Hilfe-Tasche und rufen danach die Gruppe draußen zusammen.

Den Blick öffnen

Mit allen Sinnen wahrnehmen, erste Eindrücke teilen. Neue aktuelle Absprachen treffen, Bedürfnisse der Einzelnen und die der Gruppe einbeziehen. Gefahren bedenken. Sich mitteilen, gegenseitig zuhören und einander sehen.

„Was haben wir das letzte Mal an dem Platz erlebt, den wir heute besuchen wollen?", kann der begleitende Pädagoge, die Pädagogin fragen, um Aufregung und Vorfreude der Kinder ein wenig zu fokussieren. Vor dem gemeinsamen Aufbruch ist eine kurze Versammlung vor der Schultür bedeutsam, um Absprachen zu treffen, die Treffpunkte auf dem Weg in Erinnerung zu rufen und vielleicht auch zu erinnern, dass alle gegebenenfalls eine Straße aufmerksam überqueren müssen. Auch darf ein Kind als „Wetterfrosch" schauen, wie das Wetter werden könnte. Jetzt ist die letzte Gelegenheit, noch eine vergessene Mütze zu holen oder ein Bedürfnis auszusprechen, wie „Ich habe noch niemanden, mit dem ich spielen kann". Mit einem wachen Blick in die Gesichter der Kinder schätzt die Pädagogin, der Pädagoge ein, ob alle bereit sind.

Sich in Bewegung setzen

Spielerisches Erkunden, Entdecken, Orientierung und Motivation. Gelegenheit sich auszuprobieren, mutig und hilfsbereit zu sein. Wachsendes Selbstvertrauen und Selbstverständlichkeit bilden eine Einheit.

Schon der Hinweg zum Spielplatz, in den Wald oder in den Schulgarten ist aufregend, einladend, spannend. Der Schritt über die Grenze des Schulgeländes ist schnell gemacht und damit wird das Bekannte oder Vertraute ganz selbstverständlich ein Stück weit hinter sich gelassen. Vertrauensvoll und achtsam miteinander, manche Kinder lauter, wilder und lebendiger, andere leiser und behutsamer, gehen alle ihren Weg. Die Kinder spielen, sie arrangieren sich und integrieren dabei ihre zufälligen Entdeckungen ganz begeistert. Manchmal überrascht die Pädagogin, der Pädagoge die Kinder durch ein passendes Spiel oder eine Frage. Im Laufe der circa drei Monate Draußenzeit mit der Gruppe pro Schuljahr werden gemeinsam Veränderungen im Wandel der Jahreszeiten beobachtet, wachsen und entwickeln sich die Kinder innerhalb weniger Wochen ganz selbstverständlich.

Durch Erfahrung lernen

Erleben, Lernen, intensives Wahrnehmen. Identifizieren mit der Gruppe durch das Tun, Konzentration und Fleiß. Teilen individueller Eindrücke, kooperatives Hinsehen, vielfältiges Bearbeiten und Gestalten der Vorhaben.

Angekommen am Spielplatz oder im Wald, gehen alle ihren Plänen und Spielen nach. Die Kinder stöbern und lassen sich von etwas anziehen: Manche bauen Buden und sind fleißig und bald schwitzend am Werk. Andere wollen Fossilien in kleineren Steinchen suchen, sind fokussiert und vertieft, ohne sich stören zu lassen. Wieder andere haben irgendwo eine Kröte entdeckt oder Schnecken. Energiereiche Geschäftigkeit macht sich breit und wird spürbar. Ganz nebenbei bekommen in dem offenen Raum alle mit, was die anderen tun. Diese Zeit ist meist geprägt von Respekt vor den Vorhaben anderer, da sich viele verschiedene verlockende Möglichkeiten eröffnen. Die begleitende Person kann anregende Fragen stellen, dabei helfen, etwas zu konkretisieren oder nur in der Nähe sichtbar bleiben.

Eine Pause machen

Ausspannen, zur Ruhe kommen, Körper und Geist stärken, erstes Verinnerlichen. Fürsorge für sich selbst und andere übernehmen. Geben und Nehmen finden eine ausgleichende Balance.

Jedes Tätigsein draußen braucht irgendwann eine Pause. Tempo und Dynamik verlangsamen sich; wo vorher noch Aufregung und Spannung in der Luft lag, entspannen sich die Menschen nun. Für müde Kinder oder Jugendliche kann es ein Bedürfnis geben, sich auszuruhen, sich ins Gras zu legen und die Augen zu schließen. Andere schauen in ihren Rucksack und teilen ihr eigenes Picknick. Der mitgebrachte Imbiss ist angerichtet und stillt aufkommende Bedürfnisse nach Stärkung. Die Arbeit oder das Tagewerk ist beinahe abgeschlossen, das Spielen und Toben findet ein vorläufiges, zufriedenes Ende. Wo vorher möglicherweise alle verstreut und beschäftigt waren, kommen nun alle langsam zusammen.

Mittendrin dabei sein

Soziales Lernen durch Zugehörigkeit und Teilhabe. Verantwortung für die Gruppe und das eigene Tun übernehmen, erfüllt sein, Ausgeglichenheit. Verbindungen zu sich selbst, der Natur und anderen festigen.

Den ersten kleinen Hunger gestillt und ein wenig ausgeruht, bleibt noch genügend Zeit, um auch diesen Moment zu genießen. Die Kinder fangen schon langsam an, sich von ihren Spiel- und Beschäftigungsorten zu verabschieden, um sie für heute zu verlassen. Sie suchen ihre Sachen zusammen und übernehmen Aufgaben, um den Platz so zu hinterlassen, wie wir ihn vorfinden möchten. Manchmal darf ein kleines Bauwerk im Wald stehen bleiben, vielleicht kommen wir morgen wieder, um weiterzumachen, wo wir jetzt aufhören müssen. Keine Abfälle bleiben liegen, keine Mützen, Rucksäcke oder Jacken sollten vergessen werden und alle achten aufeinander. Wir lauschen noch einmal der Veränderung um uns herum, es wird wieder stiller, vielleicht kommen andere Leute an den Platz. Wir sind soweit, um uns auf den Rückweg zu machen.

Der Weg zurück

Den Ort wieder loslassen. Eindrücke und Erlebnisse sind präsent und ausgeprägt. Reflektieren, erzählen, teilen im Anschluss.

Der Rückweg dauert oft länger als der Hinweg. Müdigkeit, entspannte Körper und die empfundene Zufriedenheit wirken entschleunigend. Es ist, als ob alle dieses genießen können und selten werden vorherige Spannungen wieder mit zurückgenommen. Alle gehen in ihrem eigenen Tempo, nur der nahende Schulschluss mahnt zur Eile. Wieder an der Schule, ruft die Pädagogin, der Pädagoge alle in einen Kreis zusammen. Diese gemeinsame Versammlung hat den Zweck, Erlebnisse zu teilen, Erarbeitetes oder eventuell Gefundenes erzählerisch vorzustellen und Reflexion anzuregen. Zentral sind in einer gemeinsamen Runde das Bewusstwerden durch Teilen der Geschehnisse, das sich gegenseitig Hören- und Wahrnehmenlernen und das Anerkennen unterschiedlicher Meinungen und Perspektiven. Für die Schülerinnen und Schüler der Eingangsstufe gilt es im Anschluss daran, sich für den Schulbus umzuziehen oder auf das Abholen durch die Eltern einzustellen.

Verbindungen entwickeln

Individuellem Erleben Ausdruck verleihen, Verknüpfung mit Lerninhalten und Kulturtechniken, gemeinsames Lernen. Erarbeiten und Entwickeln von Inhalten und Aufgaben. Entfachte Lernmotivation.

Im Anschluss an die „Draußenzeiten", oft am nächsten Schultag, ist es auf vielfältig kreative Weise möglich, die Erlebnisse, Fundstücke, Eindrücke aus der Natur gemeinsam mit konkreteren Fragestellungen oder Aufgaben zu versehen, sodass die Schülerinnen und Schüler allein oder in Kleingruppen etwas erarbeiten können. Nachlesen, beschreiben und vergleichen, malen oder zeichnen, kartieren, aus einem Fachbuch bestimmen, ausprobieren, darstellen, experimentieren; vieles ist möglich, oft von der Pädagogin, dem Pädagogen gemeinsam mit einer Lehrkraft vorbereitet und begleitet. Hier gibt es zahlreiche Gelegenheiten für die Schülerinnen und Schüler, ihren subjektiven Erfahrungen eine objektive Sicht auf die Dinge der Welt hinzuzufügen. „Der Prozess des Lernens ist immer zweisprachig" (Quartier et al. 2013, 63), also voller subjektiver Erfahrungen und objektivem, vermittelbarem Wissen.

Teil III: Auswirkungen von Naturerfahrungen auf das schulische Lernen – Ein Forschungsvorhaben

Ziel des Projekts

Wir beschäftigen uns in unserer Projektgruppe theoretisch (Teil I unseres Beitrags in diesem Band) und praktisch (Teil II) mit dem Thema Naturerfahrungen im Kontext von Schule.

Aufgrund der langjährigen Erfahrungen in den Bielefelder Versuchsschulen gehen wir davon aus, dass sowohl der vielerorts beklagten Sinn- und Motivationskrise schulischen Lernens als auch der häufig konstatierten Naturferne von Kindern und Jugendlichen durch positive Naturerfahrungen in der Schule begegnet werden kann. Die Ermöglichung eines regelmäßigen Naturkontaktes schafft unseres Erachtens günstige Rahmenbedingungen für persönliche und fachliche Lern- und Bildungsprozesse während der Schulzeit und eröffnet das Erleben von Natur als Erlebnis- und Erholungsraum mit all seinen positiven Wirkungen und Entwicklungspotenzialen.

Mit dem Forschungsprojekt soll eine doppelte Lücke geschlossen werden: Zum einen sollen wissenschaftliche Erkenntnisse bezüglich des persönlichkeitswirksamen und bildungsrelevanten Potenzials von Naturerfahrungen in der Schule gewonnen werden und zum anderen soll auch in pragmatisch-methodischer und schulorganisatorischer Hinsicht erprobt bzw. evaluiert werden, wie dies praktisch gelingen kann. Somit handelt es sich um ein Praxisforschungsprojekt, bei dem einerseits die Weiterentwicklung von reflektierter und bewährter Praxis und andererseits die empirische Erforschung von maßgeblichen Faktoren, die diese Praxis begünstigen, im Fokus stehen.

Die Schule ist u. a. deshalb für unser Anliegen eine besonders geeignete Umgebung, weil aufgrund der allgemeinen Schulpflicht alle Kinder und Jugendlichen erreicht werden.

An dieser Stelle sei noch einmal betont, dass sowohl in unserem Konzept als auch in unserem Forschungsvorhaben das Ermöglichen von Naturerfahrungen im schulischen Kontext im Mittelpunkt steht. Zentral ist dabei unsere Grundannahme, dass Natur viele positive Wirkungen auf den Menschen hat: Sie ist Wahrnehmungsraum und Sinninstanz zugleich (Gebhard 2014), gesundheitsfördernd, vorteilhaft für die körperliche und seelische Entwicklung und günstig für soziale (Lern-) Prozesse. Natur soll deshalb zugänglich und erlebbar gemacht werden und kann so ein wichtiges Element für den individuellen Entwicklungsprozess sein.

Das kann wiederum Anlass sein, über Selbst-, Welt- und Menschenbilder nachzudenken und auf diese Weise dazu beitragen, das schulische Lernen als sinnvoll zu interpretieren. So stellen regelmäßige, selbstbestimmte,

weitgehend unreglementierte Naturaufenthalte in der Schule das Wesentliche unseres Projektes dar, von denen wir auf vier Ebenen positive Auswirkungen erwarten:
- Naturerfahrungen fördern Lern- und Bildungsprozesse.
- Naturerfahrungen haben eine Wirkung auf Wohlbefinden, Gesundheit und die Persönlichkeitsentwicklung.
- Naturerfahrungen wirken auf soziale Beziehungen und Kompetenzen.
- Ein Bezugspunkt für regelmäßige Naturkontakte ist die zentrale Bildungsaufgabe im Hinblick auf eine nachhaltige Entwicklung.

Zentrale Forschungsfragen

1) Unter welchen Bedingungen sind die empirisch gut belegten positiven Effekte von Naturerfahrungen (Persönlichkeitsentwicklung, Wohlbefinden, Gesundheit) auch in einem schulischen Kontext möglich?
2) Welche Faktoren begünstigen die positiven Wirkungen von Naturerfahrungen auf inhaltliche bzw. fachliche Lern- und Bildungsprozesse in der Schule?
3) Welchen Stellenwert nehmen Naturerfahrungen in der Lernbiografie ein?
4) Welche Auswirkungen haben Naturerfahrungen auf individuelle soziale Fähigkeiten, auf das soziale Klima im Gruppenverband und in der Schule?
5) Welche Wirkungen haben regelmäßige Naturerfahrungen auf Bildungsprozesse in Hinblick auf Naturverbundenheit, auch im Kontext einer nachhaltigen Entwicklung?

Im Projekt wird sowohl mit qualitativen als auch mit quantitativen Forschungsmethoden gearbeitet. Mithilfe der qualitativen Methoden (Gruppendiskussionen, teilnehmende Beobachtung, Reflexionsbögen, Videographie) werden die Prozessstrukturen der Praxis empirisch rekonstruiert und deren dynamische Weiterentwicklung verfolgt. Aber auch die je individuelle Wahrnehmung von Veränderung und damit in Zusammenhang die subjektiv erlebten Lern- und Bildungsprozesse können so rekonstruiert werden. Durch die quantitativen Methoden wird dies nicht nur ergänzt, sondern durch das Erheben bestimmter Parameter (z. B. Wohlbefinden, Konzentration, Naturverbundenheit, naturkonformes Handeln, Persönlichkeitsmerkmale, Effekte auf inhaltliche Lernprozesse) in Bezug auf das Projektziel konstruktiv erweitert. Insgesamt ist es unser Anspruch, Forschung und Entwicklung, Wissenschaft und Praxis sinnvoll aufeinander zu beziehen.

Das Forschungsfeld: Die Bielefelder Versuchsschulen und ihre Forschungstradition

Unser Forschungsvorhaben knüpft an den Erfahrungen an, die an den Bielefelder Versuchsschulen des Landes NRW, der Laborschule (www.laborschule-bielefeld.de; Thurn / Tillmann 2011) und dem Oberstufen-Kolleg (www.uni-bielefeld.de/OSK), gemacht wurden. In beiden Schulen sind die inhaltliche Auseinandersetzung und die Begegnung mit der Natur in unterschiedlicher Form ein bedeutender Teil des Schulkonzeptes. Viele entsprechende curriculare Elemente sind integraler Bestandteil des Schulalltags (Quartier et al. 2013; Biermann / Bosse 2013).

Aktuelle Rahmenbedingungen und Anknüpfungsmöglichkeiten in Bezug auf Naturerfahrungszeiten außerhalb des Schulgebäudes sind folgende:
Die Lage und Umgebung beider Schulen bietet viel Raum, um die Natur zu erkunden. Es gibt viel Platz zum Verweilen, Bewegen, Rennen und Toben. Es befindet sich ein Spielplatz mit hohem Aufforderungscharakter auf dem Schulgelände. In unmittelbarer Nähe befinden sich Grünflächen, Parks, Teiche, Spielplätze und Zugänge zum Teutoburger Wald.
Hinzu kommt seit 2017 der Naturerfahrungsort „Alter Schulgarten". Es ist ein etwa 6.500 qm großes Gelände mit einem Fachwerkgebäude am Rand des Teutoburger Waldes. Dort kann an den Abläufen und Kreisläufen in der Natur orientiert gelernt werden. Hier kann erkundet werden, an welchen Stellen Menschen sich einbringen können, ohne dass Schaden für die Natur entsteht, sondern im Gegenteil ein stabiles System weiterbesteht. Unterschiedliche Themen können von den Schülerinnen und Schülern der Jahrgangsstufen 0–13 selbst entdeckt und weiterentwickelt werden. Vor dem Hintergrund ihrer vielfältigen Ansätze bieten sich die Bielefelder Versuchsschulen als Forschungsfeld für das Projekt in besonderer Weise an.

Neben diesen günstigen Rahmenbedingungen spricht die lange Tradition der wissenschaftlichen Begleitung für die Versuchsschulen als Forschungsfeld. Forschen und Entwickeln gehen dort seit den Schulgründungen 1974 Hand in Hand. Sie sind durch je eigene wissenschaftliche Einrichtungen mit der Fakultät für Erziehungswissenschaft der Universität Bielefeld verbunden. Die Schulen verstehen sich als Experimentier- und Erprobungsfeld für neue Formen des Lehrens und Lernens, die fortwährende Entwicklung und Reflexion von Schulpraxis ist ihr Auftrag. Die Erfahrungen aus der pädagogischen Praxis werden in enger Zusammenarbeit mit den wissenschaftlichen Einrichtungen mit Forschungsperspektiven verknüpft und finden so Eingang in den wissenschaftlichen Diskurs.

Hierfür wurde das sogenannte „Lehrer-Forscher-Modell", eine Variante der Praxisforschung, entworfen und fortentwickelt (vgl. Hollenbach/Tillmann 2009, 7 ff.; Terhart/Tillmann 2005, 17 ff.; Tillmann 2011, 96 ff.). Nach diesem Forschungsansatz ergeben sich die relevanten Fragen aus den Herausforderungen der pädagogischen Praxis und bei den Ergebnissen eines Forschungsprojektes wird immer die konkrete Verwendbarkeit in ebendieser Praxis mitgedacht. Akteure aus dem pädagogischen Alltag und Akteure aus den wissenschaftlichen Einrichtungen finden sich in multiprofessionell zusammengesetzten Projektgruppen zusammen. Gesteuert wird dies durch einen sogenannten „Forschungs- und Entwicklungsplan" (FEP) nach einem festgelegten Prozedere. (vgl. Tillmann 2011, 102 ff.)

Die Figur des Lehrer-Forscher-Modells entstammt einer Familie von Forschungsansätzen, die – ob sie Praxisforschung, Handlungsforschung, Aktionsforschung oder Lehrerforschung heißen – bei allen Unterschieden die Absicht haben, die Trennung von Forschung und Entwicklung aufzuheben und diese als Aspekte desselben Prozesses zu begreifen (vgl. Altrichter/Feindt 2004, 84 ff.). Vor diesem Hintergrund sind inzwischen an den Versuchsschulen zahlreiche gesellschaftlich relevante Themen erprobt, wissenschaftlich begleitet, reflektiert und veröffentlicht worden, auch in Bezug auf Erfahrungen von Schülerinnen und Schülern in und mit der Natur, zum Beispiel: „Natur erleben, erfahren und erforschen mit Kindern im Grundschulalter" (Bosse/Biermann 2013) oder „Weltsprache Natur – Die Naturwerkstatt der Laborschule Bielefeld" (Quartier et al. 2013). Die Absicht unseres Forschungsprojektes lässt sich im pädagogischen Feld der Versuchsschulen optimal realisieren, zumal sie wissenschaftliche Begleitung kennen und fördern.

Ausblick

„Natur in der Schule" als Forschungs- und Entwicklungsprojekt bietet die wichtige Chance, mit wissenschaftlichen Perspektiven und Methoden auf vielfältige Weise Naturkontakte von Menschen im Schulkontext zu erforschen und die positiven Wirkungen von Naturbegegnungen von Schülerinnen und Schülern zu belegen. Dadurch können nicht nur die Schulpraxis, sondern auch bestehende Naturbegegnungskonzepte weiterentwickelt werden. Die Forschungsergebnisse werden der Wissenschaft wie der allgemeinen Schulpraxis zugänglich sein, da diese aufgrund ihrer hohen gesellschaftlichen Relevanz und hinsichtlich der Chancen auf Übertragbarkeit in das allgemeine Schulwesen interdisziplinär und überregional von Bedeutung sind. Durch die Zusammensetzung unserer Projektgruppe ergibt sich zudem eine fruchtbare Verknüpfung von Innenperspektive der Schulen (repräsentiert durch Schulleitungsmitglieder, Lehrer und Natur- und Wildnispädagogen) und der Außenperspektive durch die an die Universität Hamburg angebundenen Personen aus Erziehungswissenschaft, Biologiedidaktik, Präventionsforschung und Umweltpsychologie. Wir erachten diese Verbindung von Wissenschaft und Praxis für das ambitionierte Ziel des Projekts, nämlich sowohl Schulpraxis zu entwickeln, als auch Erkenntnisse zum Zusammenhang von Naturerfahrungen, gutem Leben und Bildungsprozessen zu erzeugen, für sehr aussichtsreich.

Literatur

Altrichter, H./Feindt, A. (2004): Zehn Fragen zur LehrerInnenforschung. In: Rahm, Sybille, Schratz, Michael (2004): LehrerInnenforschung. Theorie braucht Praxis. Braucht Praxis Theorie? Innsbruck: StudienVerlag, 84–104.
Aspinwall, P./Mavros, P./Coyne/R. & Roe, J. (2013): The urban brain: Analyzing outdoor physical activity with mobile EED. In: British Journal of Sports Medicine, 1–6.
Augsburg, R. (2004): Raus ins grüne Klassenzimmer. Online unter: https://www.ganztagsschulen.org/de/4587.php (zuletzt gefunden am 26.08.2020).
Berg, A.E. van den/Berg, C.G. van den (2011): A comparison of children with ADHD in a natural und built setting. In: Child: care, health and development, 37(3), 430–439.
Biermann, C./Bosse, U. (Hg.) (2013): Natur erleben, erfahren und erforschen mit Kindern im Grundschulalter (Impuls-Bd. 7). Bad Heilbrunn: Klinkhardt.
Bixler, R.D./Floyd, M.F./Hammitt, W.E. (2002): Environmental socialization: Quantitative tests of the childhood play hypothesis. In: Environment and Behavoir 34, 6, 795–818.
Boesch, E. E. (1980): Kultur und Handlung. Bern, Stuttgart, Wien: Huber.
Bosse, U./Quartier, U. (2020): Luka balanciert – Naturerfahrungen in der Schule. In: Grundschule aktuell, Heft 150. Frankfurt a.M., 13–16.
Cervinka, R./Röderer, K./Roczen, N. (2012): Are nature lovers happy? On various indicators of well-being and connectedness with nature. In: Journal of Health Psychology 17, 379–388.
Combe, A/Gebhard, U. (2012): Verstehen im Unterricht. Die Rolle von Phantasie und Erfahrung. Wiesbaden;Sringer VS.
Copei, F. (1969): Der fruchtbare Moment im Bildungsprozess, Heidelberg: Quelle & Meyer.
Dewey, J. (1988): The later works of John Dewey. Ed. by J. A. Boydston. Carbondale [et al.]: Southern Illinois UP.
Diessner, R./Davis, L./Toney, B. (2009): Empirical relationships between beauty and justice: Testing Scarry and elaborting Danto. In: Psychology of Aesthetics, Creativity and the Arts 3, 249.
Diessner, R./Iyer, R./Smith, M.M./Haidt, J. (2013): Who engages with moral beauty? In: Journal of Moral Education 42, 139–163.
Dyment, J.E./Bell, A.C. (2008): „Our garden is colour blind, inclusive and warm": reflections on green school grounds and social inclusion. In: International Journal of Inclusive Education 12, 2, 169–183.
Faber Taylor, A./Kuo, F.E. (2009): Children with attention deficits concentrate better after a walk in the park. In: Journal of Attention Disorders 12, 5, 402–409.
Faber Taylor, A./Kuo, F.E./Sullivan, W.C. (2002): Views of nature and self-discipline: evidence from inner city children. In: J. of Environmental Psychology 22, 49–63.
Gebhard, U. (2014): Wie viel ‚Natur' braucht der Mensch? ‚Natur' als Erfahrungsraum und Sinninstanz. In: Hartung, G. & Kirchhoff, T. (Hg.). Welche Natur brauchen wir? Analyse einer anthropologischen Grundproblematik des 21. Jahrhunderts. Freiburg: Karl Alber, 249–274.

Gebhard, U. (2015): Symbole geben zu denken. Zur Bedeutung der expliziten Reflexion von Metaphern und Phantasien in Lernprozessen. In: Spieß, C. & Köpcke, K.-M. (Hg.). Metapher und Metonymie. Theoretische, methodische und empirische Zugänge. Berlin: de Gruyter, 269–296.

Gebhard, U. (2016): Intuition und Reflexion. Der Ansatz Alltagsphantasien. In: Eser, U. (Hg.). Jenseits von Belehrung und Bekehrung: Wie kann Kommunikation über Ethik im Naturschutz gelingen? BfN-Skipten. Bonn, Bad Godesberg, 84–97.

Gebhard, U. (2020): Kind und Natur. Die Bedeutung der Natur für die psychische Entwicklung. Wiesbaden: Springer VS (5. Auflage).

Häfner, P. (2002): Natur- und Waldkindergärten in Deutschland. Eine Alternative zum Regelkindergarten in der vorschulischen Erziehung. Universität Heidelberg. Zu finden unter: http://www.ub.uni-heidelberg.de/archiv/3135 (zuletzt aufgerufen am 19.06.2019).

Hartig, T./Book, A./Garvill, J./Olsson T./Garling, T. (1996): Environmental influences on psychological restoration. In: Scandinavian J. of Psychology 37, 4, 378–393.

Hollenbach, N./Tillmann, K.-J. (Hg.) (2009): Die Schule forschend verändern. Praxisforschung aus nationaler und internationaler Perspektive. Bad Heilbrunn: Klinkhardt.

Humboldt, W.v. (1903): Theorie der Bildung des Menschen. In: Werke Bd. 1. Hg. von A. Leitzmann. Berlin: Behr, 282–287.

Kaplan, R./Kaplan, S. (1989): The Experience of Nature: a psychological perspective. Cambridge.

Koller, H. (2012): Bildung anders denken. Einführung in die Theorie transformatorischer Bildungsprozesse. Stuttgart: Kohlhammer.

Korpela, K.M. (2003): Negative mood and adult place preference. In: Environment and Behavior 35, 3, 331–346.

Laborschule Bielefeld Homepage: www.laborschule-bielefeld.de (zuletzt aufgerufen am 20.07.2020).

Lohr, V.I./Pearson-Mims, C.H. (2006): Responses to scenes with spreading, rounded, and conical tree forms. In: Environment and Behavior 38, 5, 667–688.

Maller, C.F. (2009): Promoting children's mental, emotional and social health through contact with nature: a model. In: Health Education 109, 6, 522–543.

Mayer, F.S./McPherson Frantz, C (2004): The connectedness to nature scale: A measure of individuals' feeling in community with nature. In: Journal of environmental psychology, 24 (4), 503–515.

Oberstufen-Kolleg Bielefeld Homepage: www.uni-bielefeld.de/OSK (zuletzt aufgerufen am 20.07.2020).

Oschatz, K. (2011): Intuition und fachliches Lernen. Zum Verhältnis von epistemischen Überzeugungen und Alltagsphantasien. Wiesbaden: Springer-VS.

Peukert, H. (2003): Die Logik transformatorischer Bildungsprozesse und die Zukunft von Bildung. In: Arens, E./Mittelstraß, J./Peukert, H./Ries, M. (Hg.): Geistesgegenwärtig. Zur Zukunft universitärer Bildung. Edition Exodus.

Quartier, U./Kampmeier, M./Bardi, C. (2013): Weltsprache Natur. Die Arbeit in der Naturwerkstatt der Laborschule Bielefeld (Impuls-Bd. 6). Bad Heilbrunn: Klinkhardt.

Quartier, U./Rehr, J. (2017): Naturwerkstatt und freie Draußenzeit. In: Grundschule aktuell, Heft 140. Frankfurt a.M., 16–18.

Ryan, R.M./Weinstein, N./Bernstein, J./Brown, K. W./Mistretta, L./Gagne, M. (2010): Vitalizing effects of being outdoors and in nature. Journal of Environmental Psychology, 30 (2), 159–168.

Schüler, Henning (2003): Draußen sein, damit es drinnen besser geht. In: Die Grundschulzeitschrift, 17 (2003) 162, S. 6–9.

Schwiersch, M. (2009): Naturerfahrung und psychische Gesundheit bei jungen Menschen. Eine Fragebogenuntersuchung. In: Kinder- und Jugendschutz in Wissenschaft und Praxis, 54:3, 80–83.

Terhart, E./Tillmann, K.J. (Hg.) (2005): Schulentwicklung und Lehrerforschung. Das Lehrer-Forscher-Modell der Laborschule auf dem Prüfstand. Impuls Laborschule. Bad Heilbrunn: Klinkhardt.

Thurn, S./Tillmann, K.-J. (Hg.) (2011): Laborschule – Schule der Zukunft. Bad Heilbrunn: Klinkhardt.

Tillmann, K.-J. (2011): Forschung in der Versuchsschule. In: Thurn, S./Tillmann, K.-J., 94–107.

Weinstein, N./Przybylyki, A.N./Ryan, R.M. (2009): Can Nature Make Us More Caring? Effects of Immersion in nature on Intrinsic Aspirations ans generosity. In: Personality and Social Psychology Bulletin 35, 10, 1315–1329.

Wells, N.M./Evans, G.W. (2003): Nearby nature – a buffer of life stress among rural children. In: Environment and Behaviour 35 (3), 311–330.

Young, J./Haas, E./McGown, E. (2014): Grundlagen der Wildnispädagogik – Mit dem Coyote-Guide zu einer tieferen Verbindung zur Natur. Buch 1: Handbuch für Mentoren. Extertal: Biber-Verlag.

Zhang, J.W./Howell, R.T./Iyer, R. (2014a): Engagement with natural beauty moderates the positive relation between connectedness with nature and psychological well-being. In: Journal of Environmental Psychology 38, 55–63.

Zhang, J.W./Piff, K.P./Iyer, R./Koleva, S./Keltner, D. (2014b): An occasion for unselfing: Beautiful nature leads to prosociality. In: Journal of Environmental Psychology 37, 61–72.

Thomas Irion

Digitale Grundbildung – zukunftsorientiert und grundschulgerecht

Die Corona-Krise, die damit verbundenen Schulschließungen und das dadurch veränderte Freizeitverhalten von Kindern haben den Druck auf die Lehrerinnen und Lehrer in der Grundschule verstärkt, aber auch neue Möglichkeiten des Lehrens und Lernens in der Grundschule aufgezeigt:

1. **Nutzung digitaler Technologien im Fernunterricht:** Während manchen Lehrkräften neben zeitaufwendigen Hausbesuchen und der gerade bei Grundschulkindern unbefriedigenden reinen Arbeitsblattarbeit auch die Möglichkeit offenstand, während der Schließungszeit Klassen mit anregungsreichen Materialien zusätzlich digital zu betreuen – etwa durch Videokonferenzen, Erklärvideos, Messengerdienste, Produktion von Videos und Bildern durch Kinder –, mussten andere Lehrkräfte die Unterrichtskommunikation weitgehend auf „Balkongespräche" und Telefonate konzentrieren und Unterrichtsangebote primär in Form von Arbeitsblättern ausgeben. Chancen und Grenzen der Digitalisierung wurden dadurch vielen Menschen deutlich.
2. Die Veränderungen im Arbeits- und Freizeitverhalten, die sich auch nach den Schulschließungen durch Kontakteinschränkungen noch fortsetzen, haben zu einer **verstärkten privaten Nutzung digitaler Medien durch Kinder in der Pandemie** geführt.

Die Pandemie macht deutlich, dass die Grundschule endlich Antworten für Digitalisierung und Mediatisierung finden muss. Nun wird es noch klarer, dass es bei der Ausstattung der Grundschulen im Rahmen des Digitalpakts nicht um die Versorgung des Grundschulunterrichts mit ein paar Lern-Apps gehen kann, sondern primär darum, bildungstheoretisch fundierte pädagogisch-praktische Antworten auf die Veränderung der Welt durch den digitalen und medialen Wandel zu finden.[1]

Für eine zeitgemäße Bildung bedarf es kluger bildungspolitischer Maßnahmen, fundierter Lehrerbildungskonzeptionen und vor allem auch grundschulgerecht realisierbarer Konzepte mit kindgerechten Technologien, die von

---

1) Stellungnahme des Grundschulverbands zum Digitalpakt und zum KMK-Beschluss: https://tinyurl.com/gsvDigitalpakt.
Standpunkt Medienbildung des Grundschulverbands: https://tinyurl.com/gsvStandpunktMedienbildung
(Beide: 29.9.2020. Dokument 1 aus 2018, Dokument 2 aus 2019)

Lehrkräften gut umsetzbar sind und die die Brücke schlagen zwischen digitalem Wandel und der Grundschulbildung. Diese Konzepte sollten zugleich den Ansprüchen an eine zeitgemäße Bildung im Grundschulalter genügen, wie sie der Grundschulverband in seinen Aussagen für eine „allseitige Bildung" formuliert hat.[2] Grundschulkinder, aber auch Lehrkräfte dürfen angesichts der massiven Veränderungen durch Digitalisierung und Mediatisierung nicht länger alleingelassen oder mit ungeeigneten Konzepten und komplexen, aber oft wenig hilfreichen Technologien im Stich gelassen werden. Ziel des Artikels ist die Entwicklung von theoretischen Grundlagen und Praxisperspektiven, die Grundschulen dabei unterstützen, Bildungsmaßnahmen für eine digital und medial geprägte Welt zu entwickeln, die Kindern nicht nur helfen, sich in ihrer aktuellen Lebenswelt zu orientieren, sondern sie auch in die Lage versetzen, die Zukunft der Gesellschaft mitzugestalten („zukunftsorientiert").

Grundschulbildung[3] und digitaler Wandel

Durch die Einführung des Smartphones und die Installation von Funknetzen sind digitale Technologien allgegenwärtig verfügbar und werden auch von Kindern häufig genutzt. So zeigen Kammerl et al. (2020, 22) unter Berücksichtigung einer Vielzahl von Studien auf, dass sich Medien- und Internetnutzung bei Kindern und Jugendlichen auf hohem Niveau eingependelt haben.

Bedeutsamer als die Analyse der quantitativen Nutzung digitaler Medien in der Gesellschaft und von Kindern sind allerdings wissenschaftliche Ansätze zur Erfassung der Veränderung von Alltag, Wissenschaft, Kultur und Kommunikation. Bei der Bewertung des aktuellen Aufwachsens von Kindern geht es nicht nur um direkt beobachtbare Mediennutzung, sondern auch um indirekte gesamtgesellschaftliche Veränderungen durch Digitalisierung und Mediatisierung. Das ist der Gegenstand der Mediatisierungsforschung.

In der Mediatisierungsforschung wird aktuell die Entstehung und Entwicklung neuer, kulturell bedeutsamer, medialer Räume untersucht (Krotz 2017, Kalina et al. 2018), die, jederzeit und allgegenwärtig verfügbar, mit großer Dynamik unser Zusammenleben prägen: Kindliche Entwicklungsschritte werden durch die Dokumentation in Facebook zur Abspeicherung durch Konzerne freigegeben, geschlechtliche Rollen werden durch Schmink-

---

2) Grundschulverband (2019): „Anforderungen an eine zukunftsfähige Grundschule", darin der Abschnitt „Die Grundschule der Zukunft ist eine Schule der allseitigen Bildung", zum Download unter www.grundschulverband.de
3) Unter „Grundschulbildung" wird in diesem Beitrag einerseits die in der Grundschule zu erwerbende oder erworbene Bildung verstanden und andererseits die Prozesse, die zu diesem Erwerb führen. Der Begriff Grundschulbildung fokussiert somit sowohl das Ergebnis als auch den Prozess der bildungsbezogenen Aktivitäten der Grundschule.

und Krafttrainingsvideos geprägt und das Kinderfreizeitverhalten, teilweise getriggert durch kommerzielle Interessen, wird durch zunehmende Online-Zeiten massiv verändert. Diese Entwicklungen führen zu folgenreichen wirtschaftlichen und gesellschaftlichen Veränderungen (Hepp 2020; Zuboff 2019).

Selbstverständlich sind nicht nur Persönlichkeitsentwicklung und Identitätsbildung von diesen Veränderungen betroffen. Die das schulische Lernen und die außerschulische Information lange Zeit dominierende Schriftkultur wird inzwischen um vielfältige Kommunikationssysteme erweitert. Der Informatikdidaktiker Döbeli Honegger (2016, 32 ff.) konstatiert einen „Leitmedienwechsel" durch die Digitalisierung: Für ihn ist nicht mehr das Buch das zentrale Informationsmedium der Menschheit, sondern der Computer, was gerade der Grundschulbildung neue Informations-, Dokumentations- und Kommunikationsformen eröffnet, aber auch neue Herausforderungen mit sich bringt (Irion / Scheiter 2018; Scheiter 2017).

Herausforderungen für die Bildung im Grundschulalter

Aus diesen Veränderungen ergeben sich für die Grundschulbildung Chancen, aber auch Herausforderungen:
- Wie können Persönlichkeitsentwicklung und Identitätsbildung im Umfeld von Digitalisierung und Mediatisierung unterstützt werden?
- Wie kann die Ausbildung moralischer Urteile bei der Mediennutzung gefördert werden?
- Wie kann die Schule Kinder in die Lage versetzen, digitale Medien für die gesellschaftliche Teilhabe zu nutzen?
- Wie kann erreicht werden, dass Kinder wegen fehlender Geräte oder ungeeigneter pädagogischer Begleitung von der Entwicklung grundlegender Medienkompetenzen ausgeschlossen werden?
- Wie können digitale Technologien genutzt werden, um die Kreativität der Kinder anzuregen, anstatt diese zu lähmen?
- Wie können Kinder erfahren und erleben, dass, neben den kurzfristigen Belohnungssystemen in Computerspielen und Social Media, auch Handlungen, die sehr viel Ruhe und Sorgfalt abverlangen, für die eigene Entwicklung und die Handlungsfähigkeit in der Gesellschaft bedeutsam sind?
- Wie können Kinder in die Lage versetzt werden, die der Digitalisierung zugrunde liegenden algorithmischen Prozesse zu erforschen und nachzuvollziehen (Straube et al. 2018)?
- Wie kann erreicht werden, dass digitale Medien Perspektiven auf die Welt eröffnen, um den Horizont der Kinder zu erweitern, aber gleichzeitig nicht zur dominanten Perspektive werden und andere Zugänge (Bücher, Realbegegnungen, Gespräche in persönlichem Austausch …) verdrängen?

- Wie kann verhindert werden, dass die Denk- und Handlungsfreiheit der heranwachsenden Generationen nicht an informatische Systeme abgegeben werden (Gervé 2019) und dass durch Übergabe unserer Daten und Nutzungsgewohnheiten an digitale Systeme und Unternehmen die Möglichkeit der Steuerung unseres Verhaltens durch politische und wirtschaftliche Interessengruppen und Institutionen perfektioniert wird (Orwell 1949, Zuboff 2019)?
- Welche Regulierungsmaßnahmen sind (z. B. durch Maßnahmen des Kindermedienschutzes) umzusetzen, um Kinder vor nicht verarbeitbaren Medieneinflüssen und ungewollter Speicherung ihrer Daten zu schützen?
- Wie kann eine sinnvolle Nutzung digitaler Technologien für Bildungsprozesse erreicht und vermieden werden, dass Unterrichtszeit durch schlecht bedienbare, unzuverlässige Lösungen verloren geht?
- Wie verändern sich die Betreuung von Grundschulkindern und die Elternarbeit durch die neuen Kommunikationsformen?

Angesichts der Vielzahl dieser Aufgaben wird deutlich, dass die Grundschule nicht bloß vor der Aufgabe steht, die Kinder „fit für die digitale Welt" zu machen und digitale Medien zur Innovation von Unterricht zu nutzen. Vielmehr muss die Grundschule in enger Kooperation mit außerschulischen Bildungseinrichtungen (vgl. Pfaff-Rüdiger et al. 2020) und den Eltern (vgl. Bundeselternrat 2020) darauf hinwirken, dass Digitalisierung und Mediatisierung immer auch das Wohlergehen und die Rechte der Kinder berücksichtigen und die Kinder für ein verantwortungsvolles Handeln in der digitalen Welt ertüchtigen muss. Analog zu den aktuellen Entwicklungen etwa in der Fridays-for-Future-Bewegung ist auch im Bereich der Digitalisierung und Mediatisierung darauf hinzuwirken, dass die digital und medial geprägte Zukunft insbesondere auch eine Zukunft für die derzeitigen Grundschulkinder und künftige Generationen ist.[4]

Grundschularbeit ist natürlich immer eingebettet in gesellschaftliche Entwicklungen und muss die Kinder somit für das Leben in der digital geprägten Welt qualifizieren. Dass dies nicht nur zu einer kritisch-konstruktiven Nutzung von Digitaltechnologien im Grundschulunterricht, sondern auch zu einer Schaffung von Gegenpolen etwa durch Naturerfahrungen, künstlerische Erfahrungen, Kommunikationserfahrungen führen muss, in denen das Digitale nur ein Teil sein kann, liegt auf der Hand. Kinder brauchen gerade heute Platz zum Toben, Material mit sinnlichen Erfahrungsqualitäten ohne Displays und Naturerfahrungen abseits der häufig hektischen und kurzatmigen Nutzungsformen im Umgang mit Mobilgeräten.

---

4) Dabei ist natürlich auch beim Kauf von Geräten darauf zu achten, dass, wie vom Bundeselternrat (2020) in seiner Resolution vom 20.9.2020 gefordert, Umweltfolgen der Beschaffung im Auge behalten werden.

Gleichzeitig ist aber aus gesellschaftlicher Sicht die Förderung von Kindern zur verantwortungsbewussten Nutzung von digitalen Technologien grundsätzlich mit dem Bildungsauftrag der Grundschule verbunden. Kinder von heute müssen in die Lage versetzt werden, vielfältige gesellschaftliche und technologische Herausforderungen der Zukunft zu lösen, die aus heutiger Sicht nur erahnt werden können. Dazu brauchen Kinder nicht nur Geräte, sondern vor allem Bildungskonzepte, die die Potenziale von digitalen Technologien ebenso wahrnehmen wie deren Beschränkungen und Gefahren. Diese Bildungskonzepte müssen Kinder einerseits befähigen, digitale Technologien souverän zu nutzen, und andererseits eingebettet sein in tragfähige Konzeptionen, wie sie der Grundschulverband jüngst mit seinen „Anforderungen an eine zukunftsfähige Grundschule" vorgelegt hat.

Konzepte der Grundschulbildung zwischen Autonomieförderung und Kinderschutz

In der pädagogischen Reaktion auf die Herausforderungen und Chancen von Mediatisierung und Digitalisierung für kindliches Aufwachsen lassen sich eher bewahrpädagogische, Kindheit als Schonraum inszenierende Ansätze, die sich etwa im Kontext des Verbraucherschutzes, des Jugendmedienschutzes und des Datenschutzes ergeben, von eher befähigenden Ansätzen unterscheiden, wie sie nicht erst seit der 2016 erschienenen KMK-Strategie „Bildung in der digitalen Welt" (KMK 2019) von der Bildungspolitik vorangetrieben werden (Kammerl et al. 2020, 25). Dem Bild des zu schützenden Kindes wird in aktuellen grundschulpädagogischen Sichtweisen der Ansatz gegenübergestellt, das Kind auch als Partner und eigenständig agierend zu betrachten (vgl. Kelle 2018). Wichtig ist zu betonen, dass Kinder sowohl vor nicht verarbeitbaren Medieneinflüssen (z. B. gewaltverherrlichende oder pornografische Darstellungen) zu schützen, aber gleichzeitig auch in die Praxis der Vorgaben und Nutzungsmöglichkeiten einzubeziehen sind. Ihre Perspektive und ihr Weltzugang sind ernst zu nehmen, ihre Kompetenzentwicklung muss unterstützt werden.

Bei der Entwicklung von Vorgaben ist deshalb zu beachten, dass Medienhandlungen der Kinder nicht aufgrund von Erwachsenenvorurteilen vorschnell verurteilt werden sollten (Irion 2016). Kindliche Medienpraxen waren schon immer für Erwachsene häufig zunächst einmal – und immer wieder auch unberechtigt – suspekt oder gar schädlich, wobei häufig übersehen wird, dass Kinder eigene Verarbeitungsformen für Medienerlebnisse entwickeln. Was uns hektisch und unübersichtlich erscheint, wird von Kindern sowohl kognitiv als auch emotional u. U. ganz anders verarbeitet. Dies kann aus grundschulpädagogischer Sicht allerdings nicht zu einem „anything goes" führen: Wenngleich vorschnelle Urteile über die Wirkung von Medien zu hinterfragen sind, benötigen Kinder Begleitung, die auch Regulierungen beinhaltet. Grundschulbildung muss dabei schützende mit qualifizierenden Elementen verbinden.

Sowohl Schutz als auch die Qualifizierung für die Orientierung in der digital und medial geprägten Welt stehen dabei in enger Verbindung mit dem Auftrag der Grundschule zur Herstellung von Chancengerechtigkeit. Wenn es in der grundlegenden Bildung insbesondere auch darum geht, soziale, kulturelle, intellektuelle und ökonomische Benachteiligungen zu verhindern, dann meint das auch die Vermeidung einer digitalen Wissenskluft bei Kindern, die zu Hause weniger Förderung im Umgang mit digitalen Medien erhalten (vgl. Digital Gap-Diskussion, z. B. bei Irion / Sahin 2018).

Ziele der Grundschule im Kontext der Digitalisierung

Digitalisierung und Mediatisierung und die daraus erwachsenden Bildungsaufgaben haben im europäischen Raum zu mehreren bildungspolitischen Vorgaben und Positionierungen geführt (vgl. Kammerl et al. 2020, 37 ff., Irion 2020, 62 ff.). In Deutschland wurden mit der KMK-Strategie „Bildung in der digitalen Welt" (KMK 2019) nicht nur sechs Kompetenzbereiche definiert, sondern auch die Grundschule als erster Ort der schulischen Bildung für alle Kinder genannt (a. a. O., 11). Die KMK-Kompetenzbereiche dienten als Ausgangspunkt für verschiedene Strategie- und Positionspapiere unterschiedlicher Fachgesellschaften (vgl. Irion 2020, 65 ff.). Der Grundschulverband hat sich hier in seinem „Standpunkt Medienbildung" (Grundschulverband 2019) und seiner Stellungnahme zum Digitalpakt (Grundschulverband 2018) ebenso programmatisch positioniert wie in verschiedenen Ausgaben der Verbandszeitschrift *Grundschule aktuell* (insbesondere die Ausgaben 149, 142 und 131) und einem Band zum Lernen mit und über digitale Medien (Peschel / Irion 2016).

Deutlich wird in den Positionspapieren und Publikationen, dass die aktuellen Entwicklungen für die Grundschulbildung mehr bedeuten als eine Digitalisierung der Grundschule oder die digitale Unterstützung von Lernprozessen. Aus dem aktuellen, vor allem auch im Grundschulverband geführten Diskurs zur Grundschule im 21. Jahrhundert, steht gerade *die Integration* digitaler und medialer Angebote im Rahmen eines Konzepts von allseitiger Bildung vor besonderen Aufgaben, um zu verhindern, dass die Nutzung digitaler Medien im Unterricht zu kognitiven Verkürzungen führt. Das mit der Digitalisierung einhergehende Umdenken muss mehr und anderes beinhalten als die unterrichtstechnologische Integration digitaler Helfer zur Steuerung von Lernverhalten (vgl. Ramseger 2020, 7 f.). Bei einem technischen Input-Output-Verständnis von Lernen geraten die individuellen Möglichkeiten der Kinder ebenso aus dem Blick wie die Mitbestimmungsfähigkeit und Mitverantwortung der Kinder und die Bedeutung von überfachlichen Erziehungs- und Bildungsaufgaben (vgl. Hecker et al. 2020, 9).

Um die bildungsorientierte Auseinandersetzung mit dieser Thematik stärker in den Fokus bildungswissenschaftlicher, bildungspraktischer, bildungspolitischer und infrastruktureller Diskurse und Entscheidungsprozesse zu rücken, wird aktuell darüber diskutiert, technologische Verkürzungen wie im Terminus „Digitalisierung der Grundschule" zu verhindern. Beim Vorschlag, in diesem Zusammenhang von „Digitale Bildung" zu sprechen, geht es nicht darum, digitale und analoge Bildung zu kontrastieren oder gar eine „Digitale Bildung" zu glorifizieren. Im Verständnis von Kammerl und Irion (2018, 8) wird unter dem Begriff „Digitale Bildung" die Beschäftigung mit allen Bildungsfragen rund um Digitalisierung und Bildung gefasst. „Digitale Bildung" kann somit verstanden werden als Kurzform für den Terminus „Bildung in der digital geprägten und gestaltbaren, mediatisierten Welt" (vgl. Irion 2020, 56 ff.).

„Digitale Grundbildung" (ebd.) lässt sich in diesem Verständnis nicht reduzieren auf die Verwendung von Lernprogrammen oder Coding-Einführungen, sondern muss unter dem Primat des Pädagogischen (Kammerl et al. 2020) orientiert und realisiert werden. Bei der Umsetzung der Zielsetzung der KMK-Strategie „Bildung in der digitalen Welt" in der Grundschule (KMK 2016) sind somit insbesondere die vom Grundschulverband in seinen Anforderungen an eine zukunftsfähige Grundschule formulierten Ansprüche an eine allseitige Bildung zu berücksichtigen: Ich-Stärkung im sozialen Miteinander, Werte-Erziehung, Erarbeitung tragfähiger Grundlagen für selbstständiges und kooperatives Lernen, Erschließung vielfältiger kultureller und ästhetischer Erfahrungen, gesunde und nachhaltige Lebensgestaltung.[5]

Bildung mit und über digitale Medien: Umsetzungsbeispiele

Die im Folgenden genannten Unterrichtsbeispiele sollen einen Einblick geben, wie Grundschulen beginnen können, eine altersgerechte digitale Grundbildung umzusetzen. Bei den genannten Beispielen wird immer das Lernen *mit* Medien mit dem Lernen *über* Medien (Peschel 2020) verbunden. In den folgenden Beispielen werden Kinder also nicht, wie bei der Nutzung von Programmen zum automatisierten Üben, lediglich vom Computer an die Hand genommen, um bestimmte Inhalte und Techniken vermittelt zu bekommen. Stattdessen lernen sie digitale Medien zu nutzen, um die Welt zu erforschen, sich auszutauschen, ihre eigene Perspektive zu reflektieren und

---

5) Grundschulverband (2019): „Anforderungen an eine zukunftsfähige Grundschule", zum Download unter www.grundschulverband.de

gestalterische Ausdrucksformen für ihre Sicht auf die Welt zu finden. Dabei erfahren sie die Veränderbarkeit der Welt durch analoge und digitale Technologien, um Mut zu bekommen, selbst an der Gestaltung der Welt teilzuhaben.

Bei der Auswahl der Beispiele wurde darauf geachtet, dass diese auch von allen Lehrkräften umgesetzt werden können, um zu erreichen, dass jedes Kind in Deutschland basale Kompetenzen und einen persönlichkeitsfördernden Umgang mit digitalen Medien lernen kann (Grundschulverband 2018, 2), auch wenn viele Lehrkräfte weniger technikaffin sind.[6]

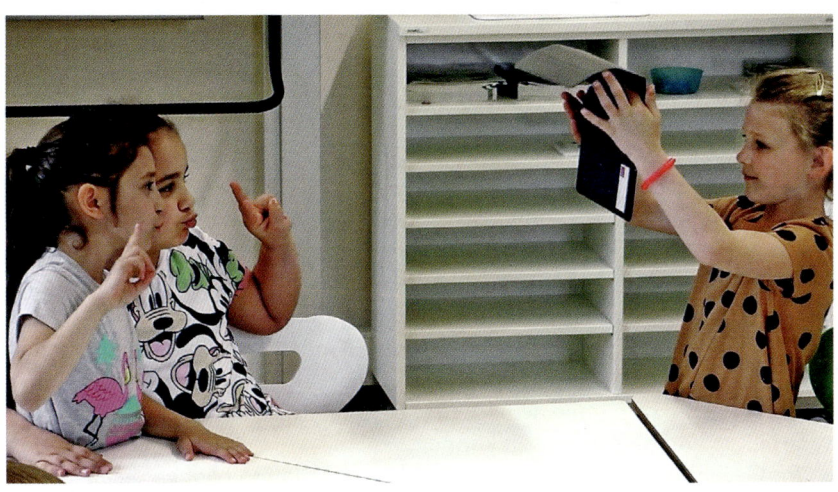

Zweitklässlerinnen erstellen MuxBooks-Steckbriefe mit der App BookCreator

Beispiel: Multimediale Gestaltungsbücher für Grundschulkinder (MuxBooks)
Eine weitverbreitete Nutzungsform von digitalen Technologien im Grundschulunterricht ist die Gestaltung von multimedialen Büchern (Multimedia User Experience Books – kurz: MuxBooks, Irion / Hägele 2020) durch Grundschulkinder mit Apps auf Tablets. Dabei werden Erlebnisse von Kindern nicht nur schriftlich festgehalten, sondern multimedial. Die Kinder lernen so, eigene Erfahrungen multimedial zu dokumentieren, zu reflektieren und dazu eigene Ausdrucksformen der Gestaltung zu finden.

Kinder entwickeln dabei nicht nur ein Gefühl für Bild- und Textgestaltung, sondern erhalten zudem auch die Möglichkeit, von Medienkonsumierenden zu Medienproduzierenden zu werden und selbst nicht nur Videos und Fotos zu erstellen, sondern auch multimediale Darstellungen zu gestalten. Gleichzeitig erhalten sie durch die ständige Überarbeitbarkeit digitaler Darstellun-

---

6) Weitere Beispiele finden sich u. a. bei Niesyto / Junge 2019, Peschel / Irion 2016 oder in Grundschule aktuell, Heft 131, 142 und 149.

gen die Möglichkeit, an ihren gestalterischen Ausdrucksformen in Ruhe zu feilen, bis die Darstellungsform ihren Ansprüchen an den eigenen Ausdruck genügt. Auf diese Weise erhalten Kinder nicht nur neue Sichtweisen auf ihre Lernerfahrungen, sondern entwickeln auch gestalterische Ausdrucksformen für ihre subjektiven Wahrnehmungen und verstehen, dass z. B. Fotos und Videos nicht die Realität dokumentieren, sondern nur einen Ausschnitt abbilden.

Gleichzeitig lassen sich MuxBooks natürlich zur Dokumentation von gestalterischen Handlungen der Kinder nutzen. MuxBooks werden auf diese Weise zu elektronischen Portfolios. So können beispielsweise Arbeitsprozesse in der Schuldruckerei und der Entstehungsprozess eines gedruckten Buches mit MuxBooks dokumentiert werden. Digitale Medien ersetzen auf diese Weise nicht traditionelle Techniken, die für Kinder wichtig sind, um den Wert von Produkten (hier von Büchern und Texten) zu erfahren, sondern ergänzen diese Erfahrungen um neue Gestaltungs- und Reflexionszugänge und sind so ein Werkzeug, das auch allseitig orientierte Bildungsprozesse unterstützt.

Das alles gilt auch für Kinder, die Probleme mit der (deutschen) Sprache haben. MuxBooks werden daher auch im inklusiven Unterricht für Kinder mit sprachlichen und/oder körperlichen Beeinträchtigungen genutzt. Genauso profitieren erste Klassen oder auch Kinder mit migrationsbedingten Sprachproblemen von der Gestaltung von MuxBooks, die sie in die Lage versetzen, Erlebtes auch ohne deutsche Schriftsprache festzuhalten, ästhetisch zu verarbeiten und diskutieren zu können.

Im Gegensatz zur traditionellen Heftdokumentation bleiben die erstellten multimedialen Erfahrungsbücher veränderbar, sodass Rückmeldungen von Lehrkräften und anderen Kindern leicht umsetzbar sind. Auch Sachinformationen aus Büchern können leicht integriert werden. Dazu ein praktisches Beispiel: Zum Themenschwerpunkt „Feuerwehr" kann während des Besuches des außerschulischen Lernorts eine Rohfassung mit Fotos und Videos entstehen, die dann mit der Lehrkraft und anderen Kindern besprochen wird. Anschließend werden Sachinformationen eingebaut (z. B. durch hinzugefügte Texte, Bilder, Geräusche) und ästhetische Gestaltungsmöglichkeiten erprobt. So entsteht Schicht um Schicht ein eigenes Themenbuch, das Kindern erlaubt, ihre eigenen Eindrücke sachlich, aber auch ästhetisch gestaltend zu verarbeiten. Ein Vorgang, der in einem einzigen Schritt viel zu herausfordernd gewesen wäre. Idealerweise werden die Bücher für reale Kommunikationspartner angefertigt: Die Bücher können dann Kindern der eigenen Klasse, einer Korrespondenzklasse oder den Eltern gezeigt werden.

Geeignete Themen bietet der Schulalltag überall: die Dokumentation des Schulwegs mit Hinweisen zu Gefahrenpunkten, die Beobachtung und Dokumentation von Naturprozessen und künstlerischen Gestaltungstechniken, die Gestaltung von MuxBooks als Buchstaben- oder Zahlenbuch mit Fotos aus der kindlichen Lebenswelt oder die Entwicklung von MuxBooks für den handlungsorientierten Literaturunterricht mit videografierten oder fotografierten szenischen Darstellungen, vertonten Bildgeschichten usw.

Tipps:
- Geeignete MuxBooks-Apps sind bspw. Book Creator, Explain Everything, Keynote oder Powerpoint.
- Ein MuxBooks-Tutorial für die Erstellung mit der App BookCreator findet sich hier: https://tinyurl.com/muxbooks
- Ein MuxBooks-Tutorial für Kinder findet sich hier: https://tinyurl.com/MuxbooksKids

Beispiel: Überwindung der Isolation während der Schulschließungen durch Tablets und Smartphones
Um Kinder auch während der Pandemie-bedingten Schulschließungen nicht allein zu lassen, wurden im Frühjahr 2020 an der Grundschule in Overath-Heiligenhaus auch digitale Technologien genutzt. Die Beteiligungs-App *#stadtsache*, die bislang für Stadtentwicklungsprojekte mit Kindern eingesetzt wurde, wurde spontan umgenutzt und als Messenger-App für Grundschulkinder und ihre Lehrkräfte eingesetzt. Mit dieser App konnten die Lehrkräfte die Kinder dann zu Hause auf Tablets oder Smartphones mit Textnachrichten, Videos und Sounddateien ebenso erreichen wie die Kinder die Lehrkräfte und andere Kinder. Die ersten Schritte mit der sehr intuitiv bedienbaren App hatten die Kinder noch im Präsenzunterricht erlernt, sodass die Umstellung auf den Fernunterricht von ihnen gut bewältigt wurde.

Das erste Ziel der Lehrkräfte war, den Kindern zu signalisieren: „Wir möchten wissen, wie es euch geht." Auch war es wichtig, den Kindern Ausdrucks- und Austauschmöglichkeiten zur Verfügung zu stellen. Zusätzlich zu den Fragen rund um die psychische Gesundheit wurden vom ganzen Kollegium Aufgaben für die Fächer Mathematik, Deutsch, Sachunterricht, Sport und Kunst entwickelt und den Kindern übermittelt.

Jede Klasse hatte in der App ihren eigenen digitalen Klassenraum, in dem die Kinder untereinander und mit ihren Lehrpersonen in Kontakt standen. An jedem Wochentag fanden sie darin die tagesaktuelle Begrüßung ihrer Klassenlehrerin plus einige Aufgaben. Beispielsweise sahen sie ein Foto eines Mathe-Rätsels mit Streichhölzern und hörten dazu die Erklärung ihrer Lehrerin. Oder sie sahen eine kurze Tanz-Choreographie ihres Sportlehrers als Video mit der Aufforderung: „Jetzt du!"

Allen Arbeitsergebnissen der Kinder war die selbstständige kreative Mediennutzung mit authentischen Ergebnissen als Video, Foto oder Audio gemeinsam. Durch das bildgestützte Verfahren konnten dabei auch Kinder ohne Lese- und Schreibkenntnisse beteiligt werden (z. B. aus der ersten Klasse).

Die Nutzung führte zur Weiterentwicklung der App *stadtsache* zur App *digiclass*.

Um bei einer eventuellen weiteren Schulschließung oder auch für Kinder, die nicht am Unterricht teilnehmen können, künftig besser aufgestellt zu sein, haben sich alle Eltern verpflichtet, alle zwei Wochen ihrem Kind ihr Smartphone für eine Hausaufgabe zur Verfügung zu stellen. In einigen wenigen Familien fehlte ein Gerät, was durch Übergabe ungenutzter Schulgeräte an die betreffenden Familien geregelt werden konnte.

Fernkommunikation während der Schulschließungen mit Apps auf Tablets und

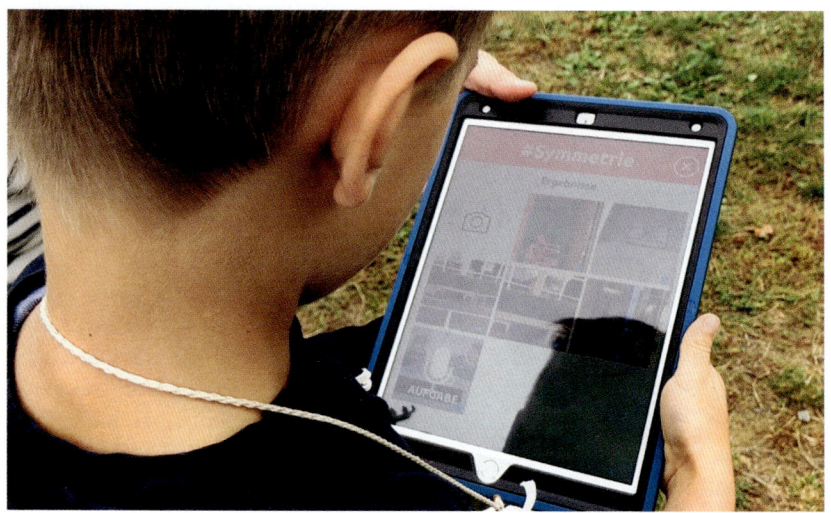

Smartphones: Die Kinder können Fotos und Videos der Lehrkraft und anderer Kinder sehen und eigene Fotos und Videos hochladen

Hervorzuheben bei beiden Praxisbeispielen ist, dass digitale Technologien hier nicht eingesetzt wurden, um Naturerfahrungen, künstlerische Ausdrucksformen, motorisch breit ausgerichtete Aktivitäten oder Realbegegnungen zu verdrängen. Vielmehr wurden sie genutzt, um für Kinder anregende Lernumgebungen zu schaffen, die über stumpfe Drill- und Übungsszenarien auf Arbeitsblättern oder in Computerübungsspielen hinausgingen. Digitale Technologien werden in diesem Verständnis als Werkzeuge zur Entwicklung von Lern- und Gestaltungsmöglichkeiten gesehen, die gezielt Realerfahrungen und vielfältige Erfahrungen mit traditionellen Medien ergänzen. Ziel solcher und anderer Unterrichtsbeispiele (vgl. Peschel/Irion 2016 und Grundschule aktuell 131, 142, 149) ist die Umsetzung einer Digitalen Grundbildung abseits der Beschränkungen von Drill-and-Practice-Szenarien traditioneller Übungsprogramme an Computern: zukunftsorientiert und grundschulgerecht.

Literatur

Aufenanger, S. (2019): Der Einfluss der Computernutzung auf die kognitive und sprachliche Entwicklung von Kindergartenkindern. In: medienimpulse-online, 57(1). https://tinyurl.com/y2vcadgk (Zugriff: 12.10.2020)

Breiter, A., Aufenanger, S., Averbeck, I., Welling, S. & Wedjelek, M. (2013): Medienintegration in Grundschulen: Untersuchung zur Förderung von Medienkompetenz und der unterrichtlichen Mediennutzung in Grundschulen sowie ihrer Rahmenbedingungen in Nordrhein-Westfalen. Berlin: Vistas.

Bundeselternrat (2020): DigitalPakt Schule – was bedeutet er für die Bildungslandschaft? Online-Publikation. https://tinyurl.com/y4yveuxo (Zugriff: 12.10.2020).

Döbeli Honegger, B. (2016): Mehr als 0 und 1: Schule in einer digitalisierten Welt. Bern: Hep.

forsa (2020, 15. Mai 2020): Mediensucht 2020. Gaming und Social Media in Zeiten von Corona. DAK-Längsschnittstudie: Befragung von Kindern, Jugendlichen (12–17 Jahre) und deren Eltern https://tinyurl.com/y5chc5ky (Zugriff: 2.10.2020)

Gervé, F. (2019): Digitalisierung und Bildung im Primarbereich. In Jacqueline Heider-Lang & Alexandra Merkert (Hrsg.), Digitale Transformation in der Bildungslandschaft – den analogen Stecker ziehen?, 97–114. Augsburg: Rainer Hampp.

Grundschulverband (2019): Standpunkt Medienbildung. Grundschulkinder bei der Mediennutzung begleiten und innovative Lernpotenziale in der Grundschule nutzen https://tinyurl.com/yyatksxg (Zugriff: 12.10.2020).

Grundschulverband (2018): Digitale Mündigkeit beginnt in der Grundschule. Stellungnahme des Grundschulverbands zum „Digitalpakt Schule" und zum KMK-Beschluss „Bildung in der digitalen Welt" https://tinyurl.com/yajoklke (Zugriff: 12.10.2020).

Hecker, U., Lassek, M. & Ramseger, J. (2020): KINDER LERNEN ZUKUNFT. Anforderungen und tragfähige Grundlagen. Zur Einführung in diesen Band. In: Dies. (Hrsg.): KINDER LERNEN ZUKUNFT. Anforderungen und tragfähige Grundlagen (Beiträge zur Reform der Grundschule Bd. 150). Frankfurt a. M.: Grundschulverband. 9–14.

Hepp, A. (2020): Deep Mediatization. London: Routledge.

Irion, T. (2020): Digitale Grundbildung in der Grundschule. Grundlegende Bildung in der digital geprägten und gestaltbaren, mediatisierten Welt. In: Thumel, M. / Kammerl, R. & Irion, T. (Hrsg.): Digitale Bildung im Grundschulalter. Grundsatzfragen zum Primat des Pädagogischen. München: Kopaed., 49–81. https://t.co/g7qmyDRWaH?amp=1 (Zugriff: 12.10.2020)

Irion, T. / Ruber, C. / Taust, K. & Ostertag, J. (2020): Lehrprofessionalisierung für Medienbildung und Digitale Bildung in der Grundschule. In Rothland, M. & Herrlinger, S. (Hrsg.): Digital?! Perspektiven der Digitalisierung für den Lehrerberuf und die Lehrerbildung (Beiträge zur Lehrerbildung und Bildungsforschung, Band 6). Münster: Waxmann. 103–122.

Irion, T. & Hägele, N. (2020): MuxBooks. Das Arbeitsheftkonzept der Gegenwart. In: Grundschule Deutsch, 65, 16–17.

Irion, T. (2018): Wozu digitale Medien in der Grundschule? In: Grundschule aktuell, Nr. 142, 3–7.

Irion, T. & Sahin, H. (2018): Digitale Bildung und soziale Ungleichheit. In: Grundschule, Nr. 2, 33–35.

Irion, T. & Scheiter, K. (2018): Didaktische Potenziale digitaler Medien für den Grundschulunterricht. Der Einsatz digitaler Technologien aus grundschuldidaktischer und mediendidaktischer Sicht. In: Grundschule aktuell, Nr. 142, 8–11.

Irion, T. (2016): Digitale Medienbildung in der Grundschule. Primarstufenspezifische und medienpädagogische Anforderungen. In: Peschel, M. & Irion, T. (Hrsg.): Neue Medien in der Grundschule 2.0. Grundlagen – Konzepte – Perspektiven. Frankfurt a. M.: Grundschulverband, 16–32.

Kalina, A., Krotz, F., Rath, M. & Roth-Ebner, C. (2018): Mediatisierte Gesellschaften: Medienkommunikation und Sozialwelten im Wandel, Baden-Baden: Nomos.
Kammerl, R. / Dertinger, A. / Stephan, M. & Thumel, M. (2020): Digitale Kompetenzen und Digitale Bildung als Referenzpunkte für Kindheitskonstruktion im Mediatisierungsprozess. In Thumel, M. / Kammerl, R. & Irion, T. (Hrsg.): Digitale Bildung im Grundschulalter. Grundsatzfragen zum Primat des Pädagogischen. München: Kopaed. 21–48. https://t.co/g7qmyDRWaH?amp=1 (Zugriff: 12.10.2020)
Kammerl, R. & Irion, T. (2018): In der digitalen Welt. Digitalisierung und medienpädagogische Aufgaben der Schule. In: Grundschulzeitschrift, Nr. 307, 6–11.
Kelle, H. (2018): Generationale Ordnung als Proprium von Erziehungswissenschaft und Kindheitssoziologie. In Betz, T. / Bollig, S. / Joos, M. & Neumann, S. (Hrsg.): Institutionalisierungen von Kindheit. Childhood Studies zwischen Soziologie und Erziehungswissenschaft. Weinheim u. a.: Beltz Juventa. 38–52.
KMK – Ständige Konferenz der Kultusminister der Länder in der Bundesrepublik Deutschland (2019): Standards für die Lehrerbildung: Bildungswissenschaften (Beschluss der Kultusministerkonferenz vom 16.12.2004 i. d. F. vom 16.05.2019) https://tinyurl.com/y3hu7qyh (Zugriff: 12.10.2020).
Krotz, F. (2017): Mediatisierung: Ein Forschungskonzept. In: Krotz, F. / Despotović, C. & Kruse, M. (Hrsg.): Mediatisierung als Metaprozess: Transformationen, Formen der Entwicklung und die Generierung von Neuem. Wiesbaden: Springer Fachmedien. 13–32.
Mares, M. & Woodard, E. (2005): Positive Effects of Television on Children's Social Interactions: A Meta-Analysis. In: Media Psychology, 7. Jg., Nr. 3, 301–322.
mpfs – Medienpädagogischer Forschungsverbund Südwest (2018): KIM-Studie 2018. Kindheit, Internet, Medien. Basisuntersuchung zum Medienumgang 6- bis 13-Jähriger in Deutschland https://tinyurl.com/shknuxx (Zugriff: 12.10.2020).
Orwell, George (1949): Nineteen Eighty-Four. London: Secker & Warburg.
Peschel, M. (2020): Welterschließung als sachunterrichtliches Lernen mit und über digitale Medien. Lernen mit und über digitale Medien als Ausgangspunkt einer umfassenden Sachbildung. In Thumel, M. / Kammerl, R. & Irion, Th. (Hrsg.): Digitale Bildung im Grundschulalter. Grundsatzfragen zum Primat des Pädagogischen, 341–355. München: Kopaed.
Peschel, M. & Irion, T. (Hrsg.) (2016): Neue Medien in der Grundschule 2.0. Grundlagen – Konzepte – Perspektiven. Frankfurt a. M.: Grundschulverband.
Pfaff-Rüdiger, S. / Brüggen, N. & Schubert, G. (2020): „Wir können uns davor überhaupt nicht verschließen" – Medienpädagogische Kompetenz von Fachkräften in Kindergärten und Horten für eine „digitale Bildung". Thumel, M. / Kammerl, R. & Irion, T. (Hrsg.), Digitale Bildung im Grundschulalter. Grundsatzfragen zum Primat des Pädagogischen. München: Kopaed, 85–104. https://t.co/g7qmyDRWaH?amp=1 (Zugriff: 12.10.2020)
Saferinternat.at (2020): Studie: 72 Prozent der 0- bis 6-Jährigen im Internet. https://tinyurl.com/yy34weuk (Zugriff 12.10.2020)
Scheiter, K. (2017): Lernen mit digitalen Medien – Potenziale und Herausforderungen aus Sicht der Lehr-Lernforschung. In Riecke-Baulecke, K. & T. (Hrsg.): Lehren und Lernen mit digitalen Medien. München: Oldenbourg.
Spitzer, M. (2005): Vorsicht Bildschirm. Elektronische Medien, Gehirnentwicklung, Gesundheit und Gesellschaft. Stuttgart: Klett.
Straube, P. / Brämer, M. / Köster, H. & Romeike, R. (2018): Eine digitale Perspektive für den Sachunterricht? Fachdidaktische Überlegungen und Implikationen. www.widerstreit-sachunterricht.de, 24, 1–11 https://tinyurl.com/yyht5qdd (Zugriff: 12.10.2020)
Zuboff, S. (2019): The age of surveillance capitalism: the fight for a human future at the new frontier of power. New York: PublicAffairs.

3 Über die Fächer hinaus

Marion Gutzmann

Sprachliche Bildung als durchgängiges Unterrichtsprinzip in allen Fächern und Lernbereichen

"Bildungssprachliche Kompetenzen in der deutschen Sprache sind für alle Schülerinnen und Schüler die wesentliche Voraussetzung zum Lernen und für den Schulerfolg. Sie haben daher herausragende Bedeutung bei der Verbesserung der Chancengleichheit und Bildungsgerechtigkeit" (KMK 2019, 2 f.).

Im Dezember 2019 wurden von der Kultusministerkonferenz zehn Grundsätze für eine erfolgreiche Stärkung der Bildungssprache Deutsch verabschiedet. Diese Grundsätze zielen im Kern darauf, sprachliche Bildung in allen Fächern und Lernbereichen als durchgängiges Unterrichtsprinzip zu verankern und die Potenziale entsprechender Angebote des Ganztags zu nutzen. Dieser Aufgabe stellen sich alle Länder, finden darin Orientierung in ihrer Arbeit und bei der Bilanzierung ihrer Maßnahmen und profitieren bereits länderübergreifend, insbesondere auch konzeptionell, von Ergebnissen aus Projekten wie *SINUS*, *FörMig*, *BiSS* und zukünftig *BiSS-Transfer*.

Einhergehend mit diesen Programmen und Konzepten haben alle aktuelleren Rahmenlehrpläne auf die Herausforderung der Entwicklung bildungssprachlicher Handlungskompetenz reagiert und Sprachbildung zumeist als Querschnittsaufgabe aller Fächer formuliert. Vielen Fächern und Lernbereichen wohnt inne, einen Zugang zur Sprache auch sinnlich und ganzheitlich zu eröffnen. Die Potenziale von Fächern wie Kunst, Musik und Sport liegen in der besonderen Verknüpfung von Sprache und Musik, Rhythmus, Bewegung und künstlerischem Gestalten. Dem Fach Deutsch wird eine besondere Rolle zuteil. In den Empfehlungen der KMK heißt es dazu: *"Der Deutschunterricht übernimmt bei der Entwicklung bildungssprachlicher Kompetenzen eine zentrale Rolle. Die Mitverantwortung aller Fächer, Lernbereiche und Lernfelder ergibt sich aus den jeweiligen Aufgaben und Zielen fachlichen Lernens"* (KMK 2019, 3 f.).

Eingeholt von den Pandemie-bedingten Ereignissen eines plötzlich veränderten Unterrichtsalltags im Schuljahr 2019/2020 sollten jedoch auch weiterhin Vorhaben für pädagogische Entwicklungsprozesse im Bereich der Sprachbildung zugelassen und nicht verdrängt oder überschattet werden von den aktuellen Gegebenheiten und einer alles überholenden Präsenz der Bestrebungen um Digitalisierung im Rahmen des schulischen und häuslichen Lernens. Es gilt, hierin keine Konkurrenz oder Alternative zu sehen, sondern eine Balance und sinnvolle Verknüpfung von fachlichem, sprachlichem Lernen und Lernen mit und über digitale Medien zu finden. Somit obliegt allen

Fächern auch zukünftig, den Schülerinnen und Schülern den Zugang zum fachlichen Lernen zu eröffnen und vielfältige Könnenserfahrungen zu ermöglichen – gerade dafür ist sprachliches Können als Voraussetzung bedeutsam und Sprache als Medium notwendiges Werkzeug zum Erschließen der Welt.

Bildung – Sprache – Sprachbildung – Bildungssprache

So wie diese vier Begriffe zunächst wie ein Sprachspiel anmuten, widmete sich der Grundschulverband in verschiedenen Veröffentlichungen[1] der Thematik keinesfalls nur sprachspielerisch mit Blick auf deren Bedeutung und Zusammenhang einem nach wie vor brennenden Thema von Bildungspolitik, Schul- und Unterrichtsentwicklung. In beiden Zeitschriften findet sich eine breite Palette von sprachförderlichen und sprachbildenden Aspekten und Angeboten zum „Was" und „Wie" der Förderung der Bildungssprache über die Fächer und Lernbereiche hinweg. In all diesen Beispielen wird ersichtlich, dass Lernen in jedem Fach stets mit sprachlichem Tun verbunden ist, ob nun ein Musikstück gehört, ein Fachtext gelesen, eine Übung oder ein Sachverhalt schriftlich oder mündlich erklärt, ein persönlich bedeutsames Erlebnis erzählt oder ein Bild bzw. ein Versuch beschrieben wird. Bildungssprachliche Handlungskompetenz als Ziel beinhaltet somit, dass Schülerinnen und Schüler in allen Fächern Lerngelegenheiten erhalten, sich aktiv an Gesprächen bzw. Diskussionen zu beteiligen, mündliche und schriftliche Texte zu erschließen und zu verstehen, zu anderen und vor anderen zu sprechen und in sich schlüssige und zusammenhängende Texte zu schreiben sowie unterschiedliche sprachliche Phänomene und Register wahrzunehmen, auch im Vergleich mit anderen Sprachen, und sprachbewusst zu handeln. Unerlässlich sind dabei der Auf- und Ausbau eines differenzierten Wortschatzes und vielfältiger Satzbaumuster sowie eine breite Kenntnis von Text- und Gesprächssorten.

Mit der Einführung des Registers Bildungssprache (vgl. Gogolin, FörMig) in die deutsche Bildungslandschaft als das Register, welches das schulische Lernen prägt und den Bildungserfolg maßgeblich beeinflusst, wird auch auf die Verantwortung u. a. der Institution Schule im Hinblick auf den Erfolg der Lernenden verwiesen. Dies rückt besonders die sprachlichen Anforderungen jedes einzelnen Faches in den Fokus der Weiterentwicklung von Unterricht und Schule und bedarf der Zusammenarbeit aller Lehrkräfte. Dazu gehört, den jeweiligen (Fach-)Unterricht und Fachtexte auf sprachliche Besonderheiten hin zu untersuchen und sich mit dem Fachwortschatz des Unterrichtsfaches sowie mit den fachübergreifenden bildungssprachlichen Anforderungen auseinanderzusetzen. Insbesondere ist das Bewusstsein zu schärfen für

---

1) Grundschule aktuell Heft 128 (Nov. 2014): „Sprachbildung – Bildungssprache" sowie Grundschule aktuell Heft 137 (Feb. 2017): „Sprache – Bildung – Sprachbildung".

die (bildungs-)sprachlichen Anforderungen und Schwierigkeiten von Texten und Aufgaben.

Zur Unterstützung des sprachlichen Lernens werden in den Fächern hauptsächlich die fachsprachlichen Elemente und da insbesondere Nomen/Substantive thematisiert, seltener jedoch allgemein- oder bildungssprachliche Formulierungen, die für die Bewältigung einer Sprachhandlung notwendig sind. Gerade letztere, wie z. B. einen Bildaufbau zu beschreiben, die Übungsauswahl im Sportunterricht zu begründen oder Schwierigkeiten beim Lösen einer Aufgabe darzustellen, sind entscheidende Hürden, um Lernsituationen erfolgreich bewältigen zu können.

Bildungssprache ist gekennzeichnet durch die Präzision ihrer Wortwahl, grammatikalische Richtigkeit und Vollständigkeit sowie die korrekte Verschriftlichung von Texten mit entsprechendem Fachwortschatz. Der Übergang von der Alltagssprache zur Fach- und Bildungssprache muss daher für den Unterricht bewusst geplant und vorbereitet werden.

Zu den Merkmalen von Bildungssprache gehören
- ein differenzierter Wortschatz *(u. a. Fachsprache)*,
- Nominalisierungen *(z. B. beim Zeichnen, die Ernährung ...)*,
- Genitiv *(z. B. die Richtung des Pfeils, die Summe der Zahlen ...)*,
- Partizipien *(z. B. die abgebildete Pflanze, ein bedeckter Himmel ...)*,
- Komposita *(z. B. der Anfangspunkt, die Nahrungspyramide ...)*,
- unpersönliche Form *(z. B. Man kann eine Zeichnung gestalten)*,
- Passivform *(z. B. Der Pfeil wird weggelassen)*,
- Kollokationen *(z. B. eine Karte einnorden, meine Stimme abgeben ...)*,
- hypotaktische Struktur *(z. B. Wenn man Salz in Wasser gibt, (dann) löst sich das Salz auf)*.

In diesem Zusammenhang muss man sich auch bewusst werden, dass bestimmte Formulierungen in den einzelnen Fächern bzw. Lernbereichen eine andere Bedeutung tragen, wie z. B. *eine Strecke abtragen, einen Erdhaufen abtragen, eine Schuld abtragen, Kleidung abtragen ...* sind oftmals sprachliche Stolpersteine, die in den einzelnen Fächern auch thematisiert werden sollten.

Claudia Neugebauer und Claudio Nodari (2012) haben ein umfangreiches *Handbuch zur Förderung der Schulsprache in allen Fächern* herausgegeben. In den einzelnen Kapiteln, die den sprachlichen Fertigkeitsbereichen gewidmet sind und die eine Fülle didaktisch-methodischer Anregungen bieten, wird als wichtiges methodisches Prinzip hervorgehoben, dass Fachbegriffe explizit definiert werden, dass es Nachschlage- und Übersetzungsmöglichkeiten gibt und dass die Klärung der lexikalischen Mittel ein eigenständiger Bestandteil des Fachunterrichts ist.

Josef Leisen (2013) legt mit dem *Handbuch Sprachförderung im Fach* gleichfalls eine umfangreiche Methodensammlung mit einer Fülle fachsprachlicher Sprachübungen vor.

Wortschatzarbeit – Schlüsselstelle zum Erwerb bildungssprachlicher Handlungskompetenz

Wortschatz gilt als wichtige Voraussetzung, um Texte lesen und verstehen sowie in guter Textqualität schreiben zu können. Die Bedeutung vieler Wörter erschließt sich oftmals erst aus dem Satz-, Situations- und Handlungskontext. Deshalb ist das Entdecken von Wörtern und Arbeit am Wortschatz dann vor allem effektiv, wenn es in einem gemeinsamen Tun und Erleben eng mit Themen und aktuellen Lerninhalten verbunden wird, die für die Kinder wichtig und bedeutsam sind. Schülerinnen und Schüler scheitern häufig nicht an den fachlichen, sondern an den sprachlichen Anforderungen und zumeist fehlenden Wortschatzkenntnissen. Jeglicher Unterricht kann dazu beitragen, Wortschatz zu aktivieren und damit das entsprechende Vorwissen bereitzustellen bzw. den Austausch darüber anzuregen. Wortschatzarbeit muss nicht zwingend längere Zeit in Anspruch nehmen und gelingt, wenn im Unterricht ganz selbstverständlich stetig Raum für das Nachdenken über Wörter und Formulierungen gewährt wird.

Sollen Schülerinnen und Schüler in der Lage sein, erfolgreich Sätze und Texte zu verstehen und zu bilden, benötigen sie dafür einen umfassenden und vernetzten Wortschatz. Die Lernenden entwickeln ihren Wortschatz hauptsächlich in konkreten Handlungssituationen. Am Anfang der Arbeit an einem neuen Thema steht neben dem Aktivieren und Aufgreifen von Vorwissen oft auch das Sammeln von Wörtern. Wichtig ist dabei das Handeln mit realen Gegenständen, um möglichst viele Sinne anzusprechen. Die

Die Wortschatzbox „Stadt"

Schülerinnen und Schüler können dazu selbst Gegenstände mitbringen oder die Lehrkräfte greifen auf eigene Schätze zurück. Die Gegenstände werden betrachtet, befühlt, benannt, verglichen, geordnet, neu sortiert, Zweck und Funktion geklärt. Dabei erschließt sich die Bedeutung der einzelnen Wörter. Grammatische Kategorien wie Genus, Kasus und Numerus können thematisiert werden, Wörter aufgeschrieben und unterschiedlich geordnet werden, Wörter gelesen und Gegenstände zugeordnet werden, Satzstrukturen geübt und Geschichten erzählt und aufgeschrieben werden.

Werden die Gegenstände in Wortschatzboxen aufbewahrt, „verführen" diese die Betrachterin oder den Betrachter geradezu zum Hantieren mit den Gegenständen, zum Bestaunen und Besprechen der Entdeckungen mit anderen. So können beispielsweise Boxen zu verschiedenen Farben, zu den vier Jahreszeiten oder zu Themen wie Tiere, Schulweg, Bekleidung, Sportarten, Zeichenutensilien, Musikinstrumente, Früchte oder Gemüse zusammengestellt und in den verschiedensten Unterrichtsfächern genutzt werden. Die Gegenstände werden in die einzelnen Fächer einsortiert und die Bezeichnungen darin eingeklebt. In mehrsprachigen Lerngruppen sollte das Wort auch mit dem entsprechenden farbigen Artikel, ggf. auch mit einem Kompositum oder der Pluralform ergänzt werden. Darüber hinaus bietet es sich an, dass die Schülerinnen und Schüler die Namen der Wörter auch in ihren Herkunftssprachen aufschreiben und einsortieren können. Die Boxen sind für die Arbeit am Wortschatz vielfältig einsetzbar und ermöglichen bei der gemeinsamen Arbeit an einer Thematik verschiedene differenzierende Auf-

Wortschatzkisten „Jahreszeiten"

gabenformate und Übungsformen. Viele Aufgabenvorschläge sind in Partner- oder Gruppenarbeit umsetzbar, z. B.:
- Gegenstände benennen und richtig einsortieren
- Begriffe vorlesen und Gegenstände zuordnen
- Singularformen aufschreiben, Pluralformen ergänzen
- Wörter nach Oberbegriffen ordnen
- Gegenstände nach Merkmalen ordnen (weich, hart, spitz, rund, lang, kurz …)
- Sätze zu einem Gegenstand formulieren und aufschreiben
- Rätsel formulieren
- Gegenstände vertauschen und als „Kuckuckseier" heraussuchen
- einen Lückentext ergänzen mit den passenden Gegenständen, den Text vorlesen, aufschreiben
- eine Geschichte mit ausgewählten Gegenständen erzählen, ggf. auch aufschreiben
- Adjektive zuordnen (z. B. Farben)
- Zusammensetzungen bilden (z. B. himmelblau, tintenblau, hellblau, dunkelblau …)
- Verben zuordnen
- Wörter nach der Anzahl der Silben in Tabellen ordnen
- Wörter nach dem Genus ordnen, ggf. auch aufschreiben
- Wörter in anderen Sprachen zuordnen
- ein szenisches Spiel entwickeln

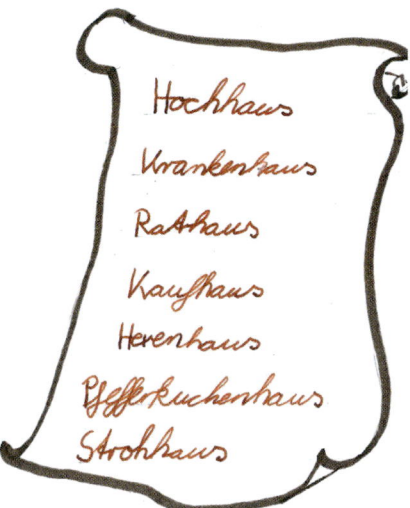

Liste „Häusernamen" von Amira

Die Auflistung ließe sich sicherlich noch fortsetzen und ermöglicht insbesondere auf die einzelnen Themen der Wortschatzboxen oder andere Wörtersammlungen bezogen noch spezifischere Aufgabenstellungen. So beinhaltet z. B. die Schulwegbox eine Vielzahl kleiner Holzhäuschen mit den Namen wichtiger öffentlicher Gebäude, die als Schulumgebung aufgestellt werden können. Straßennamen können zugeordnet und der Schulweg beschrieben werden. Namen für Häuser können benannt, geordnet, gezeichnet und von der Bedeutung her erklärt werden. So könnte ein Lexikon der Häuser entstehen oder eine Liste geschrieben werden, die z. B. auch für ein Leseflüssigkeits- oder Schreibflüssigkeitstraining genutzt werden könnte, z. B. *Hochhaus*,

Schneckenhaus, Krankenhaus, Landhaus, Rathaus, Kaufhaus, Fachwerkhaus, Nachbarhaus … Dabei kann der Austausch über die gesammelten Wörter beispielsweise mit folgenden Fragen angeregt werden: *Wo kommen diese Wörter her? Wann und warum sind welche Wörter wichtig? Welche Lieblingswörter haben die Kinder und welche mögen sie überhaupt nicht? Wie klingen die Wörter und welche unterschiedliche Bedeutung können sie haben?* Darüber hinaus können Fragen wie diese auch die sprachliche Entdeckerfreude und Sprachbewusstheit fördern: *Was unterscheidet ein Ziegelhaus von einem Strohhaus? Warum heißt das Haus Nachbarhaus? Was ist das Besondere an einem Hochhaus? Wird in einem Rathaus geraten / beraten?*

Unter Einbeziehung der Aufgabenvorschläge werden Wörter gemeinsam gesucht und gesammelt, wiederholt gesprochen oder gelesen, pantomimisch dargestellt oder in ihrer Bedeutung beschrieben. Es werden verwandte Wörter gesucht, zu Wortfamilien ergänzt und im Satz- oder Textzusammenhang verwendet. Die Wörter werden geordnet und verglichen, Gemeinsamkeiten und Unterschiede thematisiert, verstärkt auf Besonderheiten geachtet. Scheinbar spielerisch wird den Schülerinnen und Schülern eine variantenreiche und systematische Wortschatzarbeit ermöglicht, indem sie Wörter bilden, deren Bedeutungsunterschiede erfassen, die Wörter im mentalen Lexikon vernetzen sowie darüber reflektieren. Wortfelder, Wortfamilien, Synonyme, Antonyme, Ober- und Unterbegriffe können gebildet, die Bedeutung von grundlegenden idiomatischen Wendungen erklärt und Sprache(n) verglichen und unterschieden werden.

Die Auswahl des Wortschatzes ist eine gemeinsame Aufgabe von Lernenden und Lehrenden. Dieses Entdecken, Sammeln, Ordnen von Wörtern stellt immer wieder eine intensive Zeit mit anspruchsvollen Gesprächen über Wortschatz, Wortbedeutung, aber auch über Rechtschreibung, Sprachgebrauch und Grammatik dar. Mit der systematisch aufgebauten und kontextgebundenen Wortschatzarbeit werden insbesondere auch die Zweitsprachlernenden in ihrem Spracherwerb und ihrer Sprachentwicklung unterstützt. Deutlich wird dabei, dass nicht Einzelwörter gelernt werden, sondern Formulierungen – z. B. hat das Wort sauer in bestimmten Sätzen eine andere Bedeutung (*Ich bin sauer. Die Zitrone schmeckt sauer. Die Suppe ist sauer geworden*).

Mehrsprachigkeit – Ressource für die sprachliche Bildung und Sprachförderung

Im *Grundsatz sechs* der KMK-Empfehlungen wird Mehrsprachigkeit als Ressource verstanden und die entsprechenden Kompetenzen der Schülerinnen und Schüler werden anerkannt und angemessen genutzt. „*Individuelle mehrsprachige Erfahrungen und Sprachkompetenzen können im Kontext der sprachlichen Bildung und Sprachförderung vielseitig aufgegriffen werden. Sie bilden*

Ansatzpunkte für sprachliche Bildung und Sprachförderung und bringen eine Wertschätzung gegenüber den Sprachkompetenzen der Lernenden zum Ausdruck. Eine gezielte sprachliche Bildung und die Sprachförderung mehrsprachiger Schülerinnen und Schüler setzen an der individuellen sprachlichen Entwicklung an und sind an den Stufen des Spracherwerbs orientiert" (KMK, 7 f.).

Zur Gestaltung eines sprachbildenden Unterrichts ist eine der Prämissen, im Hinblick auf den unterschiedlichen Sprachstand der Schülerinnen und Schüler Sprachhilfen anzubieten, z. B. Wortlisten, Wortgeländer, Textbausteine, Hinweise auf Reihenfolge, Visualisierung durch Bilder. Der Aufbau allgemeinsprachlicher Kompetenzen, der Erwerb des entsprechenden Wortschatzes und dessen Bedeutung sowie von grammatischen Strukturen ist DaZ-spezifisch. Dieser Erwerb ist bei einsprachig deutsch aufwachsenden Schülerinnen und Schülern weitestgehend mit Beginn der Schulzeit abgeschlossen. *„Lernende mit Deutsch als Erstsprache müssen in der Regel im Bereich der Aussprache, der Grammatik und des Wortschatzes keine grundlegenden Fertigkeiten mehr erwerben, wenn sie in die Schule kommen. Bei ihnen kann sich das Lernen auf den Erwerb der Schrift und die Bildungsinhalte der Fächer konzentrieren. Lernende mit Deutsch als Zweitsprache müssen zusätzlich in den grundlegenden Bereichen unterstützt werden, die sie zum Aufbau der Bildungssprache benötigen"* (Jeuk 2018, 55 f.). So ist auf sprachliche Anforderungen im Fach bewusst einzugehen, z. B. bei der Rezeption eines Fachtextes in unpersönlicher Form wie in der man-Form oder im Passiv. Bei der Erarbeitung neuer Zusammenhänge ist das Prinzip des Scaffoldings (sprachliche Baugerüste mit Redemitteln und Textbausteinen) zu nutzen. Erste Erklärungen oder Beschreibungen erfolgen häufig zunächst in der Alltagssprache und werden dann in die Fach- und Bildungssprache übertragen. Dabei werden neben den fachlichen die sprachlichen Ziele benannt.

Sprachvergleiche im Rahmen der Wortschatzarbeit können dem Sprachenlernen dienlich sein, wenn Schülerinnen und Schüler die Gelegenheit erhalten, wie z. B. im Kunstunterricht bei der Erarbeitung des Farbkreises, Sprachen spielerisch zu erforschen und Ähnlichkeiten in Klang oder Schriftbild zu entdecken. Oft bereiten gerade solche Aufgaben viel Freude, weil sie Vertrautes im Unbekannten entdecken lassen. Und gleichzeitig sind es gerade die zufälligen Gemeinsamkeiten, die es leichter machen, sich verschiedene Wörter und Sätze zu merken. *Was klingt in verschiedenen Sprachen ähnlich, bedeutet aber etwas anderes? Welche Wörter ähneln sich im Schriftbild, welches Wort ist am längsten, welches am kürzesten?*

Zu den sprachlichen Ausdrucksmöglichkeiten gehören auch Dialekte oder Formen der Jugendsprache. Auch diese Übersetzungen in die Sprachvergleiche mit einzubeziehen, ist lohnenswert. In Lehrbüchern finden sich nicht immer sprachvergleichende Aufgaben. Es lohnt sich jedoch, z. B. Märchentexte in verschiedenen Sprachfassungen zu vergleichen oder Gedichte, die in zwei Sprachen zu finden sind. Wenn hierbei die Lehrkraft nicht über Kompetenz in der Herkunftssprache des Kindes verfügt, kann sie gleichwohl dessen Kompetenz in beiden Sprachen nutzen, um sich von der Schülerin oder dem Schüler erläutern zu lassen, wie sich die beiden Sprachen unterscheiden.

Im Rahmen des Unterrichts lassen sich schnell mehrsprachige Wortsammlungen z. B. zu schulischen Gegenständen, zu Farb- und Ziffernbezeichnungen oder zu bestimmten Fachwörtern zusammenstellen und vergleichen. Entsprechende Reflexionsaufgaben eröffnen allen Schülerinnen und Schülern einen Zugang zu mehr Sprachbewusstheit.

Stefan Jeuk betont, dass sich didaktische und methodische Entscheidungen im Unterricht in heterogenen Lerngruppen an vielfältigen Gegebenheiten orientieren müssen, die hohe Anforderungen an die Lehrkräfte stellen (Jeuk 2018, 159 f.). *„Letztlich ist es nicht möglich, Rezepte oder klare methodische Entscheidungsgrundlagen zu formulieren, denn Auswahl und Begründung von Unterrichtsmethoden sind von der jeweiligen Lerngruppe und den Kompetenzen der Kinder und Jugendlichen abhängig"* (ebd.).

Fachspezifisch und fachübergreifend im Blick – Sprachhandlungen, Operatoren, Textsorten

In vielen Fachplänen der Bundesländer finden Sprachhandlungen und sprachliche Handlungsverben bzw. Operatoren sowie bestimmte Textsorten ausreichend Berücksichtigung. Es werden Kompetenzbeschreibungen formuliert, die bereits – mehr oder weniger – eine Verknüpfung sprachlichen und fachlichen Lernens darstellen. Darauf verweisen in den Kompetenzbeschreibungen Handlungsverben bzw. Operatoren wie zum Beispiel *auswählen, nutzen, erleben, betrachten, benennen, vergleichen, beschreiben oder erklären*. Als Textsorten werden die *Beschreibung* z. B. als *Versuchsbeschreibung* oder *Bildbeschreibung*, der *Bericht*, z. B. als *Lernbericht*, die *Erzählung*, z. B. als *Erlebniserzählung*, die *Anleitung*, z. B. als *Spielanleitung* oder *Bastelanleitung*, aufgeführt.

Operatoren sind Arbeitsanweisungen, die in bildungssprachlichen Texten wiederholt vorkommen. Es ist sinnvoll, diese Operatoren sukzessive als Wortschatz einzuführen, das Verständnis der Bedeutung von Operatoren zu sichern und eine flexible Anwendung in den einzelnen Fächern vorzubereiten. Am sprachlichen Operator erkennen die Schülerinnen und Schüler die erwarteten produktiven Sprachhandlungen, wie z. B. *Beschreiben, Vergleichen, Erklären, Begründen, Erörtern, Beurteilen*.

Vertieft man sich weiter darin, haben fächerübergreifend verschiedenste, unterschiedlich anspruchsvolle Sprachhandlungen Unterrichtsrelevanz wie das *Beschreiben,* das *Erklären* oder das *Erzählen*. Vor den Lehrkräften aller Fächer steht deshalb auch die Aufgabe, miteinander im Kollegium abzustimmen, welche Sprachhandlungen eine besondere Relevanz für das Lernen ihrer Schülerinnen und Schüler haben, wie dabei fachspezifische (sprachliche) Anforderungen systematisch aufgegriffen und fachübergreifend Verabredungen, zum Beispiel das Anlegen von Wortspeichern, das Bereitstellen von Modelltexten, Satzstrukturen, Redemitteln oder Textbausteinen getroffen werden können. Auch vor dem Hintergrund der Verschiedenheit der sprachlichen Lernvoraussetzungen der Kinder gilt es, in jedem Fach sprachlich anregende Kontexte zu schaffen, die das Agieren miteinander und den Dialog zwischen den Lernenden und mit der Sache herausfordern, die gleichfalls jedoch auch Binnendifferenzierung ermöglichen. Insbesondere Kinder, die in sprachlich wenig anregungsreichen Umgebungen aufwachsen, und Kinder, die Deutsch als zweite oder dritte Sprache erwerben, brauchen einen Unterricht, der die sprachlichen Voraussetzungen der Schülerinnen und Schüler und die unterrichtlichen sprachlichen Anforderungen entsprechend berücksichtigt.

Querschnittsaufgabe in allen Fächern – Etwas beschreiben

Mit dem Bereitstellen von notwendigen Strukturen und sprachlichen Mitteln wie Redemitteln und Textbausteinen können Kinder auch komplexere Sprachhandlungen – wie sie das schulische Lernen fordert – realisieren. Dazu ist es erforderlich, sich zu überlegen, welche Sprachhandlungen für die Produktion von Texten im Fach besonders relevant sind und wie diese in Absprache mit allen Fächern koordiniert systematisch eingeführt und genutzt werden. *Beschreiben* ist eine der in fast allen Fächern relevanten Sprachhandlungen. Schülerinnen und Schüler beschreiben im Unterricht zum Beispiel:
- Pflanzen und Tiere, ihren Entwicklungszyklus, ihre Angepasstheit an den Lebensraum,
- Eigenschaften von Flächen- und Körperformen,
- Aufgaben von Repräsentanten (Klassensprecher, Bürgermeister …),
- Lösungswege, Gelungenes, Herausforderungen,
- Charakter, Wirkung, Ausdruck von Musik,
- Pausenspiele, Sportspiele,
- eine Lieblingsfigur im Buch, im Film.

Dazu müssen Kinder wissen, welche Art Text von ihnen erwartet wird und wie ein typischer Text aussieht, d.h. die Funktion des Textes mit Adressaten und Ziel, das Wissen über das Thema einschl. der (fachlichen) Bezeichnungen, die Wirksamkeit des Textes auf den Lesenden berücksichtigen.

Mit dem Ansatz des Scaffoldings werden sprachliche Mittel und Hilfen zum Strukturieren von Texten vorgegeben. Unterschiedlich anspruchsvolle Aufgaben zum Sprechen oder Schreiben dienen der Binnendifferenzierung und können den Lernenden entsprechend ihrer sprachlichen Lernvoraussetzungen angeboten werden. Scaffolding ist eine gezielte, zeitlich begrenzte Unterstützung, die Schülerinnen und Schülern hilft, neue Lerninhalte sprachlich und fachlich zu erschließen. Das Ziel ist, die Schülerinnen und Schüler durch gute Aufgabenstellungen zu besseren Sprachleistungen anzuregen, was sich auf der Motivationsebene und auf der Ebene der Sprachentwicklung positiv auswirkt. Dabei sind neben den fachlichen Aspekten die sprachlichen Inhalte des Themas und die vorhandenen sprachlichen Kompetenzen der Schülerinnen und Schüler Ausgangspunkt für Fragen wie z. B.:

- Welcher Wortschatz wird vorausgesetzt bzw. ist bereitzustellen?
- Welche sprachlichen Handlungen sollen die Schülerinnen und Schüler ausführen?

Ari präsentiert einen Tiger

- Welche sprachlichen Strukturen sind dafür erforderlich?

Claudia Neugebauer und Claudio Nodari (2014) favorisieren das Arbeiten mit Mustertexten bzw. die Bereitstellung von Scaffolds. Dazu wird ein Mustertext für eine Beschreibung, z. B. eine Tierbeschreibung, gelesen und untersucht – nach der Anzahl der Abschnitte oder Sätze im Mustertext, was in jedem Abschnitt oder Satz beschrieben wird (Name, Lebensort / Vorkommen, Nahrung, Besonderheiten) und welche der Formulierungen auch für eine andere Beschreibung genutzt werden können. Werden den einzelnen Merkmalen bzw. Abschnitten farbige Bögen zugeordnet, gibt diese Form der Visualisierung die Struktur des Textes vor und bietet eine zusätzliche Erinnerungsstütze, einen zusammenhängenden, in sich kohärenten und schlüssigen Text vorzutragen.

Für die Beschreibung ihres Lieblingstieres können die Schülerinnen und Schüler zunächst ihr Lieblingstier zeichnen oder basteln, Informationen sammeln, den Wortschatz erarbeiten und Wörter zu den Aspekten Lebensort, Nahrung und Besonderheiten zusammenstellen. Mündlich oder schriftlich werden zu den einzelnen Abschnitten dem Beispiel des Mustertextes folgend die einzelnen Sätze oder Abschnitte formuliert, werden einander in Partner- oder Gruppenarbeit vorgesprochen oder vorgelesen und anhand von Rückmeldungen sprachlich optimiert. Abschließend stellen die Schülerinnen und Schüler ihr Lieblingstier der Klasse vor und können sich dabei an den farbigen Blättern orientieren. Sichtbar und hörbar wird, dass die Schülerinnen und Schüler Sprechroutinen entwickelt haben und ihre Sätze bzw. die Beschreibung ihres Lieblingstieres korrekt und frei vortragen können, dies bereits beginnend mit dem ersten Schuljahr.

Für das Beschreiben von Diagrammen benötigen Schülerinnen und Schüler als „Lerngerüst" Formulierungsmöglichkeiten,
- um das Thema des Diagramms zu beschreiben.
- um den Aufbau und die Art des Diagramms darzustellen.
- um die dargestellten Entwicklungen des Sachverhalts zu beschreiben.
- um ein Fazit zu ziehen.
- ggf. um die Quelle und den Erhebungszeitraum anzugeben.

Satzanfänge können die Struktur der Beschreibung vorgeben. Als Variante kann die Struktur auch über eine visualisierte Darstellung und Vorgabe von kurzen Impulsen wie *Thema, Art, Aufbau, Vergleich, Ergebnis* bereitgestellt werden.

Gleichfalls bietet es sich zu den unterschiedlichsten Themen in allen Fächern an, die Schülerinnen und Schüler eine Befragung oder ein Interview mit den Mitschülerinnen und Mitschülern durchführen zu lassen. Damit kann zum einen an die eigenen Interessen und Erfahrungen der Schülerinnen und Schüler angeknüpft werden und alle können in ihrer kulturellen Iden-

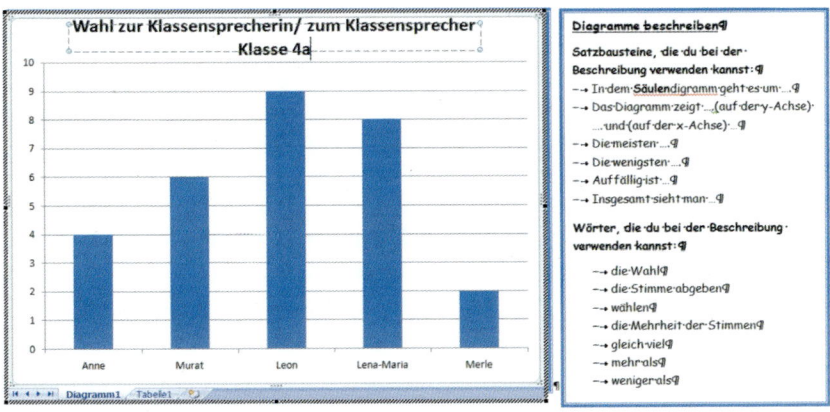

Diagramm zum Beschreiben mit Formulierungsgerüst

tität wertgeschätzt werden. Zum anderen werden Sprachmuster wiederholt in authentischen Situationen angewendet, sowohl in der Befragungssituation mit einzelnen Befragten als auch in einer Gesamtauswertung der Klasse. Die Auswertung kann in einer Übersicht, als Tabelle oder Diagramm visualisiert werden, die ggf. auch in anderen Fächern, z. B. im Mathematik- oder Sachunterricht, aufgegriffen werden kann.

Eine Beschreibung auf die „digitale Bühne" zu bringen, weckt sicherlich bei vielen Schülerinnen und Schülern ein besonderes Interesse und stellt eine lohnenswerte Lerngelegenheit zur Verknüpfung von fachlichem, sprachlichem und digitalem Lernen dar. Mit der *App ChatterPix Kids* ist es möglich, z. B. Gegenstände oder Orte, die Kindern wichtig oder für sie bedeutsam sind, auf die digitale Bühne und zum Sprechen zu bringen. Dies kann z. B. die Beschreibung eines Lieblingsspielzeugs, eines Gegenstandes für eine Ausstellung „Aus alter Zeit" oder des Lieblingsortes in der Schule sein. Dazu werden die Gegenstände oder Orte ausgewählt und anhand eines Mustertextes oder anhand von Impulsen die Textstruktur der Beschreibung erarbeitet. Folgende Impulse werden genutzt: *Du sagst, welchen Namen dein Gegenstand hat, aus welcher Zeit er stammt bzw. wie alt er ist, aus welchem Material er besteht, wozu er genutzt wurde und ob es den Gegenstand heute noch gibt.* Die Schülerinnen und Schüler erarbeiten ihre Sprechvorlage mithilfe des Textgerüsts und nutzen das Partnerfeedback zur Überarbeitung des Textes und beim Üben des Vortrags. Ziel ist, dass jedes Kind – angeregt durch einen Mustertext – mithilfe einer einfach zu bedienenden digitalen Anwendung einen persönlich bedeutsamen Gegenstand oder Ort zum Sprechen bringt, der sich und seine Besonderheiten kurz vorstellt – als sprechender Tipp.

Querschnittsaufgabe in allen Fächern – Präsentieren

Präsentieren gehört zum schulischen Alltag in allen Bildungsetappen und in allen Fächern. Dabei sollen z. B. Sachverhalte oder Zusammenhänge sprachlich verständlich und sachlich richtig dargestellt werden und sich an Fach- und Bildungssprache orientieren. Für die Dokumentation von Ergebnissen aus Beobachtungen, Untersuchungen, Experimenten und Recherchen wählen die Lernenden ein zweckmäßiges Medium bzw. Verfahren aus. Das Präsentieren und Einschätzen von Schülerergebnissen ist Bestandteil einer dialogischen Schulkultur. Im Rahmen von Präsentationen ist das Geben und Nehmen von Feedback gleichermaßen Lerngegenstand. Die mediale Umsetzung der Produktion und Präsentation informierender Texte – z. B. die Erstellung eines Erklär-Videos – eröffnet neue Zugänge zu Textsorten und verändert sprachliche Lernprozesse so, dass sie der Erweiterung von Handlungsfähigkeit dienen. Durch die produktive Medienarbeit erwerben die Schülerinnen und Schüler neben den prozessbezogenen und fachspezifischen Kompetenzen

– 4–5 sagen schüler mal die Sache Kevin
Bob fragte nach Max war das so?
Max lügte hinsei, das Kevin mich angerempelt hat

Drehbuch

Text	Filmbilder	☝	👆
Jason	Toni		
1 Hier sind ... Jason und Toni wir möchten euch zeigen, wie man einen Streit schlichtet	Bild 1 Zwei Bappfiguren Namen:		
2 Ihr braucht dazu eine Streitschlichter- ausbildung. Die Ausbildung führen die Sozialarbeiter	Bild 2 3 Bappfiguren Namen:		
3 an den Schulen durch. Was ist hier los? Kommt mal mit!	Bild 3 Tisch 3 Bappfiguren Namen:		
4 Hier ist der Streitraum Alles was ihr so sagt bleibt im Raum	Bild 4 Tisch + Bappfiguren 3 Namen:		
5 Wir müssen jetzt Lösungen finden. Wie wärs ihr Entschuldigt euch.	Bild 5 Tisch wie 4 Namen:		
6 OK das ist eine gute Idee. Entschuldigung Max.	Bild 6 wie 4 Namen:		
7 ~~Ich nach beim Streit schlichten~~. Entschuldigung angenommen Kevin	Bild 7 wie 4 Namen:		
8 Ich hoffe ihr streitet euch nicht mehr.	Bild 8 wie 4 Namen:		
9 OK also also ist es geklärt. Ja wir sind fertig	Bild 9 Namen:		
10 Viel Glück und Erfolg beim Streit schlichten und vielleicht sogar zum Streitschlichter Ausbildung. Viel Spaß!	Bild 10 Namen:		

Titelseite zum Erklärvideo und eine Drehbuchseite

(z. B. Verfassen einer Anleitung als Erklär-Video[2]) technische, gestalterische, soziale, kommunikative und methodische Kompetenzen, die sie im Lernzusammenhang als ganzheitlichen Prozess am konkreten Inhalt erfahren.

In vielen Rahmenlehrplänen finden sich übergreifende Themen, wie z. B. das Thema Kulturelle Bildung, die für das schulische Lernen insgesamt bedeutsam sind und mit Inhalten der verschiedensten Fächer verknüpft werden können. Kinder erleben z. b. das gemeinsame Gestalten einer Ausstellung, das Präsentieren und Vermitteln eigener Ideen in einem kulturell anerkannten und wertschätzenden Rahmen und werden so gleichfalls zu Mitgestalterinnen und Mitgestaltern kulturellen Lebens. Dies ist bewährte Praxis an vielen Schulen und in vielen Klassen. Unterschiedliche Anregungen, um „eine Sache zur Sprache zu bringen", nehmen Kinder mit auf eine Entdeckungsreise nach Bedeutsamkeiten, die hörend, sprechend, gestaltend, schreibend und lesend angeeignet werden können beim gemeinsamen Sammeln, Ordnen, Forschen, Beschriften, Ausstellen und Präsentieren. Präsentieren ist eine der wichtigsten sprachlichen Handlungen, bei der Adressat, Zweck und Situation berücksichtigt werden müssen. Visualisierung und Sprache werden sinnvoll miteinander verknüpft. Die Schaffung eines anregungsreichen Ambientes, das Kinder zum Fragen und Forschen und damit zur sprachlichen Auseinandersetzung herausfordert, steht im Mittelpunkt.

So können z. B. anhand eines Apfelmuseums, eines Farbenmuseums, eine historische Ausstellung Themen und Inhalte aus den unterschiedlichsten Fächern aufgegriffen und miteinander zu einem Lernsetting verknüpft werden. Bezogen auf die sprachliche Gestaltung geht es insbesondere um die Präsentation und Beschreibung der Ausstellungsstücke. Auch hier können im Sinne des Scaffoldings Textstrukturen als sprachliches Lerngerüst vorgegeben werden.

Eine besondere Präsentationsform ist das Quadrama. Das Quadrama ist eine nach vier Seiten offene Pyramide aus Papier, mit der man Inhalte, z. B. die eines Sachbuches oder Sachtextes, dreidimensional darstellen kann. Viele Themen bieten vier Aspekte, die in den vier Schauflächen des Quadramas präsentiert werden können, z. B. *Vier Jahreszeiten* oder *Vier Grundrechenarten*. Auch können literarische Figuren oder Handlungsorte aus einem Kinderbuch, ein Experiment, die Lieblingsfarbe (*Meine Lieblingsfarbe klingt wie ..., riecht wie ..., schmeckt wie ..., fühlt sich an wie ...*), ein Lieblingsort (*In meiner Lieblingsstadt mag ich besonders dieses Gewässer, diesen Platz, dieses*

---

[2] Beispiel zu „Texte medial produzieren und präsentieren – informierend schreiben: Eine Anleitung als Erklärvideo erstellen
https://bildungsserver.berlin-brandenburg.de/rlp-online/b-fachuebergreifende-kompetenzentwicklung/basiscurriculum-medienbildung/standards/niveaustufe-b-c-d-deutsch-ein-erklaervideo-produzieren-und-praesentieren/?L=0

Quadrama zu Lieblingsfarbe bzw. Lieblingsort

Haus und diese Skulptur ...) oder die Herkunftsländer der Schülerinnen und Schüler präsentiert werden. Dazu wird das Thema in vier Bereiche gegliedert und wichtige Inhalte werden herausgearbeitet. Die Inhalte werden bildlich und zum Teil plastisch gestaltet und mit einem Text versehen.

Sammeln, Ordnen und Erzählen zu einer Sache zieht sich gleichfalls als roter Faden durch das Buch „Das Streichholzschachtel-Tagebuch". Es lässt die Lesenden eine anrührende Reise in die Vergangenheit miterleben, indem Schachtel für Schachtel des Tagebuchs geöffnet werden und an etwas erinnern: ein Olivenkern an den Hunger in Italien oder eine Bordkarte an eine lange Schiffsreise nach Amerika. Diese Erzählgegenstände wurden zusammengetragen und ebenfalls in Streichholzschachteln aufbewahrt. So kann die Geschichte insgesamt, aber auch in einzelnen Teilen wiedergegeben werden. Gerade diese kleinen zu einer Sache erzählten Geschichten können als Mustertext für das persönliche Erzählen fungieren. Auch die Kinder tragen Sachen zusammen, die für sie eine bestimmte Bedeutsamkeit haben und worüber man eine Geschichte erzählen kann. Dafür wurde die Textstruktur gemeinsam überlegt und für die persönliche Erzählung genutzt.

Mitverantwortung aller Fächer – Fähigkeiten und Fertigkeiten im Lesen und Schreiben fördern

Im *Grundsatz zwei* der KMK-Empfehlungen ist Folgendes vermerkt: *„Durch die Verknüpfung von fachlichem und sprachlichem Handeln erwerben die Schülerinnen und Schüler bildungs- und fachsprachliche Kompetenzen in einem authentischen Kontext. Durch einen sprachbewussten Unterricht in allen Fächern, Lernbereichen und Lernfeldern wird der rezeptive und produktive Umgang mit Fach- und Lerninhalten ermöglicht bzw. erleichtert. Dabei werden insbesondere im Deutschunterricht als Leitfach für sprachliche Bildung und Förderung die jeweiligen Teilkompetenzen systematisch und kleinschrittig entwickelt. Übungen zur Schreib- und Leseflüssigkeit und zur bewussten Nutzung von Schreib- und Lesestrategien in allen Fächern, Lernbereichen und Lernfeldern über den Primarbereich hinaus tragen wesentlich zur Entwicklung und zum Ausbau der zentralen Kompetenzbereiche Lesen und Schreiben bei. Dieser komplexe und anspruchsvolle Auftrag zur Stärkung bildungssprachlicher Kompetenzen ist nur in enger Abstimmung und Kooperation aller an schulischer Bildung Beteiligten erfolgreich zu bewältigen"* (KMK, 6 f.).

Die systematische Entwicklung der Sprach- und Lesekompetenz braucht die Beteiligung aller Fächer. Ein breites Spektrum an Maßnahmen über die gesamte Schulzeit sichert nachhaltige Wirksamkeit. In vielen schulischen Konzepten zur Sprach- und Leseförderung finden sich insbesondere Schlussfolgerungen aus den Ergebnissen aus dem Projekt *BiSS* wieder. Dazu gehören Konzepte zur schulischen Leseförderung, insbesondere Trainings zur Schu-

Das „Streichholzschachtel-Tagebuch" mit Olivenkern

lung von Leseflüssigkeit, Lesestrategien oder Schreibflüssigkeit und Maßnahmen zur Förderung eines sprachsensiblen Fachunterrichts, die für einen überschaubaren Zeitraum von einigen Wochen oder Monaten in einem definierten wöchentlichen Zeitrahmen klare, gut beschriebene und durch Material gestützte Maßnahmen fokussieren.

Neben den praxiserprobten Konzepten haben auch bestimmte Tools bzw. Instrumente, die die Trainings unterstützen, Einzug gehalten. Dazu gehören Instrumente wie der *Lesepilot*[3] oder das *Augsburger Leselineal* zum Einführen und Anwenden von Lesestrategien, der *Redekompass*[4] mit Formulierungshilfen für kleine und große Vorträge oder der *Kartenlotse*[5] zum Erschließen von Karten.

Im Fachunterricht ist die Arbeit mit Lesestrategien oder der Bereich der Textentlastung an vielen Stellen unerlässlich, insbesondere wenn die Lernenden nur über geringe Wortschatz- und Lesekenntnisse verfügen. Dabei ist ein ausgewogenes Verhältnis zu finden. Wenn Schülerinnen und Schüler ausschließlich mit vereinfachten Texten arbeiten, sammeln sie keine Erfahrungen mit authentischen Fachtexten. In einem leseförderlichen Fachunterricht

---

3) https://bildungsserver.berlin-brandenburg.de/fileadmin/bbb/themen/sprachbildung/Lesecurriculum/Lesestrategien/lesepilot_kv.pdf
4) https://www.bildung-lsa.de/pool/publikationen/pdf/1722_Redekompass.pdf
5) https://bildungsserver.berlin-brandenburg.de/fileadmin/bbb/unterricht/faecher/gesellschaftswissenschaften/gewi_5_6/Kartenlotse_zweiseitiger_Druck_2020.pdf

sollten Impulse und Aufgaben bei der Arbeit mit Texten vor, während und nach dem Lesen des Textes eingesetzt werden.

Bei der Rezeption von Texten können diese sprachlichen Herausforderungen z. B. durch verschiedene Methoden der Wortschatzarbeit vor dem Lesen des Textes bzw. während des Lesens bewältigt werden. Dazu gehören u. a.

- Legen von Begriffsnetzen mit Schlüsselwörtern, Klären der Begriffe vorab, Aktivieren und Aufbau des Wortschatzes, Aktivieren des Vorwissens,
- Formulieren und Lesen eines kurzen Einführungstextes zum Text mit wichtigen Schlüsselwörtern oder Schlüsselsätzen, Aktivieren des Wortschatzes und Vorwissens,
- Wiederfinden der Schlüsselwörter / Schlüsselsätze während des Lesens, Markieren oder Legen der Wortkärtchen entlang des Textes.

Digitalisierung – Herausforderung und Chance für die sprachliche Bildung und Sprachförderung

Im *Grundsatz neun* der KMK-Empfehlungen heißt es: *„Der kompetente Umgang mit digitalen Medien ergänzt und verändert die traditionellen Kulturtechniken Lesen, Schreiben und Rechnen. Lehrkräfte sollten die Bedeutung von Medien und Digitalisierung in der Lebenswelt der Schülerinnen und Schüler erkennen und das veränderte Kommunikationsverhalten in der digitalen Welt im Rahmen des Prozesses der sprachlichen Bildung und Sprachförderung berücksichtigen. Digitale Medien können als hilfreiches Werkzeug für die Ausgestaltung eines chancengerechten, individualisierten Unterrichts genutzt werden"* (vgl. KMK, 8 f.).

Eingangs wurde in diesem Beitrag das Gefühl des Überholens bzw. einer Konkurrenz thematisiert. Auch vor dem Hintergrund möglicher Alternativszenarien zur Beschulung von Kindern und Jugendlichen sind folgende Prämissen neben dem verstärkten Einzug des digitalen Lernens in der Verknüpfung von fachlichem, sprachlichem und häuslichem Lernen bedeutsam: Insbesondere beim häuslichen Lernen sind sprachliche Unterstützungen wichtig – u. a. sollten Arbeitsaufträge besonders präzise formuliert und sprachliche Hilfen bereitgestellt sowie auf eine passende Textlänge bei Lese-, Schreib- und Zuhöraufgaben geachtet werden. In der Verschränkung von Präsenz- und häuslichem Lernen muss neben dem verstärkten Einzug des Arbeitens mit digitalen Medien stets auch das sprachliche und fachliche Lernen in seiner Verknüpfung gesehen werden – dies ist zugleich Herausforderung und Bereicherung. Wertvolle Bereicherung sind insbesondere die „neuen" Erfahrungen in der Zusammenarbeit mit den Eltern wie auch die Entlastung der Eltern z. B. durch eine festgelegte, regelmäßig durchgeführte Vorlesestunde der Lehrkraft per Videokonferenz mit Gespräch und Austausch über die vorgelesene Lektüre mit den Kindern, die von allen Beteiligten stets ersehnt war und sicherlich eine wichtige Ergänzung und Balance zu den derzeit stark fokussierten Lesetrainings darstellt.

ich
ich bin
ich bin mit worten
ich bin mit worten groß
ich bin mit worten groß geworden
ich bin mit worten groß
ich bin mit worten
ich bin
ich
    Ingolf Brökel

Mit Sprache groß werden – ausgehend von diesem Gedicht lässt Sprache auch immer Mitsprache und Teilhabe an der Gesellschaft zu. Mit seinen Anforderungen an die Grundschule der Zukunft fordert der Grundschulverband dieses Recht auf Teilhabe ein. Es kann eingelöst werden, wenn Schule sichert, dass Sprachbildung die Aufgabe eines jeden Unterrichts und jeden Faches ist. Nur ein Unterricht, der die sprachlichen Voraussetzungen der Schülerinnen und Schüler und die unterrichtlichen sprachlichen Anforderungen berücksichtigt, ist ein guter Unterricht.

Es geht weiter darum, Methoden und Konzepte zu entwickeln – auch in der Verknüpfung von schulischem und häuslichem Lernen –, damit alle Lehrkräfte sprachbildend bzw. sprachbewusst(er) unterrichten können und alle an Schule Beteiligten dies bestmöglich unterstützen. Je früher die Ausbildung und Förderung (bildungs-)sprachlicher Kompetenzen in den Blick genommen und gemeinsam von Eltern, Erzieherinnen und Erziehern sowie von Lehrkräften unterstützt wird, desto besser gelingen Kindern auch Übergänge ihrer (sprachlichen) Lern- bzw. Bildungsbiografie.

Literatur

Brökel, I. (2013): ich. In: minimals. Berlin: PalmArtPress.
Dewitz, N. von u. a. (2016): Sprachliche Heterogenität in Kita und Schule. In: Trägerkonsortium BiSS (Hrsg.): BiSS-Journal, 5. Ausgabe, November 2016. Köln. https://biss-transfer.uni-koeln.de/pdf/biss-journal-5-november-2016-2.pdf
Gantefort, Ch. (2013): „Bildungssprache" – Merkmale und Fähigkeiten im sprachtheoretischen Kontext. In: Gogolin, I., Lange, I., Michel, U., Reich, H.-H. (Hrsg.). Herausforderung Bildungssprache – und wie man sie meistert. (Förmig Edition 9) Münster: Waxmann, 71–105.
Gutzmann, M. (2014): Sprachbildung – mehr als Sprachförderung bzw. Sprachtraining. In: Grundschule aktuell, Nr. 128, Frankfurt am Main: Grundschulverband e. V., 3–5.
Gutzmann, M. (2017): Bildungssprache – auch im Fachunterricht. In: Grundschule aktuell, Nr. 137, Frankfurt a. M.: Grundschulverband e. V., 6–8.

Gutzmann, M. (2017): Eine Sache zur Sprache bringen. In: Grundschule aktuell, Nr. 137, Frankfurt a. M.: Grundschulverband e. V., 21–24.

Gutzmann, M., Nodari, C., Pols, R. (2019): Deutsch als Zweitsprache – Didaktisches Material zu den Curricularen Grundlagen. Ludwigsfelde: LISUM Berlin-Brandenburg.

Gogolin, Ingrid u. a. (2011): Durchgängige Sprachbildung, Qualitätsmerkmale für den Unterricht. Münster: Waxmann.

Gogolin, I., Lange, I. (2011): Bildungssprache und durchgängige Sprachbildung. In: Fürstenau, S. (Hrsg.): Migration und schulischer Wandel. Springer Fachmedien Wiesbaden GmbH.

Hasselhorn, M. u. a. (Hg.) (2018): Konzepte zur Sprach- und Schriftsprachförderung entwickeln. Stuttgart: Verlag W. Kohlhammer.

Hoppe, I. / Schwenke, J. (2013): Auf den Anfang kommt es an. Basale Lesefähigkeiten sicher erwerben. Ludwigsfelde: Landesinstitut für Schule und Medien Berlin-Brandenburg (Hg.). https://bildungsserver.berlin-brandenburg.de/fileadmin/bbb/schule/grundschulportal/publikationen_grundschule/auf_den_anfang_kommt_es_an_2013.pdf

Juska-Bacher, B. / Nodari, C. (2014): Fördern statt fordern. Scaffolding als Prinzip einer Sprachförderung. In: Grundschule aktuell, Nr. 128, Frankfurt am Main: Grundschulverband e. V., 9–11.

Jeuk, St. (4. Auflage 2018): Deutsch als Zweitsprache in der Schule. Grundlagen – Diagnose – Förderung. Stuttgart: W. Kohlhammer GmbH.

Kultusministerkonferenz (2019): Bildungssprachliche Kompetenzen in der deutschen Sprache stärken https://www.kmk.org/fileadmin/Dateien/pdf/PresseUndAktuelles/2019/2019-12-06_Bildungssprache/2019-368-KMK-Bildungssprache-Empfehlung.pdf

Leisen, J. (2013): Handbuch Sprachförderung im Fach. Sprachsensibler Fachunterricht in der Praxis. Stuttgart: Ernst Klett.

Neugebauer, C. / Nodari, C. (2012): Förderung der Schulsprache in allen Fächern. Praxisvorschläge für Schulen in einem mehrsprachigen Umfeld. Kindergarten bis Sekundarstufe I. Bern: schulverlag plus.

Senatsverwaltung für Bildung, Jugend und Familie Berlin (2020): Fachbrief Nr. 12: Lernen im Alternativszenario.

Markus Peschel

Sprache und Sache
Sprachunterricht ist auch Fachunterricht

Spracharbeit in der Grundschule

In den Grundschuldidaktiken der verschiedenen Unterrichtsfächer wird der Spracharbeit in jeder Unterrichtsstunde eine wichtige Rolle zugesprochen (Sachunterricht: z. B. Gläser / Schomaker 2017; Mathematik: z. B. Steinweg 2017; Bildende Kunst und ästhetische Bildung: z. B. Pühringer 2019). Dies gilt nicht nur für sprachaffine Fächer. Es handelt sich vielmehr um eine generelle Forderung, jeden Unterricht auch sprachsensibel auszurichten.

Umfassende Sprachförderung als fächerübergreifendes Prinzip zu erklären, zeigt gleichzeitig die besondere Bedeutung von Sprache für alle Fächer und alle Lernprozesse auf: *Jeder Fachunterricht ist auch Sprachunterricht!*

Die Perspektive, die m. E. dazu ergänzt werden muss, konzentriert fachliche Aspekte von Sprache und die Problematik, ein Sachverständnis *fachkorrekt* sprachlich auszudrücken. *Jeder Sprachunterricht ist demnach auch Fachunterricht!*[1]

Sachunterricht als zentrales Fach der Welterschließung in der Grundschule

Der Sachunterricht hat ältere Fachkonzeptionen wie Heimatkunde oder auch Sachkunde abgelöst und damit den Fokus von einem kundig-machenden Fach zu einem unterrichts- und fachwissenschaftlichen Verständnis weiterentwickelt (vgl. Thomas 2017, Pech 2020). Die Entwicklung des Fachbezugs und des Wissenschaftsverständnisses ist historisch betrachtet schon immer Entwicklungsgegenstand der Sach-Unterrichts-Didaktik gewesen und führte seit den Anfängen der didaktischen Vermittlung von Sachinhalten bei Comenius immer wieder zu Neuinterpretationen und Schwerpunktverlagerungen der Inhalte und Methoden des Sachunterrichts (vgl. Nießeler 2020).

Diese Historie und die Vielzahl an Bezeichnungen für das Fach kann man immer noch in aktuellen Bezeichnungen des Faches an Schulen oder auch

---

1) Dabei lasse ich Aspekte von DaZ/DaF, Dialekten, Soziolekten oder Idiolekten bewusst weg, da hier eine Potenzierung der Schwierigkeiten zu befürchten ist. Diese zeigt sich entsprechend bei Kindern nicht deutscher Muttersprache, die Fachbezüge mit Deutsch als Zweitsprache oder als Fremdsprache erlernen.

in der Ausbildung für Lehrkräfte an den Hochschulen wiederfinden.[2] In der Schweiz hat sich mit dem Lehrplan 21 der Begriff „Natur, Mensch, Gesellschaft" etabliert. In Deutschland ist „Sachunterricht" die aktuell modernste und am Weitesten verbreitete Bezeichnung für einen sachorientierten Unterricht an Schulen sowie für das Studienfach an den Hochschulen (vgl. www.GDSU.de – 26.08.2020).[3]

Sachunterricht – die Konzeption kurz und knapp

Vor 2002

Nach den 1970er-Jahren war der Sachunterricht lange Zeit konzeptionslos. Begründungen hierfür lagen in der fehl- oder überinterpretierten Fachlichkeit, die Fachdidaktiker*innen (der Sekundarstufe) und Fachwissenschaftler*innen (der universitären Vermittlung) möglichst frühzeitig schon in der Grundschule propädeutisch anlegen wollten. Die Überforderung, die durch verschiedene anspruchsvolle fachliche Konzepte, Modellierungen und Experimentierverständnisse hervorgerufen wurde, führte zu einer „Unvermittelbarkeit" der Zielsetzungen – auf Seiten der Kinder, aber auch auf Seiten der Lehrkräfte (vgl. Peschel 2016). Die nicht kind-, sondern sachorientierten Grundlegungen und die „Unvermittelbarkeit" in der Grundschule führten zu einem Rückgang der fachwissenschaftlichen Auslegung des Sachunterrichts mit zumeist überbordender Detailtreue von fachlicher Vermittlung – und zu einem „Vakuum".

Im Zuge dessen wurden erste Didaktik-Professuren speziell für die „Didaktik des Sachunterrichts" eingerichtet (vgl. Köhnlein 2012). Darüber hinaus wurden theoretische Verortungen dieses wichtigen Grundschulfaches sowie der Aufbau einer Fachgesellschaft (Gesellschaft für Didaktik des Sachunterrichts – GDSU e.V., gegründet 1992) angestrebt. Diese Fachgesellschaft musste zunächst einmal eine Position zwischen den etablierten Erziehungswissenschaften und den Fachdidaktiken der weiterführenden Fächer entwickeln.

---

2) Man kann die Entwicklung der Fachbezeichnung an Schulen und Hochschulen beispielhaft an der Entwicklung der Bezeichnung in Schleswig-Holstein der letzten Jahre ablesen. Der schulische Unterricht hieß zunächst ‚Heimat-und Sachunterricht', kurz zwischenzeitlich ‚Sachunterricht' und seit 2013 ‚Heimat, Welt- und Sachunterricht' (HWS) – obwohl das Studienfach an der Universität schon lange Sachunterricht heißt (vgl. http://www.gdsu.de/wb/pages/landesbeauftragte/schleswig-holstein.php [26.08.2020]).

3) Ob der Name ‚Sach'-‚Unterricht' dabei glücklich gewählt ist, mag dahingestellt sein. Die Diskussionen über die Fachbezeichnung führten auch zu Begriffen wie ‚Welterkundung", ‚Naturlehre' oder ‚Sozial- und Naturwissenschaften".

Perspektivrahmen ab 2002, Neuauflage 2013
Der Perspektivrahmen Sachunterricht[4], der von der Gesellschaft für Didaktik des Sachunterrichts erstmals 2002 publiziert wurde, erfuhr 2013 eine Weiterentwicklung. Er stellt eine gemeinsame Verständigung der Mitglieder dieser fachdidaktischen Gesellschaft für die Inhalte des Sachunterrichts an Grundschulen dar – und repräsentiert damit ein zentrales Verständnis für den modernen Sachunterricht.

Dass jeder Unterricht Sprachunterricht ist, wird auch von der GDSU (2013) unterstützt. Der Aspekt des Gebrauchs korrekter und passender (Fach-)Sprache scheint dabei so trivial, dass dies nicht explizit im Perspektivrahmen behandelt wird; die sprachlichen Aspekte werden im Perspektivrahmen eher marginal behandelt. Dabei ist die Spracharbeit im (Sach-)Unterricht m. E. immer einhergehend mit der Entwicklung von Fachbegriffen sowie mit entsprechender fachlich richtiger Grundlegung von Sachverhalten – ein Sach-Fach-Unterricht. Dass der Aspekt der fachlichen Richtigkeit und des sprachlich korrekten sowie fachlich konsistenten und anschlussfähigen Gebrauchs von Sachinhalten scheinbar so verinnerlicht ist, dass dies nur selten explizit gefordert oder entsprechend sensitiv umgesetzt wird, zeigt sich bei der Analyse von „Guten Aufgaben" im Sachunterricht (vgl. u. a. Peschel 2012, Leisen 2005). Dabei ist eben genau diese sorgsame Verschränkung fachlich und sprachlich korrekter und anschlussfähiger Begriffe und Modelle ein m. E. zentrales Merkmal guter Aufgaben – nur leider selten konsequent erfüllt.

Alltagssprachliche Irritationen
Dass Sprache eine historische Grundlegung hat und diese sich nicht immer mit fachlichen Weiterentwicklungen deckt, kann man anhand einiger Beispiele aus dem Alltag vor Augen führen. So sagen wir im Alltagssprachgebrauch „Das Licht brennt" oder „Lass das Licht nicht brennen!". Dabei rekurriert Sprache auf einen archaischen Gebrauch von Licht mittels Feuer. Moderne LEDs oder Leuchtstoffröhren bzw. Energiesparlampen[5] haben mit einem Verbrennungsprozess nichts mehr gemein und erzeugen Licht deutlich anders über Halbleitertechnik (LED). Entsprechend müsste sich Sprache stetig weiterentwickeln bzw. adaptieren, wobei sich auch dabei immer wieder sprachliche Ungenauigkeiten einschleichen können.

---

4) Der Begriff ‚Perspektivrahmen' hat sich aufgrund der vielseitigen, d. h. vielperspektivischen Sichtweise des Kindes auf Sachen durchgesetzt. Andere Bezeichnungen waren „Dimensionen" oder „Mehrperspektivität" (vgl. Thomas 2017).

5) Die „Energie**spar**lampe" spart nur Energie gegenüber einer Glühfadenlampe. Im Vergleich zu einer LED wäre besser von einer Energie**verschwendungs**lampe zu sprechen – also eine erneut technische Weiterentwicklung, die sich wiederum nicht in Sprache wiederfindet.

Wenn aber erstens Sprache schon im Alltag so fachlich divergent besetzt ist, zweitens Sprache obendrein nicht mit der fachlichen Grundlage in Einklang steht und sich drittens noch entsprechend weiterentwickelt hat, ist es auf fachlicher Ebene umso schwieriger – insbesondere im Grundschulbereich – Fachlichkeiten sprachlich korrekt auszudrücken. Dies trifft speziell bei der Verwendung und dem Transport in oder mittels Alltagssprache zu.

Fachlich-sprachliche Irritationen
Es gibt mehrere Ebenen der sprachlichen, fachlichen und personenbezogenen Problematik bei der Verwendung von Begriffen, die zu einer Uneindeutigkeit führen.

1. Kindersprache ≠ Sprache der Lehrer*innen
Lehrkräfte und Schüler*innen verwenden zwar dieselben Begriffe im Unterricht, verstehen aber nicht dasselbe darunter (vgl. Childs / Ryan 2017, Behling / Förtsch / Neuhaus 2019).

2. Fachsprache ≠ Alltagssprache ≠ Kindersprache
Eine Bank, auf der man sitzt, ist nicht das gleiche wie eine Bank, von der man Geld abhebt. Dieses sprachliche Phänomen ist auch als „Teekesselchen-Spiel" bekannt. Es differenziert verschiedene Bedeutungen aus und erlaubt die Einsicht in die vielschichtige Problematik deutscher Alltagssprache.

Weiter kompliziert wird diese Vielschichtigkeit der Verwendung von Alltagsbegriffen durch das sogenannte „Noticing". Dieser Begriff meint „bezogen auf sprachsensible Kriterien [...] z. B. die Wahrnehmung von Begriffen, die z. B. in der Biologie anders belegt sind als in der Alltagssprache und daher von Schüler*innen oft missverstanden werden" (Behling et al. 2019, 5).[6] Diese Beispiele zeigen, dass auch die Differenzierung von der Alltags- zur Fachsprache (sowie umgekehrt) und die Bedeutung fachlicher, sachlicher Analyse neu gelernt werden muss. Die Anforderung stellt sich an die fachliche Ausbildung bzw. Qualifikation von Lehrkräften bzw. von Lehrer*innen und Schüler*innen.

„Das Leistungsniveau von Schüler*innen in den naturwissenschaftlichen Fächern ist abhängig von deren bildungssprachlichen Fähigkeiten, welche im Unterricht jedoch nicht explizit gefördert, sondern im Gegenteil als vorhanden vorausgesetzt werden. Dadurch entsteht eine Schieflage, da die Zugangsvoraussetzungen zu Bil-

---

6) Weitere Problematiken wären, dass in Alltags- und Fachsprache manchmal für denselben Gegenstand unterschiedliche Wörter verwendet werden, z. B. Schraubenzieher vs. Schraubendreher (Noack / Mückel 2014, 5), oder der ‚Zollstock', der weder Zoll misst noch ein Stock ist, sondern ein ‚dezimalbasierter Gliedermaßstab'.

dungssprache für unterschiedliche Schüler*innen unterschiedlich sind. Lehrkräfte benötigen daher ein Bewusstsein für die Bedeutung von und ein Wissen über Sprache im Unterricht, um das fachliche Lernen im Biologieunterricht mit dem sprachlichen Lernen verknüpfen zu können" (Behling / Förtsch / Neuhaus 2019).

3. Fachsprache verhindert Verständnis

Fachliche Sprache, die auf „richtige Bezeichnungen" reduziert wird, verhindert Hinterfragen und behindert Zugänge zum Phänomen – wobei schulisch richtige Fachsprache nicht einmal zwingend fachwissenschaftlich angemessene Sprache ist (vgl. Pech 2019). Es benötigt also einen Wechsel zwischen Alltags- und Fachsprache mit Aspekten der Bildungssprache als Mittler (ebd.).

Dies erfordert es, Begriffe nicht nur fachlich und eindeutig zu benutzen, sondern zudem den Transfer von alltagssprachlichem Verständnis in Fachsprache und den Transfer von einem Fachverständnis in Alltagssprache zu berücksichtigen. Damit können Fachverständnis sowie Fachsprache mit alltagssprachlichen Begriffen und Verständnissen bzw. Beschreibungen verknüpft werden (vgl. Leisen 2005). Dies bedeutet, dass bei jedem Unterrichtsthema sorgsam auf folgende Aspekte geachtet werden müsste:

- Begriffe fachlich zu benutzen,
- Begriffe eindeutig zu benutzen,
- Transfer von alltagssprachlichem Verständnis in Fachsprache,
- Transfer von Fachverständnis in Alltagssprache,
- Fachverständnis sowie Fachsprache mit alltagssprachlichen Begriffen, Verständnissen und Be- bzw. Umschreibungen verknüpfen.

Dies zeigt sich exemplarisch am Beispiel „schwimmen & sinken" (vgl. Kap. schwimmen: Schwimmt ein Fisch, eine Büroklammer, ein Schiff, ein Wasserläufer, ein Taucher? usw.).

Eine Möglichkeit, dieses Sprach-Sach-Verständnis wechselseitig bzw. transferhaft zu nutzen, ist m. E. die Methode „Beobachten und Experimentieren" (vgl. Kihm et al. 2018; s. u.). Sprache wird dabei über die Kommunikationsfunktion hinaus ein Konstruktionsmittel für Fachlichkeiten: „Der Schüler selbst muss die Bedeutungen der Signale und die semantischen Strukturen in seinem eigenen Kopf konstruieren" (Leisen 2005, 4).

4. Das Beispiel „schwimmen"

„Schwimmen", meist in Kombination mit dem durchaus fachlich, fachsprachlich, alltagssprachlich differenten Begriff „sinken" oder gar der weiteren fachlichen Differenzierung „schweben", findet sich in vielerlei Veröffentlichungen zu Aufgaben und Sachangeboten im Sachunterricht.[7] Das Thema ist als Unterrichtskonzept/-einheit „schwimmen & sinken" umfangreich aufgearbeitet und eines der am stärksten erforschten Sachgebiete im Primarbereich (vgl. Möller 2002/2005, Hardy et al. 2006, Köhnlein 2012, Hartinger 2015). Die sprachliche Analyse der dahinterstehenden Fachlichkeit wurde dabei aber m. E. zu stark vernachlässigt. So ist „schwimmen" ein alltagssprachlicher Begriff, der aber auch in der Fachsprache verwendet wird – dort allerdings mit klarer fachlicher Determination und weniger undifferenziert gebraucht.

> **Fachsprache bzw. Definition:** Ein Gegenstand schwimmt.
> *Über schwimmen (resp. sinken bzw. untergehen) entscheidet die Wechselwirkung bzw. Differenz der (mittleren) Dichte des Gegenstandes (oder Fluids) mit der Dichte des umgebenden Fluids (Flüssigkeit oder Gas). Haben Gegenstände eine geringere Dichte als das Fluid, schwimmen sie an der Oberfläche (im Fluid); Gegenstände mit höherer Dichte gehen unter bzw. sinken. Mit der **(mittleren oder durchschnittlichen) Dichte** lässt sich damit erklären, warum ein Stoffgemisch oder ein zusammengesetzter Körper (z. B. ein Schiff als zusammengesetzter, gemischter offener Hohlkörper) schwimmt (vgl. Köhler 2006; Wodzinski 2006).*
>
> **Alltagssprache:** Ein Gegenstand schwimmt.
> *Wenn der Gegenstand bei gleicher Größe (Volumen) leichter ist als die entsprechende Menge (Volumen) Wassers, schwimmt der Körper (eingetaucht) an der Oberfläche des Wassers.*
>
> **Kindervorstellungen** (Auszug, Beispiel):
> *Ich schwimme, weil ich mich mit den Armen und Beinen bewege (ich gehe dann nicht unter). Ein Gegenstand schwimmt, wenn er leichter als Wasser ist.*

Das grundsätzliche Problem bei der Betrachtung auf sprachlicher und fachlicher Ebene ist, dass jedes Kind mit dem Begriff „schwimmen" verschiedene, meist persönliche und subjektive Tätigkeiten oder Erinnerungen verbindet (die Lehrkräfte zumeist vermutlich ebenso). Dagegen ist das fachliche Verständnis dazu noch nicht anschlussfähig – vermutlich weder bei Kindern noch bei Lehrkräften. Kinder sollen also aus einem Alltagsgebrauch und Alltagsverständnis heraus einen Sachgegenstand entwickeln (im Sinne einer Fachlichkeit), der umgangssprachlich und subjektiv fest verknüpft ist, aber mit dem

---

[7] Es gibt eine Menge an Materialien für diesen Bereich. Wenig Beachtung findet in den Handreichungen aber z. B. die Frage nach Verb oder Substantiv („schwimmen" vs. „Schwimmen"), was jeweils andere Assoziationen, Beobachtungen und Phänomene ergibt, in den Materialien aber entweder nicht thematisiert oder gleichgesetzt wird. Das ist m. E. erläuterungsbedürftig bzw. erschließt sich so nicht.

gleichen sprachlichen Begriff („schwimmen") in der Fachlichkeit ein deutlich differentes Phänomen beschreibt (vgl. Leisen 2013, mentales Lexikon).

Der Transfer des Alltagsverständnisses in ein sachkorrektes Fachverständnis lässt sich gut am Beispiel des Fisches und der Frage *„Schwimmt ein Fisch?"* demonstrieren:

Fotos: Unsplash (s. Impressum)

Alltagssprachlich würden wir wohl sofort zustimmen, ist doch die Tätigkeit von Fischen eindeutig das Schwimmen. Da Fische sich jedoch üblicherweise *im* Wasser befinden, also *in* dem Fluid, müsste man physikalisch korrekt von dem Zustand „Schweben" sprechen. Dieses Schweben in vertikaler Richtung, also das ‚Verweilen'[8] auf einer Höhe, muss wiederum unterschieden werden von der Fortbewegung, da Fische meist auch ein Ziel ihrer Bewegung haben, sich also mit Flossen vorwärts (zeitweise auch rückwärts, aufwärts oder abwärts) bewegen. Der Fisch treibt, schwebt oder „steht" also in einer gewissen Wassertiefe, in der er sich dann – schwimmend (?) – fortbewegt.

Wenn wir, also Menschen, uns hingegen unterhalb der Wasseroberfläche befinden, sprechen wir von „tauchen" (oder schnorcheln etc.) und differenzieren dabei nicht Vertikal- oder Horizontalbewegungen (außer wir tauchen unter, tauchen nach unten, tauchen tiefer usw.). Wir bewegen uns aber unter Wasser mit den gleichen „Schwimm"bewegungen vorwärts.

---

8) Man merkt auch dem Autor hier beim Schreiben des Textes eine gewisse schriftsprachliche Hilflosigkeit an, einen Begriff eben nicht alltagssprachlich und fachsprachlich zu stark konnotiert oder falsch zu verwenden.

Auch bei einem Wasserball finden sich sprachliche und fachliche Schwierigkeiten, die nur kurz angerissen werden sollen: Ein Wasserball, ebenso wie ein Stück Styropor usw., „schwimmt". Allerdings schwimmt er nicht *auf* dem Wasser, sondern ist ein kleines Stück *im* Wasser eingetaucht, sodass zwischen der eingetauchten Teilmasse (und Volumen) des Wasserballs und der dabei erfolgten Verdrängung des Wassers ein Kräftegleichgewicht entsteht (hydrostatisches Gleichgewicht). Das sehr kleine – fast nicht sichtbare – eingetauchte Teilvolumen des Wasserballs suggeriert, dass er auf dem Wasser schwimmt. Aufgrund seiner sehr geringen Dichte ((Hülle zzgl. Luftgasgemisch im Inneren), die sehr viel kleiner ist als die Dichte des Wassers, scheint der Wasserball auf dem Wasser zu schwimmen, was aber die fachliche Grundlage und Anschlussfähigkeit des „eingetauchten Schwimmens" (hydrostatisches Gleichgewicht) verringert.

Der Unterschied von Gegenständen zu „schwimmenden" Lebewesen ist dabei deutlich: Ohne aktives Zutun würden Menschen untergehen, Styropor aufgrund der dauerhaften Dichte nicht.[9]

All diese Beispiele zeigen verschiedene alltagssprachliche Verwendungsweisen des Begriffs „schwimmen" auf, die wir täglich äußern, ohne dass wir uns der unterschiedlichen Bedeutungsdimensionen bewusst wären. Wie lässt sich diese Vielfalt semantisch fassen?[10]

Kinderverständnisse zu Sachverhalten

Das o. g. Beispiel „schwimmen" zeigt auf, dass, selbst wenn mit einfachen, meist als eindeutig verstandenen Begriffen operiert wird, die dahinterstehenden (sprachlichen, fachlichen, fachsprachlichen) Problematiken im Grundschulunterricht aber nicht ansatzweise Berücksichtigung finden, ja, vielen Lehrkräften nicht einmal bewusst sind. Weitere Schwierigkeiten gibt es mit vielen anderen Begriffen oder Fragen. „Sinken" als „Terminus technicus", also einem eher fachlich geprägten Begriff, wurde oben schon angerissen. Aber auch der Begriff „schweben" verkompliziert den fachlichen Zusammenhang über die Wechselwirkung von verschiedenen Dichten unnötig und verschlimmbessert ein fachlich grundlegendes Verständnis. Kinderfragen wie: Warum fliegt ein Flugzeug? (vs. Wie funktioniert ein Flugzeug?) Warum

---

9) Weitere Komplikationen / Schwierigkeiten seien hier nur angerissen:
Ein Mensch, der gegen den Strom ‚schwimmt', muss hingegen noch lange kein guter ‚Schwimmer' sein. Erblickt man einen sehr nassen Boden, so kann man umgangssprachlich sagen: Der Boden ‚schwimmt'. Jemand, der während eines Vortrages in Erklärungsnot gerät, ist ganz schön ‚geschwommen', ohne dabei nass geworden zu sein. Jemand, der seine Brille vergisst, sieht unter Umständen sehr ‚verschwommen'.

10) Zusätzlich kompliziert wird dies ggf. in der Schule, wenn in den ersten Stunden im Sachunterricht Dichte, Auftrieb und Gegenstände thematisiert werden und dann in der Sportstunde tatsächlich aktiv geschwommen wird usw.

„[…] das Wasser **will** auch keine, keine Mulden haben, drum schwimmt das Schiff da drauf" (Thiel 1990: 159) Luft ist „viel **stärker** als alles" (ebd.).

„Das Holz schwimmt, […] weil das Holz viel **leichter** ist für das Wasser. Es hat nicht genügend **Kraft**, während […] das Eisen mehr Kraft [hat] und in das Wasser [eindringt]" (Zietz 1955 zitiert nach Furtner 2016:200).

„Das Schiff hat so eine **Form**, daß es nicht untergeht, zuerst breit und unten schmal" (Banholzer 2008 zitiert nach Furtner 2016: 201).

Kindervorstellungen zu „Schwimmen"

„Der Baumstamm schwimmt, weil er aus **Holz** ist" (Thiel 1990: 164).

„Im Schiff leitet man, das Schiff hat **Schwimmhäute**, wenn sich die **bewegen**, **bewegt** sich das Wasser auch, dann kann das Schiff nicht untergehen" (Banholzer 2008 zitiert nach Furtner 2016: 199).

„Die schwimmt. Weil sie schwimmt. Da schwimmt man" (Banholzer 2008 zitiert nach Furtner 2016: 199).

„… da sind **Luftbläschen** im Holz, die Luft will nach oben" (Engelen/Jonen/Möller 2002 zitiert nach Furtner 2016: 201).

„Wir sollen also diese kindlichen Erklärungsversuche […] ernst nehmen, sie aufgreifen und zum **Ausgangspunkt** unserer unterrichtlichen Erörterung machen" (Zeitz 1955 zitiert nach Furtner 2016: 210).

schwimmen Schiffe? (Besser: Warum gehen Schiffe nicht unter?) In welche Richtung läuft der Strom im Stromkreislauf? zeigen die Vielfalt an Komplexität und Irritationen auf.

Beobachtungen und Sprache

Wie wichtig es ist, der Beobachtung – nicht nur aus naturwissenschaftlicher Sicht, sondern im o. g. Sinne auch in Hinblick auf Sprachausdrucksfähigkeit und Ansatz zu sprachlichen Differenzierungen und Transfer – Aufmerksamkeit zu schenken, zeigt sich, wenn man Kinder zu einem Experiment ihre Beobachtungen beschreiben lässt.

Meist können Kinder ihre Tätigkeiten sehr genau beschreiben und nehmen vielfältige Aspekte des Experiments wahr. Diese lassen sich wiederum auf ihren fachlichen Gehalt prüfen, indem am Experiment mit Modifikation einzelner Variablen weitere Beobachtungen gemacht werden können.

So macht es z. B. einen Unterschied, ob man eine Knetkugel, eine Kugel aus Aluminiumfolie oder einen Tischtennisball aus der Luft ins Wasser fallen lässt oder mit der Hand *im* Wasser platziert und dann loslässt. Die Vermutungen werden differenzierter, die Experimente werden wiederholt und variiert und

Vorhersagen sowie Begründungen werden miteinander ausgetauscht, diskutiert und gemeinsam überprüft. Dabei wird Sprache zunächst basal und bei Schwierigkeiten der Erklärung weiter fachlich gefasst und ausdifferenziert („schwimmt schnell nach oben", „steigt", „drückt ganz doll", „hat ein ganz anderes Gewicht / eine ganz andere Gewichtskraft" usw.).

Hier bietet sich Beobachten als ein zentrales Element an, das Spracharbeit im Einklang mit eigener Tätigkeit (Beobachten) sowie der Entwicklung fachlicher Grundlagen sowie fachlicher und sprachlicher Differenzierungen erlaubt.[11] Die Lehrkraft kann dabei sowohl auf sprachlicher Ebene als auch bei den fachlichen Bezügen die Kinder ihre Aussagen und das Zusammenspiel von Kinderäußerungen beobachten und Impulse für eine sprachliche oder fachliche Weiterführung geben.

Fazit

Kindersprache ≠ Alltagssprache ≠ Sprache der Lehrer*innen / Bildungssprache ≠ Fachsprache
Daraus folgen Konsequenzen:
- Lehrkräfte benötigen:
  - **Bewusstsein** für die **Bedeutung** *von* und **Wissen** *über* Sprache
  - **Fachwissen** zur Einschätzung problematischer (sprachlicher und fachlicher) Formulierungen.
- Es ist immer eine **sprachsensible** *und* **fachsensible** Betrachtung von Aufgaben notwendig:
  - Was sind die Operatoren in den Aufgabenstellungen?
  - Welche morphologischen und syntaktischen Stolpersteine gibt es?
  - Welche semantischen Stolpersteine gibt es?
  - Welche fachlichen Stolpersteine gibt es?
- Darüber hinaus sind folgende sprachsensible Aspekte zu beachten – im sprachsensiblen Fach- wie auch im fachsensiblen Sprachunterricht:
  - Transparentmachen von unterschiedlichen Bedeutungen
    (vgl. Behling et al. 2019),
  - Sprache nicht bloß vereinfachen,
  - Fachbezeichnungen etablieren,
  - Schüler*innen beim Auf- und Ausbau ihres Sprachbewusstseins / ihrer Sprachbewusstheit unterstützen (vgl. Drumm 2016),

---

11) Allein die Betrachtung des o. g. eingetauchten, schwimmenden Wasserballs (Vollhohlkörper) in einem durchsichtigen Gefäß (Schüssel / Aquarium) lässt die Kinder Beobachtungen machen, wie tief er eingetaucht ist, welche Kraft (Druck mit der Hand von oben) notwendig ist, um ihn weiter einzutauchen usw. Mit diesen Beobachtungen und kleinen Variationen ergeben sich sehr intensive und anschlussfähige Konzeptentwicklungen.

- Mehrsprachigkeit beachten und nutzen (vgl. Wildemann et al. 2014),
- Gemeinsames Aushandeln von Sprache im Unterricht
(vgl. Leisen 2013; 2016).

Insofern ist in jedem Fachunterricht sprachsensibel zu arbeiten (vgl. auch Wessel et al. 2018) und ebenso bei jedem fachorientierten Sprachgebrauch ein passender Fachgebrauch anzustreben. Der Fachlichkeit sollte eine ähnliche Aufmerksamkeit gewidmet werden wie der dazu passenden Spracharbeit.

Literatur

Behling, F. / Förtsch, Ch. / Neuhaus, B. J. (2019): Sprachsensibler Biologieunterricht – Förderung professioneller Handlungskompetenz und professioneller Wahrnehmung durch videogestützte live-Unterrichtsbeobachtung. Eine Projektbeschreibung. In: Zeitschrift für Didaktik der Naturwissenschaften. German Journal of Science Education, 1–10.
Drumm, S. (2016): Sprachbildung im Biologieunterricht. Berlin: De Gruyter Mouton.
Duit, R. (1997): Alltagsvorstellungen und Konzeptwechsel im naturwissenschaftlichen Unterricht – Forschungsstand und Perspektiven für den Sachunterricht in der Primarstufe. In: W. Köhnlein, B. Marquardt-Mau & H. Schreier (Hg.). Kinder auf dem Wege zum Verstehen der Welt. Bad Heilbrunn: Julius Klinkhardt, 233–246.
Feige, B. / Köster, H. (2008) (Hg.): Agnes Banholzer. Die Auffassung physikalischer Sachverhalte im Schulalter [Neuauflage]. Bad Heilbrunn: Julius Klinkhardt.
Fischer, H.-J. (2013): Ist das Wasser stark? Grundschulunterricht Sachunterricht, 24–27.
Furtner, M. (2012): Kinderaussagen im naturwissenschaftlichen Kontext des Sachunterrichts – eine vergleichende Analyse historischer und aktueller Befunde. GDSU-Journal Juli 2012, Heft 2, 23–40.
Furtner, M. (2016): Kinderaussagen zu naturwissenschaftlichen Phänomenen. Eine Untersuchung historischer und aktueller Befunde im Kontext des Sachunterrichts. Bad Heilbrunn: Julius Klinkhardt.
GDSU (Gesellschaft für Didaktik des Sachunterrichts) (2013): Perspektivrahmen Sachunterricht. Bad Heilbrunn: Julius Klinkhardt.
Gläser, E. / Schomaker, C. (2017): Bildungs- und Fachsprache im Sachunterricht. In: Grundschule Sachunterricht, 74, 34–35.
Hartinger, A. (2015): Empirische Zugänge. In: J. Kahlert, M. Fölling-Albers, M. Götz, A. Hartinger, S. Miller & S. Wittkowske (Hg.). Handbuch Didaktik des Sachunterrichts. Stuttgart: utb, 47–50.
Jonen, A. / Möller, K. / Hardy, I. (2003b): Schwimmt ein Holzbrett mit Löchern? Erklärungen von Kindern zum Schwimmen und Sinken. In: A. Speck-Hamdan, H. Brügelmann, M. Fölling-Albers & S. Richter (Hg.). Kulturelle Vielfalt. Religiöses Lernen. Seelze: Kallmeyersche Verlagsbuchhandlung, 159–164.
Kahlert, J. (2009) (Hg.): Der Sachunterricht und seine Didaktik. Bad Heilbrunn: Julius Klinkhardt.
Kihm, P. / Peschel, M. (2017): Interaktion und Kommunikation beim Experimentieren von Kindern – eine Untersuchung über interaktions- und kommunikationsförderliche Aufgabenformate. In: M. Peschel & U. Carle (Hg.). Forschung für die Praxis (Beiträge zur Reform der Grundschule, Band 143). Frankfurt a. Main: Grundschulverband e. V., 68–80
Kihm, P. / Peschel, M. (2021 i. V.): „Das habt ihr jetzt ja oft genug gemacht!" – Einfluss von ‚Nonverbalitäten' in der Lehrer*innen-Schüler*innen-Interaktion auf die Aushandlung von Selbstbestimmung beim Experimentieren. GDSU Journal, Heft 11.
Köhnlein, W. (1999): Vielperspektivität und Ansatzpunkte naturwissenschaftlichen Denkens. Analyse von Unterrichtsbeispielen unter dem Gesichtspunkt des Verstehens.

In: W. Köhnlein, B. Marquardt-Mau & H. Schreier (Hg.). Vielperspektivisches Denken im Sachunterricht. Bad Heilbrunn: Julius Klinkhardt, 88–124.

Köhnlein, W. (2012): Sachunterricht und Bildung. Bad Heilbrunn: Julius Klinkhardt.

Leisen, J. (2005): „Heureka! Ich habe den Auftrieb verstanden!" Unterrichtselemente für den Wechsel der Darstellungsebenen. Unterricht Physik 16, 12–15.

Leuchter, M. (2017): Kinder erkunden die Welt: Frühe naturwissenschaftliche Bildung und Förderung. Stuttgart: Kohlhammer.

Köhler, E. (2006): Zur Entwicklung von Vorstellungen bei Grundschulkindern zum Schwimmen und Sinken. Grundschulunterricht 10/2006, 40–44.

Möller, K. (2005) (Hg.): Die KiNT-Boxen – Kinder lernen Naturwissenschaft und Technik. Klassenkisten für den Sachunterricht. Paket 1: Schwimmen und Sinken. Essen: Spectra- Verlag.

Möller, K. / Hardy, I. / Jonen, A. / Kleickmann, T. / Blumberg, E. (2006): Naturwissenschaften in der Primarstufe. Zur Förderung konzeptuellen Verständnisses durch Unterricht und zur Wirksamkeit von Lehrerfortbildungen. In: M. Prenzel & L. Allolio-Näcke (Hg.). Untersuchungen zur Bildungsqualität von Schule. Abschlussbericht des DFG-Schwerpunktprogramms. S. 161–193. Münster/New York: Waxmann

Möller, K. / Jonen, A. / Hardy, I. / Stern, E. (2002): Die Förderung von naturwissenschaftlichem Verständnis bei Grundschulkindern durch Strukturierung der Lernumgebung. Zeitschrift für Pädagogik, 45. Beiheft, 176–191.

Nießeler, A. (2020): Kulturen des Sachunterrichts. Bildungstheoretische Grundlagen und Perspektiven der Didaktik. Reihe: Kinder.Sachen.Welten. Dimensionen des Sachunterrichts Band 12. Schneider Verlag Hohengehren. Baltmannsweiler.

Pech, D. (2020): Tragfähige Grundlagen: Sachunterricht. In: U. Hecker, M. Lassek & J. Ramseger (Hg.): Kindern lernen Zukunft. Anforderungen und tragfähige Grundlagen (=Beiträge zur Reform der Grundschule, Band 150). Frankfurt/Main: Grundschulverband, 158–167.

Pech, D. (2019): Mit der Welt umgehen – Sachunterricht und seine Didaktik. In: Rödel, L. & Simon, T. (Hg.): Inklusive Sprach(en)bildung. Ein interdisziplinärer Blick auf das Verhältnis von Inklusion und Sprachbildung. Bad Heilbrunn: Klinkhardt, 112–121.

Peschel, M. im Interview mit Ehrlich, C. (2014): Beobachten statt belehren? Wege zum Aha-Erlebnis. Campus Universität des Saarlandes, Dezember 2014, 12 f.

Pühringer, A. (2019): Ästhetische Bildung im Spannungsfeld von Kultur, Sprache und Musik. Perspektiven und Herausforderungen an österreichischen Volksschulen. In: Zeitschrift für Pädagogik, 65(6), 845–863.

Schneider, C. / Fleck, B. (o. J.): Warum schwimmt ein Schiff? https://www.uni-kassel.de/fb10/institute/physik/forschungsgruppen/didaktik-der-physik/materialboerse/physikalischeexperimente-fuer-den-sachunterricht/experimente-zu-schwimmen-schweben-sinken/warumschwimmt-ein-schiff.html [24.08.20].

Spektrum (1998a): Auftrieb. Verfügbar unter: https://www.spektrum.de/lexikon/physik/auftrieb/970 [20.08.20].

Steinweg, A. S. (Hg.) (2017): Mathematik und Sprache. Tagungsband des Arbeitskreis Grundschule in der Gesellschaft für Didaktik der Mathematik 2017. Bamberg: University of Bamberg Press.

Wagenschein, M. (1990) (Hg.): Kinder auf dem Wege zur Physik. (Neuauflage. Erste Auflage 1973). Weinheim: Beltz.

Wessel, L. / Büchter, A. / Prediger, S. (2018): Weil Sprache zählt – Sprachsensibel Mathematikunterricht planen, durchführen und auswerten. In: Mathematik lehren, 206, 2–7.

Wodzinski, R. (2006): Schwimmen und Sinken – Ein anspruchsvolles Thema mit vielen Möglichkeiten. In: G. Lück & H. Köster (Hg.). Physik und Chemie im Sachunterricht. Bad Heilbrunn/Braunschweig: Julius Klinkhardt/Westermann, 75–94.

Bernd Wollring

Mathematik ist überall – Lernumgebungen zum Erkunden, Entdecken und Erschließen

Mathematik ist und bleibt für viele Lernende in und seit der Grundschule möglicherweise deshalb ein problematisches Fach, weil sie häufig überbetont erfahren haben, dass man Regeln zu befolgen hat und dass der Nutzen dieser Regeln erst spät oder wenig einsichtig wird. Und strategische Freiräume haben sie wenig erfahren. Mathematik ist jedoch ein Werkzeug zum Reflektieren und Gestalten unserer Lebenswelt, und das nicht nur im Rechnen, sondern insbesondere im Betrachten von Raum und Form, im Betrachten der uns umgebenden Gestalten und im Betrachten der Art und Weise, wie diese Gestalten strukturiert sind und wie man diese Strukturen untersuchen und herstellen kann.

Im Folgenden wird kurz die Idee der „mathematischen Lernumgebungen" erläutert und dazu werden drei wesentliche Aktionsformen vorgestellt: *Erkunden*, *Entdecken* und *Erschließen*. Dies wird dann exemplarisch an Lernumgebungen zur *Symmetrie* für die Grundschule entfaltet, zur ebenen Symmetrie. Eigentlich eine Sache, von der man meinen könnte, sie lohne den Aufwand nicht. Jüngere Untersuchungen zeigen jedoch, dass Grundschulkinder bereits Probleme haben, ebene Figuren mit nur einer einzigen Symmetrieachse zu zeichnen, wenn diese Achse ungünstig liegt (Gasteiger / Götz 2020).

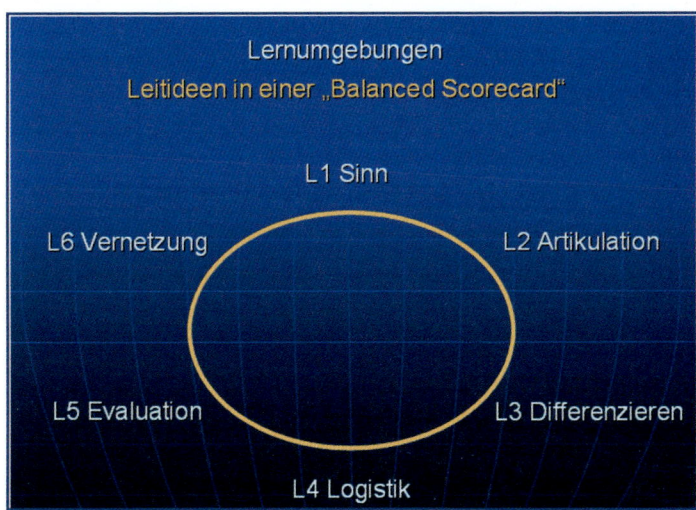

Leitideen zum Design von Lernumgebungen (Wollring 2009)

137

Das Design von Lernumgebungen für den Mathematikunterricht in der Grundschule charakterisieren wir durch sechs Leitideen, die je nach Anforderung ausgewogen oder mit Akzentsetzungen auf das Design konkreter Lernumgebungen einwirken (ausführliche Darstellung: Wollring 2009).

Dieser Text betont die Leitideen L1 „Sinn" und L2 „Artikulation". „Sinn" umfasst „mathematischen Sinn" und „Werksinn". Das zweite betont den Bezug zur Lebenswelt und zu nicht primär mathematischen Gegenständen. Das erste meint, dass die betrachteten Gegenstände und Prozesse *aus der Tiefe des Faches Mathematik* heraus zu motivieren und zu rechtfertigen sind und nicht im Zuge einer unkundigen Elementarisierung zu sinnleeren, wenngleich „Spaß machenden" Aktivitäten führen. Artikulation betrifft nicht nur Kommunizieren und Argumentieren, sondern auch das Unterscheiden von „Spielraum und Dokument" bei der Organisation von Darstellungen. Dazu unten mehr.

Weshalb keine Beispiele zum „Rechnen"? In der zeitgemäßen Kennzeichnung der Mathematik als der *Wissenschaft von Mustern und Strukturen* (Devlin 1994, vgl. auch die Inhaltsbereiche der Bildungsstandards Mathematik für den Primarbereich) spielen nicht nur die Objekte, sondern insbesondere die darauf bezogenen Prozesse eine tragende Rolle. Unter diesen ist Symmetrie ein universelles Konzept, das sich keineswegs allein auf geometrische Projekte bezieht, sondern auch auf Gleichungen, Funktionen und vieles mehr (Devlin 1994). Achsensymmetrische Figuren sind grundschulgeeignete Repräsentanten zu diesem Konzept. Um aber seine Reichweite über die üblichen Standardbeispiele hinaus zumindest anzudeuten, wählen wir hier als darstellende Beispiele ebene Figuren mit mehreren Symmetrien. Und wir beschreiben Symmetrie nicht nur als eine Eigenschaft, die man an gegebenen Figuren nachträglich findet (*a posteriori*), sondern insbesondere als eine Eigenschaft, die sich aus dem Konstruktionsprozess heraus ergibt (*a priori*): „Die Figur ist symmetrisch, nicht weil wir das gefunden haben, sondern weil wir sie so gemacht haben."

Erkunden – Entdecken – Erschließen

Da es in der Mathematik nicht nur um das nachvollziehende Einhalten von Regeln geht, die man nicht selbst gemacht oder eingesehen hat, sondern um das aktive autonome Entwickeln von Konstruktionen, welche die Regeln einsichtig machen, sollte man, so der Vorschlag des Autors als Mathematiker, die Begegnung mit der Mathematik in der Grundschule so strukturieren, dass die intellektuelle Autonomie der Kinder dabei gestärkt wird. Die dazu geeigneten Eigenaktivitäten strukturieren wir als „Erkunden", „Entdecken" und „Erschließen".

Erkunden nennen wir die erste Aktivität im Begegnen mit Phänomenen. Es wird etwas wahrgenommen und es werden Gestalten aufgenommen. Es erfolgt auch ein erstes Ordnen, und es erfolgt begleitend dazu ein erstes Schöpfen oder Kennenlernen von Worten und Bezeichnungen. Erkunden ist eine Auseinandersetzung mit Phänomenen, zu denen man zuvor noch keine Vorstellungen hatte, es ist die Begegnung mit dem Neuen und bis dahin Unbekannten. Ein erstes Ziel besteht darin, das Erkundete kennenzulernen und für sich und andere zu beschreiben. Ein tiefergehender erkenntnistheoretischer Anspruch besteht zunächst nicht, es geht um das Sammeln von Phänomen-Wissen als Ausgangspunkt für weiterführende spätere Aktivitäten. Früher übliche Fachbezeichnungen wie „Erdkunde" oder „Tierkunde" betonen eher das Aufnehmen des „Verkündeten", hier aber geht es um das Erkunden als eigene Aktivität.

Erkunden sehen wir als erstes Niveau der Auseinandersetzung mit mathematischen Phänomenen.

Entdecken hat zunächst vieles mit dem Erkunden gemeinsam. Allerdings ist das Entdecken nach Auffassung des Autors mehr durch eine Absicht, durch eine gezielte Handlung gekennzeichnet. Als Heinrich Winter den Terminus „Entdeckendes Lernen" in die Mathematikdidaktik einführte, wollte er damit betonen, dass es um eine autonome Aktivität geht, die schließlich in das einmündet, was wir heute „forschendes Lernen" nennen. Entdecken bedeutet nach Auffassung des Autors auch, dass man das bislang unbekannte Gefundene nicht nur registriert, sondern auch mit bereits bekannten Begriffen, Schemata und Gegenständen in Beziehung setzen kann. Damit hat das Entdecken einen über das Erkunden hinausgehenden konstruktiven Aspekt. Insbesondere das Entdecken von Zusammenhängen oder Prozessen geht deutlich über das reine Erkunden hinaus.

Entdecken sehen wir als zweites Niveau der Auseinandersetzung mit mathematischen Phänomenen.

Erschließen beschreibt eine vertiefte Auseinandersetzung mit den erkundeten und entdeckten Gegenständen. Das Erschließen bedeutet das Eindringen in die Strukturen der Gegenstände, die Kompetenz, diese Gegenstände auf eine bestimmte Art zu durchschauen und zu eröffnen, eben „aufzuschließen". Dazu gehört zum Beispiel das Nachdenken darüber, weshalb die betrachteten Gegenstände zu einer bestimmten Kategorie gehören, warum sie so aussehen, wie sie aussehen, und weshalb sie so funktionieren, wie man das möchte. Ebenfalls zum Erschließen gehört die Fähigkeit sich vorzustellen, wie die Gegenstände zustande kommen, wie sie konstruiert werden und wurden, wie ihre „operative Genese" wohl aussehen kann. Das Erschließen führt zu einer nicht nur phänomenologischen Begriffsbildung, sondern zu einer operativen Begriffsbildung, welche die mit den Gegenständen verbundenen möglichen oder notwendigen Prozesse ebenfalls reflektiert. Genau dies meint unseres Erachtens Heinrich Winter mit „Sachrechnen als Umwelterschließung" (Winter 1985).

Erschließen sehen wir als drittes Niveau der Auseinandersetzung mit mathematischen Phänomenen.

Den Qualitätszuwachs vom Erkunden zum Erschließen kennzeichnen wir umgangssprachlich etwa so: „Man *kennt* davon nicht nur mehr, man *weiß* darüber auch mehr."

Bewusst wird hier das Wort „Stufen" vermieden, die Übergänge sind fließend. Hans Freudenthal, nicht nur ein bedeutender Mathematikdidaktiker, sondern auch ein bedeutender Mathematiker, spricht in diesem Zusammenhang von „unterstütztem Wiederauffinden", „guided reinvention". Dahinter steckt die Auffassung, dass Mathematik eben nicht nur von Mathematikern fabriziert und dann von Benutzern genutzt wird, jedenfalls nicht im schulischen Lernprozess. Vielmehr steht dahinter, dass Kindern eine intellektuelle Beteiligung am Zustandekommen von Mathematik zugestanden wird, auch dann, wenn die von ihnen erfundenen Dinge anderwärts bereits bekannt sind. Diese Idee erscheint in vielen guten Konzepten, etwa im „genetischen Lernen" bei Martin Wagenschein, was hier aus Platzgründen leider nicht entfaltet werden kann. Die damit verbundene Erwartung besteht darin, dass Kinder in mathematischen Situationen selbstbewusst und gestaltend handeln können.

Entscheidend dabei ist die konstruktivistische Auffassung vom *Stärken der Autonomie* im Lernen.

Diese Position vertritt der Autor für alle Kinder: „Keine ausschließliche ‚syntaktische Vollzugsmathematik' für Kinder mit Beeinträchtigungen (natürlich auch für die anderen nicht). Im Kern bedeutet diese Forderung, dass das mathematische Angebot für Kinder mit Beeinträchtigungen von derselben kognitiv aktivierenden intellektuellen Qualität sein sollte wie das für Kinder ohne Beeinträchtigungen, vielleicht im Umfang geringer, aber in der Substanz von gleicher Qualität" (Wollring 2015). Das wird in der Praxis nicht immer gelingen, sollte aber grundsätzlich handlungsleitendes Prinzip sein.

Ergiebige prototypische Objekte zur Symmetrie: Regelmäßige Vielecke

Ohne mathematische Substanz geht es nicht: Wir betrachten im Folgenden als mathematische Strukturen ebene Figuren mit mehreren Symmetrieachsen, genau genommen regelmäßige Vielecke. Das ist ein Typ von Figuren, an denen viel Symmetrie zu entdecken ist und mit deren Hilfe man viele andere symmetrische Figuren identifizieren und konstruieren kann.

Regelmäßige Vielecke. Diese Vielecke sind auf eine bestimmte Art „rund". Dieses Runde kann man auf unterschiedliche Art beschreiben. Zunächst setzt man fest, dass die Seiten alle gleich lang sind und dass die Seiten sich nicht überschneiden. So ein Vieleck kann man sich vorstellen wie eine geschlossene Kette aus lauter gleich langen Strohhalmstückchen, die man einfach auf den Tisch wirft. „Rund" bekommt man sie, indem man versucht, sie auf dem Tisch irgendwie kreisförmig zu arrangieren. Diese zweite Eigenschaft ist neben der gleichen Länge aller Seiten die kennzeichnende Eigenschaft von regelmäßigen Vielecken. Man kann sie auf mehrere Arten charakterisieren.

Eine erste Charakterisierung: Man kann sagen: Sind alle Seiten gleich lang und alle Winkel an den Ecken gleich groß, dann liegt ein regelmäßiges Vieleck vor. Das ist eine vollständige und korrekte Kennzeichnung. Sie hat allerdings für die Grundschule den Nachteil, dass man den Winkelbegriff benötigt, und der ist nicht einfach. Natürlich könnte man ihn präzisieren, aber da zudem bei allen regelmäßigen Vielecken bis auf das Dreieck und das Quadrat an den Ecken stumpfe Winkel auftreten, suchen wir die Kennzeichnung mithilfe von Winkeln zu vermeiden.

Eine zweite Charakterisierung: Man kann auch sagen: Sind alle Seiten gleich lang und liegen alle Ecken auf demselben Kreis, dann liegt ein regelmäßiges Vieleck vor. Das ist ebenfalls eine vollständige und korrekte Kennzeichnung, aber sie ist begrifflich und insbesondere handelnd wesentlich leichter zugänglich als die erste.

Lernumgebung „Siebeneck mit Grundschulkindern": Man kann etwa – das Experiment sei jeder Lehrerin und jedem Lehrer ans Herz gelegt – regelmäßige Vielecke mit Grundschulkindern auf dem Schulhof herstellen. Dazu zeichnet man mit Asphaltkreide und einer Schnur einen Kreis mit einem Radius von etwa 3 bis 4 Meter auf den Boden und bittet dann sieben(!) Kinder, sich darauf „im Kreis aufzustellen". Mehr muss man gar nicht sagen, nur etwas abwarten. Zeichnet man dann zwischen den Füßen der Kinder auf dem Kreis Marken ein, so kann man bestaunen, mit welcher Präzision ein regelmäßiges Siebeneck(!) entsteht, wenn man diese Punkte reihum verbindet.

Lernumgebung „Vom Siebeneck zum Vierzehneck": In dieses Muster können die Kinder mit Schnüren und Kreide weitere Linien einzeichnen. Ergänzt man die Figur zu vierzehn Kindern, so finden sie ganz von selbst die Spiegelachsen, wenn sie in die Figur „Speichen" einzeichnen. Ein Foto aus dem ersten Stock sollte im Klassenraum oder in der Pausenhalle dieses Experiment dokumentieren.

Eine dritte Charakterisierung: Bevor wir diese von den Kindern intuitiv erbrachte möglicherweise nicht ganz genaue, aber dafür exakte Konstruktion näher betrachten, geben wir eine dritte Charakterisierung regelmäßiger Vielecke, die auch für Lehrkräfte eine Herausforderung ist: Hat man ein Vieleck, das genauso viele Symmetrieachsen besitzt wie Ecken, dann liegt ein regelmäßiges Vieleck vor. Auch das ist eine vollständige und korrekte Kennzeichnung.

Lernumgebung für Lehrerinnen und Lehrer „Viele Spiegelachsen": Man versuche sich das vorzustellen, nehme erst Stäbchen, dann Papier und Stift hinzu. Für die vielen Symmetrieachsen gibt es nämlich nur eine mögliche Lage: Sie gehen alle durch ein und denselben Punkt. Das liegt daran, dass gespiegelte Spiegelachsen wieder Spiegelachsen sind. Und dass ihre Zahl beim fortschreitenden Spiegeln explodieren kann, wenn sie ungünstig liegen. Günstig liegen sie bei regelmäßigen Vielecken: Alle Spiegelachsen schneiden sich im Zentrum, zudem gehen sie bei regelmäßigen Vielecken durch die Eckpunkte. Dazu später mehr.

Lernumgebungen mit Symbol-Karten und Foto-Karten

Wir betrachten einige Lernumgebungen zu regelmäßigen Vielecken. Gemeint sind sie nicht als „durchgeplante Entwürfe", sondern als Impulse, die Lehrkräften Raum für eigene adaptierende Entscheidungen lassen, damit sie für ihre Schülerinnen und Schüler passend werden.

Als Material verwenden wir unter anderem Bilder, „Symbol-Karten" und „Foto-Karten". Die Symbol-Karten zeigen regelmäßige Vielecke mit der Eckenzahl von 3 bis 12 ohne weitere Attribute oder mit eingezeichneten Symmetrieachsen, jedoch ohne jede weitere textliche Kennzeichnung oder Illustration. Die Foto-Karten zeigen Fotos, die im persönlichen Umfeld oder auf Reisen entstanden sind. Wir nehmen an, dass heute die meisten Schulen und teilweise auch die Kinder über Möglichkeiten verfügen, selbst fotografierte Bilder von Gegenständen aus ihrer Lebenswelt zu erstellen und in die Lernumgebungen einzubringen. In diesem Sinne sind die hier vorgestellten Fotos als Beispiele zu denken. Im Sinne der Umwelterschließung erscheint es sogar geboten, dass die Kinder die Fotos durch Bilder aus der *eigenen* Lebenswelt anreichern. Die Bilder hier entstammen dem Comenius-Projekt „IIATM" zu innovativen Ansätzen im Mathematikunterricht (Wollring / Spindeler 2006). Dort sind die Vielecke durchgehend als „Polygone" bezeichnet.

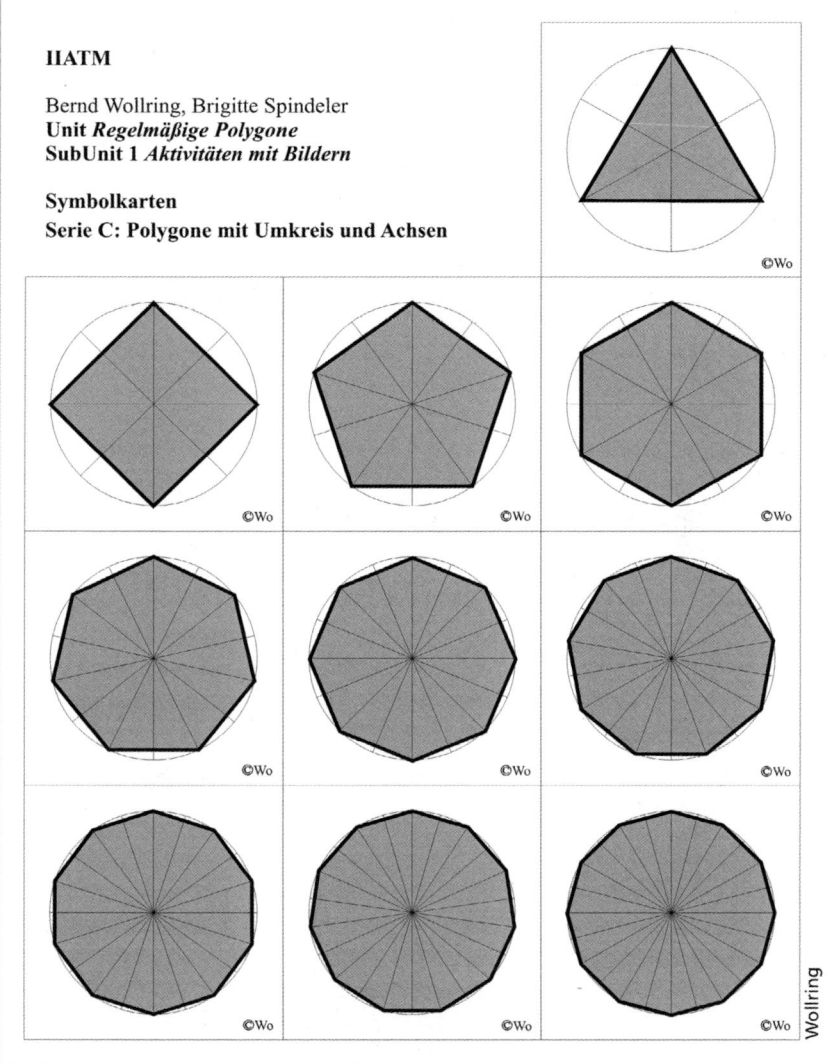

Abb. 1: Symbol-Karten zu regelmäßigen Vielecken mit eingetragenen Symmetrieachsen. (Spindeler/Wollring 2006).
Zum Gebrauch auf DIN A4 vergrößern und in Kärtchen zerschneiden.

Abb. 2: Eine Auswahl von Foto-Karten zu regelmäßigen Vielecken als Vorlage für eigene Bilder (Spindeler/Wollring 2006).
Zum Gebrauch auf DIN A4 vergrößern und in Kärtchen zerschneiden.

Als weiteres Material dienen Stift und Zeichenpapier, Papierstreifen, Spielfiguren und Stecknadeln.

Das Material wird für *Spielräume* und *Dokumente* verwendet (Wollring 2009):

> *„Raum zum Gestalten: ‚Spiel-Raum'.* Um in den Lernumgebungen die erforderlichen Optionen zum eigenen Gestalten zu öffnen, ist zu beachten, dass es Bereiche geben sollte, in denen die Gegenstände in ihren jeweiligen materiellen Repräsentationen auch tatsächlich flexibel zu gestalten sind. Diesen Raum zum Gestalten in der Lernumgebung mag man den ‚Spiel-Raum' nennen.
> *Raum zum Behalten: ‚Dokumente'.* Der Spiel-Raum ist zu unterscheiden von dem Raum zum Behalten und durch diesen zu ergänzen. Der Raum zum Behalten umfasst alle Formen der Dokumentation, die für späteres Arbeiten bleiben sollen."

Die Symbol-Karten (s. Abb. 1) und die Foto-Karten (s. Abb. 2) zeigen regelmäßige Vielecke mit Eckenzahlen von 3 bis 12 mit Umkreis und Achsen wie hier oder ohne weitere Zusätze, die Foto-Karten auch einige Motive mit größerer Eckenzahl. Beide Sorten von Karten sind für Reaktions-Spiele und für Aktivitäten mit flächigen Arrangements (Mind Maps) gedacht.

Subitizing-Spiele

„Simultane Zahlauffassung" („Subitizing") bezeichnet das schnelle Erkennen von Anzahlen in unstrukturierten Arrangements von Objekten. Erfahrungsgemäß gelingt dies Kindern wie Erwachsenen bei bis zu vier Objekten. Anders ist dies, wenn die Objekte strukturiert angeordnet sind, wie dies für die Ecken, Seiten und Achsen von regelmäßigen Vielecken der Fall ist. Man spricht dann von „quasi-simultaner Zahlauffassung", das meint ein schnelles konstruierendes Sehen. Zum Erkunden von regelmäßigen Vielecken schlagen wir Lernumgebungen in Form von „Subitizing-Spielen" vor: Beteiligt sind stets zwei Spielpartner, Geber und Nehmer. Der Geber zeigt eine Karte für x Sekunden, zählt dabei oder nutzt eine Uhr, der Nehmer beantwortet die spielbestimmende Frage. Bei richtiger Antwort gewinnt der Nehmer die Karte, bei falscher Antwort der Geber (s. Abb. 3).

Entscheidend ist, dass der Nehmer bei fortschreitender Spielerfahrung nicht nur zunehmend gemerkte Gestalten nutzt, sondern auch gezielt erlernte *Strategien* zum Erkennen. Diese Strategieentwicklung unterstützen wir durch eine Serie von Lernumgebungen mit zunehmendem Anspruch.

Abb. 3: Subitizing-Spiel mit Symbol-Karten (links) / Foto-Karte zum Turm des Bischofspalastes in Orvieto (rechts)

Lernumgebung „Symbolkarten-Subitizing 1":
„Gerade oder ungerade Eckenzahl?"
Lernumgebung „Symbolkarten-Subitizing 2":
„Mehr oder weniger als 6 Ecken?"
Lernumgebung „Symbolkarten-Subitizing 3":
„Eckenzahl Vielfaches von 3?"
Lernumgebung „Symbolkarten-Subitizing 4":
„Wie viele Ecken?"

Diese Lernumgebungen sollen vom Erkunden zum Erschließen führen. Der Anspruch besteht darin, die Fragen zu beantworten, ohne die Ecken einzeln zu zählen.

Eine mögliche Strategie zu „Gerade oder ungerade?": *Gehe von einer Ecke zum Zentrum und darüber hinaus. Ist dort eine Ecke, so ist die Eckenzahl gerade, andernfalls nicht.*

Eine mögliche Strategie zu „Wie viele Ecken?": *Gehe von einer Ecke oben aus, zähle 1, dann rechts herum weiter, zähle 3,5, ... bis gegenüber unten eine einzelne Ecke auftritt (gerade Eckenzahl), zähle +1, oder nicht (ungerade Eckenzahl). Ist schwerer zu beschreiben als durchzuführen.* Weitere Strategien, die Kinder uns nannten, verwenden andere Einteilungen der gezeigten Figur.

Mit Foto-Karten sind diese vier „Subitizing-Spiele Lernumgebungen" ebenfalls zu realisieren, aber sie gestalten sich deutlich anspruchsvoller: Denn die Fotos zeigen die Struktur des regelmäßigen Vielecks meist in schräger Aufsicht, sodass man eine Begründung benötigt, um die Gestalt als regelmäßig anzunehmen. Oder ein Teil der Ecken und Seiten ist verdeckt, sodass man sie hinzudenken muss. Ein Beispiel zeigt die Foto-Karte zum Turm des Bischofspalastes in Orvieto, der als regelmäßig angenommen wird, dessen Eckenzahl 8 jedoch nicht unmittelbar deutlich wird.

Flächige Arrangements

Lernumgebung „Struktur herauslösen": Eine Lernumgebung, die das Erkennen eines regelmäßigen Vielecks als Bestandteil der Struktur eines gegebenen Objektes einfordert, ohne auf ausgearbeitete Sprache zurückzugreifen, fragt nach passenden Zuordnungen von Symbol-Karten zu Foto-Karten. Im Team erfordert diese Lernumgebung das Vereinbaren von Bezeichnungen (Kommunizieren) und das Austauschen von Begründungen (Argumentieren).

Im Bild löst ein Kind im dritten Schuljahr diese Aufgabe, betreut, aber nicht unterstützt. Ein weiteres Bild zeigt das Arbeitsergebnis eines Teams aus vier Lehrkräften.

Abb. 4: Flächiges Arrangement: Zuordnen von Symbol-Karten zu Foto-Karten

Abb. 5: Flächiges Arrangement: Team von vier Lehrkräften beim Sortieren von Foto-Karten und Zuordnen von Symbol-Karten

Brigitte Spindeler und Henning Bergmann referieren in ihrem Text ein Projekt auf Klassenebene, bei dem an einer Wand eine große Mind Map arrangiert wird, in der viele Foto-Karten nach Eckenzahlen sortiert sind. Jedes dieser Cluster ist mit einer Symbol-Karte gekennzeichnet, die angibt, welches regelmäßige Vieleck den Bildern dieses Clusters gemeinsam ist (Spindeler/Bergmann 2017). Hier kommt unausgesprochen die Idee der Klassenbildung zum Ausdruck. Bergmann und Spindeler referieren zudem, wie man das Entwickeln eines Wortschatzes zu diesem Kontext unterstützen kann, ein sehr wichtiger Aspekt, dessen Diskussion hier aus Platzgründen leider unterbleiben muss.

Balance – eine Grundvorstellung zur Symmetrie

Die oben angesprochene „Konstruktion" eines regelmäßigen Siebenecks auf dem Schulhof zeigt, dass der Impuls „Stellt euch im Kreis auf" bei den Kindern Vorstellungen und Aktivitäten zur Symmetrie aufruft. Keineswegs müssen sie dazu diese Vokabel kennen. Sie realisieren den Begriff in der Handlung. Ebenso wie in der Arithmetik die Bezeichnung „Theorem in Action" verwendet wird, kann man hier von „Symmetrie in der Handlung" sprechen. Die entscheidende Aktivität der Kinder beim Herstellen dieser symmetrischen Figur ist ein *Ausgleichsvorgang*, das *Herstellen einer Balance*. Eine symmetrische Figur in diesem Sinne ist eine auf bestimmte Art balancierte Figur. Damit ist nicht nur die Symmetrie ebener und räumlicher Figuren zutreffend zu beschreiben, sie ist damit sogar charakterisiert. Die Bezeichnung „Balance" ruft eine Vielzahl von Konnotationen auf, die jenseits des Formalen liegen und zur Begriffsbildung genutzt werden können. Der Balancier-Vorgang beim Erstellen des regelmäßigen Siebenecks auf dem Schulhof geschieht weitgehend autonom. Man kann sogar mit den Kindern gemeinsam Prüfkriterien dafür finden, wann das Siebeneck hinreichend genau regelmäßig bzw. symmetrisch ist. Diese Balancieridee soll im Folgenden für Konstruktionen genutzt werden, die Grundschulkindern zugänglich sind.

„Exakt" und „genau"

Wir sind gewohnt, eine Konstruktion in der ebenen Geometrie als „exakt" anzusehen, wenn sie nach euklidischem Muster mit Zirkel und Lineal erstellt ist. Für die Grundschule sehen wir dies als nicht zweckmäßig an. Natürlich dient das Konstruieren mit Zirkel und Lineal in erster Linie dazu, geometrische Konstruktionen durch Argumente zu fundieren, aber diese idealisierten Werkzeuge bedeuten lediglich bestimmte Argumentationsformate. In diesem Sinne sehen wir für die Grundschule eine Konstruktion bereits dann als „exakt" an, wenn sie überhaupt durch ein in der Lerngemeinschaft nachvollziehbares und damit akzeptiertes Argument zu begründen ist. Nicht alle Teile vieler Konstruktionen sind auf der Basis von Begründungen zu erstellen, bisweilen sind auch experimentelle Phasen in der Konstruktion erforderlich oder nützlich, eben Probieren. Das entwertet jedoch die Konstruktion nicht, wir nennen sie dann schlicht „teilexakt". Es bedeutet, dass immer noch der wesentliche Kern der Konstruktion auf einem exakten Argument beruht. Im Gegensatz zur Bezeichnung „exakt" verwenden wir die Bezeichnung „genau" dahingehend, dass eine solche Konstruktion messtechnisch genau ausfällt. Das kann auch bei einer reinen Probierkonstruktion der Fall sein: Manche können einen Papierkreis genau in sieben Teile falten, aber dies nicht exakt begründen.

Unser Weg: Teilexakte balancierte Konstruktionen zu regelmäßigen Vielecken

Man denke sich eine Paper-and-pencil-Situation: Darzustellen ist ein regelmäßiges Neuneck.
- Version 1: Das Kind soll auf einem leeren Papier neun Kreuze so einzeichnen, dass ein regelmäßiges Neuneck entsteht.
- Version 2: Das Kind soll auf einem leeren Papier neun Spielfiguren so aufstellen, dass ein regelmäßiges Neuneck entsteht.

Version 1 wird nicht auf Anhieb zum Erfolg führen, und Korrekturen an einem gezeichneten oder geschriebenen Dokument sind stets frustrierend. Hier ist das Dokument als Organisationselement überbetont. Auch Version 2 wird im ersten Schritt meist nicht zum Erfolg führen, aber es ist immerhin die Möglichkeit zum Probieren und Ändern gegeben. Allerdings droht das Risiko, dass die Spielfiguren nach imaginierten Freundschaftsbeziehungen oder hübschen Farbmustern zusammengestellt werden und nicht nach mathematischen Gesichtspunkten. Hier ist der Spielraum als Organisationselement überbetont.

Gefragt sind unterstützende Lernumgebungen zwischen diesen beiden Extremen, die mehr Aussicht auf Erfolg bieten. Zunächst hält man fest, dass ein Spielraum angemessen ist, denn er bietet im Gegensatz zum Dokument die Möglichkeit zur Revision und zunehmenden Optimierung. Aber bei Version 2 ist der Spielraum sehr unstrukturiert. Von Nutzen sind *strukturierte Spielräume*, die noch Freiräume geben, aber in ihren Strukturen auf das wesentliche Argument bei der geforderten Konstruktion hinweisen.

Strukturierter Spielraum „Spielfiguren auf einem Kreis": Man kann auf dem Papier einen Kreis vorgeben und Spielfiguren (Halma-Figuren) darauf arrangieren. Das ist ein Modell der Schulhofsituation auf dem Tisch. Nach einigen Ausgleichsbewegungen wird das Ergebnis zufriedenstellend sein. Wesentlich an dieser Situation ist somit, dass sie das Balancieren der an den Kreis gebundenen Spielfiguren zulässt. Lehrkräfte, die mit dem Programm „GeoGebra" vertraut sind, können diese Situation darstellen, indem sie

„Punkte an einen Kreis binden" und dann darauf bewegen. Man kann ferner den Kreis mit einer Skala versehen. So entstehen „Zeichenuhren", etwa mit 12 oder mit 60 Teilen. Diese geniale Idee von Rudolf Kessler ist heute in vielen Schulbüchern dokumentiert. Damit sind etliche regelmäßige Vielecke exakt darstellbar, wenn auch nicht alle.

Strukturierter Spielraum „Speichen": Aus den genannten Charakterisierungen regelmäßiger Vielecke folgt eine weitere: Ein Vieleck ist genau dann regelmäßig, wenn seine Seiten alle gleich lang sind und seine Ecken von ein und demselben Punkt, dem Zentrum, gleich weit entfernt sind. Ein Spielraum zu dieser Charakterisierung: Neun gleich lange Papierstreifen (hier Zahnstocher-Tütchen) werden an einem Ende mit einer Stecknadel durchstochen und diese in die Arbeitsunterlage eingedrückt. Damit sind die Streifen auf der Unterlage „drehbar fixiert".

In diesem Spielraum sind die einzelnen Streifen unabhängig voneinander um das Zentrum zu drehen. Die Lage der Streifen kann man nun balancieren und erhält, wenn es genau gelingt, ein regelmäßiges Neuneck. Diese Lernumgebung ist logistisch anspruchslos und stellt die zentrale Idee, das Balancieren, zutreffend dar. Sie eignet sich auch für regelmäßige Vielecke mit anderen Eckenzahlen.

Abb. 6: Balancierte Konstruktionen mit Spielfiguren auf einem Kreis: regelmäßiges Zwölfeck, daraus durch Wegnehmen abgeleitet: regelmäßiges Sechseck und regelmäßiges Viereck

Abb. 7: Balancierte Konstruktionen mit drehbaren Papierstreifen
unregelmäßiges Neuneck (links) / regelmäßiges Neuneck, balanciert (Mitte) /
regelmäßiges Neuneck, mit gezeichneten Pfeilen dokumentiert und farbig strukturiert

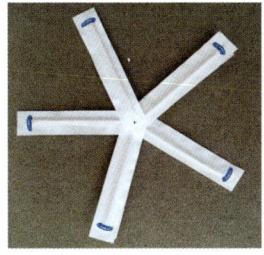 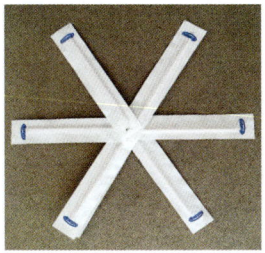 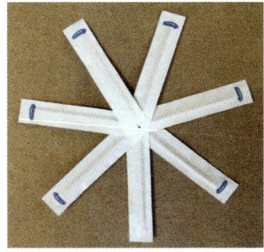

Abb. 8: Balancierte Konstruktionen mit drehbaren Papierstreifen: regelmäßiges Fünfeck, Sechseck und Siebeneck

Diese Idee lohnt das Verinnerlichen, „Begriffe sind verinnerlichte Handlungen" (Jean Piaget): Die angestrebte Kompetenz besteht darin, sich den Balanciervorgang auch dann vorzustellen, wenn das Material gar nicht vorliegt oder sich vorzustellen, ob ein gegebener Gegenstand durch einen Balanciervorgang entstanden sein kann oder durch mentales Balancieren darauf hin zu testen ist, ob er das Muster eines regelmäßigen Vielecks aufweist.

Referenzvorstellungen und Raumvorstellung

Die beiden Balancier-Konstruktionen mit Spielfiguren und Speichen bilden Referenzvorstellungen, mit denen man andere Objekte auf Regelmäßigkeit prüfen kann, etwa so: Man stellt sich vor, das Objekt – welches auch immer – liegt waagerecht unter einer transparenten Platte. Darüber werden die Spielfiguren oder die Speichen regelmäßig arrangiert. Passt es oder passt es nicht? Dabei ist Raumvorstellung gefragt, „konkrete Raumvorstellung" und „magische Raumvorstellung".

> **Raumvorstellung**
> Sowohl das Arbeiten mit Symbol-Karten und Foto-Karten als auch das Konstruieren mit Balancier-Techniken fordern und fördern *Raumvorstellung*: Raumvorstellung nennen wir die Fähigkeit „räumliche" Objekte verinnerlicht zu sehen, verinnerlicht zu bewegen und verinnerlicht verformen zu können. „Räumlich" ist hier in einem allgemeineren Sinn gefasst, der ebene Objekte einschließt.

Unter *magischer Raumvorstellung* verstehen wir die Fähigkeit, vorgestellte Dinge mental so zu bewegen oder zu verformen, wie es in der erfahrenen Realität nicht möglich ist. Dieses Weiterdenken einer Struktur über die Erfahrungen hinaus sehen wir als eine der zentralen anzustrebenden Kompetenzen in der Mathematik und in den Naturwissenschaften. Es ist geradezu eine Essenz der Mathematik und ihres Unterrichts, über die Wirklichkeit hinausdenken zu können. Märchen helfen dabei, daher sind sie wichtig für den Mathematikunterricht. Kinder sollten Mut entwickeln und spüren: „In Gedanken kann ich Dinge tun und Sachen erfinden, die ich noch nie gesehen habe", die also teilweise in der Realität nicht zu beobachten sind. Dieses „Ingenieur-Denken" (daher der Name) ist die geistige Basis aller Ideen und Erfindungen im Bereich von Mathematik und Naturwissenschaften.

Autoräder sind eine Fundgrube für Figuren mit mehreren Achsensymmetrien und anderen Symmetrien, vielfältig und jedermann zugänglich. Hier ein Beispiel:

Abb. 9: Rad eines Alfa-Romeo: regelmäßig, aber keine Ecken und keine geraden Kanten (links), dasselbe Rad mit einem dazu gedachten ausbalancierten Streifen-Muster (rechts)

Lernumgebung „Rad eines Alfa-Romeo": Die Gestalt dieses Rades zeigt keine geraden Linien und keine Ecken. Dennoch kann man sie mit einem regelmäßigen Vieleck vergleichen. Mit welchem und warum? Ist das Rad ausbalanciert? Muss es das sein?

Prüfen durch Drehen und Peilen

Wir nehmen einen oben bereits angesprochenen Gedanken wieder auf: Wie prüft man die Arrangements aus Spielfiguren oder aus Streifen auf Regelmäßigkeit? Woher weiß man, wie zu korrigieren ist?
- Ist die Anzahl der Spielfiguren gerade, dann liegen gegenüberliegende Spielfiguren (Ecken) und das Zentrum stets auf einer Geraden. Das sieht man entweder unmittelbar von oben oder dadurch, dass man das gesamte Arrangement dreht oder darum herumgeht und dabei von einer Ecke über das Zentrum hinaus die gegenüberliegende Ecke anpeilt.
- Ist die Anzahl der Ecken (Spielfiguren) dagegen ungerade, so peilt man über eine Ecke und das Zentrum genau die Mitte der dahinter liegenden Ecken an.

Man gewinnt so nicht nur Hinweise auf das Verbessern der Balance, man erfährt auch, dass die Symmetrieachsen in verschiedenen Richtungen liegen und nicht nur vom Betrachter aus gesehen „senkrecht" (vgl. Gasteiger / Götz).

Zählstrategien

Über das Abzählen hinausgehende Zählstrategien nutzen das Strukturieren der zu zählenden Objekte. Oft werden diese in Teilmengen zusammengefasst. Das Erkennen von Strukturen regelmäßiger Vielecke kann solche Zählstrategien wirksam unterstützen. Zwei Beispiele von origineller Eigenart sollen dies zeigen, beide aus Großbritannien. Sie stehen für Objekte, bei denen man die symmetrische Struktur regelmäßiger Vielecke mit Zählstrategien verbinden kann.

Lernumgebung „Daimler-Speichenrad": Es gab eine Epoche, da waren Luxuswagen wie dieser britische Daimler mit Speichenrädern ausgerüstet. Solche Räder sind technische Kunstwerke, deren Herstellung große handwerkliche Präzision erfordert. Wie viele Speichen waren hier einzubauen? Sie einzeln abzuzählen ist mühsam und fehleranfällig. Tipp: Dort, wo das Ventil sitzt (Pfeil), zeigen die Speichen eine etwas breitere Lücke. Man findet mehrere solche Lücken, stets dort, wo auch die Schrauben sind. Dazwischen liegen stets gleich viele Speichen.

So kann's gehen: Eine Zählstrategie besteht darin, fünf identische Sektoren zu unterscheiden und darin jeweils 14 Speichen zu zählen. Oder man nutzt, dass es lange Speichen gibt und kurze, die man wieder jeweils in Gruppen zählen kann: Man findet in jedem der fünf Sektoren 4 lange und 10 kurze Speichen, die man zweckmäßigerweise in Paaren zählt. Das Rad hat demnach 70 Speichen.

Lernumgebung „Straßendeckel": Dieser Straßendeckel aus Norwich in England ist gar nicht besonders groß, wie man an den Steinen sieht. Wie groß etwa ist er? Er deckt möglicherweise ein Gasventil oder einen Wasserhahn

Abb. 10: Speichenrad eines britischen Daimler (links, Pfeil dazugefügt) / Straßendeckel in Norwich, GB (rechts)

ab. Welchen Sinn hat seine eigenwillige Form? Kann der abgehobene Deckel durch die Öffnung in das Loch fallen? Die Oberseite zeigt ein reichhaltiges Muster. Wie viele verschiedene regelmäßige Vielecke sind darin zu finden? Wie viele sind jeweils deckungsgleich?

So kann's gehen: Wie viele regelmäßige Vielecke der Straßendeckel zeigt, ist ein wenig Ansichtssache, es ist eine „offene Aufgabe". Wir zählen folgendermaßen: Zu sehen sind 20 Quadrate, ein Kranz mit 8 Quadraten und einer mit 12. Die Mittelpunkte der drei kleinen Kreise außen bilden ein gleichseitiges Dreieck. Wir betrachten die Mittelpunkte der Quadrate: Innen bilden sie ein regelmäßiges Achteck, in dem man zwei deckungsgleiche regelmäßige Vierecke (Quadrate) unterscheiden kann. Die Mittelpunkte der äußeren Quadrate bilden ein regelmäßiges Zwölfeck. Darin kann man zwei regelmäßige Sechsecke unterscheiden, ferner drei regelmäßige Vierecke (Quadrate) und vier regelmäßige (gleichseitige) Dreiecke. Zusammen sind das bei dieser Zählweise $8 + 12 + 1 + 2 + 1 + 2 + 3 + 4 = 33$ regelmäßige Vielecke. Kommt jemand auf die Idee, die Eckpunkte der Quadrate zu betrachten und daraus regelmäßige Vielecke zu bilden, so erhöht sich diese Zahl dramatisch.

Pläne als Modelle

Die Situation auf dem Schulhof gibt Anlass, Pläne zu erstellen: Das Markieren der Orte, an denen die Kinder stehen, führt zu einem Bild auf dem Schulhof, dem „Bodenplan" oder „großen Plan". Den Bodenplan können wir – etwa mithilfe der ausbalancierten Spielfiguren oder Streifen – verkleinert in einen „Papier-Plan" übertragen. Dieser „kleine Plan" ist ein Modell der realen Situation auf dem Schulhof, diese kann man später mithilfe des kleinen Plans wieder rekonstruieren. Eines der wesentlichen Anliegen der „Geo-Metrie" (sic!) ist das Erstellen und das Nutzen von Plänen, daher der Name.

Beim Fortschreiten vom Erkunden zum Erschließen geht es über das Betrachten der realen Objekte, die das Muster regelmäßiger Vielecke aufweisen, hinaus darum, in den Lernumgebungen zu reflektieren, wie geeignete Pläne für solche Objekte aussehen können. Dazu ein Beispiel:

Pläne für Rundbänke

Schöne und geeignete Beispiele von Gegenständen, deren Konstruktionen Pläne erfordern, bilden „eckig-runde" Bänke, die um irgendetwas herumgebaut sind, etwa um Bäume. Zu finden sind solche Rundbänke mit 4, 5, 6, 8 oder 12 Ecken. Die lassen sich leichter bauen als solche mit 7, 9 oder 11 Ecken. Die folgenden Beispiele stammen aus einer Fußgängerzone, aus einem Freilichtmuseum im Allgäu und vom Uferweg eines Stausees in Südtirol. Solche Bänke finden sich auch an vielen anderen Orten. Ihre Besonderheit besteht darin, dass man sie, wie ein Grundschulkind treffend formulierte, „nicht fertig über den Baum schieben kann". Man muss vielmehr die Bauteile vorher so planen, dass sie nachher „um den Baum herum" zusammenpassen. Günstig für uns an diesen Objekten ist, dass Kinder solche Bänke möglicherweise schon einmal gesehen haben, in jedem Fall aber deren Sinn verstehen, und dass die Pläne dazu von und mit Kindern überhaupt machbar sind.

    Lernumgebung „**Rundbänke beschreiben**": Wie sehen die Bänke aus? Was sagst Du jemandem, der diese Bänke in einer Fußgängerzone oder in einem Park finden soll?

    Lernumgebung „**Größe der Bauteile schätzen**": Wie groß schätzt Du diese Bänke? Wie lang, meinst Du, sind die Bretter ganz außen? Können die Bäume innen noch wachsen?

    Lernumgebung „**Rundbank zeichnen**": Auf ein blankes Blatt Papier (DIN A4) sind ein Kreis mit etwa 15 bis 20 cm Durchmesser und sein Zentrum kopiert. Zeichne darin die Bretter für die Bank mit 8 Ecken. Finde zunächst die Ecken durch Ausbalancieren von Spielfiguren auf dem Kreis.

Abb. 11: Bänke in Form regelmäßiger Vielecke: Viereck, Fünfeck und Sechseck

Abb. 12: Eine achteckige Bank mit Lehnen und Referenz-Modell zum Schätzen der Größe

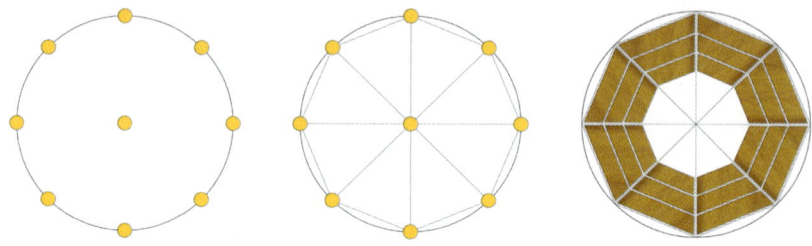

Abb. 13: So entsteht der Plan zur Bank mit 8 Ecken: Ecken ausbalancieren, Speichen und Seiten zeichnen, Bretter zeichnen

So geht's: Finde mithilfe der Spielfiguren durch Ausbalancieren das Achteck. Das ist der wichtigste Schritt. Dann zeichne seine Speichen und seine Seiten. Zum Schluss zeichne die Bretter ein.

Lernumgebung „Verschiedene Rundbänke zeichnen": Verwende Blätter mit Kreisen wie in der vorhergehenden Lernumgebung. Zeichne darin die Bretter für die Bank mit 4 Ecken, dann für die mit 6 Ecken. Probiere auch die Bank mit 5 Ecken. Finde die Ecken stets durch Ausbalancieren von Spielfiguren auf dem Kreis.

Lernumgebung „Modell einer Rundbank bauen": Baue zu der achteckigen Bank im Bild ein Modell aus Papier und Holzstäbchen (Streichhölzern). Zeichne Dir zunächst die Sitzfläche auf Karton und baue daraus den flachen Teil der Bank. Die Lehne kannst Du weglassen oder später anfügen.

Lernumgebung „Bauplan und Bauanleitung für eine Rundbank": Bildet zu zweit ein Team. Ein Zimmermann soll nach Eurem Plan eine achteckige Bank bauen. Wie kann der Plan aussehen und welche Maße passen für die Bauteile? Die Person im Bild soll Euch zum Vergleich beim Schätzen der Maße helfen.

Bei diesen Lernumgebungen kommt es nicht darauf an, mit technischen Mitteln, etwa mit Winkelmessern oder anderem Werkzeug möglichst große Genauigkeit zu erreichen, überhaupt ist die technische Genauigkeit nicht vorrangig. Wesentlich ist die Idee, die gefragte Symmetrie durch Ausbalancieren zu erreichen und mit Symmetrieüberlegungen zu prüfen.

Essentials zum Schluss

Regelmäßige Vielecke sind hier austauschbare Referenzobjekte zu einigen Essentials, auf die es uns ankommt: Mathematik ist mehr als „Rechnen", mindestens ebenso bedeutsam erscheint Raumvorstellung, weil sie semantisches Denken fordert. Wesentlich sind uns das Fortschreiten vom Erkunden zum Erschließen und die damit verbundene operative Begriffsbildung, hier in den Beispielen die Kennzeichnung von Symmetrie durch die Idee der Balance.

Zum didaktischen Werkzeug zählen wir das Einbringen von Spielräumen zum Experimentieren in Lernumgebungen, das Unterscheiden von „Exakt" und „Genau" und das Arbeiten mit „Plänen" zum Modellieren der Realität.

„Vom wahrgenommenen Phänomen zur mental durchdrungenen Struktur" zu gelangen, so würde es vielleicht Martin Wagenschein bezeichnet haben, zu erleben, dass sich die mathematischen Dinge einem nicht steif entgegenstellen, sondern aktiv gestaltbar sind: wahrnehmen, strukturieren („scaffolding"), gestalten, kommunizieren und nutzen.

Literatur

Devlin, Keith (1994): Mathematics: The Science of Patterns. The Search for Order in Life, Mind, and the Universe. New York: Scientific American Library. Deutsch: Devlin, Keith (2002): Muster der Mathematik. Ordnungsgesetze des Geistes und der Natur. Heidelberg: Spektrum-Verlag.

Gasteiger, Hedwig / Götz, Daniela (2019): Anforderungen bei der Achsenspiegelung – Ein empirisch gestütztes Kategorienschema. Journal für Mathematikdidaktik 40, 289–322.

Spindeler, Brigitte / Bergmann, Henning (2017): Regelmäßige Vielecke. Entdecken, untersuchen, beschreiben, unterscheiden und ordnen. In: mathematik differenziert 2-2017. 38–41.

Winter, Heinrich (1985): Sachrechnen in der Grundschule. Leipzig: Cornelsen-Velhagen & Clasing.

Wollring, Bernd (2009): Kennzeichnung von Lernumgebungen für den Mathematikunterricht in der Grundschule. In: A. Peter-Koop, G. Lilitakis, & B. Spindeler (Hg.), Lernumgebungen – Ein Weg zum kompetenzorientierten Mathematikunterricht in der Grundschule. Offenburg: Mildenberger, 9–23.

Wollring, Bernd (2015): Schwerpunktsetzungen bei mathematischen Lernumgebungen in inklusiven Lerngruppen. In: A. Peter-Koop, Th. Rottmann, & M. Lüken (Hg.), Inklusion im Mathematikunterricht der Grundschule. Offenburg: Mildenberger, 33–42.

Wollring, Bernd / Spindeler, Brigitte (2006): Regelmäßige Polygone. Eine didaktische Einheit zur Geometrie für die Primarstufe und die Sekundarstufe I. In: Univerzita Karlova v Praze, Pedagogická fakulta (Hg.), IIATM project (Implementing Innovative Approaches to the Teaching of Mathematics), Grant Agreement 112218-CP-1-2003-1-Comenius-2.1. Czech Republic – Greece – United Kingdom – Germany, 35–98.

Sämtliche Fotos: © B. Wollring

Martin Binder / Christian Wiesmüller

Praktisch lernen? Wie anders?
Zum Verhältnis von Theorie und Praxis im Sachunterricht am Beispiel „Technik"

Praktisches Lernen wird oft als pädagogisches Allheilmittel dargestellt. Hier soll an einem konkreten Unterrichtsbeispiel der dabei beiläufig aufgeworfenen Frage nach dem Verhältnis zwischen Theorie und Praxis auf den Grund gegangen werden. Außerdem sollen Lehrkräfte ermutigt werden, mehr Unterrichtsvorhaben und Projekte zum praktischen Lernen anzugehen.

Wie verwenden wir den Begriff des praktischen Lernens?

Lernen findet grundsätzlich im Vollzug von Praxis statt, das ist eine Selbstverständlichkeit.[1] Nur in engen Grenzen kann Wissen „eingetrichtert" werden, im Wesentlichen müssen neue Fakten in vorhandene Wissensstrukturen eingefügt werden. Das können Lernende letztendlich nur selbst leisten, und wie sonst als durch Praxis soll das gelingen? Unklar ist, welche Funktion dem Wörtchen „praktisch" beim praktischen Lernen zukommt.

Wird darunter *Lernpraxis* verstanden, dann gibt es keine praktischen und nicht-praktischen Fächer. Versteht man es als *Gegenpol zu Theorie*, liegt ein kategoriales Missverständnis zugrunde. Theorie und Praxis sind keine getrennten Sphären, sondern unterschiedliche Zugänge zu ein und derselben Sache. Eine Theorie, die sich in der Praxis nicht bewährt, ist schlechte Theorie; und theorielos wäre nur eine Praxis ohne Wahrnehmung, Reflexion und zielgerichteter Anpassung bei Problemen – wo außer bei Reflexen gibt es so etwas?

In Bildungsprozessen geht es weder darum, Wissensbestände „einzupauken", noch darum, Verfahrensweisen so einzutrainieren, dass ohne Sinn und Verstand Praxis optimiert wird. Kinder sollen die Welt besser verstehen, sie geistig bewältigen können. Mit bloßem Nachmachen ist das nicht zu erreichen, ihm fehlt das Weltwissen. Im zugegebenermaßen diffusen Begriff des Weltwissens schließt sich der Kreis, denn Kinder sollen sich am Ende von Unterricht nicht in Lexika auskennen, sondern in der Praxis, d.h. in der Wirklichkeit. Praktisches Lernen verstehen wir als eine Form des Lernens, bei der Schülerinnen und Schüler auf ein Problem ihrer Lebenswelt stoßen, erste Lösungen suchen, ihre Erfahrungen zielgeleitet reflektieren, neues Wissen erarbeiten, in Unterrichtsgesprächen beginnen, Strukturzusammenhänge zu

---

1) Siehe hierzu auch den Beitrag von Jörg Ramseger „Lernen als Selbstaneignung der Welt" in diesem Buch S. 10–22.

Foto aus dem Film „Papierflieger" („Paper Planes") von Robert Conolly.
Copyright: arenamedia.com.au – Melbourne/Australien 2020

erkennen, das neue Wissen im weiteren Verlauf der Problemlösung einsetzen und es in Bezug zu ihrer Lebenswelt wahrnehmen.

In der Folge wird an einem Beispiel aus dem Sachunterricht veranschaulicht, welche Implikationen daraus für Lernprozesse folgen. Dem Arbeitsschwerpunkt der Autoren entsprechend, wird dies an technischen Inhalten des Sachunterrichts erfolgen.

Praktisches Lernen als pädagogische Grundidee des Sachunterrichts

Diese Form des Lernens ist wahrlich nicht neu, schon die erste „große Didaktik" von Comenius (1985, zuerst veröffentlicht 1657) bezog ihren Anstoß aus den mangelhaften Erfahrungen mit Unterricht, der ausschließlich auf Belehrung beruhte.

Der Sachunterricht vereint die Suche nach einem Ineinandergreifen von Theorie und Praxis geradezu prototypisch. Im „Perspektivrahmen Sachunterricht"[2] der Gesellschaft für Didaktik des Sachunterrichts (GDSU) wird das folgendermaßen formuliert: „Die *besondere Aufgabe des Sachunterrichts* besteht darin, Schülerinnen und Schüler darin zu unterstützen, ihre natürliche, kulturelle, soziale und technische Umwelt sachbezogen zu verstehen, sie sich auf dieser Grundlage bildungswirksam zu erschließen und sich darin zu orientieren, mitzuwirken und zu handeln" (GDSU 2013, 9). Das Praxis-

---

2) Am „Perspektivrahmen" der GDSU orientieren sich die meisten Lehrpläne, sodass er hier als übergreifende Referenz herangezogen werden kann.

Theorie-Verhältnis ist hier mehrfach enthalten: Sachbezogen ist Wissen, wenn es in seinen lebensweltlichen Sinnbezügen erkannt wird; Erschließen ist geistige Praxis; Mitwirkung ist eine primär praktische Form der Weltbegegnung, die Theoriedurchdringung geradezu verlangt, weil damit nicht Nachmachen adressiert ist, sondern Gestalten in einer Gemeinschaft.

Speziell zu technischen Inhalten im Sachunterricht beschreibt der Perspektivrahmen die Zielsetzungen problemlösendes Tun, analysierendes technisches Denken, gedankliches Durchdringen technischer Prinzipien, Funktionsweisen und Prozesse, Bewerten und Kommunizieren von Technik (ebd., 63). Damit, soviel sei betont, wird ein hoher Anspruch formuliert. Dank der viel beachteten Studie von Möller u. a. (1998) ist empirisch valide belegt, dass Grundschullehrerinnen und -lehrer technische Inhalte als überaus bildungsrelevant einschätzen, im Unterricht aber gerade die praktischen Lernformen im technischen Bereich kaum einsetzen. Gründe liegen in der dafür hinderlichen Größe der üblichen Lerngruppen, in mangelhafter sächlicher Ausstattung der Schulen, aber auch in fehlenden technikdidaktischen Studieninhalten. Dieses bedenkend, wird in der Folge ein „niederschwelliges" Unterrichtsbeispiel dargestellt, das keine besondere Ausstattung voraussetzt. Dass es der Bildungssache nicht dienlich ist, wenn es dabei bleibt, darf nicht unerwähnt bleiben. Vertiefend kann in einem Grundsatzpapier der Deutschen Gesellschaft für Technische Bildung (2018) nachgelesen werden.

Aus Blättern werden Flugkünstler

Ein Klassiker im Sachunterricht ist das Bauen und Optimieren von Papierfliegern. Hier bringen nicht alle, aber manche Kinder Vorkenntnisse mit, was sich sehr motivierend zu einer ersten, freien Begegnung nutzen lässt. Die Schülerinnen und Schüler falten ihre Lieblingsflieger bzw. zeigen anderen, wie sie gefaltet werden. Dann folgt eine geleitete Lernsequenz.

1. Die Schülerinnen und Schüler erhalten den Auftrag, zunächst ein DIN-A4-Blatt fallen zu lassen und sein Verhalten in der Luft zu beschreiben. „Trudeln" oder „Hin und Her wie bei Herbstlaub" sind treffende Formulierungen.
2. Es folgt der Auftrag, das Blatt an einer Längsseite zweimal einzufalten und dann wieder das „Flug-"Verhalten zu beobachten. Manche Blätter zeigen nun die Tendenz, in Richtung dieser Faltung zu fallen. Dort, wo es nicht so ist, ist eine erste Frage der Lernenden im Raum: Was muss ich ändern, dass es bei meinem Blatt auch klappt?
3. Nun werden die Blätter in der Mitte der Längsseite hochgefaltet (s. Abb.). Erstmals kann von einem Flugverhalten gesprochen werden: Die Mittelfalte hat zwei Tragflächen geschaffen, die nach oben stehen. Die „Talfalte" und die hochstehenden Tragflächen erzeugen eine Führung des Fluggerätes, die (eingefaltete) Nase gibt ihm durch ihre Masse eine Richtung.

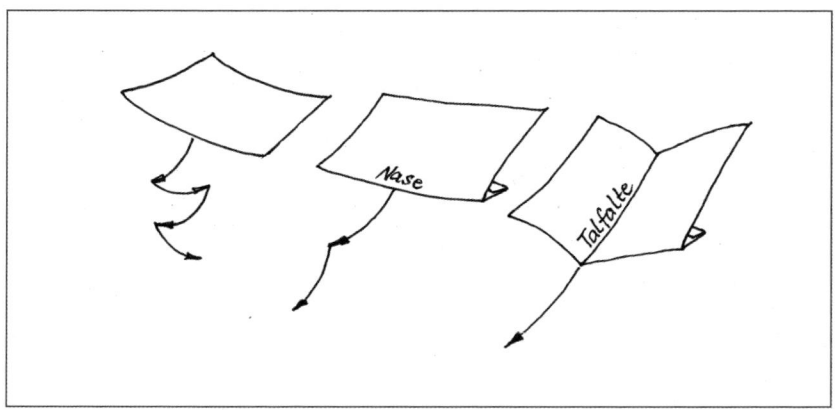

Abbildung 1: Flugverhalten der Entwicklungsmodelle

4. Nach dieser Beschreibung folgt das Sammeln von Fragen und ihre Klärung. Die Phase beginnt mit der *Befragung der Sache*: Die Kinder werden schon festgestellt haben, dass all das bei manchen Fliegern nicht funktioniert. Woran liegt das? Hängt es vielleicht davon ab, wie steil die Flügel nach oben zeigen? Wie oft die vordere Kante umgefaltet wurde? Welches Papier genutzt wurde? Wo ist vorne und hinten, wo oben und unten? Ist es besser, den Flieger loszulassen oder anzustoßen?
Es folgt eine Phase des *probehandelnden Beantwortens* der Fragen. Die Kinder nehmen gezielt Veränderungen an den Fliegern vor und beschreiben die Veränderung des Flugverhaltens.
Am Ende steht eine *Sammlung der Antworten*, günstig ist dabei die Form von Implikationsschlüssen („je ... desto ..." oder „wenn ... dann ..."). Damit wird vermieden, die Schülerinnen und Schüler in die Falle der Klärung von Kausalzusammenhängen („das ist so, weil ...") zu locken. Speziell im Bereich des Fliegens sind die kausalen Abhängigkeiten so komplex, dass selbst Erwachsene keine tragfähigen Erklärungen formulieren können. Das scheint alles „irgendwie" logisch, ist aber oft schlicht falsch.[3]

Es fehlen zwei Lernschritte, ohne die alles Bisherige weitgehend nutzlos im Bildungssinn bleibt: Die Kinder sollen die technische Umwelt sachbezogen verstehen und sie bildungswirksam erschließen (s. o.). Wie hilft das Lernen am Papierflieger, Technik erschließen zu können?

---

3) So z. B. die nachweisbar falsche „Erklärung", die strömende Luft an der Oberseite der Tragfläche müsse einen längeren Weg zurücklegen und sei deswegen schneller.

Foto aus dem Film „Papierflieger" („Paper Planes") von Robert Conolly. Copyright: arenamedia.com.au – Melbourne/Australien 2020

5. Das Modellhafte erkennen: Dazu muss mit den Erfahrungen am Papiermodell „reale"[4] Technik betrachtet werden.
   Übereinstimmungen: „Wo entdeckt ihr am Flugzeug die umgefaltete Stirn? Wo die Flügel?" Die Stirn heißt am Flugzeug Nase, die Flügel werden auch Tragflächen genannt.
   Unterschiede: Die Mittelfalte gibt es am Flugzeug nicht. Dort befindet sich der Rumpf. Die Flügel sind am Rumpf befestigt, das Flugzeug ist nicht aus einem Stück gefertigt. Es ist auch nicht aus Papier[5], sondern aus Metall und Kunststoff.
6. Mit dem Gelernten eigene Technik verbessern: Selbstverständlich sollte sein, dass die eigenen Papierflieger nun so verändert werden, dass sie besser fliegen. Besser heißt zunächst „nur", dass sie möglichst schön und weit gleiten. Um das zu erreichen, müssen die Schülerinnen und Schüler aus einem Materialpool geeignetes Papier auswählen, die Nase gezielt verändern, die Stärke der Faltungen variieren (an der Nase eng gefaltet, zwischen den Flügeln nur leicht). Die Möglichkeiten können erweitert werden. Mit Büroklammern kann der Flieger „getrimmt", also sein Flugverhalten ausbalanciert werden. Klebestreifen können die Flügel stabilisie-

---

4) Papierflieger sind selbstverständlich auch reale Technik. Differenzierter würde von industriell hergestellter oder professionell gestalteter Technik gesprochen.
5) An dieser Stelle lachen Kinder gewöhnlich, aber woraus baute Lilienthal sein erstes Fluggerät? Aus Schirting, einem Baumwollgewebe, das technisch von Papier nicht weit entfernt ist.

ren und die Nase beim Landen schützen. Andere Fliegermodelle können gefaltet, ihre Bauelemente benannt und mit speziellem Flugverhalten ausgestattet werden, z. B. ein Kurvenkönig oder eine Langstreckenmeisterin.

Technische Prinzipien, Funktionsweisen und Prozesse

Nun soll, bei aller Motivation und spielerischer Freude bei solchen Unterrichtsvorhaben, das Lernen im Vordergrund stehen, wie die technischen Sachen, die uns umgeben, gemacht sind. Am Papierflieger kann eine ganze Reihe solcher verallgemeinerbarer technischer Prinzipien bzw. Strukturzusammenhänge gelernt werden.

Unabhängig von der Flugzeugtechnik wäre zu lernen, …
- dass in der Technik für eine konkrete Zielsetzung funktionierende Lösungen gesucht werden; es kommt dabei nicht auf komplizierte Lösungen an, sondern auf ihre Funktionssicherheit;
- dass in der Technik immer verschiedene Lösungen möglich sind; technische Varianten sind der Normalfall, nicht die Ausnahme;
- dass man, wenn man nicht mehr weiter weiß, gezielt verschiedene Varianten durchprobiert; das Wissen steht oft erst am Ende der Lösungssuche, nicht zu Beginn;
- dass es keine richtigen und falschen Lösungen in der Technik gibt, sondern nur gute oder schlechte, bessere oder schlechtere in Bezug auf die Zielsetzung unter den gegebenen Bedingungen;
- dass in der Technik das *Warum* einer Lösung nicht vorrangig ist, sondern das *Wozu*: Wozu dient das Flugzeug / die Falte / der Werkstoff / die Nase? Die Frage „Wozu dient …?" führt zu den Zielsetzungen;
- dass für technische Lösungen Funktionsteile (Nase, Tragfläche usw.) gestaltet und geeignete Werkstoffe gesucht werden müssen – das sind konstruktive Aufgaben;
- dass alle Bauteile so hergestellt bzw. miteinander verbunden werden, dass ein funktionsfähiges Produkt entsteht – das sind fertigungstechnische Aufgaben.

All das wird unter technischer Gestaltung verstanden und es lässt sich gut schon in der Grundschule lernen, solche Gestaltungen „zu lesen" (vgl. Binder 2020, 70–88 und Binder 2014). Die Auflistung wird nicht komplett erarbeitet, sondern auf die Unterrichtssituation angepasst. Am Ende mehrerer Unterrichtsvorhaben sollten die Schülerinnen und Schüler aber solche Vorstellungen von Technik entwickelt haben.

Bezogen auf die Flugzeugtechnik lässt sich verallgemeinerbares Wissen nicht direkt am Papierflieger erarbeiten, weil an diesem Modell die zentralen Problemstellungen und technischen Lösungen nicht auftreten. Das muss kein didaktischer Nachteil sein, wenn den Kindern die begrenzte Übertragbarkeit bewusst wird und offene Fragen an „echter" Technik geklärt werden. Dabei ist eine zentrale Zielsetzung (nicht nur im Perspektivrahmen, sondern auch in den meisten Lehrplänen), dass die Schülerinnen und Schüler *Zusammenhänge zwischen Nutzung und Konstruktion* verstehen. Um das leisten zu können, müssen sie auf eine gezielte Suche geschickt werden: „Sucht in Büchern oder im Internet nach unterschiedlichen Flugzeugen. Informiert euch, wozu genau sie dienen!" Der Idealfall wäre ein Lerngang zu einem Flughafen. Daran schließt sich die Suche nach Bauteilen an, an denen man den Zweck der Flugzeuge erkennen kann.

Das dient dazu, dass erkannt wird, dass Technik nicht zwangsläufig so sein muss, wie wir sie kennen. Kinder sollen verstehen, dass Technik nach Interessen gestaltet wird, dass sie beeinflussbar ist, dass jedem technischen Detail eine Entscheidung zugrunde liegt, die auf Bewertungen basiert. Dies an der Beschreibung von (sichtbaren) Bauteilen zu erarbeiten, folgt letztlich der didaktischen Logik der Lebensweltorientierung und der lernpsychologischen Logik, dass nur Übung den Meister und die Meisterin macht: Was die Schülerinnen und Schüler nun lernen, sollen sie im Alltag wiedererkennen können – am besten jedes Mal, wenn sie ein Flugzeug sehen. Wenn sie ihren Eltern beim nächsten Urlaubsflug erklären können, dass die Größe der Tragflächen mit dem Gewicht des Flugzeuges und der Reisedistanz zusammenhängt, auch weil in den Tragflächen der Treibstofftank untergebracht ist, dann haben sie etwas aus dem Leben und für das Leben gelernt. Das technische Strukturprinzip dahinter, dass versucht wird, in ein Bauteil mehrere Funktionselemente zu integrieren (Tragfläche, Aufhängung für die Triebwerke, Tank), würde hier zu weit führen. Aber die Grundlagen dafür werden im Sachunterricht der Grundschule gelegt.

Was ließe sich noch über Flugzeugtechnik lernen, was direkt mit den praktischen Erfahrungen der Kinder in Bezug gebracht werden kann?

- Form der Tragflächen: Je schneller ein Flugzeug fliegt, desto stärker sind die Flügel „gepfeilt". Langsamflieger haben Rechteckflügel.
- Antrieb: Schnell fliegende Maschinen haben Strahltriebwerke, langsam fliegende Propeller. Wo ist beim Papierflieger der Antrieb? „Na, in euch!" Gibt es auch Flugzeuge, die von großen Armen „geworfen" werden? „Sucht mal nach dem Stichwort ‚Katapultflugzeuge'."
Zum Antrieb gehören aber auch die Folgen, die beim Fliegen entstehen: Propellermaschinen sind laut, Düsenmaschinen sind lauter. Die Kondensstreifen sehen vielleicht schön aus, sie und die Abgase tragen aber auch zur Erderwärmung bei.
- Rumpf: Der fehlende Rumpf am Papierflieger ist die gravierendste Lücke zu einem realen Flugzeug. Denn im Rumpf befindet sich das, wozu ein Flugzeug überhaupt entwickelt, gebaut und genutzt wird: der Platz für die Passagiere, die damit reisen, für die Pilot*innen, die die Freiheit über den Wolken genießen wollen, für die Ware, die transportiert werden soll, für die Geräte,

mit denen Messungen vorgenommen oder Fotos gemacht werden sollen. Ist das ein didaktischer Nachteil? Nur, wenn die Differenz nicht benannt wird. Es handelt sich im einen idealen didaktischen Ort für eine neue praktische Lernrunde: Baut eure Flieger so um, dass ihr damit einen Stift versenden könnt. Dann muss ein Lagerraum geschaffen werden, Befestigungsmöglichkeiten und das Fluggerät müssen ausbalanciert werden, im Fachjargon spricht man vom Trimmen. Das sind Probleme, für die bei jedem Transportflugzeug Lösungen gefunden werden müssen – der Lernprozess geht weiter.

Die Sache klären, das Kind stärken

All das dient der Allgemeinbildung: zuallererst den Kindern, dann der Gesellschaft als Ganzes. Es dient erst deutlich nachrangig bestimmten Partialinteressen wie technischen Berufen oder der oft im Zusammenhang mit (technischer) Bildung in Stellung gebrachten Weltmarktführerschaft deutscher Firmen und Wissenschaften. Die Öffnung des modellhaft beschriebenen Unterrichtsgeschehens zur Flugzeugtechnik auf den ganzen Bildungszusammenhang ist mit dem Diktum Hartmut von Hentigs überschrieben, Allgemeinbildung diene dazu, die Sache zu klären und das Kind zu stärken. *Die Sache* ist hier die vom Menschen nach seinen Interessen gestaltete Technik, samt ihrer Folgen für Mensch, Gesellschaft und Umwelt. Zu stärken ist *das Kind* in all seinen Persönlichkeitsdimensionen: in seiner (persönlichen und sozialen) Handlungs- und Gestaltungsfähigkeit, in seiner Fähigkeit, Welt mithilfe von Wissen und begrifflichen Kategorien verstehen und ordnen zu können und in seiner Toleranz, Solidarität und Urteilskraft.

Einer der Autoren hat das Ineinandergreifen von Praxis und theoretischer Bewältigung in anderem Kontext modellhaft zusammengefasst (s. Abbildung 2).

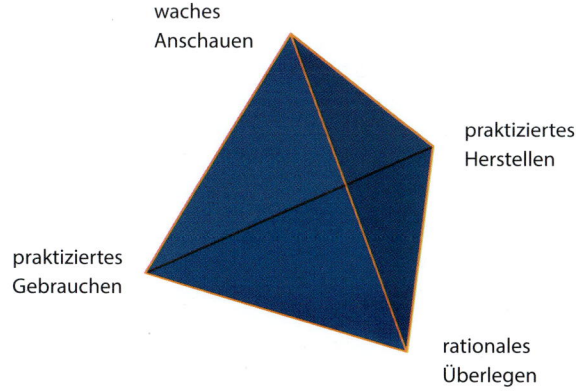

Abbildung 2: Tetraeder geistiger Bewältigung der Technik (Wiesmüller 2006, 276)

Die geistige Bewältigung der auf funktionierende Praxis angelegten Technik erfordert Anstrengungen in den vier Dimensionen des Gebrauchens, des wachen, bewussten Anschauens, des rationalen Überlegens und des Herstellens. Sie sind zu analytischen Zwecken voneinander unterscheidbar, können aber nicht unabhängig voneinander verstanden werden – ihre Sinnfälligkeit ergibt sich erst in ihrem Zusammenspiel. Deshalb wurde die Form des Tetraeders gewählt, bei dem jeder Eckpunkt mit den drei anderen direkt verbunden ist. Obwohl auch das Reflektieren und das Anschauen Praxen sind, werden sie hier vom Gebrauchen und Herstellen abgesetzt, weil sie primär Formen der Erkenntnis sind. In Bezug auf Technik hat das Gebrauchen insofern eine Vorrangstellung, da Technik immer dem Gebrauchen, genauer: einem besseren Leben dient (bzw. dienen sollte). Daraufhin sollte sie konstruiert, hergestellt und bewertet werden, nicht vorrangig auf Gewinne einzelner Akteure hin. Auch das ist eine Zielsetzung, die nicht in einem einzelnen Vorhaben erreicht werden kann, die aber zentrale Bedeutung im Sachunterricht hat (s. o.: Perspektivrahmen der GDSU).

Foto aus dem Film „Papierflieger" („Paper Planes") von Robert Conolly. Copyright: arenamedia.com.au – Melbourne/Australien 2020

Eine Theorie ist vom Wortursprung her eine „Durchschau" (s. Kron 1999, 72–75). Es gibt, und das gilt nicht nur für Technik, genauso wenig eine praktische Kompetenz ohne Theorie wie tragfähiges theoretisches Wissen ohne Auseinandersetzung mit dem Betrachtungsgegenstand auch in der Praxis. Der Tetraeder gilt nur ganz oder gar nicht. Und er gilt für jedes Unterrichtsvorhaben, was aber leider nicht in jedem Unterrichtsvorhaben berücksichtigt wird. Wo finden sich weitere Beispiele für praktisches Lernen, an denen schon in der Grundschule technisches Wissen als unverzichtbarer Bestandteil allgemeiner Bildung erworben werden kann?

Kinder sind verblüffend genaue „Warentester", wie am Beispiel der Auswahl einer Laubsäge für die Schulwerkstatt verfolgt werden kann (Binder 2014). Eine gekürzte Fassung und weitere Praxisbeispiele enthält das Doppel-

heft 272/273 von „Die Grundschulzeitschrift", z. B. die Herstellung eines Kreisels und einer „Sturmscheibe". Empfehlenswert sind drei Technik-Broschüren der Stiftung „Haus der kleinen Forscher":
- Voller Bewegung: Technik von hier nach da
- Volle Kraft voraus: Kräfte und Wirkungen erkunden
- Erfinder und Tüftler beim Bauen und Konstruieren.

Sie sind für das Kindergartenalter entwickelt, eignen sich aber auch für den Einstieg in technikbezogenes praktisches Lernen in der Grundschule.

Über diesen QR-Code kommen Sie zur Materialsammlung auf der Homepage der Stiftung „Haus der kleinen Forscher" und können sich die Broschüren als PDF herunterladen.

Die beste pädagogische und fachdidaktische Grundlegung mit vielen Bildbeispielen stellt immer noch der Band „Technik im Unterricht der Grundschule" von Ullrich und Klante (6. Aufl. 1994) dar, der aber leider nur noch im modernen Antiquariat erhältlich ist.

Diese Anregungen helfen Lehrerinnen und Lehrern, Zugänge für ihre Schüler zu finden, in denen sie vor Probleme gestellt sind, die sie handelnd lösen können, wobei Anlässe entstehen, Wissen zu erarbeiten, das dem Verständnis der Sache dient und die Bewertungsfähigkeit der Kinder stärkt.

Literaturverzeichnis

Binder, M. (2014): Warentest: Schüler testen Laubsägen. Vorstellung und Diskussion einer Unterrichtssequenz. In: tu: Zeitschrift für Technik im Unterricht (151), 17–24.

Binder, M. (2020): Wie wäre es, technisch gebildet zu sein? Technische Bildung im Kontext der Allgemeinbildung. Hohengehren: Schneider.

Deutsche Gesellschaft für Technische Bildung (Hg.) (2018): Anliegen und Grundzüge Allgemeiner Technischer Bildung. Grundsatzpapier Nr. 1. Berlin. Online verfügbar unter https://dgtb.de/wp-content/uploads/2018/09/Grundsatzpapier-Nr_1_04-08-2018-final.pdf, zuletzt geprüft am 05.07.2020.

Comenius, J. A. (1985): Große Didaktik. Erstveröffentlichung 1657. 6., unveränd. Aufl. 1985, hrsg. von Andreas Flitner. Stuttgart: Klett-Cotta (Pädagogische Texte).

GDSU (Hg.) (2013): Perspektivrahmen Sachunterricht. Vollständig überarb. und erw. Aufl. Bad Heilbrunn: Klinkhardt.

Kron, F. W. (1999): Wissenschaftstheorie für Pädagogen. München, Basel: E. Reinhardt.

Tenberge, C.; Möller, K.; Ziemann, U. (1998): Technische Bildung im Sachunterricht. Einzelfallanalysen unter ausgewählten Problemschwerpunkten. Münster: Univ.

Ullrich, H. & Klante, D. (1994): Technik im Unterricht der Grundschule. Didaktische Grundlegung, Unterrichtsmodelle, Unterrichtsmaterialien. Villingen-Schwenningen: Neckar-Verl.

Wiesmüller, Chr. (2006): Schule und Technik. Die Technik im schultheoretischen Denken. Baltmannsweiler: Schneider-Verl. Hohengehren.

Ulrike Oltmanns / Rudolf Schmitt

Eine Welt in der Schule

Seit über 40 Jahren hat das Thema „Eine Welt" bzw. „Bildung für nachhaltige Entwicklung" – wie man heute sagt – seinen festen Platz im Grundschulverband. Gemeint ist das Projekt „Eine Welt in der Schule", das im Jahr 1979 gegründet und seit dieser Zeit ununterbrochen vom Bundesministerium für wirtschaftliche Zusammenarbeit und Entwicklung (BMZ) gefördert wurde. Verbunden mit diesem Projekt ist die gleichnamige Zeitschrift, in der die zumeist vom Projekt initiierten und geförderten Unterrichtsbeispiele veröffentlicht werden unter dem Motto „Aus der Praxis für die Praxis". Dieser Praxisbezug ist das Markenzeichen des Projektes.

Alles, was in den Heften für die Praxis empfohlen wird, kann über das Projekt ausgeliehen bzw. im Internet heruntergeladen werden. Nutzer sind die Schulen im ganzen Bundesgebiet bzw. im deutschsprachigen Raum.

Das Projekt erfüllt auf diese Weise in hohem Maße den Auftrag der Kultusministerkonferenz (KMK), wie er im „Orientierungsrahmen für den Lernbereich Globale Entwicklung" (2016) formuliert wurde: Bildung für nachhaltige Entwicklung ist eine Aufgabe der ganzen Schule.

Mit dem Begriff „nachhaltige Entwicklung" wird die gesamte Breite des Gemeinten erfasst: „Nachhaltige Entwicklung führt wirtschaftliches Wachstum, sozialen Fortschritt und Schutz der Umwelt als sich wechselseitig unterstützende Elemente langfristiger Entwicklung zusammen" (United Nations 2002). Dieses Zusammenwirken von ökonomischer, sozialer und ökologischer Dimension lässt sich noch ergänzen durch die politische als vierte Dimension. Dann ergibt sich ein sehr eindrucksvolles Bild, in dem sich auch die Spannungen und Konflikte widerspiegeln, die zu bewältigen sind, wenn man einschlägige Themenfelder mit den Schülerinnen und Schülern bearbeiten will (siehe Abb. 1).

Welche Themenfelder gemeint sind, lässt sich seit 2015 sehr eindrucksvoll darstellen, wenn man auf die 17 Millenniums-Ziele der Agenda 30 verweist, die die Vereinten Nationen für den Zeitraum von 2015 bis 2030 für alle Länder der Erde beschlossen haben (siehe Abb. 2).

Wenn man diese Zielpalette in ihrer ganzen Breite zur Kenntnis nimmt – Bekämpfung von Armut, Hunger und Krankheit über Bildung für alle, Gleichberechtigung, Arbeitsschutz, sauberes Wasser, Fairer Handel, Frieden usw. – könnte einem schwindelig werden und man sich fragen: Was soll das alles schon in der Grundschule?

In der Tat ist es eine der wichtigsten Aufgaben des Projektes „Eine Welt in der Schule" zu zeigen, wie sich Kinder diesen Themenfeldern nähern kön-

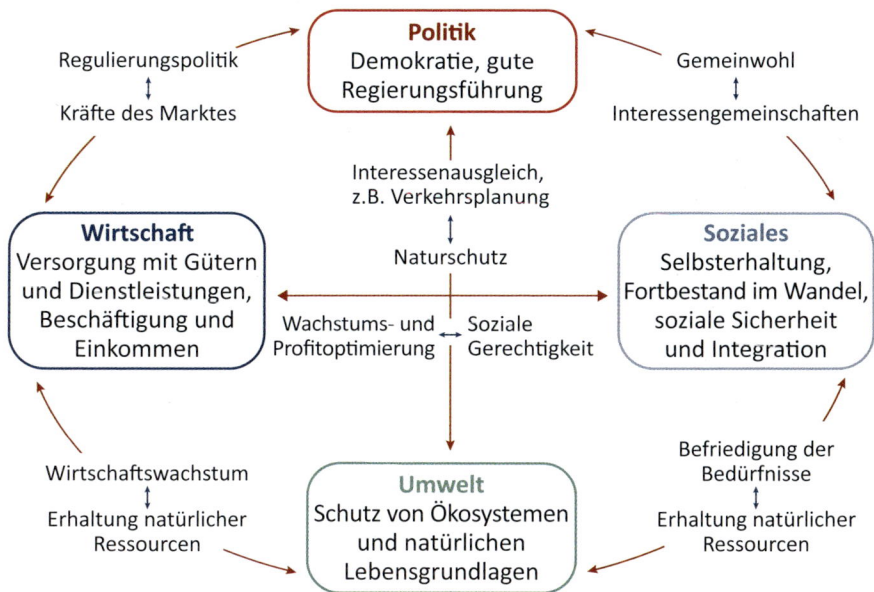

Abb. 1: Zielkonflikte zwischen den Dimensionen des Leitbilds der nachhaltigen Entwicklung (vgl. KMK / BMZ / Engagement Global 2016, 41)

Abb. 2: Agenda 2030 – 17 Ziele für eine nachhaltige Entwicklung

nen, ohne sie einerseits zu überfordern und sie andererseits auch ernst zu nehmen.

Auch die vorschulischen Einrichtungen finden Materialien und Anregungen im Projekt. Hier liegt sogar ein gewisser Schwerpunkt des Projektes, da das Projekt ursprünglich aus einer Forschungsarbeit hervorging, in der gezeigt und empirisch überprüft wurde, wie sich die Bereitschaft fünfjähriger Kinder zu solidarischem Verhalten gegenüber Kindern in Außenseiterpositionen durch ein konkretes Lern- und Spielangebot stärken lässt (Schmitt 1979).

Obwohl das Projekt heute auch den Sekundar-I-Bereich miteinschließt, nimmt der vorschulische Bereich und die Grundschule nach wie vor einen bevorzugten Raum ein. So gibt es auch einen festen Bestand von Prinzipien, deren Einhaltung immer wieder empfohlen wird, wenn es darum geht, Kindern die „Eine Welt" nahe zu bringen.

Je jünger die Kinder sind, umso wichtiger ist das Prinzip der „Sozialen Nähe" (Schmitt 1979, 215–220), d. h. die Verzahnung von Nähe und Ferne, von Vertrautem und Fremdem. Alle Bemühungen um ein Verständnis von anderen Lebensverhältnissen bzw. um ein partnerschaftliches Verhältnis zu Menschen in oder aus anderen Ländern mit anderem kulturellem Hintergrund muss eingebettet sein in eine umfassende Sozialerziehung in der eigenen Gruppe oder Klasse, stets anknüpfend an vorhandene soziale Erfahrungen: Familienleben, Nachbarschaft, Spielplatz, Schulleben usw.

Wichtige Kompetenzen des Sozialverhaltens wie Selbstständigkeit, Kritikfähigkeit, kooperatives oder sogar solidarisches Verhalten entwickeln Kinder nur in der Auseinandersetzung mit wirklichen sozialen Problemen. Kinder leben in keinem Schonraum: Leben in Gruppen – in der Familie, in der Klasse, auf dem Spielplatz – kann schön, aber auch spannungsgeladen sein. Geholfen wird Kindern nur, wenn sie diese Wirklichkeit besser durchschauen und bewältigen lernen, auch am Beispiel anderer Kinder, die es eventuell noch schwerer haben. So sind ärmliche Wohnverhältnisse, Kinderarbeit, Wassermangel und Ähnliches keine Tabuthemen, wenn sie nicht übertrieben einseitig und ausweglos vermittelt werden.

Wichtig sind deshalb zwei weitere Prinzipien:
- Die Darstellung von Lebensverhältnissen in der fernen Welt sollte nicht allzu sehr von der vertrauten Vorstellungs- und Erlebniswelt der Kinder abweichen. Zu vermeiden sind krasse Darstellungen von Krankheit und Elend.
- Kinder dürfen nicht mit unlösbaren Problemen alleingelassen werden. Zumindest eine simulierte, realutopische Problemlösung (z. B. in Rollenspielen, Geschichten oder Bildern) sollte immer versucht werden.

Die fünf Unterrichtsbeispiele ab 2017, die wir für diesen Beitrag ausgewählt haben, sind alle mehr oder weniger nach diesen Prinzipien entworfen und auch in der Praxis erprobt worden.

Das Projekt **„Kinder gegen Rassismus – Kinder für Toleranz"** wurde in zehn 4. Klassen in Bayern erprobt. Es entspricht genau dem Prinzip der „Sozialen Nähe", welches wir in vielen Unterrichtsbeispielen angewendet haben. Die Kinder werden in ihrem eigenen Lebensraum abgeholt und mit gesellschaftlichen Problemen konfrontiert, die sie dann entsprechend ihren Kräften bewältigen können.

Das zweite Unterrichtsbeispiel behandelt ein – wenn man so will – klassisches Eine-Welt-Thema: **„Fairer Handel am Beispiel der Schokoladenherstellung"**. Erprobt wurde es in einer 2. Klasse. Es erhielt einen Sonderpreis beim bundesweiten Schulwettbewerb des Bundespräsidenten im Jahr 2018.

Das dritte Unterrichtsbeispiel **„Von Bambushütten bis zu Betonhochhäusern"** hat seinen Schwerpunkt im Umweltbereich, der heute ganz selbstverständlich in den Gesamtkomplex „Eine Welt" integriert ist. Erprobt wurde die neu konzipierte Materialkiste „Abenteuer Bauen" in einer 3. Klasse. Die Materialkiste kann über das Projekt „Eine Welt in der Schule" bundesweit ausgeliehen werden.

Das vierte Unterrichtsbeispiel **„Changemakers: Kinder bewegen die Welt"** beschäftigt sich mit den Kinderrechten, ebenfalls ein klassisches Eine-Welt-Thema. Es wurde im Kunstunterricht einer 5. Inklusionsklasse erprobt. Interessant ist hier vor allem die eher ungewöhnliche Form der Durchführung.

Das fünfte Unterrichtsbeispiel (**„Bewegte 17 Ziele für eine bessere Welt"**) thematisiert die Ziele der Agenda 30, die die Vereinten Nationen für den Zeitraum von 2015 bis 2030 für alle Länder beschlossen haben. Das Besondere dieses Projektes: Es kreist um die bekannte Geschichte der „Bremer Stadtmusikanten". Auch dieses Beispiel ist den Prinzipien verpflichtet, die unbedingt beachtet werden sollten, wenn sich Kinder mit der „Einen Welt" und ihren Problemen auseinandersetzen.

Die Unterrichtsbeispiele

Kinder gegen Rassismus – Kinder für Toleranz

Kinder in der Grundschule stark machen für ein gegenseitiges Verständnis und den toleranten Umgang miteinander: Das waren erklärte Ziele dieses ambitionierten Projektes.

Mit drei Kooperationspartnern hatte sich das Centrum für angewandte Politikforschung (CAP) aus München in einem von Demokratie leben! geförderten Projekt zusammengetan: dem Zusammenschluss der Migrantenorganisation MORGEN e. V. in München, dem Münchener Forum für Islam e. V. und dem Grundschulverband e. V. Es galt, ein Konzept für die Grundschule zu entwickeln, in dem Schüler*innen in der Grundschule sich mit den Werten einer pluralistischen Gesellschaft auseinandersetzen, diese positiv für sich selbst erfahren und offen unterschiedlichen Lebensweisen begegnen. Die Schüler*innen sollten sich in ihrer Selbstwahrnehmung gestärkt als aktiven Teil der Gesellschaft sehen und Möglichkeiten entdecken, ihr eigenes Lebensumfeld mitzugestalten. Nach einer längeren Entwicklungsphase haben mehrere Grundschulen in Bayern das Konzept auf seine Praxistauglichkeit getestet. Dazu wurden jeweils vier aufeinanderfolgende Unterrichtstage mit den Inhalten der Workshops gefüllt. Zwei speziell für das Projekt geschulte interkulturelle Trainer*innen leiteten in dieser Erprobungsphase des Konzeptes die Workshops. Sitzkreis, Gruppenarbeit an Tischen und Bewegungsübungen im Freien wechselten sich ab. Alle Kinder erhielten eine Projektmappe, in die sie im Laufe des Workshops ihre Arbeitsergebnisse einordnen konnten.

Das Konzept setzt sich aus vier einzelnen Workshops zusammen, die wiederum eigene Schwerpunkte bilden und aus jeweils drei Einheiten bestehen. Die inhaltliche Abfolge der Workshops baut jedoch aufeinander auf und über allem steht das Thema „Kinder gegen Rassismus — Kinder für Toleranz":

- Workshop 1 stellt mit „Ich-Stärken und Vielfalt im Klassenverband" die positiven Bezüge des Themas in den Vordergrund;
- Workshop 2 fokussiert mit „Ausgrenzung und Benachteiligung" auf die Herausforderungen und Probleme;
- Workshop 3 wendet sich der politischen Dimension des Themas zu und untersucht „Grundwerte und Menschenrechte";
- Workshop 4 schließt mit einer gemeinsamen „Toleranzvereinbarung" der Kinder ab, die mithilfe eines Rap kreativ umgesetzt wird.

Die im Konzept verwendeten Methoden der außerschulischen Bildungsarbeit führten die Schüler*innen auf kreative und spielerische Weise an die Thematik heran und regten zum kritischen Nachdenken an. Die einfachen Methoden reduzierten die komplexe Materie auf verständliche Art und Weise und

> **Missionstatement**
>
> Im Projekt wird die Förderung von Toleranzfähigkeit als eine Strategie erachtet, um Rassismus vorzubeugen und sich aktiv für ein gleichberechtigtes Miteinander einzusetzen. Toleranz wird dabei verstanden als Akzeptanz von verschiedenen Meinungen, Einstellungen und Verhaltensweisen, auch wenn diese eigenen Überzeugungen entgegenstehen. Toleranz ist dabei immer an die Anerkennung der Grund- und Menschenrechte gebunden und folgt der Maxime ‚Keine Toleranz der Intoleranz'. Dem Modellprojekt liegt ein breiter Rassismusbegriff zugrunde, der auf Vorurteilen, diskriminierendem, ausgrenzendem und abwertendem Handeln gegenüber Menschen im Hinblick auf ihre Gruppenzugehörigkeit, Aussehen, Kultur, Herkunft, Nationalität, Geschlecht, Sprache oder auf andere von außen zugeschriebenen Kategorien beruht.
>
> *Auszug aus dem Missionstatement des Projekts*
> *„Kinder gegen Rassismus – Kinder für Toleranz"*

machten sie für die Altersgruppe der Grundschüler*innen zugänglich. Besonders der am Ende gemeinsam produzierte Rap hatte es den teilnehmenden Schüler*innen während der Erprobungsphase angetan und war der Höhepunkt der gesamten Workshoptage.

Das Konzept wurde im Herbst 2019 in Kooperation mit dem CAP und dem Eine Welt Netz NRW e. V. auf einer Fortbildung in Bochum Lehrkräften und außerschulischen Referent*innen vorgestellt und einzelne Methoden wurden gemeinsam erprobt.

▶ Weitere Informationen zu den verwendeten Methoden sind auf der Seite des Projektes „Eine Welt in der Schule" unter folgendem Link zu finden: https://www.weltinderschule.uni-bremen.de/detail/kinder-gegen-rassismus-kinder-fuer-toleranz.html

So können wir fair handeln!

Schülerinnen und Schüler einer 2. Klasse der Grundschule Fürstenberg machten sich auf den Weg, anhand der Produktionskette von Schokolade wichtige Aspekte des globalen Miteinanders, der ökonomischen, sozialen und ökologischen Fairness genauer zu betrachten und eigene Handlungsmöglichkeiten auszuloten.

Der Beginn war ein Berg, in dem das fertige Produkt im Mittelpunkt stand – dieser Berg bestand aus eingepackten Schokoladentafeln, auf deren einzelnen Packungen eine Menge Informationen zu finden waren. Als erster Schritt wurde der Berg von den Schüler*innen nach Gewicht und Preis sortiert und schnell taten sich Unstimmigkeiten auf. Es gab mehrere 100-g-Tafeln, die aber mit unterschiedlichen Preisen ausgezeichnet waren. Die Diskussion der Schüler*innen untereinander und gemeinsam mit den Lehrkräften führte zu den verschiedenen Siegeln auf den Packungen und ihre Bedeutung. Doch was bedeutet faires Handeln konkret bei der Schokoladenherstellung? Um das zu erforschen, waren weitere Schritte nötig.

Mit kurzen Filmbeiträgen über das Leben der Kakaobauern und ihrer Familien, über die sich die Schüler*innen im Anschluss austauschten, fand eine erste Sensibilisierung zum Thema Fairer Handel statt. Die Schüler*innen hielten Informationen auf Plakaten fest, gestalteten einen gemeinsamen Kakaobaum in der Klasse und machten sich im eigenen Lebensumfeld auf die Suche nach fairen Produkten. Eine Supermarktrallye in bekannten Märkten und der Besuch eines Weltladens in Bad Wünnenberg ergänzten die Aktivitäten.

In einem weiteren Unterrichtsbaustein verfolgten die Schüler*innen die verschiedenen Arbeitsschritte der Schokoladenherstellung. Wie viele Menschen waren an dem Produktionsprozess beteiligt? Und wie teilt sich der Verdienst bei fair und nicht fair gehandelter Schokolade auf? Auch hierzu wurden einzelne Arbeitsschritte visualisiert.

Mit der Herstellung von Plakaten allein waren die Schüler*innen der 2. Klasse jedoch nicht zufrieden. Gemeinsam machten sie sich an die Entwicklung eines Spieles, in das die erworbenen Kenntnisse einflossen. Ideen wurden untereinander ausgetauscht und getestet, vorhandene Spielkonzepte auf Übertragbarkeit für das eigene Spiel geprüft und nach und nach entstand das faire Schokoladenspiel, das sein Finale in einem fairen Dorf findet.

Andere Schüler*innen der Schule, Lehrkräfte und Eltern wurden von den Schüler*innen der 2. Klasse über die Ergebnisse aus den intensiven Arbeitsphasen informiert und zum Kauf von fair gehandelten Produkten aufgerufen. Das Spiel steht allen Klassen und dem offenen Ganztag der Schule zur Verfügung und freut sich auf begeisterte Spieler*innen.

Auch dem Bürgermeister und seinem Stellvertreter statteten die Schüler*innen einen Besuch ab. Anhand der Plakate und des Spieles stellten sie den politischen Vertreter*innen der Stadt ihr Anliegen vor und forderten auch sie auf: „Bitte kaufen Sie faire Produkte!"

Das Thema „Eine Welt – Globale Entwicklung" bleibt auch über das Schokoladenprojekt hinaus nachhaltig an der Grundschule Fürstenberg bestehen. Es soll ins Schulprogramm aufgenommen werden, entsprechende Unterrichtsvorhaben sollen zukünftig in allen Klassen stattfinden und der Kontakt zum Weltladen wird weiter ausgebaut.

Ablauf der Unterrichtseinheit

Einstieg: So viel Schokolade!
- Warum ist eine 100-g-Tafel so unterschiedlich teuer?
- Wer bekommt das viele Geld?
- Das sind faire Siegel!
- Was bedeutet fairer Handel?

Das bedeutet unfairer Handel und fairer Handel!
- „Kinderarbeit für Schokolade" (Film)
- „Schuften für Schokolade" (Film)
- „Fairtrade – Kakao – gerechter Handel für eine sichere Zukunft" (Film)

Informationsplakat: Fairer Handel ist wichtig
- Einige Regeln des fairen Handelns

Erarbeitung: Von der Kakaofrucht zur Schokolade

Erarbeitung: Der Verdienst des Kakaobauern: fair – unfair

Erkundungsgänge: Wo bekomme ich welche fairen Produkte?
- Supermarktrallye und Besuch des Weltladens

Kunst: Gestaltung eines Kakaobaumes

Reflexion: Das weiß ich jetzt! Ich finde es gut, …
- Aufschreiben der eigenen Meinung und des erworbenen Wissens auf die Kakaofrüchte und Kakaoblätter

Reflexion und Übertragung
- Erarbeitung von Aufgabenkarten und eines Spielplanes für ein Brettspiel
- Gestaltung und Fertigstellung: Spiel, Plakate, Ausstellung (Erarbeitung von Spielregeln, Gestaltung der Spielekiste, Ausgestaltung der Spielkarten und des Spielplanes, Gestaltung weiterer Spielmaterialien, Gestaltung der Spielfiguren, Fertigstellung des Kakaobaumes, Gestaltung von Lernplakaten „Der Verdienst des Kakaobauern" und „Dort bekomme ich faire Produkte!", Vorbereitung der Ausstellung

Präsentation der Ergebnisse
- Unterrichtsgang zum Bürgermeister der Stadt Bad Wünnenberg
- Vorstellen der Ergebnisse der ganzen Schule mit Spielen des fairen Schokoladenspiels
- Erklären und Spielen des Spiels in anderen Klassen
- Artikel in einer lokalen Zeitung in der nächsten Ausgabe

Ausblick
- Weiterarbeit z. B. zum Thema „Kinderrechte"

Von Bambushütten bis zu Betonhäusern

Das Thema „Abenteuer Bauen – nachhaltiges Bauen weltweit" ist in einer Materialkiste verpackt und steht zum Auspacken im Klassenzimmer bereit. Die bundesweit ausleihbare Materialkiste „Abenteuer Bauen" des Projektes „Eine Welt in der Schule" beinhaltet in Kombination mit der dazugehörigen Handreichung viele Impulse, sich mit Schüler*innen auf eine architektonische Weltreise zu begeben, aber auch die Baustoffe im eigenen Lebensumfeld genauer in den Blick zu nehmen. Frau C. Becker, Lehrerin an der Nicolaischule in Verden, ist in die Materialien der Kiste eingetaucht, hat sie mit ihren Schüler*innen getestet und um weitere eigene Ideen ergänzt.

Die Auseinandersetzung mit Baumaterialien und ihren Ursprungsorten im Allgemeinen und nachhaltigen Baumaterialien im Besonderen waren der erste Schritt in die Welt des Bauens, den die Schüler*innen der Nicolaischule in Verden mit ihrer Lehrerin gegangen sind. Mit Tastsäckchen, gefüllt mit verschiedenen Materialien, und mit Baustoffkarten aus der Materialkiste sensibilisierten sich die Schüler*innen für die unterschiedlichen Baustoffe, bevor sie deren Einsatz in der eigenen Umgebung wie z. B. der Schule und des eigenen Zuhauses in den Blick nahmen. Dazu gehört auch die Auseinandersetzung

Sequenzen	Inhalte
1. **Wir erforschen Baumaterialien** (4 U-Stunden)	Kennenlernen verschiedener Baumaterialien. Wir entdecken Baumaterialien in der Schule und bei uns zu Hause. Was kann mein Baumaterial? Der Baumaterial-Check (Vor- und Nachteile).
2. **Häuser rund um die Welt** (5 U-Stunden)	Wir entdecken verschiedene Häuserarten auf der ganzen Welt. Zusammenhänge zwischen Bauweise, Klima und Umwelt. Wir bauen Häuser aus verschiedenen Ländern nach.
3. **Das Geheimnis der Sanddiebe** (2 U-Stunden)	Wir erforschen den Lebenszyklus von Beton. Wir entdecken Recycling-Möglichkeiten.
4. **Mein Zukunftshaus** (4 U-Stunden)	Wir entwickeln unser eigenes Zukunfts-Haus (Plakat und Präsentation).

Überblick über die Unterrichtseinheiten, wie sie von Corinna Becker an der Nicolaischule in Verden durchgeführt wurden

mit Vor- und Nachteilen der unterschiedlichen Baustoffe und deren Einsatz. Und natürlich wurde auch gebaut: Die erste Herausforderung bestand darin, eine stabile Wand zu bauen.

Verschiedene Häusertypen bekommen ihren Reiz, wenn der Blick in die Welt geweitet und mit klimatischen Bedingungen und geografischen Begebenheiten vor Ort kombiniert wird. Eine Weltreise lädt dazu ein, Häuser der Welt in verschiedenen Ländern aufzuspüren. In einzelnen Teams begaben sich die Schüler*innen auf die Reise, setzten sich intensiv mit einem von acht Häusertypen und seinem Standort auseinander und bauten diesen als kleines Modell nach.

Im Laufe des Unterrichtsprojektes wurde ein besonderes Augenmerk auf den Baustoff Beton gerichtet, da dieser Baustoff in der ganzen Welt Verwendung findet. Der Kurzfim „Der Sand-Check" von Checker Tobi (Bayerischer Rundfunk) war eine gute Visualisierung, sich mit der Problematik des Sandabbaus vertraut zu machen.

Die Konstruktion eines eigenen Zukunftshauses bot am Ende der gesamten Unterrichtseinheit den Schüler*innen die Möglichkeit, vorhandenes und neu angeeignetes Wissen mit der eigenen Kreativität zu mischen und den Blick in die Zukunft zu wagen. Beispiele innovativer Häuser der Zukunft finden sich auch als Bildkarten mit Hintergrundinformationen in der Materialkiste, sodass die eigene Phantasie noch beflügelt werden konnte.

Vielleicht waren angehende Architekt*innen unter den Schüler*innen der 3. Klasse aus Verden und eine erste Inspiration für nachhaltiges Baumaterial weltweit bleibt in einzelnen Köpfen hängen. Wir dürfen gespannt sein, welche Baumaterialien in den nächsten Jahrzehnten ihren Einsatz finden werden.

▶ Die Handreichung Abenteuer Bauen und weitere Unterrichtsmodule können auf der Seite des Projektes „Eine Welt in der Schule" heruntergeladen werden, https://www.weltinderschule.uni-bremen.de/detail/abenteuer-bauen.html

Changemakers: Kinder bewegen die Welt

Seit 2005 werden jährlich Kinder und Jugendliche mit dem International Children's Peace Prize ausgezeichnet, die sich in ihren Herkunftsländern mutig für Kinderrechte eingesetzt haben. Sechs dieser jungen Menschen standen im Mittelpunkt eines Kunst-Unterrichtprojektes des Vereins Checkpoint Afrika e.V.

Nach einem intensiven Einstieg mit Vorbildern aus Afrika und der afrikanischen Diaspora bestimmten die Aktivitäten von sechs jungen Preisträger*innen aus Afrika, Südamerika und der Karibik den weiteren Verlauf des Kunstunterrichts einer 5. Inklusionsklasse des Geschwister-Scholl-Gymnasiums in Münster. Marita Samson als Referentin des Vereins Checkpoint Afrika e.V. informierte die Schüler*innen zu Hintergründen des Preises und der ausgewählten Preisträger*innen und formulierte einen Arbeitsauftrag: das Anfertigen eines Steckbriefes und einer Collage zu folgenden „Global Heroes":

- *Thandiwe Chama, Sambia (2007)*: Engagement für das Recht auf Bildung und die Unterstützung aidskranker Kinder.
- *Mayra Avellar Neves, Brasilien (2008)*: Engagement gegen (Polizei-)Gewalt in den Favelas.
- *Baruani Ndume, Tansania (2009)*: Als Kongolese engagiert er sich für die Rechte von Flüchtlingskindern in Tansania.
- *Francia Simon, Dominikanische Republik (2010)*: Engagement für das Recht auf Name und Nationalität für Kinder.
- *Chaeli Mycroft, Südafrika (2011)*: Engagement für die Rechte von Kindern mit körperlichen und geistigen Beeinträchtigungen.
- *Abraham M. Keita, Liberia (2015)*: Engagement für die Rechte von Kindern als Opfer von Gewaltverbrechen.

Künstlerisches Ziel war es, in Collagetechnik ein Porträt dieser Personen zu schaffen (Format DIN A2), das zeigen sollte, wofür die Preisträger*innen stehen und was ihr Engagement ausmacht. An diesem Punkt war die Unterstützung der Lehrer*innen aus dem Kunstunterricht gefragt, um bei der Ideenfindung zur künstlerischen Gestaltung der Collagen zu helfen. In liebevoller Kleinarbeit gestalteten die einzelnen Schüler*innen-Gruppen sehr persönliche und aussagekräftige Porträts der Heldinnen und Helden. Musik aus den unterschiedlichen Herkunftsländern der Kinderrechtsaktivist*innen und Musikwünsche der Schüler*innen sorgten dabei für eine gute Arbeitsatmosphäre.

Die intensive Auseinandersetzung mit den sechs Kinderrechtsaktivist*innen ermöglichte den Schüler*innen einen Perspektivenwechsel. Sie lernten einzelne Länder über die Preisträger*innen kennen und setzten sich mit gesellschaftspolitischen Problemen in diesen Ländern auseinander: Umgang mit HIV/Aids-Kranken, erschwerter Bildungszugang, Menschen ohne Papiere, Situation von Geflüchteten in Tansania, Umgang mit behinderten

Menschen und Gewalt gegen Kinder. Für die Schüler*innen wurden diese Kinder und Jugendlichen aus den Ländern des globalen Südens zu Vorbildern für ein eigenes Engagement.

Und wie sieht es mit der Umsetzung der Kinderrechte in Deutschland aus? Auch dieser Frage gingen die Schüler*innen zum Abschluss des Projektes nach und nahmen die Umsetzung ihrer Rechte in ihrem eigenen Lebensumfeld kritisch in den Blick. Potenzial zur Verbesserung gibt es an vielen Orten dieser Welt.

▶ Inge Ikink (Hg.): „Changemakers. The 10 International Children's Peace Prize Winners tell their remarkable stories". KidsRights 2014

Bewegte 17 Ziele für eine bessere Welt

Die Geschichte der Bremer Stadtmusikanten und Sportspiele bringen die Sustainable Development Goals (SDGs) in die Klassenräume und lassen sich dort von Schülerinnen und Schülern entdecken.

Gemeinsam mit der Senatskanzlei Bremen und dem SV Werder Bremen hat das Projekt „Eine Welt in der Schule" ein Konzept entwickelt, welches Grundschüler*innen die Kernbotschaften der 17 Ziele für eine bessere Welt verständlich und mit einer großen Portion Spaß vermittelt. Dabei ist „Bildung durch Bewegung" ein fester Bestandteil dieses Lernkonzeptes. Fünf Stationen fordern Schüler*innen dazu auf, sich sportlich und inhaltlich mit den Kernpunkten der Agenda 2030 für global nachhaltige Entwicklung auseinanderzusetzen und Bezüge zum eigenen Lebensumfeld zu diskutieren und zu reflektieren. Die Geschichte der Bremer Stadtmusikant*innen, in der sich vier Tiere auf den Weg in ein besseres Leben machen, ist das verbindende Element der Stationen und begleitet die Kinder und Jugendlichen während des gesamten Durchlaufs.

Zielgruppe sind Schüler*innen im Grundschulalter und der ersten Jahrgänge an weiterführenden Schulen. Das Konzept kann in einzelnen Doppelstunden oder an Projekttagen durchgeführt oder in eine Projektwoche eingebunden werden. Benötigt wird Platz für Bewegung in Gruppen wie z. B. eine Sporthalle oder bei warmem, nicht regnerischem Wetter ein großer, möglichst ungestörter Außenbereich.

Das Konzept testete eine 4. Klasse der Grundschule Rablinghausen in Bremen, mit ihren Rückmeldungen und Ideen trug sie wesentlich zur Verbesserung bei. In Form einer Handreichung steht das Konzept nun als kostenfreie Broschüre Lehrkräften und außerschulischen Referent*innen zur Verfügung, sodass Interessierte es direkt mit ihren Schüler*innen selbstständig umsetzen können.

Hintergrund der Agenda 2030

Am 25. September 2015 beschlossen 193 Staatsführer*innen die „Transformation unserer Welt: Die Agenda 2030 für nachhaltige Entwicklung". Der damalige UN-Generalsekretär Ban Ki Moon erklärte dabei: „Wir können die erste Generation sein, der es gelingt, die Armut zu beseitigen, ebenso wie wir die letzte sein könnten, die die Chance hat, unseren Planeten zu retten."

Die Agenda 2030 zielt nicht nur auf soziale, ökonomische und ökologische Veränderungen ab, sondern ergänzt diese durch die Aspekte des Friedens und der Rechtsstaatlichkeit. Sie appelliert an alle Menschen weltweit, sich an der Umsetzung der 17 Nachhaltigkeitsziele (Sustainable Development Goals – SDG) zu beteiligen.

Die Präambel der Agenda 2030 für nachhaltige Entwicklung benennt fünf Kernbotschaften (5 Ps), die den 17 Nachhaltigkeitszielen als handlungsleitende Prinzipien vorangestellt sind und die Zusammenhänge zwischen den Zielen verdeutlichen. Zur altersgruppengerechten Vermittlung aller Aspekte stehen diese 5 Ps in der Arbeit mit den jungen Schüler*innen im Vordergrund, um das Thema begreifbar und greifbar zu machen:

1. **People – Menschen:** Armut und Hunger aller Art und in allen Dimensionen beenden sowie sicherstellen, dass alle Menschen ihr volles Potenzial in Würde und gleichgestellt in einer gesunden Umgebung leben können.

2. **Planet – Umwelt:** Die Erde vor dem Zerfall schützen, vor allem durch nachhaltigen Konsum und Produktion, und den Klimawandel durch nachhaltigen Umgang mit natürlichen Ressourcen bekämpfen.

3. **Prosperity – Wohlstand:** Sicherstellen, dass alle Menschen ein glückliches und erfüllendes Leben führen können und dass wirtschaftliche, soziale und technische Entwicklung in Harmonie mit der Natur geschieht.

4. **Peace – Frieden:** Friedliche, gerechte und inklusive Gesellschaften schaffen, die frei von Angst und Gewalt sind. Ohne Frieden keine Nachhaltigkeit und ohne Nachhaltigkeit kein Frieden.

5. **Partnership – Zusammenarbeit:** Nachhaltige Entwicklung ist nur mit globaler Solidarität und der Teilnahme aller Staaten, Akteure und Menschen möglich.

▶ Ulrike Oltmanns, Link zur Handreichung unter https://www.weltinderschule.uni-bremen.de/detail/17-ziele-fuer-eine-bessere-welt.html

Literatur

Becker, C. (2020): Von Bambushütten bis zu Betonhäusern. In: Eine Welt in der Schule, Nr. 146 / Mai 2020, 4–7.

Bundesministerium für wirtschaftliche Zusammenarbeit und Entwicklung: Die fünf Kernbotschaften der Agenda 2030, https://www.bmz.de/de/themen/2030_agenda/kernbotschaften/index.html, Stand: 07/2020.

Feldmann-Wojtachnia, E. / Tham, B. (2019): Mehr Toleranz wagen in der Einwanderungsgesellschaft. In: Eine Welt in der Schule, Nr. 145 / November 2019, 4–11.

KMK / BMZ / Engagement Global (Hg.) (2016): Orientierungsrahmen für den Lernbereich Globale Entwicklung im Rahmen einer Bildung für nachhaltige Entwicklung (2. aktualisierte und erweiterte Auflage). Bonn: Cornelsen.

Samson, M. (2017): Changemakers: Kinder bewegen die Welt. In: Eine Welt in der Schule, Nr. 140 / Mai 2017, 14–17.

Schmitt, R. (1979): Kinder und Ausländer. Einstellungsänderung durch Rollenspiel – eine empirische Untersuchung. Braunschweig: Georg Westermann Verlag.

United Nations (2002): Bericht des Weltgipfels der Vereinten Nationen für nachhaltige Entwicklung. Johannisburg

Wöstemeyer, A. (2019): So können wir fair handeln! In: Eine Welt in der Schule, Nr. 144 / Juni 2019, 16–18.

Sandra Czerwonka

Die Schule als Kulturort: In den Fächern und über die Fächer hinaus

Musik- und Kunstunterricht, Theater-AGs und Museumsbesuche, Medientage und Schulbibliotheken – Kulturelle Bildung ist ein wesentlicher Bestandteil des Schulalltags. Zwar erfahren Kinder Kulturelle Bildung bereits vor und außerhalb der Schule auf informelle und non-formale Weise, doch die Begegnung mit einigen Kunstformen findet bei vielen Schülerinnen und Schülern erst durch die schulische Bildung statt (Rat für Kulturelle Bildung 2020, 18 und Rat für Kulturelle Bildung 2015, 22 und 24).

Für den „Rat für Kulturelle Bildung"[1] steht, wenn von Kultureller Bildung die Rede ist, die Allgemeinbildung in den Künsten und durch die Künste im Vordergrund. Demnach bezieht Kulturelle Bildung ihre Inhalte im Kern aus künstlerischen Gegenständen und ästhetischer Praxis zur Förderung kultureller Teilhabe (Rat für Kulturelle Bildung 2020, 58.). Da die Welt eine kulturell gestaltete ist, ist Kulturelle Bildung auch eine Bildung des Weltzugangs, der Souveränität im Umgang mit kulturellen Codes und ästhetischen Ausprägungen und die Schulung der eigenen Ausdrucksformen und Gestaltungsmöglichkeiten.

Kulturelle Bildung wird also als integraler Teil der Allgemein- und damit der schulischen Bildung begriffen – und wie beschrieben findet Kulturelle Bildung an allgemeinbildenden Schulen tagtäglich statt. Gerade in der Grundschule bilden Kunst, Musik, Werken und Gestalten dem Plan nach einen beträchtlichen Teil des Fächerkanons; ein großer Teil des Lernens vollzieht sich über Wahrnehmung, Sinne und Handeln.

Allerdings ist es zu kurz gegriffen, den Beitrag der Schule zur kulturellen Bildungsbiografie auf einzelne Schulfächer zu beschränken. Stattdessen

---

1) Der Rat für Kulturelle Bildung ist ein unabhängiges Beratungsgremium, das sich seit 2012 mit der Lage und Qualität Kultureller Bildung in Deutschland befasst. Die elf Expertinnen und Experten bilden zentrale Bereiche ab, die Kulturelle Bildung und ihre Gestaltung betreffen: Bildungspraxis, Wissenschaft und die Künste. Der Rat für Kulturelle Bildung ist eine Initiative der Bertelsmann Stiftung, Deutsche Bank Stiftung, Karl Schlecht Stiftung, PwC-Stiftung, Robert Bosch Stiftung, Stiftung Mercator und der Stiftung Nantesbuch.
Dieser Beitrag basiert teilweise auf der Publikation des Rates für Kulturelle Bildung „Auf den Punkt I/III – Kulturort Schule. Bildungspolitische Handreichung", Essen 2020. Kostenfrei zum Herunterladen unter www.rat-kulturelle-bildung.de/publikationen/auf-den-punkt. Weitere Publikationen zu Kultureller Bildung in der Schule finden sich auf der Webseite des Rates für Kulturelle Bildung www.rat-kulturelle-bildung.de.

Der Kulturort Schule in der kommunalen Bildungslandschaft

kann die Schule sowohl als Kulturort in eigener Sache als auch als Bestandteil der kulturellen Bildungslandschaft ihrer jeweiligen Stadt oder Gemeinde betrachtet werden (ebd., 14 ff.). Eine solche Sichtweise wird besonders vom Gedanken einer kulturellen Grundversorgung getragen: Während der private Instrumentalunterricht, Kinobesuch, Bücherkauf, das Musizieren in der Familie oder der gemeinsame Fernsehabend immer exklusiv sind, wird Kulturelle Bildung im Schulkontext idealerweise zum quasi-öffentlichen Gut für alle Kinder. Öffnet die Schule ihre Aktivitäten Kultureller Bildung über den Fachunterricht hinaus – durch Bildungspartnerschaften, non-formale Angebote im Ganztag und die fächerübergreifende Vermittlung kultureller Inhalte – mehren sich die Zugänge zu Kultureller Bildung und bauen deren relative Exklusivität ab.

In seinen „Anforderungen an eine zukunftsfähige Grundschule" (Grundschulverband 2019, 1 f.) zum Bundesgrundschulkongress 2019 stellt der Grundschulverband fünf Aspekte zur *allseitigen Bildung* vor, darunter die *Erschließung vielfältiger kultureller und ästhetischer Erfahrungen* als Aufgabe der Schule. Außerdem werden die Aspekte der *Ich-Stärkung* und *Werte-Erziehung* sowie die *Schule als Erfahrungsraum* und *Modell von Lebensgestaltung* genannt. Alle genannten Aspekte spiegeln sich im Verständnis des Rates für Kulturelle Bildung zur Schule als Kulturort wider.

Drei Dimensionen der Schule als Kulturort

Allgemeinbildende Schulen sind in mindestens dreierlei Hinsicht Kulturorte (Rat für Kulturelle Bildung 2020, 14 ff.). Zum einen ist es deren Aufgabe, die heranwachsende Generation systematisch mit der sie umgebenden Kultur im Sinne von Kulturtechniken und -praktiken, Normen und Werten bekannt zu machen und entsprechende Lern- und Bildungsprozesse zur Förderung kultureller Teilhabe zu initiieren. Diese Enkulturationsfunktion von Schule betrifft Grundschulen als erste Stationen der formalen Bildung ganz besonders. Zweitens bildet die Schule einen Kulturraum eigener Art: Sie besteht aus kulturell gestalteten räumlichen und sozialen Umgebungen, die von den Beteiligten wahrgenommen und fortgeschrieben werden. Die dritte Dimension des Kulturorts Schule ist die künstlerisch-ästhetische Bildung und betrifft damit jenen Aspekt, der auch als Kultur im engeren Sinne bezeichnet wird. Gemeint ist die dem Unterricht und den außerunterrichtlichen Angeboten implizite Auswahl kultureller Gegenstände, die Vermittlung eines selektiven Wissens über Künste, Kunstwerke und künstlerische Methoden, die Eröffnung von Erfahrungs- und Gestaltungsräumen ästhetischer Praxis.

Der Kulturort Schule wirkt demnach weit über die Fächer hinaus. Zum einen findet ein großer Teil informellen kulturellen Lernens außerhalb und unabhängig vom Fachunterricht statt: Die kulturellen Herausforderungen im Zusammenhang mit dem digitalen Wandel, der Pluralisierung der Lebensformen sind komplex. Teilweise wirken sie unmittelbar und konkret auf die Schule ein. Zusätzlich wird die Schülerschaft im Allgemeinen heterogener und bietet vielfältige Ankerpunkte für kulturelle Begegnungen und Auseinandersetzungen. Ferner hat die Schule seit dem Ganztagsausbau ihr extracurriculares Angebot stark erweitert: In der Zusammenarbeit mit Bildungspartnern, durch die Bereitstellung non-formaler Angebote und von Programmen, die den Austausch zwischen Schule und anderen Akteuren der lokalen Bildungslandschaft fördern, wird die Angebotspalette für Kulturelle Bildung größer. Schließlich findet Kulturelle Bildung nicht nur fachbezogen statt und geht nicht in den musisch-ästhetischen Fächern wie Kunst oder Musik auf. Kulturelle Bildung an Schulen ist demnach kein Sammelbegriff für ausgewählte Schulfächer, sondern ein *Prinzip von Schulkultur*, das sich wie ein roter Faden durch den Schulalltag zieht und nicht nur von Fachlehrkräften und Honorarkräften einzelner non-formaler Angebote, sondern von allen an Schule Beteiligten getragen wird.

Vieles spricht dafür, dass die Bedeutung der Schule als Kulturort unter den aktuellen gesellschaftlichen Bedingungen wächst. Wahrnehmungs- und Gestaltungsfähigkeiten werden in diversen Lebensbereichen eher an Relevanz gewinnen denn verlieren. Es kommt daher wesentlich darauf an, die Schule insgesamt auch an der Entwicklung dieser Fähigkeiten auszurichten. Dazu ist aus Sicht des Rates eine Stärkung und Ausweitung der ästhetischen Fächer und Bereiche ebenso erforderlich wie eine auf die gesamte Schule bezogene Inhalts-, Organisations- und Personalentwicklung – um den Kulturort Schule in allen seinen Dimensionen zu verwirklichen und zur Geltung zu bringen.

Im Folgenden soll es, anknüpfend an die bildungspolitische Handreichung „Auf den Punkt I/III – Kulturort Schule" (Rat für Kulturelle Bildung 2020) darum gehen, was die Grundschule als Kulturort ausmacht – in den Fächern und über die Fächer hinaus – und welche Handlungsbedarfe der Rat für Kulturelle Bildung in Bezug auf Unterricht, non-formale Angebote und die Qualifizierung der Lehr- und außerschulischen Fachkräfte für die Kulturelle Bildung identifiziert, um das Potenzial des Kulturortes Grundschule optimal zur Geltung kommen zu lassen.

Ästhetische Fächer für alle, ästhetische Praxis für jedes Fach

In der Grundschule haben ästhetische Fächer – Kunst, Musik sowie in einigen Ländern Werken und Gestalten – einen festen, wenn auch über die Bundesländer hinweg variablen Anteil im Fächerkanon. Für Kinder können hierdurch entscheidende Impulse entstehen, ihre kulturellen Interessen und Talente zu entdecken und weiterzuentwickeln. Mit der quantitativen Stellung der Fächer innerhalb der Stundentafel ist freilich noch nichts über die Qualität des Fachunterrichts gesagt. Die Kehrseite des in der Grundschule bewährten und begründeten Klassenlehrerprinzips zeigt sich darin, dass der Musikunterricht in Grundschulen häufig ohne musikalische Grundausbildung der jeweiligen Lehrkräfte stattfindet (Lehmann-Wermser/Weishaupt/Konrad 2020). Vor diesem Hintergrund empfiehlt der Rat für Kulturelle Bildung eine ästhetische Grundausbildung für alle (angehenden) Lehrerinnen und Lehrer, damit der Unterricht in den musischen Fächern gerade in der Grundschule nicht zur Nebensache wird. Der Fachunterricht in Kunst, Musik und in ästhetischen Bereichen etwa des Deutschunterrichtes kann nicht durch außerunterrichtliche Aktivitäten ersetzt werden und erfordert entsprechende Anerkennung auch durch Qualifikation des Lehrpersonals.

Aus Sicht des Rates für Kulturelle Bildung sollten Schulen sowohl eine Grundversorgung mit ästhetischen Fächern leisten als auch die fächerübergreifende Ausschöpfung des ästhetischen Potenzials aller Disziplinen. Die Grundschulfächer bieten unterschiedliche Anknüpfungspunkte für Kulturelle Bildung: Lesen als Kulturtechnik und die Begegnung mit sprachlichen Ausdrucksformen im Deutsch- und Englischunterricht, die Auseinandersetzung mit kulturellen Gegenständen im Heimat- und Sachkundeunterricht, das Wahrnehmen und Empfinden, Darstellen und Ausdrücken durch den und mit dem Körper im Sportunterricht.

Hinzu kommt: Der Anteil von Vorschulkindern, die Deutsch als Zweitsprache erlernen, ist deutlich gestiegen (Autorengruppe Bildungsberichterstattung 2020, 97), die kulturellen Rucksäcke, die Kinder mit in die Schulen bringen, sind unterschiedlich ausgestattet und gefüllt. Daraus ergeben sich verschiedene Fragen für Kulturelle Bildung im Schulunterricht: Mit welchem kulturellen Wissen, welchen ästhetischen Erfahrungen kommen Kinder in die Schule? Welche Fertigkeiten können vorausgesetzt, welche ästhetischen Codes gelesen werden und welche kulturellen Vorannahmen bestehen? Und wie verhalten sich letztere zu den kulturellen Erfahrungen der Lehrkräfte? So erhält sowohl die Enkulturationsfunktion als auch die Grundschule als Kulturraum und Ort ästhetischen Lernens einen gesteigerten Stellenwert, den es im Unterricht und fächerübergreifend zu berücksichtigen gilt.

Neben dem relativ hohen Anteil ästhetischer Fächer liegt eine große Chance der Grundschule als Kulturort und Station der kulturellen Bildungsbiografie darin, dass die Grundschule eine integrierte, inzwischen auch immer häufiger inklusive Schule für alle Kinder ist. Die Grundschule birgt damit als Kulturort für alle Kinder ein großes Potenzial: Zum einen ist sie im Gegensatz zu frühkindlichen Bildungseinrichtungen verpflichtend, sodass ihre (kulturellen) Bildungsangebote jedes Kind erreichen. Zum anderen erreicht sie idealerweise jedes Kind gleichermaßen, da die Selektionsmechanismen im Zusammenhang mit der Allokation von Schülerinnen und Schülern auf verschiedene Schulformen noch nicht greifen. Diese große Chance für kulturelle Teilhabe sollte nicht durch Vernachlässigung des musisch-ästhetischen Bereiches vergeben, sondern im Gegenteil durch qualitativ hochwertigen Unterricht in den ästhetischen Fächern sowie die Berücksichtigung und Reflexion kultureller Aspekte über die Schulfächer hinweg genutzt werden.

Mehr Zeit, mehr Raum, mehr Partner für die Kulturelle Bildung

Durch den bevorstehenden Rechtsanspruch auf Ganztagsbetreuung und das bereits bestehende Ganztagsangebot wachsen Rolle und Funktion von Grundschulen weiter über Unterricht und Schulfächer hinaus. Je mehr Zeit Kinder in Schulen verbringen, desto wichtiger ist es, dass diese Zeit sinnvoll gefüllt ist und zugleich Freiräume lässt. Die wachsende Nachfrage nach Ganztagsbetreuung führt daher im Idealfall nicht nur zu einer Verlängerung der schulischen Öffnungszeiten, sondern auch zu einer tieferen Integration in die jeweilige lokale Bildungslandschaft hinein.

Die Kooperation mit Bildungspartnern kann Beziehungen von Schülerinnen und Schülern und Lehrkräften zu kulturellen Akteuren ihrer jeweiligen Umgebung aufbauen und stärken. Kulturelle Bildungspartnerschaften ermöglichen Schulen, sich Institutionen, Praktikerinnen und Praktikern und damit den jeweiligen kulturellen Lebenswelten ihrer Umgebung zu öffnen.

Besonders in der Grundschule spielen kulturelle Bildungspartner eine große Rolle (DIPF/DJI/IFS/Justus-Liebig-Universität Gießen 2019, 6). Beliebte Partner sind vor allem die mit ihren Angeboten oft auf den Schulbetrieb abgestimmten Musikschulen (Statistisches Bundesamt 2020, 37) sowie Bibliotheken (Rat für Kulturelle Bildung 2017, 49). Hierbei handelt es sich aus Sicht der Grundschulen offenbar um zuverlässige und geeignete Partner, die etwa Ziele der Leseförderung und musikalischen Früherziehung unterstützen und bereichern können. Eine Erweiterung der Angebotspalette kultureller Bildungspartner über verschiedene Sparten und ästhetische Ausdrucksformen hinaus hängt, so legen die Ergebnisse einer Schulleiterbefragung zur Gestaltung und Qualitätssicherung des kulturellen Ganztagsangebots nahe, wesentlich von der Lage und damit Infrastruktur der jeweiligen Schule ab (ebd., 44 und 48). Im Sinne der kulturellen Teilhabe ist es wünschenswert, Kindern so früh wie möglich vielfältige kulturelle Begegnungen und Auseinandersetzungen zu ermöglichen. Outreach-Programme von Kultureinrichtungen oder Programme, die einzelne Schulen zur Kooperation mit einer Vielfalt an Kulturpartnern anregen wie beispielsweise das *Kulturstrolche*-Projekt an Grundschulen in Nordrhein-Westfalen (Kultursekretariat NRW Gütersloh 2020), verfolgen dieses Ziel.

Das Potenzial extracurricularer Angebote ergänzend zum Fachunterricht liegt darin, kulturelles Interesse zu wecken und zu kultureller Teilhabe zu ermutigen und, mit der Unterstützung außerschulischer Vermittlerinnen und Vermittler, Raum für ästhetische Erfahrungen jenseits des Lehrplans zu öffnen. Die größeren Freiheiten des non-formalen Bereichs haben jedoch eine Kehrseite: Rechte und Pflichten gegenüber außerschulischen Fachkräften sind hier weniger genau definiert als gegenüber dem Lehrpersonal im Unterricht, inhaltliche oder pädagogische Vorgaben in Honorarverträgen oft nicht vorgesehen (Rat für Kulturelle Bildung 2017, 18).

Die Versorgung mit und die Qualität von Kultureller Bildung in Schulen sollten nicht dem Zufall überlassen bleiben und Freiwilligkeit nicht mit Beliebigkeit gleichgesetzt werden. Institutionelle Bildungspartner und außerschulische Fachkräfte für die Mitgestaltung extracurricularer schulischer Angebote gilt es mit Blick auf deren pädagogische und künstlerische Kompetenzen auszuwählen. Nach Auffassung des Expertenrates ist ein Qualitätssicherungssystem für extracurriculare Angebote erforderlich, welches digitale Möglichkeiten Kultureller Bildung einschließt. Dabei sollten Schulleitungen und Ganztagsbeauftragte in die Lage versetzt werden, inhaltliche Maßstäbe an Kooperationen anzulegen und bei der Umsetzung von Kooperationen auf ein Kulturbudget für Schulen zurückgreifen zu können.

Kulturelle Bildung in der Grundschule: Keine Qualität ohne Qualifikation

Das Klassenlehrerprinzip an Grundschulen bietet zum einen Vorteile für eine interdisziplinäre Kulturelle Bildung durch den Fächerkanon und darüber hinaus. Zugleich steigen damit auch die Ansprüche an Lehrkräfte als (Dauer-) Vermittlerinnen und -vermittler Kultureller Bildung. Der fachliche Hintergrund, die Kenntnis über Vielfalt und Bandbreite kultureller Ausdrucksformen und die Fähigkeit, ästhetische und reflexive Erfahrungsräume zu öffnen sind wesentliche Faktoren für die Qualität Kultureller Bildung innerhalb und außerhalb des (Fach-)Unterrichts.

Die Qualifikationsanforderungen von Lehr- und Vermittlungspersonen an Grundschulen betreffen verschiedene Aspekte: Zum einen sollte Unterricht in den ästhetischen Fächern durch dementsprechend qualifizierte Lehrkräfte stattfinden. Dies ist, wie etwa die Studie der Bertelsmann-Stiftung, des Deutschen Musikrates und der Konferenz der Landesmusikräte am Beispiel des Musikunterrichts in der Grundschule gezeigt hat, nicht durchgängig der Fall (Lehmann-Wermser / Weishaupt / Konrad 2020) - wobei die Unterversorgung infolge des Klassenlehrerprinzips sowie länderspezifischer Regelungen in Grundschulen quasi zwangsläufig entsteht. Vor diesem Hintergrund lohnt es sich, das Ausbildungssystem für angehende Lehrkräfte in den Blick zu nehmen und Kulturelle Bildung fachunabhängig in die Lehreraus-, -fort- und -weiterbildung zu integrieren. So kann nicht nur fachlichen Lücken entgegengewirkt werden, sondern es werden auch allen (angehenden) Lehrkräften für die Vermittlungspraxis fachunabhängig nutzbare Instrumente an die Hand gegeben. Denn potenziell jede Lehrkraft ist, unabhängig von ihrer Fachausbildung und der von ihr unterrichteten Fächer, mit der Vermittlung von Kultur und ästhetischer Praxis betraut (Rat für Kulturelle Bildung 2020, 50 f.). Wahrnehmung, Ausdruck, Darstellung und Gestaltung sind auch Teil pädagogischer Vermittlungstätigkeiten.

Neben ausgebildeten Lehrerinnen und Lehrern spielen an Grundschulen Quer- und Seiteneinsteigerinnen und -einsteiger für den Unterricht sowie außerschulische Professionen eine zunehmende Rolle. Hier kommt Qualifikationsnachweisen für Kulturelle Bildung wesentliche Bedeutung zu. Solche Qualifikationen können entweder über ein Fachstudium oder in außeruniversitären Fort- und Weiterbildungseinrichtungen erworben werden. Wenn diese Nachweise in Schulen bekannter werden, als es bisher der Fall ist, kann dies eine fachlich-inhaltlich motivierte Rekrutierung außerschulischer Vermittlerinnen und Vermittler erleichtern. Denn die Fachkräfte von „außerhalb" können im Zusammenspiel mit engagierten Lehrkräften dazu beitragen, den Kulturort Schule als Teil der kommunalen Bildungslandschaft zu verankern. Sie sind oft mit Kultureinrichtungen der Umgebung verbunden und verfügen über Netzwerke und Verfahrensweisen, die ästhetische Erfahrungsräume öffnen und kulturelle Teilhabe nachhaltig fördern können.

Eine systematische Nutzung des Potenzials, welches außerschulische Fachkräfte mitbringen, findet bisher punktuell, etwa im Rahmen von Modellprojekten wie *Kulturagenten für Kreative Schulen* statt. In der Gesamtschau indes wird das Personal für kulturelle Ganztagsangebote häufig nicht mit Priorität auf fachliche Kriterien Kultureller Bildung rekrutiert (Rat für Kulturelle Bildung 2017, 51). Für eine effizientere Zusammenarbeit zwischen Schulen und außerschulischen Akteuren können moderierende Stellen der Kulturellen Bildung, wie sie in einigen Ländern und Kommunen bereits etabliert sind, hilfreich sein.[2]

Zusammenfassung und Fazit

Kulturelle Bildung in der Grundschule kann – in den Fächern und über die Fächer hinaus – als Initialzündung für weiterführende Begegnungen mit kulturellen Gegenständen, ästhetische Praxen und zur Entwicklung kultureller und ästhetischer Präferenzen dienen. Die späteren allokativen Unterschiede mit Folgen für die Verteilung Kultureller Bildung greifen hier noch nicht in dem Maße wie an weiterführenden Schulen. Das vom Rat für Kulturelle Bildung erklärte Ideal von ästhetischen Prinzipien, die sich durch den Schulalltag ziehen, lässt sich – bei entsprechenden personellen Voraussetzungen – in der Grundschule durch das Klassenlehrerprinzip und das oftmals über die Sinne und Handeln gesteuerte Lernen besonders gut darstellen. Bildungspartnerschaften und Ganztagsangebote im Zusammenspiel mit kulturellen Bildungspartnern nehmen vielerorts bereits einen hohen Stellenwert an Grundschulen ein. Kurzum: Die Grundschule bietet in vielerlei Hinsicht günstige Rahmenbedingungen für gelingende kulturelle Bildungsbiografien.

Nun gilt es, diese Rahmenbedingungen auch optimal zu nutzen. Dazu gehört es zum einen, dass das ästhetische Potenzial des Fachunterrichts in der Grundschule ausgeschöpft wird: Durch ausgebildete Lehrkräfte für die Fächer Kunst, Musik, Gestalten und Werken sowie durch pädagogisch und künstlerisch qualifizierte Quer- und Seiteneinsteigerinnen und -einsteiger. Zum anderen gestalten Schülerinnen und Schüler mit ihren unterschiedlichen kulturellen Rucksäcken den Kulturraum Schule mit. Der Rat für Kulturelle Bildung schlägt daher eine Lehreraus-, -fort- und -weiterbildung vor, die Kompetenzen für die Kulturelle Bildung einschließt und zukünftige Lehrkräfte für kulturelle und ästhetische Codes, Vorannahmen und Prozesse sensibilisiert. Im Rahmen des Ausbaus von Ganztagsbetreuung an und durch Grundschu-

---

2) Siehe etwa Arbeitsstelle „Kulturelle Bildung NRW" (2020).

len ist indes die Angebotsqualität zu hinterfragen – ein längerer Verbleib in der Schule sollte gerade Grundschulkindern ästhetische Angebote vorhalten, die ihnen die Möglichkeit geben, ihre Sinne zu entwickeln und auch selbst gestaltend tätig zu werden. Letzteres ist vor dem Hintergrund des wachsenden Volumens an kulturellen Gegenständen von steigender Bedeutung. Zu Zeiten der Covid-19-Pandemie sind Schülerinnen und Schüler, Lehrkräfte, Schulleitungen und Eltern von Schulkindern besonders herausgefordert. Sichere Lehr- und Lernkonzepte schränken die Möglichkeiten sinnlichen Lernens ein oder verdrängen sie durch die Konzentration auf die Kernfächer. Hier sind kreative Lösungen gefragt, die einer drohenden „Entsinnlichung" des Schulbetriebs entgegenwirken und kulturelle Teilhabe der Schülerinnen und Schüler in und über Krisenzeiten hinaus ermöglichen.

Literaturverzeichnis

Arbeitsstelle „Kulturelle Bildung NRW" (2020): Schulen. Online verfügbar unter: https://www.kulturellebildung-nrw.de/fuer-schulen/ (letzter Zugriff 08.10.2020).

Autorengruppe Bildungsberichterstattung (2020): Bildung in Deutschland 2020. Ein indikatorengestützter Bericht einer Analyse zu Bildung in einer digitalisierten Welt. Bielefeld: wbv Media.

DIPF Bildungsforschung und Bildungsinformation/DJI Deutsches Jugendinstitut/IFS Institut für Schulentwicklungsforschung/Justus-Liebig-Universität Gießen (2019): Ganztagsschule 2017/2018. Deskriptive Befunde einer bundesweiten Befragung. Studie zur Entwicklung von Ganztagsschulen, StEG. Frankfurt am Main, Dortmund, Gießen & München: DIPF, DJI, IFS, Justus-Liebig-Universität.

Grundschulverband (2019): KINDER LERNEN ZUKUNFT. Anforderungen an eine zukunftsfähige Grundschule. Erschienen zum Bundesgrundschulkongress am 13./14.09.2019 in Frankfurt am Main. Frankfurt am Main: Grundschulverband e. V.

Kultursekretariat NRW Gütersloh (2020): Das Projekt. Online verfügbar unter: https://www.kultursrolche.de/kulturstrolche/projekt/ (letzter Zugriff: 02.10.2020).

Lehmann-Wermser, A. / Weishaupt, H. / Konrad, U. (2020): Musikunterricht in der Grundschule, Aktuelle Situation und Perspektive, Gütersloh: Bertelsmann Stiftung.

MUTIK (2019): Startseite Kulturagenten für kreative Schulen. Online verfügbar unter: http://www.kulturagenten-programm.de/ (letzter Zugriff: 02.10.2020).

Rat für Kulturelle Bildung (2020): Auf den Punkt I/III – Kulturort Schule. Bildungspolitische Handreichung. Essen: Rat für Kulturelle Bildung e. V.

Rat für Kulturelle Bildung (2017): Kulturelle Bildung an Ganztagsschulen. Studie: Schulleitungsbefragung zur Gestaltung und Qualitätssicherung des kulturellen Ganztagsangebotes. Essen: Rat für Kulturelle Bildung e. V.

Rat für Kulturelle Bildung (2015): Jugend / Kunst / Erfahrung. Horizont 2015. Kulturverständnis und Kulturinteressen von Schülerinnen und Schülern und ihre strukturellen Begegnungsmöglichkeiten mit kulturellen Angeboten. Eine Repräsentativbefragung des Instituts für Demoskopie Allensbach (IfD) im Auftrag des Rats für Kulturelle Bildung, ergänzt um repräsentative Ergebnisse einer parallelen IfD-Bevölkerungsumfrage. Essen: Rat für Kulturelle Bildung e. V.

Statistisches Bundesamt (2020): Bildung und Kultur. Spartenbericht Soziokultur und Kulturelle Bildung. Wiesbaden: Statistisches Bundesamt.

Hans Brügelmann

Demokratische Bildung in einer demokratischen Grundschule [1]

„Ziel dieses Bildungsgangs ist die Fähigkeit zur Selbstbestimmung in der demokratischen Gesellschaft und dieses Ziel ist vom ersten Schultage ab anzustreben." So formulierte Erwin Schwartz (1969, 49) bereits im Jahr der Gründung des (heutigen) Grundschulverbands einen zentralen Anspruch an die Grundschule. Horst Bartnitzky (2019, 31) unterstützt 50 Jahre später in seinem Rückblick auf die Reformgeschichte der Grundschule nachdrücklich dieses Plädoyer *„für ein demokratie-pädagogisches Leben und Lernen in der Klasse und an der Schule. Die Schule und eben auch schon deren Grundstufe solle zu einem Lernfeld für eine sich demokratisierende Gesellschaft werden."*

Auf dem Weg zur demokratischen Grundschule

In der Grundschulpädagogik und -didaktik nach dem Zweiten Weltkrieg war demokratische Bildung allerdings lange Zeit kein Thema. Erste Veröffentlichungen erschienen Ende der 1960er- (Düring 1968) und Anfang der 1970er-Jahre (Beck 1972). Schmitt u. a. (1976) waren damals Pioniere mit ihrem Projekt zum sozialen Lernen, das als *„Eine Welt in der Schule"* bis heute wirksam ist – mit dem Grundschulverband als Träger. Seine Leitideen (*„Toleranz – Kooperation – Solidarität"*) machen deutlich, dass es in der demokratischen Bildung nicht nur um Wissen über politische Sachverhalte geht. Die Entwicklung grundlegender Konzepte und Einstellungen der Grundschulkinder sind wichtige Schritte auf dem Weg zu zunehmend differenzierteren politischen Vorstellungen und Haltungen.

Dabei gibt es schon seit den reformpädagogischen Versuchen der 1920er-Jahre eine Tradition politischer Bildung in der Grundschule, die nicht über Inhalte des Heimatkunde- und Sachunterrichts, sondern in der Gestaltung des Schullebens sichtbar wird. Flitner (1999, Kap. 5) nennt zwei Ansätze: die Gemeinwesen-Schule, die sich zur politischen Gemeinde hin öffnet, auch an ihrem Leben teilhat – heute wiederbelebt bzw. re-importiert aus dem angelsächsischen Schulwesen als „community school"; und als zweites die Idee der Kinderrepublik, die als „embryonic society" (Dewey) Formen echter Selbst- und Mitbestimmung der Schüler*innen erfahrbar macht.

In diesen reformpädagogischen Ansätzen finden sich schon eine Reihe konkreter Einrichtungen, die heute für die Gestaltung des Schullebens (wie-

---

[1] In Teilen angelehnt an meine früheren Arbeiten (2014) bzw. (2019).

der) an Bedeutung gewinnen – auch in der Grundschule: der Klassenrat, die Schulgemeinde bzw. -versammlung, das Schülergericht.

Verbreitet haben sich diese Formen einer stärkeren Selbst- und Mitbestimmung von Kindern in der Grundschule aber erst seit der Jahrhundertwende (Bartnitzky 2019, 563 ff.) – mit wichtigen Impulsen aus dem BLK-Modellprogramm *„Demokratie lernen und leben"* (Edelstein / Fauser 2001), aus dem Projekt *„Mit Kindern gemeinsam Schule entwickeln: Demokratie lernen"* (Burk u. a. 2003) und von der Siegener Tagung *„Demokratische Grundschule"* und ihrer Dokumentation (Backhaus u. a. 2008).

Auch in den Richtlinien und Bildungsplänen der Bundesländer für den Sachunterricht finden sich noch nicht lange – und meist nur punktuell – Inhalte politischer Bildung. Inzwischen hat die Bundeszentrale für politische Bildung (2008) unter dem Titel *„Demokratie verstehen lernen"* elf Bausteine zur politischen Bildung in der Grundschule veröffentlicht und aktuell ist ein weiterer Band zu diesem Thema avisiert (Lange / Baumgardt 2021). Zudem wurden und werden heute in Konzeptionen für den Sachunterricht häufiger Machtfragen und Konflikte zum Thema gemacht, anders als im Heimatkundeunterricht in den ersten beiden Jahrzehnten nach dem 2. Weltkrieg.

Gehört demokratische Bildung schon in die Grundschule?

Parallel hat sich eine Forschung zur politischen Sozialisation von Kindern etabliert (z. B. im Anschluss an van Deth u. a. 2007) und es wurden Konzepte zu ihrer Förderung entwickelt (vgl. Richter 2007 und die Beiträge von Edelstein u. a. 2014), die für die Grundschulpädagogik und -didaktik einige grundlegende Einsichten erbracht haben (ausführlicher Brügelmann 2019):

- Schon Kinder entwickeln politisch relevante Vorstellungen und Haltungen – und diese können in der Grundschule über pädagogisch geplante Aktivitäten bzw. die Gestaltung der Lern- und Lebensbedingungen beeinflusst werden. Kinder sind dabei nicht als zu „formende" Objekte zu sehen, sondern als selbstständige Persönlichkeiten, die von der Schule bei der Entwicklung ihrer Haltungen und Kompetenzen unterstützt werden.
- Politische Bildung leistet einen Teilbeitrag zum Zusammenspiel von expliziten und impliziten, intentionalen und beiläufigen Sozialisationsprozessen. Sie kann nur wirksam werden, wenn sie sich nicht auf fachliche Beiträge zum Sachunterricht beschränkt, sondern auch als Unterrichtsprinzip (in allen Fächern bzw. Lernbereichen) ausgelegt wird sowie selbst- bzw. mitbestimmte Arbeitsformen im Unterricht und ernsthafte Möglichkeiten zur Mitwirkung im Schulleben einschließt.
- Schulische Aktivitäten politischer Bildung müssen gleichzeitig Gegenwarts- und Zukunftsansprüchen gerecht werden, indem sie einerseits dazu beitragen, Kinder auf ihr späteres Leben in der Gesellschaft vorzuberei-

ten, andererseits aber auch helfen, schon aktuell die Rechte der Kinder auf Selbst- und Mitbestimmung umzusetzen. Dazu gehört auch, dass Schule sich in den Sozialraum öffnet und Kinder eine lebensnahe Vorstellung davon erhalten, was politische Vorgänge mit dem Leben von Bürgerinnen und Bürgern, Kindern und Familien zu tun haben.

Leider ist politische Bildung dennoch lange Zeit primär als Aufgabe der höheren Schulstufen angesehen worden, und zwar aufgrund von zwei problematischen Annahmen: Die Komplexität und Abstraktheit institutioneller Prozesse überfordere Grundschulkinder in kognitiver Hinsicht; zudem seien Einstellungen und Verhaltensweisen, die in personalen Bezügen des sozialen Alltags erworben werden, nicht übertragbar auf die stärker formalisierten Aktivitäten im gesellschaftlichen Raum.

Was hat soziales mit politischem Lernen zu tun?

Bis heute ist das Verhältnis zwischen sozialem und politischem Lernen in der Sachunterrichtsdidaktik und Grundschulpädagogik umstritten. Wegen der Strukturverschiedenheit informeller sozialer Beziehungen und institutionalisierter gesellschaftlicher Prozesse wurde und wird der Sinn einer politischen Bildung in der Grundschule oft grundsätzlich infrage gestellt. Dabei wird die Bedeutung des sozialen Lernens in Kleingruppen für die Entwicklung politischer Haltungen in Zweifel gezogen. Andererseits zeigen Studien der politischen Psychologie (vgl. Geißler 1996, 61 f.) eine hohe Korrelation zwischen politischen Einstellungen und allgemeinen Persönlichkeitsmerkmalen. Letztere wiederum korrespondieren mit Autoritätsstruktur und affektivem Klima in der Familie.

Zwar mag es auf den ersten Blick irritieren, dass Erfahrungen von Kindern in sozialen Kleinräumen für ihr Verständnis gesamtgesellschaftlicher Vorgänge und für ihre Mitwirkung an politischen Prozessen Bedeutung haben sollen. Aber schon Piaget (1932) hat in seinen Studien zum moralischen Urteil gezeigt, wie sich die Vorstellungen von Kindern über Gerechtigkeit, Autorität und soziale Regeln durch ihren Umgang miteinander verändern. Damit wird deutlich, dass Erfahrungen und Lernprozesse zu demokratischem Handeln und zur Verantwortung für das Miteinander bereits im Kleinkind- und Grundschulalter beginnen müssen, bezogen auf das konkrete Lebensumfeld des Kindes. Hildebrandt/Pergande (2020, 44) formulieren deshalb als zentrale Aufgabe der Grundschule, *„Kinder in ihrer Persönlichkeits- und Autonomieentwicklung zu unterstützen und dafür Sorge zu tragen, dass Kompetenzen, die für das Zusammenleben bedeutsam sind, (weiter-)entwickelt werden können. Das ist für die Kinder gut und für unsere demokratische Gesellschaft ebenso. Selbstwirksamkeitserwartung zu erzeugen, Perspektivwechsel zu üben, Vorurteile bewusst* *zu machen und ihnen entgegenzustehen sowie Konfliktlösungskompetenzen zu fördern, sind hierfür wichtige Aufgaben von Grundschule."*

Dennoch stellt sich die Frage, wie stark die sozialen Lernerfahrungen in der Institution Schule als bedeutsam für die Entwicklung von politischem Wissen und Einstellungen im engeren Sinn angesehen werden können. Schreier (1996, 53) rechtfertigt sie als eine Art *„Brücke"* zwischen den Intim-Erfahrungen in der Familie und den staatlich verfassten Formen von Politik, indem sie *„modellhaft den Weg vom Miteinander der empathischen Lebensform zur regelhaften, institutionalisierten Staatsform […] wiederholen"* – ganz im Sinne von Hentigs These (1993, 181): *„Nur wenn wir im kleinen, überschaubaren Gemeinwesen dessen Grundgesetze erlebt und verstanden haben […], werden wir sie in der großen Polis wahrnehmen und zuversichtlich befolgen."*

Mit seinem „Dreiphasen-ABC der Demokratie-Erziehung in der Grundschule" verdeutlicht Schreier, dass alltägliches Miteinander in Kleingruppen und Teilhabe an politischen Entscheidungen nicht dasselbe sind, aber Wesentliches gemeinsam haben, dass politische Bildung in der Grundschule insofern gestuft in verschiedenen Dimensionen zu institutionalisieren ist: als Förderung von **Empathie**, z. B. durch Gespräche über persönliche Erfahrungen / Schwierigkeiten oder (vermittelt) über ein Klassentagebuch; als Einübung kritischer **Kommunikation** über geregelte Verfahren, z. B. durch die Diskussion von moralischen Dilemmata oder durch die gemeinsame Gestaltung einer Zeitung; als Einrichtung und Nutzung von **Körperschaften**, z. B. eines Klassenrats, eines Schülerparlaments, eines Schülergerichts.

Demokratische Bildung braucht mehr als politisches Wissen

Lange wurde der Auftrag politischer Bildung beschränkt auf die Vermittlung von Wissen über politische Institutionen bzw. Prozesse durch Fachunterricht. Sie hat aber eine umfassendere Aufgabe – neben der Vermittlung von Konzepten und Kenntnissen zum besseren Verständnis politischer Vorgänge auch die Förderung von Einstellungen, die sich an demokratischen Werten orientieren, und von Kompetenzen wie selbstständiges Denken, Urteilen und Handeln. Politische Bildungsprozesse sind komplex und schließen sowohl kognitive als auch affektive und motivationale Aspekte ein.

Insofern ist der enge Fokus auf Wissensvermittlung um drei Perspektiven zu erweitern, was tiefgreifende Konsequenzen für die Gestaltung des Lernens und Lebens in der Grundschule hat. Danach ist eine politische Bildung, die selbstständiges Denken, Urteilen und Handeln und demokratische Haltungen fördern will, zwar durchaus auszulegen

- als Fachunterricht (in der Grundschule als Teil des Sachunterrichts), der über politische Sachverhalte informiert und Methoden zur Analyse und Kritik dieser Sachverhalte vermittelt, darüber hinaus aber auch
- als Unterrichtsprinzip, das Aufmerksamkeit für Norm- und Machtfragen in anderen Lernbereichen weckt, u. a. bei einer Lektüre mit sozialen Konflikten oder bei der Frage nach Gerechtigkeit im Ethik- oder Religionsunterricht;
- als Anforderung an Arbeits- und Sozialformen im Unterricht, d. h. als Forderung und Unterstützung von Selbstständigkeit, Mitbestimmung, Zusammenarbeit in allen Lernbereichen, z. B. bei Freiarbeit im offenen Unterricht;
- als Leitidee für die Gestaltung des Schullebens, z. B. durch Institutionalisierung der Mitwirkungsrechte von Schüler*innen in Entscheidungsgremien wie Klassenrat oder Schüler-/Schulparlament und durch die Beteiligung aller anderen Gruppen an der Entwicklung der Schule.

Denn die für die Entwicklung politischen Engagements und einer demokratischen Haltung als bedeutsam erkannten Bedingungen des familiären Milieus sind auch in der Schule relevant. Sie entsprechen den Merkmalen, die immer wieder als Kennzeichen einer demokratischen Schule genannt werden: positives sozial-emotionales Klima, geringes Machtgefälle, hohe Kommunikationsdichte, offener Austrag von Konflikten (vgl. Geißler 1996, 60–61, 63). Ein Beispiel sind – neben den radikaleren Sudbury-Schools – die „Just Community Schools", wie sie Kohlberg u. a. (1978) in den USA entwickelt haben.

Kinder haben Mitbestimmungsrechte in der Grundschule

Zugleich wird die Erziehungsperspektive („mündiger Bürger" der Zukunft) ergänzt um Anforderungen an demokratische Qualitäten der Erfahrungen in der Schule selbst. Vor allem die UN-Kinderrechtskonvention (1989) macht deutlich, dass es in der Schule nicht nur darum geht, Demokratie zu lernen, sondern sie auch schon aktuell zu leben. Denn die Konvention formuliert nicht nur Schutz- und Förderrechte für Kinder, sie verlangt auch, ihnen Selbst- und Mitbestimmungsmöglichkeiten in Angelegenheiten einzuräumen, die sie persönlich betreffen. Dass dies in besonderer Weise für die

Schule gelten muss, wurde von der Kultusministerkonferenz ausdrücklich als Anforderung an Unterricht und Schulleben formuliert (KMK 2006 und 2009; siehe konkreter das Manifest *„Kinderrechte, Demokratie und Schule"* in Krappmann / Petry 2016, 17 ff.)

Für die Konzeption einer demokratischen Grundschule versprechen Formen impliziten Lernens durch aktive Mitwirkung der Schüler*innen an Entscheidungen in Schule und Unterricht wichtige Erfahrungen für die Kinder. Eine solche Unterrichtskonzeption kann durch drei Prinzipien bestimmt werden (Hecht 2002, Übers. brü):

- *„eine demokratische Gemeinschaft mit Parlament, Schlichtungsausschüssen, ausführenden Gremien usw.,*
- *pluralistischer Unterricht, der SchülerInnen erlaubt, wichtige Fachinhalte selbst zu wählen, Angebote zum Selbstlernen anbietet usw.,*
- *eine dialogische Beziehung auf der Grundlage besonderer wechselseitiger Beziehungen zwischen Erwachsenen und Kindern."* (Beispiele finden sich in: Burk u. a. 2003; Backhaus u. a. 2008; Edelstein u. a. 2014.)

Besonders bedeutsam sind der zweite und der dritte Aspekt, die für politische Erfahrungen in der Schule unter dem Stichwort *„heimlicher Lehrplan"* vor allem von Kandzorra (1996, 81) diskutiert worden sind. Einschränkungen für die Entwicklung von Selbstständigkeit sieht sie in den *„Strukturen, Abläufen, Organisationsformen und Inhalten von Schule"* und in der *„Eigengesetzlichkeit und Eigendynamik der Institution selbst"*. Konkret verweist sie auf die weithin übliche Begrenzung der Handlungsmöglichkeiten der SchülerInnen im Unterricht, auf die asymmetrische Lehr-Lern-Beziehung zwischen Erwachsenen und Kindern und auf die durch Konkurrenz bestimmte Interaktion zwischen den Mitschüler*innen.

Damit ist erneut der Unterricht angesprochen – nicht als „Fach Politik", sondern als Raum der Selbst- und Mitbestimmung von Kindern bei der Wahl von Themen und Aufgaben in allen Fächern: Eine demokratische Schule braucht eine Öffnung des Unterrichts (DeGeDe 2019), konkretisiert in Formen der Freiarbeit, die diesen Anspruch auch inhaltlich ernstnehmen (Drews / Wallrabenstein 2002).

Dabei ist festzuhalten, dass nicht eine als eingeschränkt unterstellte Einsichtsfähigkeit den Umfang von Freiräumen bestimmen sollte, sondern dass sich der Pädagogik die Aufgabe stellt, Beteiligungsmöglichkeiten so zu gestalten, dass sie Kindern eine ernsthafte Mitwirkung ermöglichen, zum Beispiel als Streitschlichter, aber auch bei Entscheidungen über eigene Arbeitsvorhaben, beispielsweise im Rahmen des Wochenplanunterrichts. Besondere Aufmerksamkeit brauchen dabei diejenigen Kinder, denen es aufgrund ihrer Persönlichkeit oder ihrer sozialen Herkunft schwerer fällt als anderen, die Beteiligungsangebote zu nutzen – gerade im Unterricht. Angesichts der sehr unterschiedlichen familiären, vor- und außerschulischen Erfahrungen der

Schulanfänger hat die (Grund-)Schule hier eine kompensatorische Aufgabe, um allen Kindern zu helfen, ihren Horizont zu erweitern, und um ihnen Möglichkeiten zur Entwicklung des eigenen Urteils zu eröffnen. Dies erfordert allerdings eine hohe Sensibilität aufseiten der Lehrkräfte, besonders bei Kindern, die im Elternhaus strikt autoritative bis hin zu brutal-autoritären Erziehungspraktiken erleben. Sie erfahren einen partizipativen und auf Partizipation abzielenden Unterricht oft als eine heftige kognitive Dissonanz und können aufgrund der widerstreitenden Bildungs- und Erziehungsideale von Elternhaus und Schule rasch in schwere Konflikte mit den Eltern geraten.

Als Lernort wenig im Blick ist das Umfeld der Schule, in dessen Alltag schulische Themen für Kinder bedeutsam und lebendig werden. Strukturen von Politik und Verwaltung und demokratische Prozesse können beispielhaft an konkreten Themen wie Schulwegsicherung, der Gestaltung öffentlicher (Spiel-)Plätze oder Schulbau (vgl. Hofmann 2014) erlebt und reflektiert werden. Dabei können insbesondere die Jugendhilfe und – bezogen auf globale Themen – Nichtregierungsorganisationen wichtige Kooperationspartner*innen sein.

Insofern ist Partizipation mehr als die Mitwirkung in Gremien – und auch deren Wirksamkeit kein Selbstläufer. Die Einrichtung eines Klassenrats oder Schulparlaments eröffnet nur Potenziale, deren Entfaltung von der konkreten Umsetzung vor Ort abhängt. Entscheidend für eine erfolgreiche Teilnahme der Kinder an Entscheidungen ist die Haltung der Erwachsenen im Umgang mit den Kindern, ihr Respekt für deren Vorstellungen und ihr Selbstverständnis als anregendes, kritisches und unterstützendes Gegenüber – nicht als generell überlegene Autorität.

Fazit und Ausblick

Zusammengefasst sind es drei Begründungsstränge, die in der Diskussion über demokratische Bildung in einer demokratischen Grundschule gemeinsam zu bedenken und so umzusetzen sind, dass sie sich wechselseitig stützen (Brügelmann 2014, 10):

- Erstens sind Selbst- und Mitbestimmung wichtig, weil ohne sie schulisches Lernen generell verkümmert. Damit geht es um die fachbezogene Wirksamkeit von Schule: Lernmotivation in allen Fächern ist abhängig von der Möglichkeit, dass Kinder sich als autonom und kompetent erleben. Selbstgesteuertes Lernen ist nachhaltiger als fremdbestimmter Unterricht.

Die wirksame Förderung fachlichen Lernens ist aber nur ein Aspekt der Öffnung des Unterrichts für mehr Selbst- und Mitbestimmung. Denn:

- Zweitens ist Partizipation an schulischen Entscheidungen wichtig, damit Schüler*innen auf ihre Rolle als Bürger*innen in einer Demokratie vorbereitet werden. Ich nenne dies das Passungs- und Stimmigkeitsproblem von Schule: Selbstständigkeit und Verantwortung können Kinder nur entwickeln, wenn man sie ihnen von klein auf zugesteht, wenn also kein Widerspruch zwischen Lernzielen und Lernformen besteht.

Während die ersten beiden Begründungen Partizipation mit ihrem Beitrag zur Entwicklung der Kinder, also zu ihren zukünftigen Handlungsmöglichkeiten rechtfertigen, zielt die durch die UN-Kinderrechtskonvention gestützte Argumentation auf die Gestaltung der Schule selbst als aktuellem Lern- und Lebensraum:

- Denn drittens sind Selbst- und Mitbestimmung ein Wert an sich und deshalb in jeder gesellschaftlichen Interaktion, also auch zwischen den Generationen, zu respektieren. Damit ist die Legitimität von schulischen Aktivitäten angesprochen: Partizipation darf nicht reduziert werden auf ein „Mittel zum Zweck" der Erziehung, sie darf von Erwachsenen nicht lediglich instrumentell eingesetzt werden, sondern steht allen Kindern schon aktuell als grundlegendes Recht zu, über das Erwachsene nicht nach eigenem Gutdünken verfügen können.

Dieser Anspruch ist in der Schule aber nur schwer umzusetzen, wenn nicht einmal die Pädagog*innen und Eltern ein Mitbestimmungsrecht bei wesentlichen Schulanliegen haben und wenn die Schulen ihre konzeptuelle Entwicklung und alltägliche Arbeit nicht wirksam mitbestimmen können, z. B. was die Einstellung neuer Kolleg*innen, die Verwendung von Sachmitteln, die Formen der Leistungskontrolle und Lernerfolgsrückmeldung und ähnliche Entscheidungen betrifft. Demokratische Bildung ist nur in einer demokratisch verfassten Schule mit bedeutsamen Entscheidungsfreiräumen für die in ihnen tätigen Menschen möglich.

Literatur

Backhaus, A. u. a. (Hg.) (2008): Demokratische Grundschule – Mitbestimmung von Kindern über ihr Leben und Lernen. Arbeitsgruppe Primarstufe/FB2. Verlag Universi: Siegen. Download: https://www.pedocs.de/frontdoor.php?source_opus=13014 [Abruf: 17.8.20]

Bartnitzky, H. u. a. (Hg.) (2009): Kursbuch Grundschule. Beiträge zur Reform der Grundschule, Bd. 127/128. Grundschulverband: Frankfurt a. M.

Bartnitzky, H. (2019): Auf dem Weg zur kindergerechten Grundschule. 50 Jahre Grundschulreform – 50 Jahre Grundschulverband. Beiträge zur Reform der Grundschule Bd. 148/149. Grundschulverband: Frankfurt a. M.

Beck, G. (1972): Politische Sozialisation und politische Bildung in der Grundschule. Hirschgraben Verlag: Frankfurt a. M.

Brügelmann, H. (2014): Kinderrechte: Selbst- und Mitbestimmung in der Grundschule. In: Grundschule aktuell 127, 6–11. Download: https://www.pedocs.de/volltexte/2019/16178 [Abruf: 17.8.20]

Brügelmann, H. (2019): Grundschule als demokratischer Lern- und Lebensraum. Ein Forschungsbericht über soziales Lernen und politische Bildung von Kindern. Gutachten für den Sachverständigenrat zur Erstellung des 16. Kinder- und Jugendberichts. Bis zur Veröffentlichung abrufbar über: hans.bruegelmann@uni-siegen.de

Bundeszentrale für politische Bildung (Hg.) (2008): Demokratie verstehen lernen. Elf Bausteine zur politischen Bildung in der Grundschule. Bonifatius Verlag: Paderborn.

Burk, K. u. a. (Hg.) (2003): Kinder beteiligen – Demokratie lernen? Beiträge zur Reform der Grundschule Bd. 116. Grundschulverband: Frankfurt a. M.

Claußen, B. / Geißler, R. (Hg.) (1996): Die Politisierung des Menschen. Instanzen der politischen Sozialisation. Leske+Budrich: Opladen.

DeGeDe (2019): Demokratiepädagogik & offener Unterricht. Deutsche Gesellschaft für Demokratiepädagogik: Berlin, in Kooperation mit dem Grundschulverband: Frankfurt a. M. Download: https://www.degede.de/mediathek/faltblatt-demokratie paedagogik-offener-unterricht/ [Abruf: 17.8.20]

Drews, U. / Wallrabenstein, W. (Hg.) (2002): Freiarbeit in der Grundschule. Offener Unterricht in Theorie, Forschung und Praxis. Beiträge zur Reform der Grundschule Bd. 114. Grundschulverband: Frankfurt a. M.

Düring, P. (1968): Politische Bildung in Grundschule und Hauptschule. Ehrenwirth: München.

Edelstein, W. / Fauser, P. (2001): „Demokratie lernen und leben". Gutachten für ein Modellversuchsprogramm der BLK. Bund-Länder-Kommission für Bildungsplanung und Forschungsförderung: Bonn.

Edelstein, W. u. a. (Hg.) (2014): Kinderrechte in der Schule. Gleichheit, Schutz, Förderung, Partizipation. Debus Pädagogik / Wochenschau-Verlag: Schwalbach.

Flitner, A. (1999): Reform der Erziehung. Impulse des 20. Jahrhunderts. Jenaer Vorlesungen. Serie Piper 1546: München/Zürich (erw. Neuausgabe; 1. Aufl. 1992).

Geißler, R. (1996): Politische Sozialisation in der Familie. In: Claußen/Geißler, 51–70.

Hecht, Y. (2002): Pluralistic Learning as the core of democratic education. IDEC 2002. Download: http://www.adec.edu.au/documents/pluralistic.pdf [Abruf: 17.8.20]

Hecker, U. u. a. (Hg.) (2020): KINDER LERNEN ZUKUNFT: Anforderungen und tragfähige Grundlagen. Beiträge zur Reform der Grundschule, Bd. 150. Grundschulverband: Frankfurt.

Hentig, H. v. (1993): Die Schule neu denken. Eine Übung in praktischer Vernunft, Hanser: München/Wien.

Hildebrandt, F. / Pergande, B. (2020): Soziale Fähigkeiten in der Grundschule entwickeln. In: Hecker u. a., 44–53.

Hildebrandt, F. u. a. (2020): Tragfähige Grundlagen: Entwicklung der Persönlichkeit und sozialer Fähigkeiten. In: Hecker u. a., 30–43.

Hofmann, S. (2014): PARTIZIPATION MACHT ARCHITEKTUR. Die Baupiloten-Methode und Projekte. Jovis Verlag: Berlin (s. auch http://www.baupiloten.com/2017/11/30/schule-entwickeln-mit-kindern/).

Kandzorra, G. (1996): Schule als vergesellschaftete Einrichtung: Heimlicher Lehrplan und politisches Lernen. In: Claußen / Geißler, 71–89.

KMK (2006): Erklärung der Kultusministerkonferenz vom 03.03.2006 zur Umsetzung des Übereinkommens der Vereinten Nationen über die Rechte des Kindes. Download: https://www.kmk.org/fileadmin/Dateien/veroeffentlichungen_beschluesse/2006/2006_03_03-Rechte-des-Kindes-UN.pdf [Abruf: 17.8.20]

KMK (2009): Stärkung der Demokratieerziehung. Beschluss der Kultusministerkonferenz vom 06.03.2009. Sekretariat der Ständigen Konferenz der Kultusminister der Länder in der Bundesrepublik Deutschland – II A. Download: https://www.kmk.org/fileadmin/Dateien/veroeffentlichungen_beschluesse/2009/2009_03_06-Staerkung_Demokratieerziehung.pdf [Abruf: 17.8.20]

Kohlberg, L. u. a. (1978): Die Gerechte Schul-Kooperative. Ihre Theorie und das Experiment der Cambridge Cluster School. In: Portele, 215–259.

Krappmann, L. (2016): Kinderrechte, Demokratie und Schule. Ein Manifest. In: Krappmann / Petry, 17–53.

Krappmann, L. / Petry, C. (Hg.) (2016): Worauf Kinder und Jugendliche ein Recht haben. Kinderrechte, Demokratie und Schule: Ein Manifest. Debus-Verlag: Schwalbach.

Lange, D. / Baumgardt, I. (2021) (Hg.): Young Citizens. Handbuch für die Politische Bildung in der Grundschule. Bundeszentrale für politische Bildung: Bonn (in Vorb.).

Piaget, J. (1932/54): Das moralische Urteil beim Kinde. Rascher: Zürich (frz. 1932; dt. 1954).

Portele, G. (Hg.) (1978): Sozialisation und Moral. Beltz: Weinheim / Basel.

Richter, D. (Hg.) (2007): Politische Bildung von Anfang an. Demokratie-Lernen in der Grundschule. Debus Verlag: Schwalbach/Ts.

Schmitt, R. u. a. (1976): Soziale Erziehung in der Grundschule. Toleranz – Kooperation – Solidarität. Beiträge zur Reform der Grundschule Bd. 28/29. Arbeitskreis Grundschule: Frankfurt.

Schreier, H. (1996): Demokratieerziehung. Herstellung von Öffentlichkeit im Schulraum. In: Die Grundschulzeitschrift, 10. Jg., H. 100, 50–53.

Schwartz, E. (1969): Die Grundschule. Funktion und Reform. Westermann: Braunschweig.

UN-Kinderrechtskonvention (1989), s. zur deutschen Fassung z. B. den Download unter: https://t1p.de/kinderrechtskonvention [Abruf: 17.8.20]

van Deth, J. W. u. a. (Hg.) (2007): Kinder und Politik. Politische Einstellungen von jungen Kindern im ersten Grundschuljahr. VS Verlag für Sozialwissenschaften: Wiesbaden.

Eine Schule für alle Kinder: Perspektiven

Ulrich Hecker / Maresi Lassek

„Allen Kindern gerecht werden"
Fördern als Kernauftrag der Schule

In allen Schulvergleichsstudien der letzten 20 Jahre zeigt sich, dass sich soziale Ungleichheit in den schulischen Erfolgschancen der Kinder spiegelt. Mit dem Motto „Allen Kindern gerecht werden" hat der Grundschulverband bei seinem Bundesgrundschulkongress 2009 die Forderung nach Bildungsgerechtigkeit in den Mittelpunkt gerückt. Auch darin zeigte sich das „Plädoyer des Verbandes für die Realisierung der beiden großen Leitideen der Schulgeschichte"[1]:

- die Leitidee von der einen Schule für alle – weit über die in Deutschland übliche vierjährige Grundschule hinaus –, in der Kinder miteinander und voneinander lernen;
- die Leitidee einer „Pädagogik vom Kinde aus" – im heutigen Verständnis einer Pädagogik, in der die Vielfalt der Kinder in ein konstruktives und produktives Miteinander gebracht wird und in der Kinder bei ihrer Selbstaneignung der Welt unterstützt werden.

Eine solche Schule, in der tatsächlich kein Kind allein- und zurückgelassen wird, hätte auch mehr Möglichkeiten, eine zukunftsfähige Leitidee von Bildungsgerechtigkeit zu verwirklichen.

> **Die Grundschule der Zukunft ist eine Schule der allseitigen Bildung**[2]
> Bildung ist die Auseinandersetzung einer Person mit der Welt, um die eigene Position im gesellschaftlichen Ganzen zu verstehen und die eigene Persönlichkeit im Rahmen der naturgegebenen und gesellschaftlichen Gegebenheiten zu entwickeln. Schulische Lernsituationen sind deshalb so zu gestalten, dass sie die Selbst-Bildung der Kinder unterstützen.
> In der Grundschularbeit konkretisiert sich allseitige Bildung in fünf Aspekten:
> - Ich-Stärkung eines jeden Kindes im Zusammenhang des sozialen Miteinanders;
> - Werte-Erziehung über die Stärkung von Verlässlichkeit und Gemeinschaftlichkeit und die Erfahrung eines demokratischen Zusammenlebens;

---

1) Bartnitzky, H. u. a. (Hg.) (2009): Kursbuch Grundschule, Frankfurt a. M.: Grundschulverband, 33.
2) Aus: „Anforderungen an eine zukunftsfähige Grundschule", in: Hecker, U. / Lassek, M. / Ramseger, J. (Hg.) (2020): KINDER LERNEN ZUKUNFT: Anforderungen und tragfähige Grundlagen, (Beiträge zur Reform der Grundschule Bd. 150), Frankfurt a. M.: Grundschulverband, 16–27.

- Erarbeitung tragfähiger Grundlagen für weiteres Lernen, bezogen auf alle Lernbereiche, dabei Stärkung des selbstständigen und des kooperativen Lernens;
- Erschließung vielfältiger kultureller und ästhetischer Erfahrungen in Bereichen wie Literatur, Kunst, Musik und Bewegung;
- Schule als Erfahrungsraum und Modell einer gesunden und nachhaltigen Lebensgestaltung, die sorgsam mit Ressourcen umgeht.

Die scheinbar unverrückbaren 20 bis 25 Prozent

20 bis 25 Prozent: Die Zahl armer Kinder in Deutschland nimmt nicht ab. Mehr als jedes fünfte Kind und jeder fünfte Heranwachsende leben in Armut, betroffen sind rund 2,8 Millionen Kinder und Jugendliche. Im Bildungsbereich hat die Corona-Pandemie die Ungleichheit besonders deutlich sichtbar gemacht und noch verschärft.

Wohnverhältnisse: Oft haben arme Kinder in ihrer Wohnung keinen Ort, wo sie in Ruhe lernen können. Knapp die Hälfte der von Armut betroffenen Familien lebt in einer Wohnung ohne ausreichend viele Zimmer – im Vergleich zu rund 10 Prozent der Familien mit gesichertem Einkommen.

Zugang zu digitalen Medien: Knapp ein Viertel der armen Familien hat keinen Computer mit Internetzugang – unter den übrigen Familien gilt das nur für etwa 2 Prozent.[3]

Dürre Fakten weist dieses „Factsheet" aus. Dahinter aber liegen Lebens- und Bildungsschicksale mit Sorgen und Beschämungen. Leicht sprechen wir von „sozial Schwachen" und meinen „Abgehängte". Es gibt sie – in der Gesellschaft und in der Schule: „Menschen, (…) die in der öffentlichen Wahrnehmung unter einer Schicht aus Vorurteilen existieren, die so dick ist, dass sie zu ersticken drohen und dass kaum jemand ihre Realität darunter sieht."[4]

Unter der wohlfeilen Etikettierung „sozial schwach" verbirgt sich eine Umdrehung von Ursache und Wirkung. Gesellschaftspolitische Probleme werden damit individualisiert, dem und der Einzelnen in die Schuhe geschoben. Familien sind arm, weil sie „sozial schwach" sind. Damit ist die Gesellschaft begrifflich aus der Verantwortung entlassen und die Betroffenen bleiben sich selbst überlassen. So unbenannt wie unangetastet bleiben die tatsächlichen Ursachen von Armut, wie z. B. Arbeitslosigkeit oder prekäre Einkommen im Niedriglohnsektor. Die Etikettierung „sozial schwach" ist im landläufigen Sprachgebrauch (auch in den Medien) selbstverständ-

---

3) Vgl. Bertelsmann Stiftung (Hg.), (2020): Factsheet: Kinderarmut in Deutschland, Gütersloh: Bertelsmann.
4) Mayr, A. (2020): Die Elenden, Berlin 2020: Hanser, 13.

lich. Begriffe wie „bildungsfern" oder „bildungsarm" haben sich in öffentlichen Diskursen und in den Medien längst verbreitet und signalisieren: Die wollen nicht, haben kein Interesse. Auch hier bleiben gesellschaftliche und bildungspolitische Ursachen ungenannt. Kindern und Jugendlichen (und ihren Familien) wird die Verantwortung für mangelnde Schulleistungen, niedrige oder fehlende Schulabschlüsse zugeschrieben, statt ein Bildungssystem in den Blick zu nehmen, dem es seit Jahrzehnten nicht gelingt, soziale Ungleichheit in der Bildung auszugleichen.

20 bis 25 Prozent: Die Zahl armer Kinder korreliert auffällig, wenn auch keineswegs zufällig mit Prozentzahlen in diversen Bildungsberichten und Lernstandserhebungen:

In den letzten 15 Jahren dürften in Deutschland an die 100 Millionen Euro für schulische Lernstandserhebungen ausgegeben worden sein. Die Befunde dieser empirischen Untersuchungen bestätigen immer wieder das, was man bereits wissen konnte: Das Lernen der Kinder aus „bildungsfernen" oder „sozial schwachen" Schichten ist wenig erfolgreich. So aufschlussreich solche Forschungsergebnisse sein mögen, sie vermögen eben nicht, Praxis zu verbessern oder gar die Benachteiligung ganzer Bevölkerungsgruppen aufzuheben. 20 bis 25 Prozent Kinder mit gravierenden Lernschwächen, „Risikokinder" – die Zahl scheint unverrückbar.

Der „Nationale Bildungsbericht 2020" zeigte, dass in Deutschland eine überzeugende Strategie für Bildung in der „digitalisierten Welt" fehlt. Schülerinnen und Schüler aus ärmeren Familien trifft das besonders hart – insbesondere unter den Bedingungen der Corona-Pandemie. Eine große Gruppe der Schüler ist auch hier abgehängt. Auch dieser Bericht geht von einer „Risikogruppe" von 20 bis 25 Prozent der Kinder und Jugendlichen aus, die als „bildungsbenachteiligt" gelten müssen.[5]

Immer wieder gehen Meldungen durch die Medien, dass zu viele Erstklässler mit schwerwiegenden Defiziten in die Schule kommen. Motorische und feinmotorische Störungen werden festgestellt, kaum vorhandene Mengenvorstellungen, erhebliche Schwierigkeiten bei der sprachlichen Kommunikation. Und immer wieder ist von „einem Viertel" der Kinder die Rede. Die Konsequenz kann nur sein: „Fördern" fängt nicht erst in der Grundschule an. Bildungsbiografie und Lebensumstände des Kindes müssen über institutionelle Grenzen hinweg einbezogen werden, es braucht entschieden mehr Kontinuität und weniger Brüche.

Und nach der Pflichtschulzeit? Bislang bleibt es dabei, dass etwa 15 Prozent eines Jahrgangs ohne Ausbildung bleiben, dass nach wie vor über 5 Prozent der Jugendlichen ihre Schule ohne Abschluss verlassen. Diese

---

5) Autorengruppe Bildungsberichterstattung (2020): Bildung in Deutschland 2020. Online abrufbar unter www.bildungsbericht.de.

Jugendlichen können kaum sinnentnehmend lesen oder einfache Sätze schreiben, sie beherrschen oft nicht einmal die Grundrechenarten. Über 20 Prozent der Jugendlichen können nach neun Jahren Schulzeit nur rudimentär lesen.

Das deutsche Schulsystem ist überdurchschnittlich sozial ungerecht. Das waren Ergebnisse der ersten Pisa-Studie 2001. Sie lösten einen Schock aus. Das gilt auch für die Ergebnisse der folgenden Pisa-Studien. Wenn in unserem reichen Land Millionen Menschen als „funktionale Analphabeten" gelten, so ist das ein klares Anzeichen dafür, dass die Schule diesen Kindern und Jugendlichen nicht gerecht geworden ist. Das Schulwesen hat den Betroffenen

die ihnen zustehende Hilfe nicht gewährt. Reinhard Stähling spricht gar von „unterlassener Hilfeleistung".[6]

Die Schere zwischen Arm und Reich schließt sich nicht, Bildungsarmut und wachsende Ungleichheit sind scheinbar unvermeidbare Bedingungen unserer pädagogischen Arbeit. Und die nach der Grundschule schwer aufzuholenden Bildungsdefizite wirken sich nachteilig auf Bildungs- und Erwerbsbiografien aus.

Das gesellschaftliche Problem von Armut kann Schule nicht lösen. Was sie aber kann und muss, ist, die Zahl der „Bildungsverlierer", der „bildungsfern" Bleibenden, der „Risikokinder" deutlich zu senken. Bildung ist systemrelevant!

„Habitus": das Gesicht der sozialen Diskriminierung

Die Schule hat eine besonders wichtige Bedeutung als Ort für Kinder aus benachteiligten Verhältnissen. Viele Kinder leben in einem anregungsreichen Umfeld, viele andere aber nicht. Das hat gravierende Unterschiede zur Folge. Das konkret erlebte soziale Umfeld bestimmt den „Habitus" eines Kindes. „Habitus"

---

6) Stähling, R./Wenders, B. (2018): Schule ohne Schulversagen, Baltmannsweiler: Schneider Hohengehren, 2.

ist ein Konzept des französischen Soziologen Pierre Bourdieu.[7] Der Erziehungswissenschaftler Aladin El-Mafaalani definiert es „in kürzest möglicher Weise" prägnant so: „Habitus ist gelernte soziale Mentalität. Die Art und Weise, wie man die Welt erlebt, ein Muster, das das Denken und Handeln prägt."[8]

Was „Chancen-Ungleichheit" verursacht, liegt viel weniger als oft vermutet an der Schule oder am Unterricht, sondern vielmehr an den unterschiedlichen Rahmenbedingungen der Elternhäuser, der Familien und der sozialen „Milieus".

Bei Entscheidungen über einzuschlagende Bildungswege z. B., besonders etwa beim Übergang auf eine weiterführende Schule, spielen besonders drei soziale Faktoren eine entscheidende Rolle:

„Zunächst Familie und Umfeld des Kindes, das soziale Milieu. Als Zweites das Bildungssystem und die Verzerrungen in der Bewertung und der Empfehlung. Aber der dritte Punkt fällt stärker ins Gewicht als das Urteil von Lehrer:innen: die Entscheidung der Menschen selbst.

In den meisten Bundesländern entscheiden die Eltern relativ frei. Und sie entscheiden sich, wenn sie privilegiert sind, regelmäßig für das Gymnasium, unabhängig davon, was die Empfehlung ist; Eltern aus benachteiligten Milieus, gerade wenn sie in sehr prekären Verhältnissen leben, entscheiden sich überproportional häufig gegen ein Gymnasium trotz Gymnasialempfehlung.

Dieses sozial verzerrte Entscheidungsverhalten überträgt sich später auf die Kinder. Diejenigen, die Abitur machen und aus benachteiligten Familien stammen, trauen sich häufiger nicht zu studieren. Wenn sie studieren, brechen sie häufiger ab. Wenn sie das Studium schaffen, streben sie seltener eine Promotion oder eine berufliche Karriere an, etwa weil sie sich das nicht zutrauen oder weil sie sich in diesem Milieu nicht wohlfühlen. Das heißt, es gibt soziale Filter, und die haben ganz viel damit zu tun, dass die Menschen ihre Herkunft in sich tragen. Den Habitus."[9]

Da sind wir wieder bei den sich hartnäckig haltenden 20 bis 25 Prozent. Sind diese sozialen Filter, der „Habitus", also unveränderbar? El-Mafaalani unterstreicht, dass man durchaus etwas dagegen tun kann:

„Man müsste sich Mühe geben, damit sich so ein Habitus gar nicht verfestigt. Kinder in armen Verhältnissen verhalten sich wie Insolvenzverwalter. Sie verhalten sich klug, sie machen alles richtig. Ein Insolvenzverwalter muss kurz-

---

7) Siehe besonders: Bourdieu, P. (1987, 27. Aufl.): Die feinen Unterschiede. Kritik der gesellschaftlichen Urteilskraft, Frankfurt a. M.: Suhrkamp und Bourdieu, P. (2001): Wie die Kultur zum Bauern kommt. Über Bildung, Schule und Politik, Hamburg: VSA.
8) Aladin El-Mafaalani in einem Interview in der „tageszeitung" vom 22.05.2020, „Es geht um Gesundheit, aber auch um Lebenschancen".
9) El-Mafaalani, ebenda.

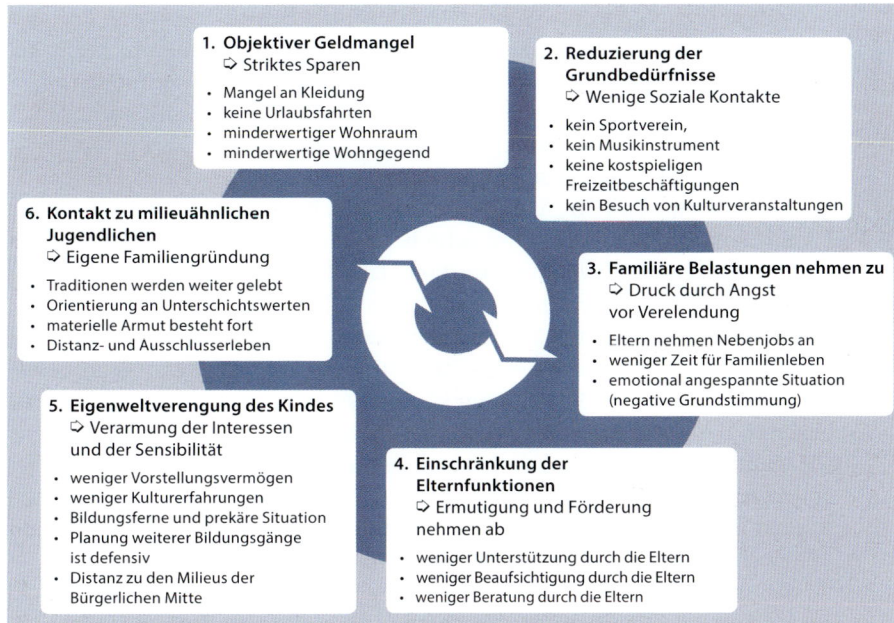

Reproduktion von Armut innerhalb betroffener Familien [10]

fristig und funktional denken, Knappheitsprobleme lösen. So müssen auch die Kinder auf Nummer sicher gehen, sie können kein Risiko eingehen. Am Ende tun sie immer das Gleiche. Sie sind nur dann motiviert, wenn sie genau wissen, wofür das gut ist, was sie lernen. Bildung ist etwas, bei dem man nicht weiß, was am Ende rauskommt. Das Kind, das so aufwächst, wird so ein Denkmuster kaum los. Irgendwann gehört das zu seinem Charakter, seiner Mentalität.

Man kann aber etwas dagegen tun, wenn in den Schulen alles erlebbar wird, was die Welt zu bieten hat, Kunst und Kultur, Handwerk, Ernährung. Die Schule ist die einzige Chance für arme Kinder, ihre Perspektive zu erweitern. (Hervorh. UH / ML) Aber nur dann, wenn es in der Schule nicht nur um Betreuung geht, sondern um Bildung im weitesten Sinne, bis in den späten Nachmittag." [11]

Für Lehrerinnen und Lehrer ist sowohl persönlich als auch in ihrem „System Schule" eine „ungleichheitssensible Selbstreflexion" unverzichtbar. Lehrkräfte sollten sich darüber klar werden, wie sehr die soziale Herkunft sie selbst und die Kinder prägt. Sie als Bezugsperson und ihre Haltung haben entscheidenden Einfluss auf Bildungswege.

---

10) Aus: Stephan Ellinger: Sozial benachteiligte Kinder in der Grundschule. In: Grundschule aktuell 123. 3–6.
11) El-Mafaalani, ebenda.

Zudem braucht es ein Nachdenken über den Begriff „Fördern". Fördern ist in gesellschaftlichen Zusammenhängen und im Schulleben in der Regel verbunden mit einem Defizitblick: Gefördert werden muss, wer mit den allgemein üblichen Anforderungen und Bedingungen nicht zurechtkommt. Doch lässt diese Definition außer Acht, dass Kinder individuelle Stärken und Entwicklungsstände in die Schule mitbringen und dann besonders erfolgreich lernen können, wenn ihre Voraussetzungen die Basis für weitere Lernschritte bilden. Fördern bekommt ein positiv besetztes Image, wenn Pädagoginnen und Pädagogen die Vielfalt und die Potenziale aller Kinder einbeziehen.

„Aus der Norm fallen" mit diesem Ansatz dann auch nicht mehr Kinder, die besondere Stärken und Talente mitbringen, also individuelle Begabungen, die sie befähigen, aber durchaus auch behindern können, wenn sie im schulischen Lernen keinen Platz finden können. Aus der Begabungsforschung ist bekannt, dass 2,17 Prozent aller Kinder kultur- und milieuunabhängig eine sogenannte Hochbegabung (reine Definition über den IQ) mitbringen, aber außerdem eine Bandbreite von weiteren Begabungsaspekten einbezogen werden müssen.[12] Auch diese Kinder und Jugendlichen haben Anspruch auf Wahrnehmung ihrer Ausgangslage und angemessene Förderung.

Diesen Anspruch im Unterricht pädagogisch umzusetzen ist nicht einfach, zumal sich die Erziehungswissenschaft in der Zeit nach dem „Pisa-Schock" zu erheblichen Teilen auf Lernstandserhebungen und Vergleichstests konzentriert hat und damit eher einem Konkurrenzklima Raum gibt. Von der Erziehungswissenschaft kommen derzeit leider viel zu wenig Anstöße und Anregungen, wie man Talente von benachteiligten Kindern entdecken und entwickeln kann, und wie das gehen kann: kein Kind zurücklassen.

Der Teufelskreis des Misslingens und die ausgleichende Gerechtigkeit

„Kritische Stellen im Lernprozess" nennt der Grundschulverband die grundlegenden Lernaufgaben und Lernziele, deren Verständnis und Bewältigung wesentliche Bedingungen für weiteres erfolgreiches Lernen sind. Gelingt Kindern dies nicht, drohen sie in einen „Teufelskreis des Misslingens" zu geraten.

Das Lesen und Verstehen von Texten, rechtschriftliche Fertigkeiten, sichere Vorstellungen von Zahlen und Zahlbeziehungen gehören zu den unabdingbaren Grundlagen für erfolgreiches fachliches und überfachliches Lernen. Fehlen sie, dann scheitert das Kind bei allen Folgeaufgaben.

---

12) Karg Stiftung, Grundlagenwissen zum Thema Hochbegabung, www.fachportal-hochbegabung.de

„Dieses Versagen führt in die Teufelskreise, die Betz/Breuninger[13] schon 1982 beschrieben haben:
- den ‚pädagogischen Teufelskreis' von Enttäuschung der Lehrkraft und der Eltern bis zu oft vergeblichen Förderversuchen, bei denen das Kind immer unselbstständiger und mutloser wird bis zur Resignation von Schule und Elternhaus;
- den ‚sozialen Teufelskreis' mit Druck und gegebenenfalls Strafe der Umwelt und den Kompensationen, z.B. der Rolle des Klassenkaspers, der Leistungsverweigerung oder mit überfürsorglichem Helfen, Liebesentzug und Kompensationen wie kleinkindhaftem Verhalten;
- den ‚innerpsychischen Teufelskreis' mit Angst und Lernblockade, dem Zusammenspiel von Vermeiden und Versagen und Kompensationen wie Selbstrechtfertigungen (‚ist mir zu langweilig', ‚die Lehrerin mag mich nicht') (nach Betz/Breuninger 1998, bes. 45–50).

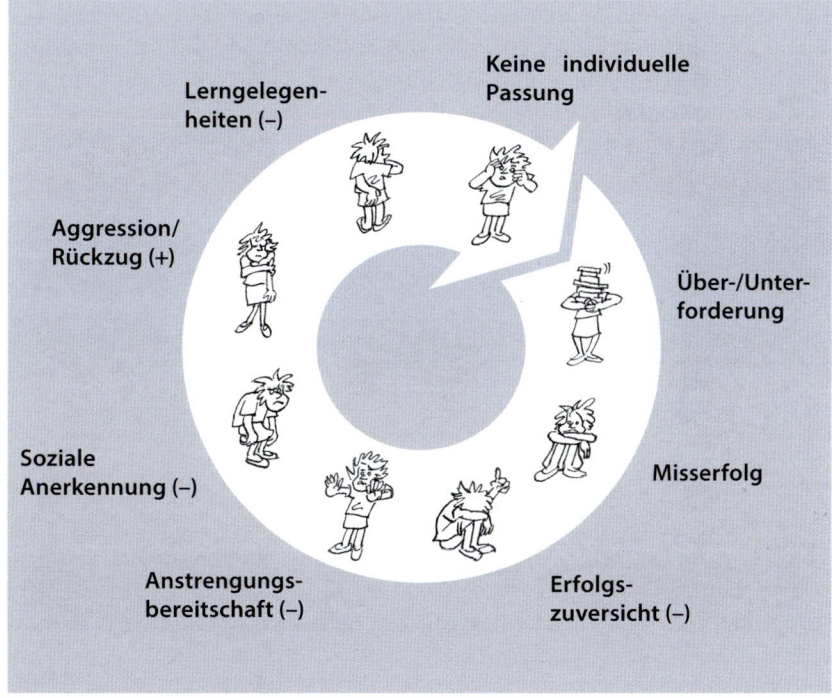

Teufelskreis des Misslingens

---

13) Betz, D./Breuninger, H. (1998): Teufelskreis Lernstörungen, Weinheim und Basel: Beltz
14) nach: von der Groeben/Kaiser 2012

Die nicht bewältigte einzelne Lernaufgabe führt in Folge zum Versagen bei darauf aufbauenden Aufgaben. Versagen im Einzelnen kumuliert zu generellem Versagen. Dies weitet sich zur Lernstörung und wird schließlich als Lernschwäche wahrgenommen bis hin zur Konstruktion eines pathologischen Befunds, wie es mit Legasthenie und Dyskalkulie geschieht. Dies kommt für die Schule und ihre pädagogische Arbeit einer Bankrotterklärung gleich."[15]

Damit stellen sich zwei wesentliche Fragen für die konkrete pädagogische Arbeit:
- Welche Anforderungen oder Lernziele haben solche Qualität, dass im Falle des Scheiterns der „Teufelskreis des Misslingens" in Gang gesetzt wird (siehe Abb.)?
- Wie kann dieses Scheitern von Kindern und Schule verhindert werden?

Lernschwierigkeiten dürfen also keineswegs als jeweils „individuelle Schwäche" aufgefasst und damit verdrängt werden, sondern müssen immer mit Bezug auf die konkrete Lebens- und Leistungssituation des Kindes verstanden werden. Erika Brinkmann und Hans Brügelmann haben die dazu erforderliche *positive Lernstruktur* in einer Übersicht so dargestellt:[16]

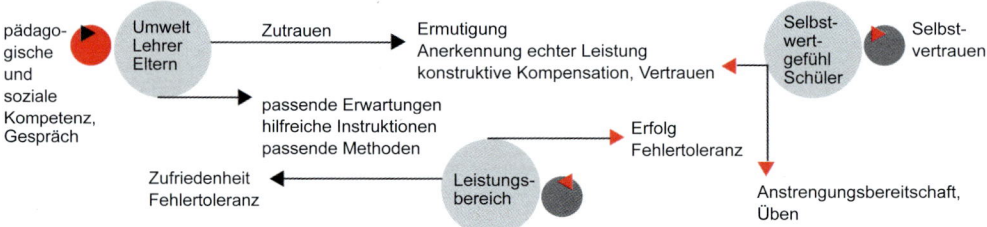

Positive Lernstruktur

Versucht man, dieses Modell in unterrichtliche und systemische Praxis umzusetzen, dann bedeutet Förderung, das Kind als „ganze Person" wahrzunehmen und seine Stärken zu aktivieren. „Dagegen unterstellen die Ansätze der

---

15) Bartnitzky, H. (2013): Die „kritischen Stellen im Lernprozess" und wie Kinder sie bewältigen können, in: Grundschule aktuell, Heft 122, Frankfurt a. M.: Grundschulverband, 3–7.
16) Brinkmann, E. / Brügelmann, H. (2009): Kindgemäßheit – und Fördern durch Fordern, in: Bartnitzky, H. u. a. (Hg.): Kursbuch Grundschule, Frankfurt a. M.: Grundschulverband, 322.

Teilleistungsschwäche eine lineare Beziehung zwischen sog. ‚Voraussetzung' und erwarteter Leistung."[17]

Allerdings sind die Rahmenbedingungen für ein solches Verständnis von „Fördern" nach wie vor nicht förderlich: Die „Stundentafeln" der Grundschule sind immer noch viel zu knapp gehalten. Sie wurden seit der Zeit der „Stillsitz- und Buchschule" (H. Bartnitzky) zu Anfang des 20. Jahrhunderts kaum ausgeweitet. Die Entwicklung zum Ganztag erfolgt meist durch eine Ergänzung des knappen Stundenkontingents durch Stunden der Betreuung und der Angebote anderer Träger, oft dazu noch kostenpflichtig und freiwillig. Neue Fördermöglichkeiten werden dadurch kaum geschaffen.

Im Förderkonzept des Grundschulverbands werden Lernumgebungen und Lernarrangements für den Unterricht gefunden und dargestellt, die Lerngelegenheiten besonders für diese kritischen Stellen schaffen. Sie sollen die vorhandenen Kompetenzen der Kinder herausfordern und ihre Weiterentwicklung unterstützen, Selbstdifferenzierung ermöglichen und Selbstwirksamkeit, Selbstvertrauen und Selbstständigkeit erfahren lassen. Daher gibt es an vielen Stellen Anregungen für die Einbindung von Förderung in den Schulalltag und auf die Verknüpfung von Fachinhalten, Lernräumen und Strukturen, die allen Kindern Orientierungen geben.[18]

„Kritische Stellen" in der Lernentwicklung

Der Grundsatz, dass jeder Unterricht Förderunterricht ist, muss den Blick auf solche Stellen im Lernprozess lenken, die erfahrungsgemäß für Kinder das Risiko in sich tragen, dass sie an ihnen scheitern. Beispiele dafür sind:

Zahlenverständnis; Zehner- und Hunderterüberschreitung; morphematische Strategien beim Rechtschreiberwerb; Wortarten-Zugehörigkeit von Wörtern; Finden von Schlüsselwörtern in Texten; Bücher lesen; Texte planen und überarbeiten; freies Vortragen; Protokollieren von Beobachtetem; ruhiges und aufmerksames Zuhören; faire Lösung von Konflikten und anderes mehr.

Bei den „kritischen Stellen im Lernprozess" ist unser Blick nicht auf gescheiterte Lernprozesse gerichtet, sondern auf die Chancen, die in solchen „kritischen Stellen" für weitere, gelingende Lernprozesse liegen. Lernen heißt immer, Schwierigkeiten zu überwinden, denn „kritische Stellen" tragen stets einen Doppelaspekt in sich: Sie sind Lernchancen und Lernrisiken zugleich. Die pädagogisch-praktische Herausforderung ist es, Lernarrangements so zu gestalten, dass Kinder die Chancen auch ergreifen können, mit ihren indivi-

---

17) Brinkmann / Brügelmann, ebenda.
18) Bartnitzky, H. / Hecker, U. / Lassek, M. (Hg.) (2019, 2., ergänzte Auflage): Individuell fördern – Kompetenzen stärken in der Eingangsstufe (Kl. 1 und 2), Frankfurt a. M.: Grundschulverband. Ferner: Bartnitzky, H. / / Hecker, U. / Lassek, M. (Hg.) (2013): Individuell fördern – Kompetenzen stärken ab Kl. 3, Frankfurt a. M.: Grundschulverband.

duellen Möglichkeiten eine „kritische Stelle" zu bewältigen. Dazu muss die Lernumgebung ihnen Anregungen und Hilfen geben und die Lehrkraft muss sie dabei ermutigen und unterstützen.

Ausgleichende Gerechtigkeit
Im Bildungsbereich werden Kinder und Jugendliche gleich behandelt. Diese Gleichbehandlung war und ist prinzipiell richtig und ein gesellschaftlicher Fortschritt. Wenn es aber sehr ungleiche Startbedingungen und -chancen gibt, dann gleicht Gleichbehandlung diese ungleichen Bedingungen nicht aus. Wenn also „Chancengerechtigkeit" angestrebt werden soll, dann muss Ungleiches systematisch ungleich behandelt werden.

„Kinder brauchen besondere Unterstützungen" ist die letzte der „Acht Forderungen zur Bildungsgerechtigkeit" überschrieben, die der Grundschulverband 2009 auf seinem großen bundesweiten Kongress erhoben hat:[19] „Schulen, deren Kinder hinter den Bildungszielen zurückbleiben, müssen besonders und gezielt unterstützt werden. Dies gilt insbesondere für Schulen mit einer hohen Zahl sog. ‚Risikokinder'."

Diese Schulen brauchen zusätzliche Förderkräfte, sozialpädagogische Fachkräfte, einen höheren Materialansatz, begleitendes Coaching für das pädagogische Personal. Hier muss die öffentliche Hand investieren, denn das Entstehen von Grundschulen 1., 2. und 3. Klasse widerspricht fundamental dem Bildungsrecht jedes einzelnen Kindes. Aktuelle Bestrebungen zu einer sozialindexbasierten Ressourcenzumessung weisen in diese Richtung.[20]

„Es ist normal, verschieden zu sein" – manchmal kommt uns diese Losung vielleicht allzu leicht über die Lippen, zumal wenn es um den Zusammenhang von Inklusion und Kindern in prekären Lebenslagen geht. Zur wichtigen und richtigen Anerkennung von Verschiedenheit und Vielfalt gehört jedoch untrennbar das Prinzip der ausgleichenden Gerechtigkeit, damit das, was Inklusion meint, nicht unversehens zu wohlwollender Vernachlässigung wird.

Ausgleichende, kompensatorische Bildungsangebote, die arme Kinder möglichst „anschlussfähig" für allgemeine (und damit „mittelschichtorientierte") Bildungsvorgaben machen, sind wichtig. Damit allein jedoch wird man den Bildungsbedürfnissen dieser Kinder nicht gerecht. Sie brauchen zudem *„Milieu-taugliche"* Bildungsinhalte und Bildungsprozesse: Bildungsangebote, die sie in ihrer belasteten Lebenswelt stärken, die ihnen Kenntnisse

---

19) Online unter www.grundschulverband.de/2009-2019-allen-kindern-gerecht-werden/
20) Vgl. Jungkamp, B. / Pfafferott, M. (Hg., 2020): Feuerwerk statt Brennpunkt. Was brauchen Schulen in benachteiligten sozialen Lagen? Berlin: Friedrich Ebert Stiftung. Online verfügbar unter https://www.fes.de/themenportal-bildung-arbeit-digitalisierung/artikelseite/feuerwerk-statt-brennpunkt-was-brauchen-schulen

und Fertigkeiten zur Bewältigung ihres schwierigen Alltags zu Hause und in der Schule sowie zur Bearbeitung ihrer praktischen Probleme vermitteln.

Eine so angelegte pädagogische Praxis berücksichtigt die Lebensgeschichten und die aktuellen Lebenslagen dieser Kinder sowie ihre realistisch in den Blick zu nehmenden zukünftigen Lebenswege und die Aktivierung und Ausbildung der dafür erforderlichen Kompetenzen.

Fördern als Kernauftrag der Schule

Das Kernproblem des deutschen Bildungswesens ist seine Ungerechtigkeit: Es reproduziert soziale Ungleichheit. Arme Kinder – ob mit oder ohne „Migrationshintergrund", also mehr als 20 Prozent aller Kinder in Deutschland – haben noch immer deutlich schlechtere Bildungschancen, ihre Fähigkeiten und Talente werden kaum erkannt, oft nicht gesehen, zu wenig gefördert.

Denn wenn von 100 Kindern von Akademikern 79 studieren, von 100 „Nicht-Akademikerkindern" dagegen nur 27 (und nur 12, wenn beide Eltern ohne Berufsabschluss sind) – dann kann das nicht nur mit individuellen Fähigkeiten, Talenten und Vorlieben zu tun haben.

Wie auch immer man „Bildung" definiert – als Ansammlung von wirtschaftlich verwertbaren Kompetenzen oder als umfassende Persönlichkeitsentwicklung –, beide Perspektiven haben El-Mafaalani zufolge eines gemeinsam: Sie sind weitgehend blind für soziale Ungleichheiten.[21]

---

21) Zum Zusammenhang siehe El–Mafaalani, A. (2020): Mythos Bildung – Die ungerechte Gesellschaft, ihr Bildungssystem und seine Zukunft. Köln: Kiepenheuer & Witsch.

Aufgabe der Grundschule ist es, Kinder aus sehr unterschiedlichen Familienzusammenhängen und sozialen Milieus für das Zusammenleben in der globalen Welt, für neu ausgerichtete Arbeitsstrukturen und Qualifikationsprofile zu stärken. Grundsätzlich muss der individuellen Entwicklung des einzelnen Kindes mehr tatsächliche Beachtung zuerkannt und „Fördern" als Kernauftrag der Schule grundsätzlich durchgesetzt werden, um allen Kindern und Jugendlichen kulturelle, politische und ökonomische Teilhabe zu ermöglichen.

„Fördern heißt Teilhabe" – Das Förderkonzept des Grundschulverbandes[22]
Für die Förderung von Kindern und für schulische Förderkonzepte sollten drei Merkmale qualitätsvollen Unterrichts maßgebend sein:

Förderung ist beziehungsreich und verstehensorientiert.
Fertigkeiten und Kenntnisse werden nicht als isolierte Teilelemente in kleinsten Schritten gelernt, sondern in ihren Sinnzusammenhängen erfahrbar gemacht. Zum Beispiel werden Rechtschreibphänomene nicht ohne Bezug zu sinnstiftenden Schreibsituationen bearbeitet, Rechenaufgaben nicht, ohne die mathematischen Beziehungen in den Blick zu nehmen.

---

22) Ausführlich begründet und dargestellt in den Bänden 134 und 135 der „Beiträge zur Reform der Grundschule", siehe Fußnote 16. Zum „Integrativen Förderkonzept" vgl. Bartnitzky, H./Hecker, U./Lassek, M. (Hg.): Individuell fördern – Kompetenzen stärken in der Eingangsstufe (Kl. 1 und 2), a. a. O., 37–43.

Förderung ist diagnosegeleitet und differenziert.
Lernsituation und Leistungssituation werden nicht voneinander getrennt, sondern fallen situativ zusammen. Dabei kommen der Selbsteinschätzung über Lernweg und Lernerfolg sowie der dialogischen Reflexion darüber eine besondere Rolle zu: Beobachtung, Reflexion und Förderung greifen ineinander und sind Merkmale einer pädagogischen Leistungskultur.

Förderung ist kommunikativ und kooperativ.
Der innere Lernprozess verläuft zwar individuell, der äußere aber ist auf gemeinsame Reflexion, gegenseitige Unterstützung und Anregung angewiesen. Kinder verständigen sich im Unterricht über Erkenntnisse, Probleme und Zusammenhänge und lernen dabei individuell nach ihren Möglichkeiten. Sie teilen anderen ihr Wissen, ihre Vorstellungen, ihre Überlegungen mit. Dies gilt für alle Fächer.

Für die Realisierung dieses Verständnisses integrativer und präventiver Förderung sind drei Arbeitsschritte nötig:

1. Der didaktische Rahmen: eine förderliche Lernumgebung gestalten
Die Lernumgebung im weiteren Sinne umfasst das sozial-emotionale Klima, die eingeführten Regelungen, die Raum- und Zeitgestaltung, das pädagogische Handeln der Lehrkraft, die Ausgangslage der Kinder – kurz: alles, was Einfluss auf die Möglichkeiten zur Teilhabe, auf die Stärkung von Lernzuversicht und förderliche Unterstützung hat.

2. Der Förderfokus: kritische Stellen im Lernprozess ausmachen
Den „kritischen Stellen im Lernprozess" gilt die besondere Beachtung. Welche Stellen in den Arbeits- und Lernprozessen sind für die Kinder, insbesondere für die sogenannten lernschwächeren, kritische Stellen? Welches sind die kritischen, motivationsstörenden, wenig sinnstiftenden Stellen für die starken Lernerinnen und Lerner? Ihnen gelten die weiteren Überlegungen zur konkreten Unterstützung der Kinder.

3. Die praktische Arbeit: Förderideen entwickeln und realisieren
Zu den kritischen Stellen werden Förderideen für die unterrichtliche Realisierung gefunden. Diese Förderideen müssen die wesentlichen Merkmale qualitätsvollen Unterrichts haben (siehe oben), die Möglichkeiten der Kinder und nächste Entwicklungsschritte einplanen.

„Das Allerwichtigste ist die Zeit, bis die Kinder zehn Jahre alt werden"

Der Grundschulverband ist überzeugt, dass ein tatsächlich verändertes, ein inklusives Bildungssystem soziale Ungleichheit verringern und alle Kinder besser auf Zukünftiges vorbereiten könnte. Mit seinen „Forderungen an Politik, Pädagogik und Gesellschaft" hat der Grundschulverband eine ganze Reihe von Vorschlägen unterbreitet, die Maßstäbe sind für eine Politik und Pädagogik, die „allen Kindern gerecht werden" kann.[23]

Anfangen kann eine solche pädagogische Praxis an jeder einzelnen Schule. Politisch unterstützt sollte diese Umorientierung in den „sozialen Brennpunkten" beginnen und da, wo Benachteiligung am wirksamsten bekämpft werden kann, weil alle Kinder erreicht werden: an Kitas und Grundschulen. Hier sind massive Investitionen erforderlich. Kitas und Grundschulen sind in Deutschland im OECD-Vergleich nämlich nach wie vor erheblich unterfinanziert. Dagegen liegen die Ausgaben für die gymnasiale Oberstufe, die nicht mehr alle Kinder erreicht, deutlich über dem OECD-Durchschnitt.

Zentral sind dabei der Ausbau und die pädagogische Entwicklung der Ganztagsschulen. Multiprofessionelle Teams aus Bereichen wie Gesundheit, Soziales, Psychologie, Kunst und Kultur könnten ein anregendes Bildungsprogramm entwickeln, damit „alle Kinder alles erleben können, was die Welt zu bieten hat" (El-Mafaalani), von Botanik, Kochen, Sport und Theater bis zum Erlernen eines Musikinstruments. Denn privilegierte und nicht-privilegierte Kinder unterscheiden sich vor allem in ihren Lebenswelten und Erfahrungshorizonten – diese Unterschiede kann Unterricht allein gar nicht ausgleichen.

„Das Allerwichtigste", so der Erziehungswissenschaftler Aladin El-Mafaalani, „ist die Zeit, bis die Kinder zehn Jahre alt werden. (…) Die größten Unterschiede zwischen Kindern, wenn sie eingeschult werden, sind: Lernen sie ein Musikinstrument? Sind sie in einem Sportverein? Machen sie irgendetwas, was mit Kunst und Kultur zu tun hat? Wird ihnen zu Hause vorgelesen? Fragen, auf die Lehrer kaum einwirken können. Hier muss man ausgleichen. Und das schafft man am realistischsten über professionelle und systematische Ganztagsbetreuung. Der andere wichtige Punkt ist, Defiziten, die sich anhäufen, entgegen zu arbeiten."[24]

Grundschulen müssen Orte sein und werden, in denen die Kinder alles erleben können, was die Gesellschaft zu bieten hat.

---

23) In diesem Buch, S. 284–289.
24) Aladin El-Mafaalani, Interview in der Rheinischen Post, 8./9.2.2020: „Für Kinder zählen die ersten zehn Jahre".

Auslese widerspricht inklusivem Unterricht[25]
Es darf grundsätzlich keinen Ausschluss von der gemeinsamen Schule geben. Unterrichtsgestaltung und Unterrichtsangebote müssen diesen Anspruch aufnehmen und hinreichend differenziert sein, um sicherzustellen, dass jedes Kind gefördert und kein Kind beschämt oder ausgesondert wird.
Kinder benötigen unterschiedliche Unterstützung, das gilt für die gesamte Bandbreite von besonderen Bedarfen bis zu besonderen Begabungen. Individualisierung im Rahmen des gemeinsamen Lernens verlangt Methodenvielfalt, Angebote für unterschiedliche Lernzugänge, Individualisierung der Ziele sowie der Formen und Zeitpunkte der Überprüfung von individuell zu erbringenden Leistungen.

Literatur

Bartnitzky, H. / Hecker, U. / Lassek, Maresi (Hg.) (2019, 2. Ergänzte Auflage):
   Individuell fördern – Kompetenzen stärken in der Eingangsstufe (Kl. 1 und 2). (Beiträge zur Reform der Grundschule, Bd. 134). Frankfurt/M.: Grundschulverband e. V.
Bartnitzky, H. / Hecker, U. / Lassek, M. (Hg.) (2013): Individuell fördern – Kompetenzen stärken ab Kl. 3. (Beiträge zur Reform der Grundschule, Bd. 135). Frankfurt/M.: Grundschulverband e. V.
Bartnitzky, H. u. a. (Hg.) (2009): Kursbuch Grundschule. (Beiträge zur Reform der Grundschule, Bd. 127/128). Frankfurt/M.: Grundschulverband e.V
El–Mafaalani, A. (2020): Mythos Bildung – Die ungerechte Gesellschaft, ihr Bildungssystem und seine Zukunft. Köln 2020.
Hecker, U. / Lassek, M. / Ramseger, J. (Hg.) (2020): KINDER LERNEN ZUKUNFT: Anforderungen und tragfähige Grundlagen. (Beiträge zur Reform der Grundschule, Bd. 150). Frankfurt/M.: Grundschulverband e. V.

---

25) Aus den „Anforderungen für eine zukunftsfähige Grundschule", in: Beiträge zur Reform der Grundschule Band 150, Frankfurt: Grundschulverband e. V. online abrufbar unter: www.grundschulverband.de

Julie A. Panagiotopoulou / Galina Putjata

Schule in der Migrationsgesellschaft

Im Juli 2020 wandte sich eine Familie in Baden-Württemberg an einen Anwalt, da ihre Tochter für den Gebrauch der türkischen Sprache auf dem Schulhof bestraft wurde. Seitdem wird die Legitimität von Sprachgeboten (erneut) kontrovers diskutiert. Offiziell angefragt, bestätigte die Schulaufsichtsbehörde die Sprachregelung: Neben „Wir rennen nicht" oder „Wir benutzen keine Schimpfwörter und respektieren uns" sei den Kindern auch die Regel „Wir sprechen Deutsch" bekannt. „Wer dagegen verstoße, müsse einen Aufsatz zum Thema ‚Warum wir in der Schule Deutsch sprechen' schreiben".[1]

Gegen eine schulische Regel, die Einsprachigkeit als Norm etabliert, können, wie dieses aktuelle Ereignis erneut zeigt, nur mehrsprachige Schülerinnen und Schüler verstoßen. Das Sprachgebot „wir sprechen Deutsch" ist also nicht neutral, sondern diskriminierend. In der Regel betreffen solche Vorschriften sogenannte Migrationssprachen. Dadurch wird im Schulalltag die bestehende Hierarchie zwischen (Familien-)Sprachen reproduziert und zugleich die soziale Benachteiligung migrationsbedingt mehrsprachiger Kinder begünstigt.

Sowohl historisch-rückblickend als auch im Zusammenhang mit dem diachron geltenden grundschulspezifischen Anspruch der Integration (heute der Inklusion) aller Kinder „aller Stände" (Prengel 2011, 26) lässt sich feststellen, dass die Grundschule als gesellschaftliche Institution zur Bildungsgerechtigkeit beiträgt. Denn seit ihrer Gründung hat sie sich mit Fragen der Bildungsbe(nach)teiligung von Mädchen sowie von Kindern mit Behinderung und spätestens seit den 1970er-Jahren auch von Kindern aus eingewanderten Familien befasst. Gleichzeitig lässt sich aber auch kritisch anmerken, dass stets (neu) zugewanderte Kinder zu den Gruppen gehörten, die aus systemimmanenten Gründen als nicht (grund-)schulfähig klassifiziert und aufgrund angeblich mangelnder, in der Regel sprachlicher, Leistungen systematisch benachteiligt wurden. Während international vergleichende Leistungsstudien diese Benachteiligung mehrfach belegen, konnten Gomolla und Radtke (2009) rekonstruieren, wie sie durch Selektionsentscheidungen insbesondere im Kontext der Grundschule zustande kommt. Ein wichtiges Ergebnis dieser Studie betraf die systematische Separierung von (neu) zugewanderten Kin-

---

1) Swantje Unterberg: „Deutschpflicht an Grundschule in Baden-Württemberg: Eltern wehren sich gegen Strafarbeit für Drittklässlerin" (Spiegel online: 04.08.2020; Zugriff am 18.09.2020).

dern, die in den letzten Jahren auch im Zuge der Fluchtmigration im Kontext von Grundschulen praktiziert und „mit historisch bekannten Begründungen legitimiert" wurde (Karakayalı et al. 2017, 223).

Darüber hinaus führten und führen bis heute sowohl bildungspolitische als auch interkulturell pädagogisch ausgerichtete Debatten zur Reproduktion von migrationsbedingten Differenzen, zur Stigmatisierung von mehrsprachigen Grundschulkindern und somit zur Kulturalisierung sozialer Probleme. Gleichzeitig wird im Zusammenhang mit der internationalen Reformbewegung der Inklusion auch das Thema Migration, u. a. die Repräsentation gesellschaftlicher und sprachlicher Heterogenität im Klassen- und Lehrer*innenzimmer als eine zentrale Herausforderung angesehen, wobei auch dieser Diskurs insbesondere die deutsche Grundschule betrifft (vgl. Booth / Ainscow 2017, Panagiotopoulou / Rosen 2015, Montanari / Panagiotopoulou 2019, Fürstenau et al. 2020).

Im vorliegenden Beitrag werden wir ausgehend von aktuellen Forschungsergebnissen auf die hier kurz skizzierten Herausforderungen eingehen und dabei auch Perspektiven für die pädagogische Praxis und für die Entwicklung der Grundschule als inklusive Institution aufzeigen.

Migrationsgesellschaftliche Mehrsprachigkeit in der Grundschule: monolinguale Normen und Normalitätsvorstellungen

„Lucas: Ich habe in Mathe, in einer Klassenarbeit gefragt ein Wort. Ich habe gefragt: ‚Was ist eine Maßnahme?' und die Lehrerin hat geantwortet. ‚Wir sind in Deutschland' und hat mir die Frage nicht beantwortet. Kann sie mir nicht sagen, wir sind in Deutschland" (Putjata 2019a, 400).

Seit über zwanzig Jahren werden Studien im Unterrichtsalltag deutscher Grundschulen mit einem hohen Anteil an migrationsbedingt mehrsprachigen Schüler*innen durchgeführt. Die daraus gewonnenen Erkenntnisse machten darauf aufmerksam, dass die migrationsgesellschaftliche Realität eher als Problem und der Umgang mit Mehrsprachigkeit im Unterricht als Herausforderung betrachtet wurde. Diese Ergebnisse haben sich in den letzten Jahren durch weitere, u. a. international vergleichende Studien wie folgt bestätigt:
- Der Mehrspracherwerb der Kinder wird oft pauschal als die einzige Erklärung für ihre mangelnden Schulleistungen betrachtet, während ihre mehrsprachige Alltagspraxis als Hindernis für ihre Schulbiographie gilt;
- ihre spezifischen Fähigkeiten werden im Unterrichtsalltag kaum (an)erkannt, sodass mehrsprachige Bildungsangebote selten gemacht werden, während gleichzeitig und sogar außerhalb des Unterrichts die mehrsprachige Interaktion zwischen Kindern verboten wird;

- die „Priorisierung des Deutschen" (Bartnitzky / Speck-Hamdan 2005, 14), als eine im Anschluss an die IGLU-Studie eingeführte Strategie, wird bis heute im grundschulpädagogischen Diskurs und somit auch in der Grundschulpraxis eher selten hinterfragt.

Daten zu Mehrsprachigkeit in Deutschland werden nicht kontinuierlich erhoben. Indirekte Hinweise finden sich in Statistiken zum sogenannten ‚Migrationshintergrund', z. B. im Mikrozensus. Hier werden Daten zu Kindern erhoben, die „vorwiegend nicht deutsch [sic!] zu Hause sprechen" (BfM 2016, 40). Diese Zahlen bilden weder die Sprachkonstellationen (Sprachen der Eltern, der Geschwister, gemeinsame Familiensprachen) noch die tatsächliche mehrsprachige Praxis der Kinder ab. Während die meisten Studien punktuell durchgeführt werden, stellt das Hamburger „Vorstellungsverfahren Viereinhalbjähriger" eine Ausnahme dar. Seit 2005 werden hier jährlich Sprachen erfasst: 2019 waren Türkisch, Russisch, Englisch, persische Sprachen (Dari, Farsi, Pashtu, Urdu, „Afghanisch"), Arabisch, Polnisch, Spanisch, afrikanische Sprachen (Akan, Fulla, Ibo, Twi, Wolof, Fulla u. a.), Serbisch / Kroatisch / Bosnisch und Kurdisch die meist gesprochenen Sprachen neben Deutsch (IfBQ 2019, 87).

Für die Grundschule haben diese Daten eine bedeutende Konsequenz: Kinder und Lehrkräfte bringen vielfältige sprachliche Praktiken mit. Diese Mehrsprachigkeit steht im Widerspruch zu monolingual orientierten Bildungskontexten: Schuleingangsuntersuchungen, die den Entwicklungsstand der Kinder beurteilen, sind häufig an einer monolingualen Norm orientiert, mit der auch Selektionsmaßnahmen legitimiert werden: Bei Kindern, die dieser Norm nicht entsprechen, führt das oft zur Rückstellung. Bei Grundschulkindern wird oft die Empfehlung für die weiterführenden Schulen aufgrund ihrer Mehrsprachigkeit ausgesprochen bzw. damit ihre Überweisung auf Förderschulen begründet. Im Unterricht werden bestimmte sprachliche Normen implizit gesetzt, jedoch nur selten explizit vermittelt (vgl. Gomolla / Radtke 2009). Eine aktuelle partizipatorische Studie gewährt Einblicke in die Wahrnehmung derartiger Situationen durch die Kinder selbst: Wie es der Ausschnitt zu Beginn des Kapitels verdeutlicht, bestimmt Sprache auch in der Wahrnehmung der Kinder über Teilhabe an Bildungsprozessen, wird zur Quelle von Positionierungspraktiken und prägt so das Gefühl der Zugehörigkeit (Putjata 2019a).

Monolinguale Normalitätsvorstellungen setzen sich auch auf der Ebene bildungspolitischer Diskurse fort: Auf der einen Seite wird die „Nutzung der mehrsprachigen Kenntnisse von Schülerinnen und Schülern im Unterricht" sowie die „Förderung mehrsprachiger Kompetenzen durch Unterrichtsangebote in den Herkunftssprachen" betont (KMK 2013, 8). Zugleich wird der herkunftssprachliche Unterricht (HSU) weiterhin in Konkurrenz zu Deutsch betrachtet: Auf die Anfrage, warum Baden-Württemberg keinen HSU anbie-

tet, teilte das Kultusministerium mit: „Die zentrale bildungspolitische Herausforderung, vor der wir angesichts weiter wachsender Zahlen von Kindern mit Zuwanderungshintergrund in unseren Schulen stehen, ist eine frühzeitige, wirkungsvolle Sprachförderung" (Mediendienst 2019, 6). Derartige Diskurse tragen zu monolingualen Normalitätsvorstellungen bei und führen zu Antinomien in Bildungskontexten.

(Flucht-)Migration und Separation: Willkommensklassen für neu zugewanderte Grundschulkinder

Für die Grundschule in der Migrationsgesellschaft sind Normalitätsvorstellungen darüber hinaus insofern relevant, als dass sie zur Bildungsbenachteiligung all der Schüler*innen führen, die von der imaginierten Norm abweichen. Dies betrifft in besonderer Weise neu zugewanderte und geflüchtete Kinder. Für sie findet der Übergang von sogenannten DaZ-, Willkommens- oder Internationalen Vorbereitungsklassen in den Regelunterricht uneinheitlich statt und kann eine jahrelange ‚Sonderbeschulung' bedeuten. Auf der Grundlage ausgewählter Ergebnisse aus ethnographischen Beobachtungen in einer Vorbereitungsklasse an einer Hauptschule in einem marginalisierten Quartier von Köln (vgl. Panagiotopoulou et al. 2018a; 2018b) konnte gezeigt werden, dass Schüler*innen kompensatorisch behandelt und zur Einsprachigkeit verpflichtet werden, damit sie auf den Übergang in eine Regelklasse vorbereitet werden. Dabei wurden herkömmliche, eher ausländerpädagogisch ausgerichtete Sprachfördermaßnahmen sowie Sprachverbote in der pädagogischen Praxis eingesetzt, die in Paradoxien wie der (Re-)Traumatisierung und Stigmatisierung der Schüler*innen im Zusammenhang mit der praktizierten „Exklusion im Kontext von inklusiven Schulen" resultierten (Panagiotopoulou et al. 2018b, 116).

Im Hinblick auf die Aufnahme von geflüchteten und neu zugewanderten jungen Kindern bleibt die Rolle einer „kindergerechten" Grundschule zentral (Bartnitzky 2019), da der grundschulspezifische Auftrag nach wie vor darin besteht, möglichst alle Kinder inklusiv zu beschulen und sie u. a. beim Erwerb von Sprache(n) zu unterstützen. Allerdings liegen diesbezüglich kaum grundschulspezifische Ergebnisse vor und genau diese Forschungslücke betrifft auch die früheren Formen von Separation, z. B. die Beschulung der sogenannten Ausländerkinder in besonderen Klassen. Dies lässt die Interpretation zu, „dass die separierten Klassen und Lerngruppen und die auf diese Weise beschulten Kinder nicht als ein relevanter Aspekt von Schule wahrgenommen worden sind" (Karakayali et al. 2017, 228).

Die 2016 in Berlin durchgeführte Untersuchung an Willkommensklassen war ein erster Versuch, diese systematische Nicht-Beachtung zu durchbrechen. Die Interviews mit Schulleitungen, Lehrkräften und Behörden zeigten, dass Kinder „aufgrund mangelnder Deutschkenntnisse sowie einer unterstellten mangelnden kulturellen Passfähigkeit für nicht beschulbar im Regelbetrieb erklärt" werden, während ihre (Sprach-)Förderung und überhaupt „die Ausgestaltung der getrennten Beschulung […] weitgehend konzeptlos" erfolgt (ebd., 231). Während also davon auszugehen ist, dass heute noch „die Strukturen nicht für die Migrationsgesellschaft geöffnet sind" (ebd., 232), lässt sich gleichzeitig feststellen, dass zumindest einige Schulen neu zugewanderte Kinder systematisch sowie entsprechend ihrem Alter in Regelklassen einschulen, wo sie täglich sprachlich gefördert und „nach Möglichkeit zusätzlich durch eine Lehrkraft unterstützt" werden (ebd.). Auch wenn diese Initiativen bisher keine Veränderung der Bildungs- und Schulentwicklungspolitik bewirken konnten, weil sie vom Engagement einzelner Schulleitungen abhängen (vgl. ebd.), zeigten sie dennoch, wie zentral die Rolle der Lehrkräfte im Kontext einer Schule ist, die bereit ist, sich den gegenwärtigen migrationsgesellschaftlichen Herausforderungen zu stellen.

Lehrkräfte mit Migrationsgeschichte als Akteur*innen diversitätssensibler Grundschulen

An Lehrkräfte „mit Zuwanderungsgeschichte" werden hohe Erwartungen herangetragen. Sie können, so bildungspolitische Stimmen, „mit ihrer doppelten Kompetenz in der deutschen Sprache und der Herkunftssprache sowie ihren Erfahrungen in zwei Kulturen eine wichtige Mittlerfunktion in der Schule einnehmen und die interkulturelle Qualifizierung fördern" (Schulministerium NRW 2020). Mit dieser Erwartung wird „die Verantwortung einer diversitätssensiblen Gestaltung von Vielfalt den als Migrant/innen positionierten Lehrpersonen übertragen" (Hummrich/Terstegen 2020, 117). Zahlreiche Studien setzen sich kritisch mit dieser Erwartung auseinander und erarbeiten Zurückweisungen: Lehrkräfte, die in Deutschland aufgewachsen sind, lehnen es ab, auf Kenntnisse ‚der Herkunftssprache' und ‚zweier Kulturen' reduziert zu werden. Selbst die „spontane Affinität zu der Rolle als Integrationsvorbild und Mittler*in" bedeutet nicht, dass eigene Diskriminierungserfahrungen im Bildungssystem „zu einer inklusionsorientierten, macht- und diskriminierungskritischen ‚Haltung' im Feld der Schule" (Schwendowius 2015, 528) führen. Vielmehr sind geschützte Reflexionsräume in der Aus- und Weiterbildung von Lehrkräften notwendig, die eine Auseinandersetzung mit derartigen Erfahrungen ermöglichen (Putjata 2019c).

In den letzten Jahren wurden in Deutschland Programme entwickelt, die das Ziel der „sprachlichen und fachlichen Qualifizierung geflüchteter Lehrkräfte verfolgen, um den beruflichen Wiedereinstieg zu erleichtern" (Terhart et al. 2020, 209). Derartige Möglichkeiten einer professionellen Integration können dazu führen, dass Lehrkräfte ihre migrationsbedingte Mehrsprachigkeit als Ressource wahrnehmen. Um monolinguale Normalitätsvorstellungen in Bildungskontexten zu verändern, genügt es jedoch nicht, so die Ergebnisse aus einer ‚integrativen Schule' in Hamburg, bei mehrsprachigen Lehrkräften anzusetzen. Es sind Veränderungen auf verschiedenen Ebenen notwendig, angefangen von der Ebene politischer Entscheidungsträger*innen bis hin zur Schulentwicklung als Gesamtprozess. Diese Veränderungen sollten auch eine Professionalisierung einschließen: Mehrsprachige Lehrkräfte müssen darauf vorbereitet werden, Widersprüche auszuhalten und die eigene Praxis in ihnen zu gestalten (Plöger/Putjata 2019; Putjata 2018, 2019b).

Schlussfolgerungen und Perspektiven

Monokulturelle und monolinguale Normalitätsvorstellungen, Strukturen und Praktiken sind heute immer noch in deutschen Grundschulen anzutreffen und führen zur Bildungsbenachteiligung von Schülerinnen und Schülern, auch weil sie die Selbstwirksamkeitserwartungen von Lehrkräften prägen.

Aktuelle mediale und politische Ereignisse, wie es der Fall in Baden-Württemberg illustriert, verdeutlichen die Tragweite und Bedeutung dieser diskriminierenden Praktiken. Migrationsgesellschaftliche Verhältnisse, wie die migrationsbedingte sprachliche Diversität der Schülerschaft, werden dadurch als Herausforderung und der Umgang damit als Überforderung wahrgenommen. So werden heute noch mehrsprachige Grundschulkinder aus zugewanderten Familien, wie bereits am Anfang dieses Beitrags problematisiert wurde, ganz im Sinne „einer herkömmlichen – offenbar nicht überwundenen – ausländerpädagogischen Betrachtung" (Panagiotopoulou 2020, 79), mit Sprachverboten konfrontiert und dadurch diskriminiert. Hierbei scheint auch die seit über zwanzig Jahren angestrebte Stärkung der „interkulturellen Kompetenzen des pädagogischen Personals" (KMK 1996/2013, 5) ohne die notwendige Umorientierung der Schule als pädagogische und gesellschaftliche Institution nicht ausreichend zu sein.

Um ein „gemeinsames Lernen" aller Kinder und eine „umfassende Bildung", die sich als Persönlichkeitsbildung versteht und u. a. alle Sprachen aller Kinder einbezieht, zu ermöglichen und dazu beizutragen, dass „Bildungsgerechtigkeit als selbstverständliche Aufgabe eines demokratischen Schulsystems" anerkannt wird (Lassek / Hecker 2019, 13), ist die Grundschule als Schule in der Migrationsgesellschaft (neu) zu definieren. Das bedeutet: „Auf dem Weg zur kindergerechten Schule" (Bartnitzky 2019) ist im Umfeld der jeweiligen Einzelschule die gesellschaftliche – auch migrationsbedingte – „Heterogenität und Pluralität" als der „Normalfall" anzuerkennen (Diehm 2011, 45) und im Klassen- sowie im Lehrer*innenzimmer zu repräsentieren. Dafür sind aus der Perspektive eines (grund-)schulpädagogischen Umgangs mit Migration spezifische separierende Strukturen, stigmatisierende Einstellungen sowie diskriminierende und exkludierende Praktiken zu überwinden. Orientiert am Leitfaden zur Schulentwicklung „Index für Inklusion" (Booth / Ainscow 2017), der eine praktische Materialiensammlung umfasst und in Deutschland seit Jahren erprobt wird, kann jede Schule die für sich eigens passenden und relevanten Strategien entwickeln: Vor dem Hintergrund der jeweils konkreten familialen Lebensbedingungen der Schülerschaft können und sollten die jeweils spezifischen Herausforderungen identifiziert und entsprechend für die jeweilige Einzelschule konkrete Veränderungsprozesse initiiert werden.

Literatur

Bericht der Beauftragten der Bundesregierung für Migration, Flüchtlinge und Integration (BfM) (2016): Teilhabe, Chancengleichheit und Rechtsentwicklung in der Einwanderungsgesellschaft Deutschland (11).
Bartnitzky, H./Speck-Hamdan, A. (Hg.) (2005): Deutsch als Zweitsprache lernen. Grundschulverband e. V.: Frankfurt a. M.
Bartnitzky, H. (2019): Auf dem Weg zur kindergerechten Grundschule. 50 Jahre Grundschulreform. 50 Jahre Grundschulverband. Grundschulverband e. V.: Frankfurt a. M.
Booth, T./Ainscow, M. (2017): Index für Inklusion. Ein Leitfaden für Schulentwicklung. Weinheim/Basel: Beltz.
Diehm, I. (2011): Integration und Inklusion im Kontext von Migration und Pädagogik. In: Lütje-Klose, B. u. a. (Hg.), Inklusion in Bildungsinstitutionen – eine Herausforderung an die Heil- und Sonderpädagogik. Bad Heilbrunn: Klinkhardt, 37–46.
Fürstenau, S./Çelik, Y./Plöger, S. (2020): Language Comparison as an Inclusive Translanguaging Strategy: Analysis of a Multilingual Teaching Situation in a German Primary School Classroom. In: Panagiotopoulou, J. A. et al. (Hg.): Inclusion, Education and Translanguaging: How to Promote Social Justice in (Teacher) Education? Wiesbaden: Springer VS, 145–162.
Gomolla, M./Radtke, F.-O. (2009): Institutionelle Diskriminierung. Die Herstellung ethnischer Differenz in der Schule. Wiesbaden: VS.
Hummrich, M./Terstegen, S. (2020): Migration. Eine Einführung. Wiesbaden: Springer VS.
Institut für Bildungsmonitoring und Qualitätsentwicklung (IfBQ) (2019): Vorstellungsverfahren Viereinhalbjähriger. Bericht über die Auswertung der Ergebnisse im Schuljahr 2018/2019.
Karakayali, J./zur Nieden, B. / Kahveci, Ç./Groß, S./Heller, M. (2017): Die Kontinuität der Separation. Vorbereitungsklassen für neu zugewanderte Kinder und Jugendliche im Kontext historischer Formen separierter Beschulung. In: DDS – Die Deutsche Schule 109 Jg., H. 3, 223–235.
KMK (1996/2013): Interkulturelle Bildung und Erziehung in der Schule. Beschluss der Kultusministerkonferenz.
Lassek, M./Hecker, U. (2019): Gemeinsam unterwegs zur kindergerechten Schule. Vorwort. In: Bartnitzky, H. (2019): Auf dem Weg zur kindergerechten Grundschule. 50 Jahre Grundschulreform. 50 Jahre Grundschulverband. Grundschulverband e. V.: Frankfurt a. M., 10–13.
Mediendienst Integration (2019): Wie verbreitet ist herkunftssprachlicher Unterricht. Mediendienst Integration. Berlin.
Montanari, G. E./Panagiotopoulou, J. A. (2019): Mehrsprachigkeit und Bildung in Kitas und Schulen: Eine Einführung. Stuttgart: utb Verlag.
MSW NRW Schulministerium (2020): Lehrkräfte mit Zuwanderungsgeschichte tragen interkulturelle Kompetenz in die Schulen in NRW.
Panagiotopoulou, A. (2017): Ethnographische Zugänge zur Erforschung von Mehrsprachigkeit. In: Becker-Mrotzek, M./Roth, H.-J. (Hg.): Sprachliche Bildung – Grundlagen und Handlungsfelder. Münster: Waxmann, 205–218.
Panagiotopoulou, A. (2020): Inklusion und Migration: Zur Konstruktion von und zum Umgang mit ‚migrationsbedingter Heterogenität' in Kindertageseinrichtungen und Schulen. In: König, A./Heimlich, U. (Hg.): Inklusion in Kindertageseinrichtungen. Reihe: Inklusion in Schule und Gesellschaft, Band 13. Stuttgart: Kohlhammer, 73–89.
Panagiotopoulou, A./Rosen, L. (2015): Migration und Inklusion. In: Reich, K. u. a. (Hg.): Eine inklusive Schule für alle: das Modell der Inklusiven Universitätsschule Köln. Weinheim/Basel: Beltz, 158–166.
Panagiotopoulou, A., Rosen, L./Strzykala, J. (2018a): Inklusion von neu zugewanderten Schüler*innen durch mehrsprachige Lehrkräfte aus zugewanderten Familien?

Deutschförderung unter den Bedingungen von (Flucht-)Migration. In: Dirim, İ./ Wegner, A. (Hg.): Normative Grundlagen und reflexive Verortungen im Feld DaF und DaZ, Leverkusen, Berlin: Barbara Budrich, 210–227.

Panagiotopoulou, A./Rosen, L./Karduck, S. (2018b): Exklusion durch institutionalisierte Barrieren. In: Ceylan, R. u. a. (Hg.): Neue Mobilitäts- und Migrationsprozesse und sozialräumliche Segregation. Wiesbaden: Springer Fachmedien Wiesbaden, 115–131.

Plöger, S./Putjata, G. (2019): Support of immigrant languages through multilingual educational staff. In: Seals, C./Olsen-Reeder, V. (Eds.): Embracing Multilingualism across Educational Contexts, Wellington: Wellington Press, 215–244.

Prengel, A. (2011): Selektion versus Inklusion – Gleichheit und Differenz im schulischen Kontext. In: Faulstich-Wieland, H. (Hg.): Umgang mit Heterogenität und Differenz. Baltmannsweiler: Hohengehren, 23–48.

Putjata, G. (2018): Immigrant teachers' integration and transformation of the linguistic market in Israel. In: Language and Education, 21. Jg. H. 2, 38–56.

Putjata, G. (2019a): Language in transnational education trajectories between the Soviet Union, Israel and Germany. Participatory research with children. In: Fürstenau, S./ Carnicer, J. (Hg.): Themenheft ‚Transnational Education', Zeitschrift für Kindheits- und Jugendforschung, 390–404.

Putjata, G. (2019b): Normalitätsvorstellungen angehender Lehrkräfte im Wandel. Empirische Studie zu Potentialen des Moduls „Deutsch für Schülerinnen und Schüler mit Zuwanderungsgeschichte". In: Zeitschrift für Diversitätsforschung und -management, 81–94.

Putjata, G. (2019c): ‚Und da wurde mir klar, ich bin doch nicht dumm!' – Stimmen eingewanderter Lehrkräfte. In: Hasenjürgen, B./Spetsmann-Kunkel, M. (Hg.): Kulturalisierungsprozesse in Bildungskontexten. Baden-Baden: Nomos, 177–190.

Schwendowius, D. (2015): Bildung und Zugehörigkeit in der Migrationsgesellschaft. Biographien von Studierenden des Lehramts und der Pädagogik. Bielefeld: Transcript.

Terhart, H./Elshof, A./Preuschoff, S. (2020): Programm für geflüchtete Lehrkräfte in Köln. In: Kremsner, G. u. a. (Hg.): Inklusion von Lehrkräften nach der Flucht. Über universitäre Ausbildung zum beruflichen Wiedereinstieg. Bad Heilbrunn: Klinkhardt, 207–216.

Rolf Werning

Inklusive schulische Bildung: Entwicklungslinien, aktuelle Situation und zukünftige Perspektiven

Inklusive Bildung ist spätestens seit der Ratifizierung der UN-Behindertenrechtskonvention 2009 (Bundesgesetzblatt 2008, 1436–1437) in Deutschland ein wichtiges und kontrovers geführtes Thema im Bildungsbereich. In allen Bundesländern gibt es Entwicklungen hin zu mehr gemeinsamer Bildung, wobei der Fokus insbesondere auf Menschen mit Behinderungen bzw. sonderpädagogischen Förderbedarf gerichtet wird. In diesem Beitrag sollen die Entwicklung von der integrativen zur inklusiven Bildung skizziert, aktuelle Umsetzungsbedingungen umrissen und ein Blick in die Zukunft gewagt werden.

Historische Entwicklungslinien

Die Fragen nach dem Umgang mit Unterschieden und damit die Frage nach dem Umgang mit Heterogenität im Bildungsbereich sind nicht erst mit der in Deutschland seit 2009 rechtsverbindlichen UN-Behindertenrechtskonvention (Bundesgesetzblatt 2008) gestellt und diskutiert worden.

Ein bedeutsamer Versuch, mehr gemeinsames Lernen von Kindern und Jugendlichen mit und ohne Behinderungen zu erreichen, war in Westdeutschland das 1973 vorgelegte Gutachten des Deutschen Bildungsrates mit der Aufforderung, der bis dahin vorherrschenden schulischen Isolation Behinderter durch ihre schulische Integration entgegenzuwirken. Integrative schulische Bildung startete dann mit Schulversuchen an Grundschulen z. B. Anfang der 1970er-Jahre in München mit der privaten Montessori-Grundschule der Aktion Sonnenschein (Hellbrügge 1977), in Berlin an der Fläming-Schule ab 1975 (Projektgruppe Integrationsversuch 1988) und an der Uckermark-Schule ab 1982 (vgl. Heyer et al. 1990). Die hier gesammelten positiven Erfahrungen bewirkten in einigen Bundesländern eine Ausweitung der Integration, was dann auch zu einer Diskussion über die schulrechtlichen Voraussetzungen führte. In der DDR war eine vergleichbare Entwicklung nicht vorhanden. Integrative Orientierungen setzten dort erst nach 1989 in den neuen Bundesländern ein (vgl. Heimlich 2000).

International führte die zunehmende Problematisierung von exkludierenden Prozessen aufgrund von Geschlecht, sozialer und kultureller Herkunft (vgl. Fullan 1991, 1994) und die hier deutlich werdende Intersektionalität[1] zu

---

1) Unter Intersektionalität versteht man Formen der Überschneidung und Gleichzeitigkeit verschiedener Diskriminierungskategorien (z. B. soziales Milieu, kulturelle Herkunft, Geschlecht, Behinderung) gegenüber einer Person.

einem breiteren Verständnis von Inklusion (Ferguson 2008, 110). Dies ging über die Frage nach dem richtigen Förderort für Kinder mit Behinderungen weit hinaus. Ein bedeutsames Dokument, in dem dieses weite Verständnis von Inklusion prominent gemacht wurde, ist die Salamanca-Erklärung von 1994 (UNESCO 1994). In dem Aktionsrahmen wird gefordert, dass Schulen *alle* Kinder – unabhängig von körperlichen, intellektuellen, sozialen und sprachlichen Voraussetzungen – aufnehmen sollen. In Deutschland waren es Andreas Hinz (1993) und Annedore Prengel (1995), die Fragen der Integrationspädagogik, der interkulturellen und der feministischen Pädagogik zu einer »Pädagogik der Vielfalt« zusammenführten und damit ein umfassendes pädagogisches Konzept zum produktiven Umgang mit Heterogenität entwickelten. Bis heute gibt es jedoch sehr unterschiedliche Begriffsverständnisse, die die wissenschaftliche wie die praxisorientierte Diskussion erheblich erschweren (vgl. Werning 2014, 2019).

Aktuelle Entwicklungen der inklusiven schulischen Bildung

Statistische Analysen zum Stand der Umsetzung von Inklusion sind in den letzten Jahren immer wieder an vielen Stellen ausführlich dokumentiert worden (vgl. z. B. Autorengruppen Bildungsberichterstattung 2016, 2018, 2020, Klemm 2015, Hollenbach-Biele / Klemm 2020). Deutlich wird in den statistischen Analysen, dass die Anteile der Schüler*innen, die in Sonder-/ Förderschulen unterrichtet werden (Exklusionsquote) – trotz der Integrations-/Inklusionsdiskussion – bundesweit in den letzten Jahrzehnten deutlich angestiegen sind. Waren es 1961 noch 2,4 %, stieg diese Quote 2014/15 auf 4,6 %. Aktuell (2019/20) fällt sie leicht auf 4,2 % (vgl. Werning / Reiser 2008, 519; Autorengruppe Bildungsberichterstattung 2014, 179; 2016, 81; 2020, 117). Zudem steigt die Zahl der Schüler*innen mit sonderpädagogischem Förderbedarf an Grund- und Sekundarschulen (Inklusionsquote) deutlich an. Dies führt insgesamt zu einem starken Anstieg der Förderquote von 2000/2001 mit 5,3 % auf 7,4 % in 2019/20.[2] Es entwickelt sich so in vielen Bundesländern eine Ausweitung der sonderpädagogischen Förderung im Rahmen eines Zwei-Säulen-Modells: Neben der relativ stabilen Säule der Förderschüler*innen etabliert sich (additiv) eine stetig größer werdende Säule von integrativ unterrichteten Schüler*innen mit sonderpädagogischem Förderbedarf an allgemeinen Schulen.

Der Anspruch einer inklusiven Bildung wird in der Primar- und Sekundarstufe und besonders auch innerhalb der Schulformen der Sekundarstufe

---

2) Mit der „Förderquote" wird der Anteil von Schülerinnen und Schülern mit sonderpädagogischem Förderbedarf an allen vollzeitschulpflichtigen Schüler/innen ausgedrückt.

sehr unterschiedlich eingelöst. Während ein Großteil der integrativ beschulten Schüler*innen in Grundschulen (ca. 40 %) und im Sekundarbereich an Gesamtschulen (26 %) zu finden sind, beteiligen sich Gymnasien mit lediglich 4 % und Realschulen mit gerade mal 5 % kaum an der inklusiven Bildung. Aber auch schon zu Schulbeginn zeigt der Anteil von 3 % direkter Einschulung in Förderschulen deutlich separative Tendenzen auf (Autorengruppen Bildungsberichterstattung 2020, 101; vgl. auch Albers / Lichtblau 2014; Lichtblau 2018).

Große Unterschiede bei der Umsetzung der inklusiven schulischen Bildung zeigen sich zudem zwischen den Bundesländern (vgl. ausführlicher Werning / Lichtblau 2020). An dieser Stelle soll der Blick besonders auf die Exklusionsquote gerichtet werden. Es ist davon auszugehen, dass je höher die Exklusionsquoten, desto größer auch die Beharrungskräfte für separative Systeme und desto geringer die Entwicklung hin zu einem inklusiven Schulsystem sind.

Die Unterschiede zwischen den Bundesländern sind unter dieser Perspektive gravierend. 2019/20 sind Sachsen-Anhalt (6,1 %), Mecklenburg-Vorpommern (5,7 %), Sachsen (5,6 %) die Exklusionsspitzenreiter. Die geringsten Exklusionsquoten haben Bremen (0,9 %), Schleswig-Holstein (2,2 %), Hamburg (2,9 %) und Berlin (2,4 %). Schaut man auf das Verhältnis von Schüler*innen mit sonderpädagogischem Förderbedarf in Allgemeinen und Förderschulen (Inklusionsanteile), so werden nur in den Stadtstaaten Bremen, Berlin und Hamburg sowie in Schleswig-Holstein und Niedersachsen mehr Kinder und Jugendliche mit sonderpädagogischem Förderbedarf in Allgemeinen als in Förderschulen unterrichtet.

Separative Tendenzen werden insbesondere bei der Beschulung von Schüler*innen mit den Förderbedarfen Lernen und geistige Entwicklung deutlich, die eine zieldifferente Förderung erfordert (vgl. Werning / Lichtblau 2020).

Bei der Frage nach der zukünftigen Rolle der Förderschulen weisen die Bundesländer einen sehr unterschiedlichen Umgang auf. Es gibt in allen Bundesländern neben der Möglichkeit der inklusiven Förderung an allgemeinen Schulen weiterhin Förderschulen bzw. Förderzentren mit unterschiedlichen Bezeichnungen. Unterschiede zwischen den Ländern zeigen sich hingegen in der zukunftsbezogenen Ausrichtung wie auch in den schon seit Längerem bestehenden rechtlichen Grundlagen zur Umsetzung der inklusiven schulischen Bildung.

So besteht in Hamburg, Bremen und mit Einschränkungen in Niedersachsen, Rheinland-Pfalz und Saarland ein **Rechtsanspruch** auf den Zugang zur allgemeinen Schule. Einen **Vorrang** der gemeinsamen Beschulung – der jedoch nur vorbehaltlich einer angemessenen personellen und sächlichen Ausstattung gewährt wird – gibt es in Berlin, Brandenburg, Hessen, Mecklenburg-Vorpommern, Nordrhein-Westfalen, Schleswig-Holstein und Thüringen. In Baden-Württemberg, Bayern, Sachsen und Sachsen-Anhalt wird der Unterrichtung an inklusiven Schulen **kein Vorrang** gegenüber Förderschulen gegeben (vgl. Autorengruppe Bildungsberichterstattung 2018, 104). Am klarsten setzt Bremen perspektivisch nicht mehr auf Förderschulen, sondern hat „Zentren für unterstützende Pädagogik" an allen Schulen und „Regionale Beratungs- und Unterstützungszentren" für die sonderpädagogische Förderung eingeführt.

Die überwiegende Zahl der Bundesländer hält also an der Förderschule als regulärem schulischem Angebot fest. Dies wird von der Monitoring-Stelle des Deutschen Instituts für Menschenrechte (2017, 1 f.) als nicht konform mit der UN-Behindertenrechtskonvention (UN-BRK) kritisiert. Die Weiterführung der Förderschulen wird in den meisten Bundesländern durch das Elternwahlrecht legitimiert. Auch hier gibt es durch das Deutsche Institut für Menschenrechte eine sehr kritische Einschätzung: „Die Aufrechterhaltung zweier Schulsysteme lässt sich menschenrechtlich auch nicht über das Elternwahlrecht rechtfertigen. Das Recht auf inklusive Bildung ist ein Recht der Kinder, nicht der Eltern. Ein dauerhaftes Vorhalten einer Wahlmöglichkeit durch das staatliche Schulsystem widerspricht der Verpflichtung aus der UN-BRK, wonach eine inklusive Schulstruktur den Bedürfnissen eines jeden Kindes gerecht werden muss" (Deutsches Institut für Menschenrechte, a. a. O.).

Die gegenwärtige und geplante Stellung der Förderschulen, verbunden mit dem Elternwahlrecht, zeigt somit in den meisten Bundesländern gravierende und aus inklusionspädagogischer Perspektive problematische Bedingungen auf. Gleichwohl werden – wie oben dargestellt – Unterschiede hinsichtlich einer Priorisierung von separativer zu inklusiver Unterrichtung zwischen den Bundesländern deutlich, was sich ja auch in den dargestellten Exklusionsquoten widerspiegelt.

Zusammenfassend kann festgestellt werden, dass separative Tendenzen, wie sie sich in den Selektionsquoten und der Aufrechterhaltung eines Förderschulsystems in vielen Bundesländern zeigen, trotz der Zusicherung einer inklusiven Bildung auf allen Ebenen durch die Ratifizierung der UN-BRK weiterhin stark sind. Dies führt dazu, dass die Umsetzung inklusiver Perspektiven auch zukünftig überwiegend im Rahmen von selektiven schulischen Strukturen stattfindet.

Damit werden Widersprüche, Merkwürdigkeiten und auch Frustrationen – besonders in der Sekundarstufe – erzeugt. So dürfen Kinder mit Förderbedarf an einem Gymnasium unterrichtet werden; Realschüler*innen aber nicht. Und, wenn die Schüler*innen mit Förderbedarf gut gefördert werden und dadurch evtl. ihren „Förderstatus" verlieren, müssen sie das Gymnasium wieder verlassen. Genauso problematisch ist es, wenn Kinder und Jugendliche mit sonderpädagogischem Förderbedarf vorrangig an Hauptschulen bzw. Hauptschulzweigen von Schulen mit mehreren Bildungsgängen integriert werden. Die Zusammenführung lern- und leistungsschwächerer Regelschüler*innen mit lern- und leistungsschwachen Schülerinnen und Schülern mit Förderbedarf ist keine Inklusion, sondern die Erzeugung von Lerngruppen, die durch ihre Zusammensetzung negativ auf die Lernentwicklung der Schüler*innen wirken. Solche „low tracks" sind meist keine anregungsreichen und fordernden, sondern „abstumpfende Lernmilieus" (Oakes 2005).

Perspektiven

Die strukturell selektive Ausrichtung des deutschen Schulsystems insbesondere in der Sekundarstufe macht eine konsequente Umsetzung einer inklusiven Bildung auf allen Ebenen – wie es die Behindertenrechtskonvention fordert – auch in absehbarer Zeit schwierig. Die Lehrkräfte erleben jeden Tag die Widersprüche, die sich mit der Umsetzung inklusiver Bildung in einem noch immer strukturell selektiven Schulsystem ergeben. Die bildungspolitischen Vorgaben bleiben uneindeutig und die Umsetzung von Inklusion wird quasi an die Schulen und die Lehrkräfte „durchgereicht". Sie sollen in der Praxis die Widersprüche lösen, die auf der bildungspolitischen Ebene nur sehr langsam bearbeitet werden.

Gleichzeitig wird an vielen Schulen die inklusive Bildung schon heute gelebt und weiterentwickelt. Dies geschieht durch die ständige Reflexion, welche konkreten und unter den gegebenen Bedingungen realisierbaren Maßnahmen dazu beitragen können, an dieser konkreten Schule einen Schritt weiter hin zu mehr sozialer Partizipation und zum Abbau von Bildungsbenachteiligungen machen zu können. Inklusive schulische Entwicklung ist dabei an „positive pressure" (Fullan 2010) gebunden. Dies bezeichnet eine entwicklungsförderliche Perspektive, die aufgebaut werden kann, wenn die beteiligten Akteure – und hier besonders die Lehrkräfte, die Schulleitung, die Eltern und die Schüler*innen, aber auch die Bildungsadministration und die Bildungspolitik – positive, konkrete und erreichbare Ziele vor Augen haben, deren Umsetzung unter den je spezifischen Bedingungen möglich ist bzw. möglich gemacht werden kann.

In erfolgreichen inklusiven Schulen (vgl. Arndt/Werning 2016) wird dabei deutlich, dass Inklusion kein Additum sein darf. Inklusive Schulentwicklung ist vielmehr als Querschnittsaufgabe zu verstehen und bezieht sich damit auf die verschiedenen Bereiche der Schule und Schulentwicklung. Zwei Zitate von Lehrkräften an Jakob-Muth-Preisträgerschulen machen dies deutlich:

> *„Ja, das ist also ein sehr fragiles Ding, diese inklusive Schule, weil die in alle Bereiche rein wirkt, eben auch ins Musik machen, ins Theater spielen, in die Freizeitangebote und auch grade an die Angebote, die sich dann an Schüler richten, die vielleicht mal*

aufs Gymnasium wollen, und wo man normalerweise sagen würde, was hat das denn jetzt mit Integrationskindern oder so zu tun. Nein, das ist eben extrem verwoben miteinander" (Grundschullehrkraft).

„… das Wichtige an Inklusion ist, dass man ein Verständnis hat, das sich bezieht auf die ganze Schule, also man kann nicht in einer Klasse Inklusion betreiben, sondern eigentlich muss die Schule insgesamt, muss sich inklusiv ausrichten und das heißt dann, ich muss Schulentwicklung unter dem Gesichtspunkt denken, und zwar sowohl pädagogisch als auch inhaltlich" (Schulleitungsmitglied an einer Sekundarschule).

Auf der Ebene der Schulentwicklung mit den Bereichen der Organisations-, Unterrichts- und Personalentwicklung ist die Herausforderung durch die Zitate der Pädagog*innen gut beschrieben worden. Eine nachhaltige Entwicklung der inklusiven Bildung geht jedoch über die Schule hinaus und findet in Bildungslandschaften statt. Inklusion kann dabei nur, wie dies schon die Arbeitsgruppe um Helmut Reiser (Reiser et al. 1986) vor mehr als 30 Jahren herausgearbeitet hat, als Mehrebenenkonzept verstanden und realisiert werden: Bildungspolitische Vorgaben, Ressourcen, Organisations- und Unterrichtsentwicklung, die Qualifikation von Professionellen sowie die Einbindung in einen größeren gesellschaftlichen Diskurs zum Umgang mit Heterogenität und Differenz müssen in ihrer wechselseitigen Verbundenheit gesehen werden, will man inklusive Bildung nachhaltig entwickeln. Dabei zeigen sich seit Längerem unterschiedliche Geschwindigkeiten zwischen Schulformen, zwischen Regionen und zwischen Einzelschulen.

Für eine zukunftsfähige Grundschule wäre es wünschenswert, eine engere und konsequentere Zusammenbindung von inklusiven Entwicklungen auf den unterschiedlichen Ebenen anzustreben, die sich an einer konsequenten und dauerhaften Minimierung von Diskriminierung und Maximierung von sozialer Teilhabe und von Bildungschancen für alle Schüler*innen ausrichten. Dies ist notwendig, um das in den Anforderungen an eine zukunftsfähige Grundschule proklamierte Kinderrecht auf Bildung, „das mehr Bildungsgerechtigkeit als selbstverständliche Aufgabe eines demokratischen Schulsystems zur Grundlage hat" (Grundschulverband 2019a), einzulösen. Die vom Grundschulverband (2019b) in den an Politik, Pädagogik und Gesellschaft formulierten Forderungen für die Umsetzung einer inklusiven Schule – Entwicklung von umfassenden Inklusionskonzepten in den Bundesländern, pädagogische Beratungs- und Unterstützungszentren, verbesserte personelle Ausstattung, qualifizierte Fortbildungen und Anpassung der Lehrer*innenbildung – weisen hier in die richtige Richtung.

Literatur

Albers, T. / Lichtblau, M. (2014): Inklusion und Übergang von der Kita in die Grundschule: Kompetenzen pädagogischer Fachkräfte. Weiterbildungsinitiative Frühpädagogische Fachkräfte, WiFF Expertisen, Band 41 München: DJI.

Arndt, A.-K. / Werning, R. (2016): Was kann man von Jakob-Muth-Preisträgerschulen lernen? Ergebnisse der Studie „Gute inklusive Schule". In: Bertelsmann Stiftung (Hg.): Inklusion kann gelingen. Forschungsergebnisse und Beispiele guter schulischer Praxis. Gütersloh: Bertelsmann Verlag, 105–140.

Autorengruppe Bildungsberichterstattung (2016): Bildung in Deutschland 2016. Ein indikatorengestützter Bericht mit einer Analyse zu Bildung und Migration. Bielefeld: Bertelsmann Verlag.

Autorengruppe Bildungsberichterstattung (2018): Bildung in Deutschland 2018. Ein indikatorengestützter Bericht mit einer Analyse zu Wirkungen und Erträgen von Bildung. Bielefeld: wbv.

Autorengruppe Bildungsberichterstattung (2020): Bildung in Deutschland 2020. Ein indikatorengestützter Bericht mit einer Analyse zu Bildung in einer digitalisierten Welt. Bielefeld: wbv.

Bundesgesetzblatt (BGBl) (2008): Gesetz zu dem Übereinkommen der Vereinten Nationen vom 13. Dezember 2006 über die Rechte von Menschen mit Behinderungen sowie zu dem Fakultativprotokoll vom 13. Dezember 2006 zum Übereinkommen der Vereinten Nationen über die Rechte von Menschen mit Behinderungen. Vom 21. Dezember 2008 (1419–1457). Berlin: Bundesanzeiger.

Deutsches Institut für Menschenrechte – Monitoring-Stelle UN-Behindertenrechtskonvention (Hg.) (2017): Inklusive Bildung ist ein Menschenrecht. Warum es die inklusive Schule für alle geben muss. Impressum, Position Nr. 10 | September. http://www.institut-fuer-menschenrechte.de/fileadmin/user_upload/Publikationen/POSITION/Position_10_Inklusive_Bildung_bf.pdf (Zugriff: 12.1.2018).

Deutscher Bildungsrat (1973): Empfehlungen der Bildungskommission: Zur pädagogischen Förderung behinderter und von Behinderung bedrohter Kinder und Jugendlicher. Bonn: Deutscher Bildungsrat.

Ferguson, D. L. (2008): International Trends in Inclusive Education: The Continuing Challenge to Teach Each One and Everyone. In: European Journal of Special Needs, 109–120.

Fullan, M. (2010): Positive pressure. In: Hargreaves, A., Liebermann, A., Fullan, M. & Hopkins, D. (Eds.): Second international handbook of educational change,. Springer international handbooks of education 23. Dordrecht: Springer Science & Business Media, 119–130.

Grundschulverband (2019a): Kinder – Lernen – Zukunft. Anforderungen an eine zukunftsfähige Grundschule. Frankfurt a. M.: Grundschulverband e. V. Online-Publikation: https://grundschulverband.de/unsere-themen/anforderungen-zukunftsfaehige-grundschule/

Grundschulverband (2019b): Kinder – Lernen – Zukunft. Forderungen an Politik, Pädagogik und Gesellschaft. Frankfurt a. M.: Grundschulverband e. V. Online-Publikation: https://grundschulverband.de/unsere-themen/forderungen-an-politik-paedagogik-gesellschaft/

Heimlich, U. (2000). 10 Jahre Integrationsentwicklung in Ostdeutschland – Ein Rückblick nach vorn. In: Gemeinsam leben 8 (4), 156—159.

Hellbrügge, T. (1977): Unser Montessori-Modell. Erfahrungen mit einem neuen Kindergarten und einer neuen Schule. Frankfurt/M.: Fischer.

Heyer, P. / Preuss-Lausitz, U. / Zielke, G. (1990): Wohnortnahe Integration. Gemeinsame Erziehung behinderter und nichtbehinderter Kinder in der Uckermark-Grundschule in Berlin. Weinheim/München: Juventa.

Hinz, A. (1993): Heterogenität in der Schule – Integration – Interkulturelle Erziehung – Koedukation. Hamburg: Curio.

Hollenbach-Biele, N. / Klemm, K. (2020): Inklusive Bildung zwischen Licht und Schatten. Eine Bilanz nach zehn Jahren inklusiven Unterrichts (Bertelsmann-Stiftung). https://www.bertelsmann-stiftung.de/de/publikationen/publikation/did/inklusive-bildung-zwischen-licht-und-schatten (letzter Zugriff: 9.9.2020).

Klemm, K. (2015): Inklusion in Deutschland. Daten und Fakten, Gütersloh: Bertelsmann Verlag.

Lichtblau, M. (2018): Inklusive und Integrative Bildung. In: Schmidt, T. & Smidt, W. (Hg.), Handbuch empirische Forschung in der Pädagogik der frühen Kindheit Münster: Waxmann, S. 157 – 174.

Oakes, J. (2005). Keeping track: How schools structure inequality (2. Aufl.). New Haven & London: Yale University Press.

Prengel, A. (1995): Pädagogik der Vielfalt: Verschiedenheit und Gleichberechtigung in interkultureller, feministischer und integrativer Pädagogik. Opladen: Leske + Budrich.

Projektgruppe Integrationsversuch (Hg.) (1988): Unser Fläming-Modell. Weinheim/Basel: Beltz.

Reiser, H. / Klein, G. / Kreie, G. (1986): Integration als Prozess. (Teil 1 und 2). Sonderpädagogik, 16 (3/4), 115.

UNESCO (1994): Die Salamanca Erklärung und der Aktionsrahmen zur Pädagogik für besondere Bedürfnisse. http://bidok.uibk.ac.at/library/unesco-salamanca.html. Zugriff: 9. Juli 2015.

Werning, R. (2014): Stichwort: Schulische Inklusion. In: Zeitschrift für Erziehungswissenschaft, 17 (4), 601–623. (http://springer.com/home?SGWID=0-0-10030-0-0&agld =2731279&download=1&checkval=5b6423b7b5145e14a93ce09422d844f8; Zugriff: 10.08.2020)

Werning, R. (2019): Inklusion im frühkindlichen und schulischen Bereich. In: Köller, O., Hasselhorn, M., Hesse, F.W., Maaz, K., Schrader, J., Solga, H., Spieß, K., Zimmer, K. (Hg.): Das Bildungswesen in Deutschland. Bestand und Potentiale. Utb, Klinkhardt: Bad Heilbrunn.

Werning, R. / Lichtblau, M. (2020): Schulische Inklusion in den Bundesländern. Bildungspolitische Entscheidungen und Quoten im Vergleich. In: Pädagogik (4) 72, 43–47.

Werning, R. / Reiser, H. (2008): Sonderpädagogische Förderung. In: Cortina, K.S., Baumert, J., Leschinsky, A., Mayer, K.U. & Trommer L. (Hg.): Das Bildungswesen in der Bundesrepublik Deutschland. Strukturen und Entwicklungen im Überblick. Reinbek bei Hamburg: Rowohlt, 505–539.

Hans Wocken

Die Grundschule – eine inklusive Schule
Entwicklungsaufgaben und Entwicklungsrisiken
in den 2020er-Jahren

Unter einer „inklusiven Schule" verstehe ich eine Schule, die alle Kinder ohne Unterschied aufnimmt und annimmt: Kinder jeglicher Herkunft, jeglicher Hautfarbe, jeglicher Religionszugehörigkeit, jeden Geschlechts, jeglicher Begabung und Leistungsfähigkeit, und unbeschadet etwaiger körperlicher oder psychischer Beeinträchtigungen gemeinsam unterrichtet und erzieht.

Zwischen der Grundschulpädagogik, wie sie in den letzten drei Jahrzehnten u. a. in den einschlägigen Handbüchern diverser Grundschulfachleute sowie den Publikationen des Grundschulverbands ausformuliert wurde,[1] und der Inklusionspädagogik, wie sie neben vielen anderen z. B. von Boban/Hinz, Booth/Ainscow, Feuser, Prengel, Schöler, Wocken und der UN-Behindertenrechtskonvention definiert wurde,[2] gibt es – ideengeschichtlich betrachtet – eine recht ansehnliche Schnittmenge. Von den reichlich vorhandenen Gemeinsamkeiten seien beispielhaft einige benannt: Bildung als Menschenrecht – der Gedanke der Einheitsschule – Pädagogik „vom Kinde aus" – konstruktivistisches Lernverständnis: Eigentätigkeit und Selbstaneignung der Welt – Dialektik von Vielfalt und Gemeinsamkeit – Lernen mit Kopf, Herz und Hand – Balance zwischen individuellen und gemeinsamen sowie lehrergelenkten und selbstgesteuerten Lernsituationen – Primat einer dialogischen und didaktischen Diagnostik – die Forderung nach Abschaffung der Noten und anderes mehr. Im Vergleich aller Schulformen besitzt die Grundschule die größte Nähe zur Inklusionspädagogik. Die Selbstverständnisse, pädagogischen Philosophien, Programme und Konzepte von Grundschul- und Inklusionspädagogik weisen eine hohe Übereinstimmung auf; man könnte von einer „Seelenverwandtschaft" sprechen.

Die große Übereinstimmung ist keine Überraschung. Beide, Grundschul- und Inklusionspädagogik, wollen „eine Schule für alle". Die Grundschule verweist voller Stolz auf die Weimarer Verfassung (WRV 1919) und versteht sich seither – zumindest auf der Ebene der Ideale – unbeirrt und beharrlich als „die für alle gemeinsame Schule" (WRV, Art. 147).

---

1) Vgl. u. a. Einsiedler et al. 2014; Götz 2019; Götz 2020; Kahlert/Heimlich 2014; Heyer et al. 1993; Faust-Siehl et al. 1996; Peters/Widmer-Rockstroh (Hg.) 2014; Grundschulverband 2018; Grundschulverband 2019.

2) Vgl. Boban/Hinz 2009; Schöler 2009; Feuser 2010; Booth/Ainscow 2017; Prengel 2019; Wocken 2015; Wocken 2016; zusammenfassend: Müller 2018.

Der große Fundus an Gemeinsamkeiten zwischen Grundschul- und Inklusionspädagogik ist *nicht* Gegenstand dieser Arbeit. Es geht hier nicht darum, was Grundschule und Inklusion jetzt schon miteinander gemeinsam haben, sondern im Gegenteil darum, was sie noch trennt. Die Aufgabenstellung dieses Beitrags ist eng begrenzt und verfolgt zwei Fragen:
1. Welche Entwicklungsaufgaben kann und sollte die Grundschule angehen, um sich zu einer inklusiven Schule weiterzuentwickeln?
2. Welche Entwicklungsrisiken und -barrieren stehen der Entwicklung einer inklusiven Schule entgegen?

Die beiden perspektivischen Anfragen nehmen dabei nur den Zeitraum der nächsten 10 Jahre in den Blick. Die Ausführungen können lediglich einige Akzente setzen und keine Vollständigkeit beanspruchen.

Entwicklungsaufgaben

Eine Schule für alle

Die Formel „eine gemeinsame Schule für alle" hat die Grundschule in ihrer gesamten Geschichte von Anbeginn an begleitet. Der ritualisierte Gebrauch der Formel ist gewiss ein Indiz für eine stabile Konzeptkonstante, aber nicht schon ein Beleg für ein gleichbleibendes und annehmbares Inklusionsverständnis. An eine Integration von Kindern mit Behinderungen hat die Weimarer Grundschule nämlich keineswegs gedacht. Schon der Art. 146 der Weimarer Verfassung grenzte „die für alle gemeinsame Grundschule" deutlich ein: „Auf Hilfsschulklassen findet diese Bestimmung keine Anwendung." Das folgende, restaurative Weimarer Schulgesetz aus dem Jahre 1920 wurde dann noch deutlicher und schloss jegliche Integration sogar ausdrücklich aus. In § 5 heißt es: „Auf den Unterricht und die Erziehung blinder, taubstummer, schwerhöriger, sprachleidender, schwachsinniger, krankhaft veranlagter, sittlich gefährdeter oder verkrüppelter Kinder sowie auf die dem Unterricht und der Erziehung dieser Kinder bestimmten Anstalten und Schulen finden die Vorschriften dieses Gesetzes keine Anwendung" (vgl. Götz 2019, 35).

Der zentrale Begriff ‚gemeinsam' in dem Verfassungsartikel richtete sich einzig und allein gegen die sogenannten ‚Vorschulen' und ‚Progymnasien', in denen Kinder aus privilegierten Schichten, unter Umgehung einer öffentlichen Schule, direkt auf das Gymnasium vorbereitet wurden (Schorch 2007, 81). Die Integration von Kindern mit Behinderungen war für die Weimarer Schule absolut kein Thema. Und: „Das galt nicht nur in Kreisen der Grundschulpädagoginnen und -pädagogen über lange Zeit hinweg als eine akzeptable Realität" (Götz 2019, 43).

Die Anfänge eines integrativen Selbstverständnisses hat der Grundschulverband auf dem ersten Grundschulkongress 1969 in Frankfurt entwickelt. Dort wurden unter dem Begriff „Ausgleichende Erziehung" Chancengleichheit bzw. Ausgleich der Startchancen als programmatische Konzeptmerkmale der Grundschule ausgerufen. Gemeint waren aber keineswegs Kinder mit Behinderungen im engeren Sinne, sondern „schulschwache Kinder" (Reinartz/Sander 1977). Es ging noch nicht um Integration, sondern um Kompensation und Prävention: „Damals ging es relativ pauschal um bildungsbenachteiligte, schulschwache und besonders leistungsstarke Kinder" (Bartnitzky 2019, 852).

Dieses stark reduzierte Verständnis von Integration hat die Grundschule im Wesentlichen bis auf den heutigen Tag beibehalten. Einige Belege: Das prominente Standardwerk „Handbuch Grundschulpädagogik und Grundschuldidaktik" (Einsiedler u. a. 2014) behandelt unter der Kategorie Heterogenität die Themen „Mädchen und Jungen", „Kinder mit Migrationshintergrund", „Schüler mit Lernschwierigkeiten", „Verhaltensauffälligkeiten" und „Hochbegabte". Auch dem einschlägigen Handbuchartikel „Inklusion als Aufgabe des Bildungswesens, insbesondere der Grundschule" (Kahlert/Heimlich 2014) kann man schwerlich ein Plädoyer für eine vollinklusive Grundschule entnehmen.

Die Befundlage erlaubt folgendes Fazit: Die Grundschule kann „weder in der Weimarer Zeit noch im Dritten Reich als eine für die Kinder gemeinsame Schule im umfassenden Sinne gelten, wie das in der Weimarer Verfassung proklamiert wurde" (Götz 2019, 37). Ich ergänze aus meiner Sicht: Die Grundschule ist bis auf den heutigen Tag keine inklusive Schule, allenfalls an einigen Orten eine Schule „auf dem Weg zur Inklusion". Der Slogan „eine Schule für alle" ist ganz überwiegend ein Mythos, der über Generationen hinweg geflissentlich tradiert wurde. Aber es war ein Versprechen, das zu keiner Zeit substanziell eingelöst wurde (Götz 2020).

Das seit dem Frankfurter Gründungskongress des Grundschulverbandes 1969 geltende Verständnis von Integration bzw. Inklusion hat de facto eine neue Zwei-Gruppen-Theorie etabliert. Die Gesamtheit der Kinder mit sonderpädagogischem Förderbedarf wird aufgeteilt in Kinder mit speziellen Behinderungen und Kinder mit allgemeinen Behinderungen (Förderschwerpunkte Lernen, Sprache und Verhalten). Letztere gelten als „integrationsfähig", erstere nicht; die gesamte Gruppe der Kinder mit Behinderungen wird gleichsam halbiert. Das angestaubte, unselige Konstrukt der „Integrationsfähigkeit" feiert weiter fröhliche Urständ.

Wenn die Grundschule heute die historische Formel „die für alle gemeinsame Grundschule" aus der Weimarer Verfassung unverändert und nachdrücklich als geltendes bildungspolitisches Ziel ausgibt, meint sie in Wirklichkeit nur eine halbierte Inklusion. Die Grundschule hat zwar meines Wissens nirgendwo die Kinder mit speziellen Behinderungen (Förderschwerpunkte Sehen, Hören, Körperlich-motorische Entwicklung, geistige Entwicklung) ausdrücklich ausgeschlossen, aber eben auch nicht ausdrücklich mit einbezogen oder gar ihre Inklusion eingefordert. Das Programm „eine Schule für alle" meint also unausgesprochen und ungesagt eher eine „halbierte Inklusion".

Das halbierte Inklusionsverständnis der Grundschule ist selbstredend mit der Theorie der Inklusionspädagogik und der UN-Behindertenrechtskonvention nicht vereinbar; diese fordern eine „full inclusion", d. h. die grundsätzliche Offenheit für Beeinträchtigungen und Behinderungen jedweder Art. In der impliziten, stillschweigenden Unterscheidung einer vollen und halben Inklusion sehe ich aktuell (noch) die größte Differenz zwischen Inklusions- und Grundschulpädagogik.

Foto aus dem Film „Berg Fidel" von Hella Wenders. Copyright W-Filmverleih, Köln.

Das halbierte Inklusionsverständnis ist fatal. Der Grundschule kommt nämlich in der anstehenden schulischen Inklusionsreform eine Pionier- und Schlüsselrolle zu. Die Schulformen der Sekundarstufe haben sich längst mehrheitlich auf eine zielgleiche „Inklusion" festgelegt; von der Sekundarstufe wird in naher Zukunft weder in der Theorie noch in der Praxis eine „Full Inclusion" zu erwarten sein. Wenn dann nicht einmal die Grundschule sich klar und eindeutig, ausdrücklich und glaubwürdig zu einer „full inclusion" bekennen mag, dann ist es um den Aufbau eines inklusiven Bildungssystems wahrlich schlecht bestellt. In neuerer Zeit markieren in der Praxis zahlreiche Grundschulen, die etwa den Jakob-Muth-Preis erhalten haben, und in der bildungspolitischen Programmatik die Resolution zum Bundesgrundschulkongress 2019 eine Wende zu einem unlimitierten, umfassenden Inklusionsverständnis:

„Der Inklusionsanspruch ist – wie die Menschenwürde oder die Gleichheit vor dem Gesetz – unteilbar. Das gilt auch für Menschen mit Behinderungen. Es gibt keine Behinderungsart und keinen Behinderungsgrad, die Inklusion prinzipiell ausschließen. … Das überkommene gegliederte Schulwesen steht im Widerspruch zu einem inklusiven Schulwesen" (Grundschulverband 2019).

Ein/e Lehrer/in für alles

Seit Jahrzehnten nehmen im Grundschulbereich die pädagogischen Aufgaben und Anforderungen stetig zu. Die Aufgaben werden quantitativ mehr und mehr, die Anforderungen werden qualitativ zunehmend anspruchsvoller. Neueste Beispiele sind etwa Schulentwicklung, Inklusiver Unterricht und Digitale Bildung. Im Amtsdeutsch wird von „Verdichtungen der Lehrerarbeit" gesprochen. Jene Epochen, in denen Grundschule eine Zeit des ruhigen Wachsens und Reifens war, sind Geschichte. Die Grundschule heute steht „unter Druck" (Grundschulverband 2016); ihr droht ein Übermaß an Leistungserwartungen und Qualitätsansprüchen. Empirische Belastungsstudien sprechen von einer „strukturellen Überlastung der Lehrkräfte", weil „die von den Lehrkräften geforderten Aufgaben in der dafür zur Verfügung stehenden Zeit prinzipiell nicht erledigt werden können" (Schönwälder u. a. 2018; Zachau 2020).

Die dominanten Belastungen der Lehrerarbeit sind der Forschung zufolge

1. die hohe Gesamtbelastung durch zu viele zusätzliche Aufgaben und zu hohe Qualitätserwartungen von Eltern und Öffentlichkeit;
2. der erhebliche Arbeitsaufwand und der permanente Zeitmangel;
3. der Mangel an weiteren organisationalen, sozialen und professionellen Ressourcen, vor allem aber an einer zureichenden personellen Ausstattung;
4. die durch prekäre Lebenslagen, Migration und Inklusion beträchtlich gewachsene Heterogenität der Schülerschaft und ihr hoher Unterstützungsbedarf.

Auch die Inklusionspädagogik richtet neue und anspruchsvolle Erwartungen an inklusive Grundschulen. Die geäußerten Professionserwartungen sind bezüglich ihrer Machbarkeit nicht immer sorgsam bedacht und gelegentlich unrealistisch überspannt.

Das Problem sind nicht die gestiegenen Anforderungen und Aufgaben an sich, sondern das krasse Missverhältnis von adressierten Erwartungen und zugestandenen Bewältigungsressourcen. Es besteht eine erhebliche Diskrepanz zwischen Anforderungen und Ressourcen. Sofern dieses Ungleichgewicht zwischen Arbeitsauftrag und den gewährten Ressourcen längerfristig besteht, muss gemäß der klassischen Stresstheorie mit dauerhaften Beeinträchtigungen der Lehrergesundheit gerechnet werden. Die 2020er-Jahre müssen deshalb dringend zur Erhaltung und Förderung der Gesundheit von Grundschullehrerinnen und -lehrern genutzt werden.

Theoriekonform sind zweierlei Strategien notwendig und zielführend:
1. Reduktion der Aufgaben und Anforderungen auf ein zumutbares und leistbares Maß. Nicht „verdichten", sondern auslichten und beschränken!
2. Stärkung aller schulischen, professionellen, sozialen und individuellen Ressourcen. Nicht sparen, sondern instand setzen und befähigen!

Diese Doppelstrategie soll an ausgewählten Handlungsfeldern und Entwicklungsaufgaben konkretisiert werden.

Pädagogische Zweitkraft
Je heterogener eine pädagogische Lerngruppe ist, desto komplexer ist die Aufgabe ihrer Unterrichtung und desto geringer ist die Aussicht, dass eine einzige Lehrerin bzw. ein einziger Lehrer diese Aufgabe alleine schultern kann. Das Wichtigste und Vordringlichste, was inklusive Grundschulen jetzt brauchen, ist eine aufgabengerechte und auskömmliche personelle Ausstattung. Für die Unterrichtung einer heterogenen Lerngruppe ist grundsätzlich eine pädagogische Zweitkraft vonnöten. Diese sollte weder ein/e Lehrer/in noch ein Sonderpädagoge noch ein/e Schulbegleiter/in sein. Die pädagogische Zweitkraft braucht keine unterrichtlichen Kompetenzen. Sie ist eher eine Art Assistenzpädagoge, der immer da ist und subsidiäre Unterstützung für eine differenzierte Unterrichtsgestaltung leistet. Die wichtigsten „Kompetenzen" der Zweitkraft sind Präsenz und Assistenz; und diese beiden Ressourcen sind allemal hilfreicher als eine ausgedünnte Professionalität in Form einer stundenweisen Mitarbeit von Sonderpädagoginnen und -pädagogen (Wocken 2017).

Sonderpädagogische Kompetenzen
Sonderpädagogische Kompetenzen und Aufgaben können und dürfen keine Leistung sein, die den Grundschullehrer/inne/n zusätzlich aufgebürdet und abgefordert werden. Dieses Postulat bezweckt eine klare Entlastung und Befreiung von professionsfremden Erwartungen. Inklusive Pädagogik darf einen guten Grundschulunterricht erwarten und muss sich auch damit begnügen. Was darüber hinaus noch fehlen sollte, ist nicht Sache der Grundschullehrer, sondern eine Bringschuld schulinterner und -externer professioneller Unterstützungssysteme, wie sie in einigen Bundesländern in Form von inklusionspädagogischen Unterstützungs- und Beratungszentren bereits installiert werden.

Inklusive Haltungen und Einstellungen
Von inklusiven Grundschulpädagogen dürfen und müssen inklusive Haltungen und Einstellungen erwartet werden. Eine „inklusive Grundhaltung" besteht im Kern positiv aus einer unbedingten Wertschätzung von Vielfalt und Gemeinsamkeit; sie äußert sich negativ in einer vorbehaltlosen Ableh-

Foto aus dem Film „Berg Fidel" von Hella Wenders. Copyright W-Filmverleih, Köln.

nung aller selektiven und diskriminierenden Maßnahmen. Das scheint gegenwärtig keineswegs in einem wünschenswerten Maße gegeben zu sein. Den Meinungsumfragen zufolge befürworten durchschnittlich etwa zwei Drittel aller Lehrer/innen aller Schulformen, auch der Grundschule, eine unveränderte Erhaltung der bisherigen Förder- und Sonderschulen, Noten und Ziffernzeugnisse sowie die Praxis des Sitzenbleibens (forsa 2017). Diese Einstellungen sind mit der ureigenen Programmatik des Grundschulverbandes und dessen aktuellem „Standpunkt inklusive Schule" (Grundschulverband 2018) nicht vereinbar und auch nicht durch die inklusive Pädagogik gedeckt.

Bildung professioneller Teams

Das hergebrachte Organisationsmodell „Klasse, Klassenlehrer, Klassenunterricht" ist an seine Grenzen gekommen; es ist für eine differenzierte Unterrichtsorganisation untauglich. Auf der Seite der Kinder sind die Bildungs-, Förder- und Unterstützungsbedarfe in einem solchen Maß verschieden, dass regelhaft auch die Bildung temporärer Lerngruppen unumgänglich und förderlich ist. Auf der Lehrerseite sind die Anforderungen derart vielfältig und anspruchsvoll, dass ab dem dritten Schuljahr ein gemäßigtes Fachlehrersystem erwogen werden sollte. Es ist eine Illusion zu glauben, dass ein/e Grundschullehrer/in heute noch alles können kann. Bedenkenswerte Anregungen geben etwa das Team-Kleingruppen-Modell (TKM) (Scholz 2012) oder die „professionellen Lerngemeinschaften" (Bonsen / Rolff 2006).

Für etwa drei Stammgruppen wird ein multiprofessionelles Jahrgangsteam aus Lehrer/inne/n, Assistenzkräften und Sonderpädagog/inn/en gebildet. Dieses teilautonome Kleinteam ist für alle pädagogischen und organisatorischen Belange der Gesamtgruppe zuständig. Der Unterricht findet nun in einer gemeinsamen offenen Lernlandschaft statt, die aus Gruppenzonen, multifunktionalen Arealen und Differenzierungsräumen besteht. Alle Räume scharen sich um ein großes, offenes „Forum" und bilden zusammen das „Lernhaus" der drei Stammgruppen. Die Lernhaus-Pädagogik ermöglicht sowohl didaktische Differenzierung für die Schüler als auch fachliche Differenzierung für die Lehrer (Ramseger 2018). Nebenbei: Sie ist auch aus infektiologischer Sicht vorteilhaft, weil im Fall einer Infektion in der Gruppe nicht die ganze Schule geschlossen werden muss, sondern nur ein Lernhaus.

Arbeitszeit und Besoldung
Die Grundschule als Institution ist im internationalen Vergleich zur Primarstufe in anderen Ländern und im nationalen Vergleich zu anderen Schulformen unterfinanziert (Brügelmann 2016, 9). Die Grundschullehrkräfte haben im Vergleich mit anderen Schulstufen eine höhere Unterrichtsverpflichtung und werden zudem in mehreren Bundesländern noch immer in eine niedrigere Gehaltsstufe eingruppiert. Diese Ungleichbehandlung der Grundschule ist mit dem Gebot der Bildungsgerechtigkeit nicht vereinbar. Das komplexe Anforderungsprofil, die gestiegenen Kompetenzerwartungen und die hohe Gesamtbelastung erfordern und rechtfertigen eine leistungsgerechte Honorierung. Es ist an der Zeit, die Grundschule hinsichtlich der Besoldung und Arbeitszeitzumessung in allen Bundesländern mit den Sekundarstufenschulen gleichzustellen (Lassek 2019, 36).

Entwicklungsrisiken

Die Entwicklungsrisiken, die in den 2020er-Jahren erwartet werden können, scheinen von so erheblichem Gewicht, dass bereits von einem drohenden „Zerfall der gemeinsamen Schule für alle" (Ramseger 2020, 9) die Rede ist. Schauen wir uns in Auswahl einige Risiken an.

Sozialkulturelle Entmischung
Brennpunktschulen und elitäre Privatschulen symbolisieren die Spaltung der Gesellschaft; sie sind mit der inklusiven Idee einer „gemeinsamen Schule für alle Kinder" (WRV § 147) nicht verträglich.

Brennpunktschulen
In größeren Städten pflegen sich regelhaft soziale Milieus zu bilden, die sich soziologisch deutlich unterscheiden. Die bedeutsamsten Kriterien für die Bildung sozial differenter Wohnquartiere sind – in der Sprache Bourdieus – erstens das ökonomische Kapital (Vermögen und Einkommen) und zweitens

das kulturelle Kapital (Bildungsabschlüsse, ethnische Zugehörigkeit, Sprachkompetenz). Die Spaltung der Gesellschaft bildet sich sozialräumlich in der Sozialgeografie von Städten ab. Allerorten gibt es privilegierte, bürgerliche, gut durchmischte und prekäre Wohnlagen.

Schulen mit einer sozial entmischten Schülerschaft sind ein Entwicklungsrisiko. Vereinfacht lässt sich folgender Bedingungszusammenhang formulieren: Je stärker die Schülerschaft einer Schule negativ vom repräsentativen Querschnitt der Gesamtschülerschaft abweicht, desto schwieriger ist die pädagogische Arbeit an diesen Schulen. Auch inklusive Schulen stoßen bei einer stark entmischten Schülerschaft deutlich an ihre Grenzen. Auch sie sind nicht in der Lage, gesellschaftlich produzierte Spaltungen zu kitten und die gesellschaftliche Separation wieder aufheben. Das Problem ist bekannt und wird auch über sog. „Brandbriefe" öffentlich gemacht. Eltern und auch Lehrer treten, wo immer möglich, unübersehbar die Flucht aus den „Problemschulen" an, was zu einer weiteren Verschärfung der sozialen Entmischung führt und die horizontale Ungleichheit innerhalb des gesamten Grundschulsystems weiter steigert (Helbig 2019). Dieses Problem ist mit Schulpädagogik allein nicht zu beheben. Es offenbart vielmehr die Abhängigkeit der Pädagogik von Städteplanung und Sozialpolitik.

Privatschulen

Es gibt, national wie international, einen durchaus nennenswerten Trend hin zu Privatschulen, auch im Grundschulbereich. Aber, so muss relativierend hinzugefügt werden, in Deutschland besuchen nur 3,5 Prozent aller Grundschüler eine Privatschule (z. B. Montessorischule, Waldorfschule, Schule in kirchlicher Trägerschaft u. a. m.) (Klemm u. a. 2018).

Privatschulen sind an sich völlig unbedenklich. Manche Montessori- und Waldorfschulen haben bereits Kinder mit Behinderungen aufgenommen und integriert, als von „Integration" in der öffentlichen Schule noch gar nicht die Rede war – von „Inklusion" ganz zu schweigen. Aber im Grundschulbereich beherbergen die deutschen Privatschulen in der Summe keine repräsentative Schülerschaft. Sie werden bevorzugt angewählt von Eltern mit höherem Einkommen, mit Abitur, ohne Migrationsstatus und mit „alternativen" Bildungsansprüchen. Das Problem mancher Privatschulen in Deutschland ist, dass sie die soziale und ethnische Trennung der Schulgesellschaft nachweislich verstärken (Klemm u. a. 2018). Sie klinken sich also aus der gemeinsamen Schule für alle aus und passen nicht so recht zu einem inklusiven Bildungssystem.

Künftig sollte zweierlei nachhaltig beachtet werden. Erstens müssen alle Privatschulen besser als bisher dem Verfassungsgebot des Grundgesetzes entsprechen, keine Sonderung der Schüler nach den Besitzverhältnissen der Eltern vorzunehmen. Ferner sollte durch ergänzende Schulgesetze sichergestellt werden, dass Privatschulen Schüler mit Behinderungen nicht per Schulkonzept praktisch ausschließen dürfen. In einer demokratischen Gesellschaft wären elitäre Privatschulen, die sich als „behindertenfrei" verstehen, ein nicht hinnehmbares Skandalon.

Lehrermangel

Laut einer Studie der Bertelsmann-Stiftung fehlen bis zum Jahr 2025 ca. 26.300 Grundschullehrer (Zorn 2019). Die Bedarfsberechnung erfolgte auf der Basis des Status quo (Klassengröße u. a.) ohne Berücksichtigung reformpolitischer Ambitionen wie Ausbau der Ganztagsschulen oder Einstellung von pädagogischen Zweitkräften. Meinungsumfragen unter Lehrern wie Eltern weisen schon jetzt die unzulänglichen personellen Ressourcen als die größte Schwachstelle der Inklusionsreform aus (forsa 2017). Ohne auskömmliche, zusätzliche Ressourcen ist eine inklusive Schule weder machbar noch verantwortbar.

Literatur

[Forsa 2017]: Inklusion an Schulen aus der Sicht der Lehrkräfte in Deutschland – Meinungen, Einstellungen und Erfahrungen. Ergebnisse einer repräsentativen Lehrerbefragung. Auftraggeber: Verband Bildung und Erziehung. In: https://www.vbe.de/service/meinungsumfragen/…
[WRV]: Weimarer Reichsverfassung vom 11. August 1919. In: www.dokumentenarchiv.de/…
Bartnitzky, Horst (2019): Auf dem Weg zur kindergerechten Grundschule. 50 Jahre Grundschulreform. 50 Jahre Grundschulverband. Frankfurt: Grundschulverband
Boban, Ines/Hinz, Andreas (2009): Integration und Inklusion als Leitbegriffe der schulischen Sonderpädagogik. In: Opp, Günther/Theunissen, Georg (Hg.): Handbuch schulische Sonderpädagogik. Bad Heilbrunn: Klinkhardt, 29–36.
Bonsen, Martin/Rolff, Hans-Günther (2006): Professionelle Lerngemeinschaften von Lehrerinnen und Lehrern. In: Zeitschrift für Pädagogik 52, 2, 167–184.
Booth, Tony/Ainscow, Mel (2017): Index für Inklusion. Weinheim: Beltz.
Brügelmann, Hans/Lassek, Maresi/Ramseger, Jörg (2018): Die Entwicklung unserer Gesellschaft und Fragen zur Zukunft der Grundschule. In: Grundschule aktuell: Zukunftsfragen. Heft 143. Frankfurt, 4–7.
Einsiedler, Wolfgang/Götz, Margarete/Hartinger, Andreas/Heinzel, Friederike/Kahlert, Joachim./Sandfuchs, Uwe (Hg.) (2014): Handbuch Grundschulpädagogik und Grundschuldidaktik. 4. Aufl. Bad Heilbrunn: Klinkhardt.
Faust-Siehl, Gabriele et al. (1996): Die Zukunft beginnt in der Grundschule. Empfehlungen zur Neugestaltung der Primarstufe (Beiträge zur Reform der Grundschule Bd. 98), Frankfurt/M.: Der Grundschulverband.
Feuser, Georg (2010): Die UN-Konvention und deren Relevanz für die Integration und Inklusion. In: Behindertenpädagogik, H. 1, 53–69.
Götz, Margarete (2019): Die Entwicklung der Institution Grundschule. In: Dühlmeyer, Bernd/Sandfuchs, Uwe (Hg.): 100 Jahre Grundschule. Geschichte – aktuelle Entwicklungen – Perspektiven. Bad Heilbrunn: Klinkhardt, 33–47.
Götz, Margarete (2020): Die Geschichtsschreibung zur Grundschule – eine Mythenpflege? In: Unveröffentlichtes Skript.
Grundschulverband (2016): Grundschule unter Druck. In: Grundschule aktuell, Heft 133.
Grundschulverband (2018): Standpunkt inklusive Schule. Online-Publikation: www.grundschulverband.de Frankfurt/M.: Der Grundschulverband e. V.

Grundschulverband (2019): Kinder lernen Zukunft. Anforderungen an eine zukunftsfähige Grundschule. Beilage. In: Grundschule aktuell, Heft 147. Frankfurt/M.: Grundschulverband e. V., 2–8.

Helbig, Marcel (2018): (K)eine Schule für alle. Die Ungleichheit an deutschen Grundschule nimmt zu. In: Grundschule aktuell: 100 Jahre Grundschule: Ein Grund zum Feiern? Heft 146 Frankfurt (Heft 146), 21–22.

Kahlert, Joachim /Heimlich, Ulrich (2014): Inklusion als Aufgabe des Bildungssystems, insbesondere der Grundschule. In: Einsiedler, W. / Götz, M. / Hartinger, A. /Heinzel, Fr. /Kahlert, J. /Sandfuchs, U. (Hg.): Handbuch Grundschulpädagogik und Grundschuldidaktik. 4. Aufl. Bad Heilbrunn: Klinkhardt, 99–104.

Klemm, Klaus /Hoffmann, Lars /Maaz, Kai /Stanat, Petra (2018): Privatschulen in Deutschland. Trends und Leistungsvergleiche. Berlin: Friedrich-Ebert-Stiftung

Kricke, Meike /Reich, Kersten (2016): Teamteaching. Eine neue Kultur des Lehrens und Lernens. Weinheim: Beltz.

Lassek, Maresi (2019): Die zukunftsfähige Grundschule braucht Perspektiven und Stärkung. In: Grundschule aktuell, Themenheft „Die Grundschule der Zukunft", Heft 147. Frankfurt: Grundschulverband, 35–37.

Müller, Frank J. (Hg.) (2018): Blick zurück nach vorn – WegbereiterInnen der Inklusion. 2 Bände, Gießen: Psychosozial-Verlag.

Prengel, Annedore (2019^4): Pädagogik der Vielfalt. Verschiedenheit und Gleichberechtigung in Interkultureller, Feministischer und Integrativer Pädagogik. 4. Aufl., Wiesbaden: Springer VS.

Ramseger, Jörg (2018): Das Berliner Lern- und Teamhaus. In: Grundschule aktuell: Den ganzen Tag Schule? Heft 141. Frankfurt: Grundschulverband, 23–27.

Ramseger, Jörg (2020): Grundschule 2030: Eine Reise in die Zukunft. In: Grundschule aktuell, Heft 149. Frankfurt, 6–10.

Reinartz, Anton /Sander, Alfred (Hg.) (1977/1979): Schulschwache Kinder in der Grundschule. Pädagogische Maßnahmen zur Vorbeugung und Verminderung von Schulschwäche. 2 Bände. Frankfurt.

Scholz, Daniel (2012): Kooperatives Lernen und Inklusion im Team-Kleingruppen-Modell (TKM) In: Neißer, Barbara /Glattfeld, Eva /Lotz, Heidrun /Ratzki, Anne (Hg.): Gemeinsam erfolgreich! Kooperation und Teamarbeit an Schulen. Köln: Carl Link, 133–159.

Schöler, Jutta (2009): Alle sind verschieden. Auf dem Weg zur Inklusion in der Schule. Weinheim: Beltz-Verlag.

Schönwälder, Hans Georg /Tiesler, Gerhart /Schölles, Reiner /Zachau, Helmut (2018): Belastung der Grundschule im roten Bereich. Aktuelle Bremer Belastungsstudie. In: Grundschule aktuell: Den ganzen Tag Schule? Heft 141. Frankfurt: Grundschulverband, 33–34.

Schorch, Günther (Hg.) (2007): Studienbuch Grundschulpädagogik. 3. Aufl. Bad Heilbrunn: Klinkhardt (UTB).

Wocken, Hans (2015^6): Das Haus der inklusiven Schule: Baustellen – Baupläne – Bausteine. Hamburg: Feldhaus.

Wocken, Hans (2017): Das Präsenz-Professionalitäts-Dilemma. Auf der Suche nach einer „optimalen" Lösung des Ressourcenproblems. In: Wocken, Hans (Hg.): Beim Haus der inklusiven Schule. Praktiken – Kontroversen – Statistiken. Hamburg: Feldhaus Verlag, 252–292.

Wocken, Hans (2019): Die AUCH-Inklusion: Die Idee der Inklusion und die Macht des Systems. Hamburg: Feldhaus.

Zachau, Helmut (2020): Belastungsstudie zur „Lehrerarbeit". In: Grundschule: Forum Zukunft Grundschule (2). Heft 149. Frankfurt, 40–43.

Zorn, Dirk (2019): Lehrermangel in Grundschulen bis 2030 größer als bislang erwartet. In: www.bertelsmann-stiftung.de/…, 9. September 2019.

Kerstin Merz-Atalik

Diversität, Inklusion und Chancengerechtigkeit
Auf dem Weg zu einer inklusiven Grundschulpädagogik?

Prämissen und Prinzipien inklusiver Bildung: Die UNESCO hat bereits 1994 in der Salamanca-Erklärung formuliert, worum es bei der Entwicklung von inklusiven Schulen gehen solle. Es ginge darum, den Zugang zur Bildung für alle universell gleichberechtigt zu gestalten, die Chancengleichheit in der Bildung zu erhöhen und das Lernumfeld zu verbessern (siehe Policy Guidelines UNESCO 2005):

- Inklusion wird nicht als ein einmal erreichter Zustand gesehen, sondern vielmehr als „ein dynamischer Ansatz des *positiven Umgangs mit menschlicher Vielfalt und individuellen Differenzen*, nicht als Problem, sondern als Chance, das Lernen zu bereichern" (UNESCO 2005, 12; Übersetzung Merz-Atalik).
- *Steigerung der Chancengleichheit in der Bildung* auf der Basis demokratischer Grundwerte und der allgemeinen Menschenrechte: Ausgehend von der Annahme, dass es sich bei Inklusion um „ein fundamentales Menschenrecht aller Lernenden" (UN-Ausschuss 2016, 4) handele, sei die inklusive Bildung „… ebenfalls das wichtigste Mittel, durch das inklusive Gesellschaften geschaffen werden können" (ebd., 4).
- *Anpassung der Bildungsinstitutionen und -angebote an die vielfältigen Lern- und Entwicklungsbedürfnisse aller Lernenden:* „Inklusion wird gesehen als Prozess der Berücksichtigung und des Umgangs mit der Diversität der Bedürfnisse aller Lernenden durch die Steigerung der Partizipation beim Lernen, in Kulturen und Gemeinschaften, sowie der Reduktion der Exklusion in und von Bildung. Das umfasst Veränderungen und Modifikationen in Inhalten, Handlungsweisen, Strukturen und Strategien mit einer gemeinsamen Vision, welche *alle Kinder in einer bestimmten Altersspanne* umfasst, sowie der Überzeugung, dass es in der Verantwortung des Regelsystems liegt, alle Kinder zu unterrichten" (ebd., 13; Übersetzung Merz-Atalik).

Aktuell wird in der Debatte häufig auf die UN-Konvention zu den Rechten von Menschen mit Behinderungen („United Nations Convention on the Rights of Persons with Disabilities" – UNCRPD), insbesondere auf Art. 24, rekurriert. Allerdings war dies nicht das erste UN-Dokument, welches den Begriff der inklusiven Bildung aufgriff bzw. dessen Prämissen und Prinzipien grundlegte. Die UNCRPD fundiert die Forderungen für Menschen mit

Behinderungen, jedoch ist der Inklusionsbegriff der UN im Hinblick auf alle Diversitätskategorien (wie Geschlecht, Gender, Ethnie, Sprache, Religion, Begabung etc.) angelegt. Die Ratifizierung der UNCRPD durch die deutsche Bundesregierung (2009) war insofern bedeutsam, da sie erstmals in Deutschland dazu geführt hat, dass der Begriff der inklusiven Bildung in der bildungspolitischen Debatte wahrgenommen wurde.

Ausgangsvoraussetzungen für inklusive Bildung und Reformen in Politik, Wissenschaft und Praxis

Zur fundierten Analyse des Ausgangsstandes der inklusiven Bildungsreform – wo beginnen wir in unserer Gesellschaft den Weg? – erscheint es unerlässlich, die relevanten Systemebenen und Akteure der inklusiven Schulreform getrennt voneinander zu analysieren, ungeachtet der Tatsache, dass diese miteinander verwoben sind und vielfältige gegenseitige Abhängigkeiten bestehen.

Ebene der Bildungspolitik und -verwaltung

Viele Grundschulen sind bereits auf einem guten Weg zu einer inklusiven Bildung.[1] Schulentwicklungsmaßnahmen an einer Einzelschule können jedoch nicht losgelöst von Maßnahmen auf der bildungspolitischen Ebene gesehen werden (Saalfrank 2016, 27; nach: Arndt / Werning 2017). Unter einer weiten Definition von Inklusiver Bildung (gemäß der UNESCO) hätte *jedes* Kind den Anspruch, eine allgemeine Schule im Rahmen der Pflichtschulzeit zu besuchen. Während in 28 europäischen Ländern die gemeinsame Schulzeit bis mindestens zum Abschluss des 8. Schuljahres andauert (teilweise bis 9. oder 10. Schuljahr), zeigen sich vor allem die deutschsprachigen Länder mit einer frühen Selektion in differente Schultypen in der Sekundarstufe. Europaweit wird nur in Deutschland bereits nach der 4. Klasse in vier oder mehr Schulformen (inklusive Gemeinschaftsschulen und Sonderschulen) segregiert, dies ist weltweit nahezu konkurrenzlos (Feuser 2017). Ausnahmen sind nur Berlin und Brandenburg mit einer 6-jährigen Grundschule. In Ungarn und Österreich erfolgt eine Segregation der Schüler*innen zwar ebenfalls nach Klasse 4, jedoch nur in 2 Schultypen (Europäische Kommission / EACEA / Eurydice 2019).

Bei dem Vergleich der Umsetzung Inklusiver Bildung in den Bundesländern zeigen sich Effekte des Föderalismus besonders vehement, z. B. durch die scheinbar beliebige Umsetzung des Rechts auf Inklusive Bildung in den Schulgesetzen und die erheblich variierenden Segregations- und Inklusionsquoten (vgl. den Beitrag von Rolf Werning in diesem Band; Autorengruppe

---

[1] Zur Entwicklung in den deutschen Bundesländern siehe den Beitrag von Rolf Werning in diesem Band.

Bildungsberichterstattung 2018; Döttinger / Hollenbach-Biele 2015). Die Inklusionsanteile (prozentualer Anteil der Schüler*innen mit einem sogenannten sonderpädagogischen Förderbedarf in inklusiven Bildungsangeboten) liegen in Deutschland weit hinter jenen der Mehrzahl der europäischen Länder (EASNIE 2020).

In der Mehrheit der Bundesländer muss man eine inkonsequente und mangelhafte Steuerung auf den Ebenen der Bildungspolitik und -verwaltung beklagen (vgl. Powell / Merz-Atalik 2019). So lassen sich zum Beispiel folgende Umsetzungshürden für ein inklusives Bildungssystem erkennen:

1. *Fehlende konkrete politische Zielvorgaben sowie fehlende zielgerichtete Aktionspläne und prüfbare Meilensteine* für ein datengestütztes Monitoring des Reformprozesses. Bundesweit geltende Vorgaben für die inklusive Schulreform werden vermisst. In der UNCRPD Art. 24 Bildung wird gefordert, ein inklusives Bildungssystem zu entwickeln, „einschließlich der notwendigen finanziellen und personellen Ressourcen auf allen Ebenen" (ebd.). So hat der Ausschuss zum Schutz der Rechte von Menschen mit Behinderungen in seinen „Abschließenden Bemerkungen zum Staatenbericht Deutschlands" eindeutig formuliert: „Der Ausschuss empfiehlt dem Vertragsstaat, (a) umgehend eine Strategie, einen Aktionsplan, einen Zeitplan und Ziele zu entwickeln, um in allen Bundesländern den Zugang zu einem qualitativ hochwertigen, inklusiven Bildungssystem herzustellen" (UN Ausschuss 2015). Die fehlenden Zielvorgaben führen zu Handlungs- und Auslegungsspielräumen der Akteure im Bildungssystem (Bildungspolitik, Schulverwaltung, Wissenschaft und Forschung, Schulpraxis). Das beeinträchtigt zügige Veränderungen, da die Akteure im System die neuen Vorgaben häufig zur Festigung und Ausweitung des eingeschlagenen Pfades nutzen und sich beharrlich segregierte Strukturen halten (vgl. Powell 2018).

2. *Fehlzuteilung/-verteilung von Ressourcen und Verfügungsrechten.* Multiprofessionelle Ressourcen für einen konsequenten inklusiven Umbau der Schulen sind an außerschulischen Institutionen (z.B. sozialpädagogische oder therapeutische Fachkräfte) oder Sonderschulen angesiedelt und werden durch andere Träger verwaltet (z.B. Sozialhilfe im Falle der Schulsozialarbeit; Träger von privaten Sonderschulen) und sie müssen in häufig komplizierten Verwaltungsverfahren beantragt werden (z.B. sonderpädagogische Fachkräfte). Die Fehlallokationen der Ressourcen sind oftmals nicht sichtbar, weil die Bildungsausgaben für schulische Inklusion intransparent sind; so liegen z.B. die finanziellen Lasten für eine Zuweisung von sonderpädagogischem Förderbedarf zum Teil bei den Kommunen (Ausgaben für Schulhelfer), es sind Sozial- und keine Bildungsausgaben (Knauf / Knauf 2019, 13). „In Förderschulen und -zentren gebundene Ressourcen und Investitionen fehlen [...] bereits mittelfristig beim Ausbau der all-

gemeinen Schulen" (Faber/Roth 2018, 49). Ohne einen systematischen Transfer in die inklusiven Schulen werden nachhaltige Schulentwicklungsprozesse behindert.
3. *Inklusive Bildung stellt in Deutschland Lerner mit sonderpädagogischem Förderbedarf in den Fokus und gilt weitgehend als „Terrain der Sonderpädagogik".* Vielfach wird – nicht nur in der öffentlichen Diskussion – ein Erfolg der inklusiven Bildung lediglich von den zusätzlichen Stunden von Sonderpädagoginnen und -pädagogen abhängig gemacht, was angesichts der Lehrerunterversorgung als Mangel problematisiert wird, der auf die Inklusion zurückzuführen sei. Inklusion wird als Vorwand genommen, um die langfristig bestehende Unterfinanzierung des Bildungssystems anzuprangern (Benkmann 2016; nach Powell 2018). Die Akteure der Allgemeinen Schulen sind häufig unzureichend in den Reformprozess eingebunden (z. B. erfolgen Schulentwicklungsplanungen regional getrennt für die Allgemeinen Schulen und Sonderschulstandorte).
4. *Eine mangelnde und nicht UN-Konvention-konforme schulgesetzliche Verankerung:*
Elternwahlrecht statt Individualrecht … „Inklusive Bildung ist zu verstehen als (…) ein fundamentales Menschenrecht aller Lernenden. Insbesondere ist Bildung ein Recht, das dem einzelnen Lernenden zusteht und nicht, zum Beispiel bei Kindern, ein Recht der Eltern oder Fürsorgepersonen ist. Elterliche Verantwortung ist in diesem Fall den Rechten des Kindes untergeordnet" (UN-Ausschuss 2016, 4).
… und kein Vorrang der Inklusion. „Die Vertragsstaaten müssen anerkennen, dass individuelle Unterstützung und angemessene Vorkehrungen Vorrang haben und auf allen Ebenen von Bildung, die verpflichtend sind, kostenlos zur Verfügung stehen sollten" (a. a. O., 9). Dies schließt einen Ressourcen- oder Organisationsvorbehalt (siehe oben zu den Schulgesetzen) weitgehend aus.
5. *Mangelhafte Infrastruktur für inklusive Schulentwicklung* an den Schulen, aber auch im Umfeld (vgl. Klemm 2015). Dazu zählt nicht nur die bauliche Barrierefreiheit, sondern auch die fehlende Schulautonomie, um Regelungen für eine inklusive Pädagogik (wie bspw. Bewertung, individuelle Lernentwicklungsberichte, Organisationsstruktur von Unterricht und Lernangeboten, Unterrichtsmethoden, Abweichungen von den Bildungsplänen etc.) in Eigenverantwortung der Schulgemeinschaft zu modifizieren.

Ebene der bildungswissenschaftlichen Disziplinen

Bislang hat sich nur eher zögerlich der Begriff der „inklusiven Pädagogik" in den fachwissenschaftlichen Strukturen an den Hochschulen eingebürgert. Während es mittlerweile – auch aufgrund der Empfehlungen von Hochschulrektorenkonferenz und Kultusministerkonferenz – in allen Lehramtsstudien-

gängen diverse Anteile des Studiums oder eigenständige Module für Inklusion gibt, wird die Entwicklung einer eigenständigen Disziplin aus durchaus nachvollziehbaren Gründen noch diskutiert. Der Titel „Inklusionspädagogik" bezeichnet aktuell neue Professuren (z. B. PH Ludwigsburg), Institute (z. B. an der Universität Potsdam), Arbeitsgruppen (z. B. an der Universität Halle) und Studiengänge (z. B. an Fachhochschulen). Diese sind teilweise in den allgemeinen Bildungswissenschaften verankert, in der Schulpädagogik oder in der Sonderpädagogik. Bereits seit den Anfängen des gemeinsamen Unterrichts von Kindern mit und ohne Behinderungen an öffentlichen Schulen in den 1970er-Jahren (z. B. an der Flämingschule in Berlin) wird diskutiert, inwiefern es eine eigenständige (Sub-)Disziplin in den Bildungswissenschaften geben solle.

Auch gab es vielfältige konzeptionelle Grundideen zur Verankerung. So hat sich Hans Eberwein stark dafür gemacht, dass die „Integrationspädagogik" im Sinne der Theorie und Praxis des gemeinsamen Lernens ein Substitutionsbegriff sei, in welchem „die Aufhebung der Sonderpädagogik begriffslogisch enthalten" (Eberwein / Knauer 2002, 17) sei.

„Die verhängnisvolle, auf Grund veränderter Rahmenbedingungen heute nicht mehr zu rechtfertigende Trennung von Pädagogik und Sonderpädagogik muss durch die Integration ‚sonder'-pädagogischer Problemstellungen in die Allgemeine Erziehungswissenschaft überwunden werden. Dies bedeutet von Seiten der Pädagogik die Übernahme von Zuständigkeit und Verantwortung für einen Personenkreis, der in den letzten einhundert Jahren mit dem Ziel der Komplexitätsreduktion ausgegrenzt und an eine ‚besondere' Pädagogik mit den bekannten negativen Folgen abgetreten wurde. Gleichzeitig muss die Sonderpädagogik ihren ‚Alleinvertretungsanspruch' aufgeben …" (ebd., 28).

Haeberlin (2009) macht vor allem fach- und berufspolitische Interessen dafür verantwortlich, dass der Wandel innerhalb der Disziplin der Heil- und Sonderpädagogik nur bedingt gelingt. Die Sonderpädagogik habe durch die Akademisierung und die Verankerung in einem eigenständigen Lehramt einen relativ hohen gesellschaftlichen Status errungen, der gleichsam die alleinige Expertise für eine Schüler*innenpopulation sowie die höhere Besoldung legitimiere. Die Akademisierung habe so zur Exklusionskultur beigetragen.

Zur Entwicklung einer „allgemeinen, inklusiven (Grundschul)pädagogik" (vgl. Feuser 2017) bedarf es der folgenden Anpassungen und Reformen:

- Notwendig ist die *Aufhebung der Defizit- und Differenzorientierung zugunsten einer Diversitätsorientierung*. Solange bspw. der wissenschaftliche Fokus der Sonderpädagogik auf Lernenden liegt, die im Vergleich zu einer Durchschnittsnorm in ausgewählten Entwicklungsbereichen Defizite aufweisen (repräsentiert in den Förderschwerpunkten), kann sich die Disziplin nicht als „inklusive" aufstellen. Dies gilt in gleicher Weise für die Interkulturelle Pädagogik. Unsere Gesellschaft ist durch Diversität geprägt und Bildungsinstitutionen sollten diese menschliche Vielfalt abbilden und demokratische Teilhabechancen ermöglichen. Alle Lehramtsstudierenden sollten sich spezialisieren können, jedoch für einen Entwicklungsbereich ohne eine Defizitperspektive, zum Beispiel einen „Entwicklungsbereich Sprache und Kommunikation" in einer Diversitätsorientierung, von der Förderung mehrsprachiger Kinder über Sprachförderung aller Lernenden bis zur Förderung sprachlich besonders begabter Schüler*innen.
- Die Klassifikationen als „Haupt-, Realschüler*in oder Gymnasiast*in" sowie die sonderpädagogischen Klassifikationen entsprechen den bestehenden segregierten Schulangebotsstrukturen und sind für ein inklusives Bildungssystem zu hinterfragen. Die Diskussion um sogenannte ‚Grenzfälle' (z. B. zwischen emotional-sozialem Förderbedarf und Förderbedarf im Bereich Lernen) zeigt anschaulich, dass die gruppenbezogenen Klassifikationen weniger geeignet sind, die individuellen Bildungs- und Unterstützungsbedürfnisse von Lernenden zu beschreiben, sondern lediglich die Zuweisung zu einem bestimmten Schultyp mit entsprechenden Ressourcen und qualifizierten Lehrkräften zu legitimieren. Daher ist eine *konsequente De-Kategorisierung von Schülergruppen zu fordern.*[2]
- *Aufhebung der schultypenspezifischen Strukturen in der Lehramtsausbildung.* In stufenbezogenen bzw. altersbezogenen Lehramtsstudiengängen sollten Profile entwickelt werden, die eine Professionalisierung für inklusive, diversitätsorientierte Bildungsinstitutionen verfolgen. Dabei sollten

---

2) Dies ist nicht mit einer Non-Kategorisierung gleichzusetzen. Kategorien oder Begrifflichkeiten sollten lediglich zur Beschreibung von Phänomenen, nicht zur Klassifikation von Schülergruppen genutzt werden.

angehende Lehrkräfte weder für spezifische Schüler*innengruppen (z. B. nach Leistungsniveau) ausgebildet werden noch für spezifische Schultypen, sondern – wie international üblich – nach Altersstufen. Spezialisierungen könnten dennoch erfolgen, jedoch bspw. in Entwicklungsbereichen aller Schüler*innen (Sprache und Kommunikation, Körperliche Entwicklung und Motorik, soziale und emotionale Entwicklung etc.) mit einer konsequenten Diversitätsorientierung (vgl. Merz-Atalik 2014; 2017). Jede Lehrkraft sollte motiviert und ansatzweise qualifiziert sein, alle Schüler*innen einer bestimmten Altersgruppe zu unterrichten.

- *Inter- und Transdisziplinarität.* Die Disziplinen innerhalb der Lehrerbildung (Fachwissenschaft, Fachdidaktik, Sonder-/ Pädagogik) sind im Sinne einer ganzheitlichen Perspektive auf Lernende und Lernprozesse – über die Unterrichtsfächer hinausgehend und an der gesamten Persönlichkeitsentwicklung orientiert – stärker inter-/transdisziplinär zu verschränken. Module in der Lehrerbildung wären überwiegend interdisziplinär zu gestalten: z. B. „Pädagogik und Migration" als Schnittfeldthema zwischen Soziologie, Psychologie, Schulpädagogik, Fachdidaktik, Sprachwissenschaft etc., um die Integrationsleistung der wissenschaftlichen Erkenntnisse nicht den Studierenden zu überlassen. Dies gilt ebenso für die bildungswissenschaftliche Forschung mit Fokus auf inklusive Bildungsprozesse und deren Gestaltung.

Ebene der Schulentwicklung und Praxis in den (Grund-)Schulen

Viele Schulen fühlen sich mit dem Inklusionsauftrag alleingelassen und fordern zu Recht die entsprechenden sachlichen und personellen Ressourcen, angemessene Fortbildungen und wissenschaftliche Begleitung auf dem Weg der Umsetzung inklusiver Bildungsreformen. Bundesweit gibt es eine Vielzahl an konkreten inklusionsorientierten Schulkonzepten, die wichtige Anregungen für eigene Schulentwicklungsprozesse bieten können (vgl. bspw. Schulen, die mit dem Jakob-Muth-Preis für inklusive Schulen ausgezeichnet wurden).

Die Rahmenbedingungen sind in vielen Bundesländern eher unbefriedigend, dadurch ergeben sich auch viele negative Erfahrungen z. B. mit einer ungenügenden Ausstattung mit Personal, was wiederum zur negativen Konnotation des Begriffes der Inklusion in der Bevölkerung beigetragen hat. Daher bedarf es einer stärkeren gesellschaftspolitischen Argumentation, dass inklusive Bildung nicht nur ein Zugeständnis an spezifische benachteiligte und bislang segregierte Schüler*innengruppen ist, sondern in einer demokratischen Gesellschaft als Aufgabe und Chance aller gesehen werden muss. Es muss auch der breiten Öffentlichkeit besser zugänglich gemacht werden, inwiefern inklusive Bildung zu einer Qualitätsentwicklung im allgemeinen Bildungssystem beitragen kann und sie daher Potenziale für *alle* Lernenden hat.

Die Grundschulen benötigen größere Autonomie und fachliche Unterstützung bei der Entwicklung einer inklusiven Organisationsstruktur und des

Rights to Education *Rechte auf Bildung*	**A**vailability Verfügbarkeit	• Staatliche Mittelzuweisungen, die den Menschenrechtsverpflichtungen entsprechen • Angebot an Schulen, die den Lernern im entsprechenden Schulalter entsprechen (Anzahl, Diversität) • Professionelle Lehrer*innen (Ausbildung und Fortbildung *für inklusive Bildung*; Rekrutierung)
	Accessibility Zugänglichkeit	• Beseitigung rechtlicher und administrativer Hindernisse • Beseitigung finanzieller Hindernisse • Identifizierung und Beseitigung diskriminierender Zugangsverweigerungen • Beseitigung von Hindernissen für die Schulpflicht (*Barrieren*, Gebühren, Entfernung, Zeitplan)
Rights in Education *Rechte in Bildung*	**A**cceptability Akzeptierbarkeit	• Elterliche Wahl der Bildung für ihre Kinder (mit Korrekturen gemäß der Menschenrechte; *gemäß der UNCRPD*) • Durchsetzung von Mindeststandards (für Qualität, Sicherheit, Umweltgesundheit) • Unterrichtssprache • Anerkennung von Kindern als Subjekte von Rechten
Rights through Education *Rechte durch Bildung*	**A**daptability Adaptierbarkeit	• *Kinder aus differenten sozialen Milieus* • *Kinder mit besonderen Begabungen* • *Kinder mit differenten Dispositionen und Bedingungen* • *Kinder mit differenten lebensweltlichen Erfahrungen und Vorkenntnissen* • *unter Berücksichtigung von Interessen und Begabungen* • *in Übereinstimmung mit den altersgemäßen (Kinder-) Rechten* • *mit dem Ziel der gleichberechtigten Teilhabe an der Gesellschaft (Gegenwart und Zukunft)*

Abb. 1: Das 4-A-Schema des Rechtes auf Bildung (nach Tomasevski 2001); ergänzt um Aspekte der inklusiven Bildung gemäß der UNESCO (in kursiv)

Unterrichts bei gleichzeitig klar definierten Standards für ein (Selbst-)Monitoring. Schulentwicklungsinstrumente, wie der Index für Inklusion (Booth / Ainscow 2016; Ackermann et al. 2017), können einen wesentlichen Beitrag leisten, jedoch brauchen viele Schulen dazu qualifizierte Schulentwicklungsbegleitung.

Vorläufiges Fazit für eine inklusive Grundschulpädagogik der Zukunft

Das „4-A-Schema" (Tomasevski 2001[3]; UNESCO) beschreibt fundiert, worum es bei dem Recht auf inklusive Bildung – einem Menschenrecht – geht, und wie dasselbe im Rahmen der staatlichen Verpflichtungen der Menschenrechtsverträge in nationalen Verfassungen und innerstaatlichen Gesetzen umgesetzt

---

3) Sonderberichterstatterin der UN-Menschenrechtskommission für das Recht auf Bildung.

werden soll" (a. a. O., 13). Die vier „A" stehen für „Availability", „Accessibility", „Acceptability" und „Adaptability". Das Schema wird im Folgenden erläutert, wobei es in der dritten Spalte durch die Verfasserin um Aspekte der inklusiven Bildung erweitert wurde (die Modifikationen vom Original sind kursiv hervorgehoben).

Es geht somit um das *Recht auf Inklusive Bildung*, das *Recht auf Inklusion in der Bildung* und das *Recht auf Inklusion durch Bildung*. Die Umsetzung erfordert dabei eine enge Kooperation zwischen allen beteiligten Akteursgruppen und Systemebenen im Bildungssystem: Bildungspolitik und -verwaltung, Institutionen, Professionelle und Gesellschaft.

Inklusive Bildungsreformen und (Um-)Steuerungsprozesse profitieren, „wenn die angesprochenen Akteur*innen mit dem normativen Gehalt der propagierten Regeln übereinstimmen (also ihre Werte, Motive und Normen jenen der Neuerung entsprechen) und wenn die bei ihnen verfügbaren Ressourcen (z. B. Personal, Kompetenzen, entsprechende Arbeitsmittel usw.) die durch die Reform angezielten Handlungen erlauben" (Feyerer / Altrichter 2018). Strukturen, Kulturen, aber auch die konkrete schulische und unterrichtliche Praxis sollten den inklusiven Werten entsprechen (Booth / Ainscow 2017).

- Im Sinne des 4-A-Konzeptes geht es bei der **„Availability**/Verfügbarkeit" darum, dass barrierefreie inklusive Bildungsinstitutionen zur Verfügung stehen. Dies ist nur möglich, wenn Grundschulen mit den erforderlichen Ressourcen verlässlich und dauerhaft ausgestattet werden, z. B., indem interdisziplinäre personelle Ressourcen an den Schulen bereitgestellt werden. Die Qualität der inklusiven Bildungsarbeit ist jedoch nicht nur von den bildungspolitischen Ressourcenzuweisungen abhängig, sondern auch von der Motivation und Qualifikation der Akteure in den Schulverwaltungen sowie den professionellen Fachkräften für die inklusive Bildungsarbeit sowie von den Haltungen und Werten, die jeder einzelne beteiligte Partner im Netzwerk aufweist.
- Unter dem Begriff der **„Accessibility**/Zugänglichkeit" geht es darum, dass alle das Recht und die Möglichkeit haben, diese inklusiven Bildungsinstitutionen zu besuchen (bspw. durch die Schulgesetze), durch entsprechende Fahrdienste (Verantwortlichkeit der Kommunen) und Barrierefreiheit (Aufgaben der Bauämter und Träger).
- **„Acceptability**/Akzeptierbarkeit" der Bildungsangebote rekurriert darauf, dass diese der Diversität der Schüler*innen gerecht werden. Dazu bedarf es einer Organisation von Lernangeboten und Unterricht mit dem Ziel der Individualisierung in Gemeinschaft und einem diversitätsbewussten, personalisierungsfähigen Bildungsplan für alle etc. Nehmen wir bspw. Sprachbarrieren: Können alle dem gemeinsamen, inklusiven Unterricht folgen? Gibt es Barrieren z. B. durch die deutsche Unterrichtssprache? Wie können

diese Barrieren abgebaut werden im gemeinsamen Unterricht? Welche Unterstützungssysteme sind dazu erforderlich?
- Unter dem Begriff der „**Adaptability**/Anpassungsfähigkeit" geht es um die Fragen: Werden die Bildungsangebote für alle geplant und aufbereitet? Werden dabei unterschiedliche Lernentwicklungen berücksichtigt? Diese liegen unter anderem in der Verantwortung der Lehrpersonen, aber auch in der Berücksichtigung von Inklusion und Diversität bei der Entwicklung von Lernmaterialien (Verlage). Zudem ist es die aktuelle Herausforderung für die Fachdidaktiken an den Hochschulen, sich in Forschung und Lehre mit den Herausforderungen eines zieldifferenten, inklusiven Unterrichts zu befassen.

Die Wiederbetonung der allgemeinen unveräußerlichen Menschenwürde und -rechte durch die UNCRPD und die Forderung nach allumfassender Teilhabe und *Inklusion für alle Menschen* hat den lange bestehenden Diskurs um den Umgang mit Diversität in der Pädagogik bestärkt. Die tradierten „Differenzpädagogiken" (vgl. Mecheril 2005), damit einhergehende „binäre Ordnungslogiken" (vgl. Dyson 2007) im Sinne von „Zwei-Gruppen-Theorien"[4] (vgl. Hinz 2002) und in der Konsequenz die zielgruppenspezifischen Qualifizierungen von pädagogischem Personal (vgl. Merz-Atalik 2014) führten zu Parzellierungen von Bildung in Schultypen im Sekundarstufenbereich, aber auch in Grund- und Sonderschulen bzw. verstärkten die Wahrnehmung von

---

4) zum Beispiel Nichtbehinderte und Behinderte, Mutter-/Einsprachige und Zwei-/Mehrsprachige, Schüler*innen mit und ohne Migrationshintergrund usw.

Defiziten, Differenzen zwischen Schülerinnen und Schülern und die institutionelle Segregation.

Seit den 1990er-Jahren werden zunehmend intersektionale (zwischen den Teildisziplinen der Erziehungswissenschaften, wie Sonderpädagogik, Migrationspädagogik, feministische Pädagogik etc.) und auch interdisziplinäre Perspektiven (Soziologie, Psychologie, Pädagogik etc.) zum Umgang mit Heterogenität und Differenz in der Pädagogik thematisiert. Die wachsende Individualisierung und Pluralisierung von Lebensläufen und Bildungskarrieren, die neuen Bildungsanforderungen für eine digitalisierte, globalisierte und international vernetzte Arbeits- und Berufswelt und nicht zuletzt die demokratische Verpflichtung der Chancengerechtigkeit in der postmodernen Gesellschaft haben dazu geführt, dass jegliche Formen der Segregation von Bildungsangeboten und -konzepten zunehmend problematisiert werden. International gewinnen daher pädagogische Ansätze mit einer generellen Diversitätsperspektive in der Schulpädagogik und den Unterrichtsfächern an Relevanz. Eine solche diversitätsbewusste (Grund-)Schulpädagogik sollte einerseits als Querschnittsaufgabe von Bildungsorganisationen (vgl. Lindmeier 2019) verstanden werden sowie andererseits auf allen Ebenen des Bildungssystems als Gegenwartsaufgabe zur Erfüllung des Menschenrechts auf inklusive Bildung ernst genommen werden. Nach Vernor Munoz ist Inklusion „weder Mode noch Modalität. Sie ist Ansatz, Tendenz und Prozess, *umfasst die gesamte Bildung* (als System, Theorie und öffentliche Politik) und ist auf jeden Fall Staatspflicht" (Munoz 2017, 16).

Literatur

Achermann, B. / Amirpur, D. / Braunsteiner, M.-L. / Demo, H. / Plate, E. / Platte, A.; (Hg.) (2017): Index für Inklusion. Ein Leitfaden für Schulentwicklung. Weinheim: Beltz.

Arndt, A.K. / Werning, R. (2018): Qualitätskriterien, Bedingungen und Entwicklungsprozesse inklusiver Schule aus Sicht von Lehrkräften, Schulleitungen und Eltern an Jakob-Muth-Preisträgerschulen. Ergebnisse der qualitativen Studie „Gute inklusive Schule". In: Laux, S. / Adelt, E. (Hg.)Inklusive Schulkultur: Miteinander. Leben. Gestalten. Grundlagen und Beispiele gelungener Praxis. Münster: Waxmann, 15–34

Autorengruppe Bildungsberichterstattung (2018): Bildung in Deutschland 2018 – Ein indikatorengestützter Bericht mit einer Analyse zu Wirkungen und Erträgen von Bildung. Unter Federführung des Deutschen Instituts für Internationale Pädagogische Forschung (DIPF).

Booth, T. / Ainscow, M. (2016): The Index for Inclusion. A Guide to school development led by inclusive values. 4. Edition, Index for Inclusion Network.

Burgstahler, S. (2013): Universal design in higher education: Promising practices. Seattle: DO-IT, University of Washington. Retrieved from www. uw.edu/doit/UDHE-promising-practices/resources.html

Döttinger, I. / Hollenbach-Biele, N. (2015): Auf dem Weg zum gemeinsamen Unterricht? Aktuelle Entwicklungen zur Inklusion in Deutschland. Gütersloh: Bertelsmann Stiftung.

Dumont, H. / Istance, D. (2010): Analysing and designing learning environments for the 21st century. In: Dumont, H. / Instance, D. / Benavides, T. (Hg.). The Nature of Learning: Using Research to Inspire Practice. OECD Publishing: Paris, https://doi.org/10.1787/9789264086487-3-en.

Dyson, A. (2007): Sonderpädagogische Theoriebildung im Wandel – Ein Beitrag aus englischer Sicht. In: Liesen, C., Hoyningen-Süss, U., Bernath, K. (Hg.): Inclusive Education: Modell für die Schweiz? Internationale und nationale Perspektiven. Bern / Stuttgart / Wien: Haupt, 93–121.

Eberwein, H. / Knauer, S. (2002) (Hg.): Integrationspädagogik. Ein Handbuch. 6. vollständig überarb. und aktualisierte Auflage. (1. Auflage 1988). Beltz: Weinheim und Basel.

European Agency for Special Needs and Inclusive Education / EASNIE (2020): European Agency Statistics on Inclusive Education: 2018 Dataset Cross-Country Report. (J. Ramberg, A. Lénárt, and A. Watkins, eds.). Odense, Denmark.

Europäische Kommission/EACEA/Eurydice (2019): Struktur der europäischen Bildungssysteme 2019/2020: Schematische Diagramme. Eurydice – Fakten und Zahlen. Luxemburg: Amt für Veröffentlichungen der Europäischen Union.

Feyerer, E. / Altrichter, H. (2018): Die Entwicklung eines inklusiven Schulsystems. In: Feyerer, E. / Prammer, W. / Prammer-Semmler, E. / Kladnik, C. / Leibetseder, M. / Wimberger, R. (Hg.): System. Wandel. Entwicklung. Bad Heilbrunn: Klinkhardt, 74–92.

Feuser, G. (2017) (Hg.): Inklusion – ein leeres Versprechen? Zum Verkommen eines Gesellschaftsprojektes. Gießen: Psychosozial-Verlag.

Haeberlin, U. (2009): Entgrenzung als Überwindung von fach- und berufspolitischen Interessen. In: Jerg, J. / Merz-Atalik, K. / Thümmler, R. / Tiemann, H. (Hg.): Perspektiven auf Entgrenzung. Erfahrungen und Entwicklungsprozesse im Kontext von Inklusion und Integration. Bad Heilbrunn: Klinkhardt, 119–132.

Hinz, A. (2001): Von der Integration zur Inklusion – terminologisches Spiel oder konzeptionelle Weiterentwicklung? Erstveröffentlichung in der Zeitschrift für Heilpädagogik 53, 2002, 354–361.

Knauf, H. / Knauf, M. (2019): Schulische Inklusion in Deutschland 2009–2017. Eine bildungsstatistische Analyse aus Anlass des 10. Jahrestags des Inkrafttretens der UN Behindertenrechtskonvention am 26. März 2019. Bielefeld Working Paper.

Lindmeier, Ch. (2019): Differenz, Inklusion, Nicht / Behinderung. Grundlinien einer diversitätsbewussten Pädagogik. Stuttgart: Kohlhammer.

Mecheril, P. (2005): Pädagogik der Anerkennung. Eine programmatische Kritik. In: Hamburger, F. et al. (Hg.). Migration und Bildung. Über das Verhältnis von Anerkennung und Zumutung in der Einwanderergesellschaft. Wiesbaden: VS, 311–328.

Merz-Atalik, K. (2018): Von einem Versuch „der Integration der Inklusion in die Segregation"?!. Zeitschrift Für Inklusion, (4). Zugriff: https://www.inklusion-online.net/index.php/inklusion-online/article/view/508

Merz-Atalik, K. (2017): Inklusive Lehrerbildung oder Inklusionsorientierung in der Lehrerbildung?! Einblicke in internationale Erfahrungen und Konzepte. In: Gleiten, S. / Geber, G. / Grahn, A. / Körniger, M. (Hg.). Lehrerausbildung für Inklusion. Fragen und Konzepte zur Hochschulentwicklung, Beiträge zur Lehrerbildung und Bildungsforschung, Band 3, Münster: Waxmann, 48–63.

Merz-Atalik, K. (2014): Lehrer_innenbildung für Inklusion – „Ein Thesenanschlag". In: Schuppener, S. et al. (Hg.). Inklusion und Chancengleichheit. Diversity im Spiegel von Bildung und Didaktik. Bad Heilbrunn: Klinkhardt, 266–277.

Munoz, V. (2019): Deutschland auf dem Prüfstand des Menschenrechts auf Bildung. In: Schriftenreihe „Eine für alle" – Die inklusive Schule für die Demokratie. Heft 1.

Powell, J.W. (2018): Chancen und Barrieren Inklusiver Bildung im Vergleich: Lernen von Anderen. In: Schriftenreihe Eine für alle – Die inklusive Schule für die Demokratie. Heft 3. Zugriff: https://eine-fuer-alle.schule

Powell, J.W. / Merz-Atalik, K. (erscheint 2020): Unterschiedliche Lerner in Europa unterrichten: Inspirierende Praktiken und Erkenntnisse aus Deutschland, Island, Litauen, Luxemburg, Spanien und Schweden. Köpfer, A. / Powell, J.W. / Zahnd, R. (Hg.). Handbuch Inklusion International: Globale, nationale und lokale Perspektiven auf Inklusive Bildung. Opladen & Farmington Hills: Barbara Budrich.

Powell, J.W. / Merz-Atalik, K. (2019): Die Notwendigkeit inklusiver Bildung für die Erneuerung der Governancekonzepte: Deutschland und Luxemburg im Vergleich. In: Budde, Jürgen et al. (Hg.): Inklusionsforschung im Spannungsfeld von Erziehungswissenschaft und Bildungspolitik. Opladen: Barbara Budrich, 71–96.

Rose, D. H. / Meyer, A. / Hitchcock, C. (2005): The Universally Designed Classroom: Accessible Curriculum and Digital Technologies. Cambridge, MA: Harvard Education Press.

Swann, M. / Peacock, A. / Hart, S. (2012): Creating learning without limits. Maidenhead: Open University Press

Tomaševski, K. (2001): Human rights obligations: making education available, accessible, acceptable and adaptable. Right to Education Primers No. 3. Printed by Novum Grafiska AB, Gothenburg, 2001. Zugriff: https://www.right-to-education.org/sites/right-to-education.org/files/resource-attachments/Tomasevski_Primer%203.pdf

UN-Ausschuss zum Schutz der Rechte von Menschen mit Behinderungen (2016): Das Recht auf inklusive Bildung. Allgemeine Bemerkung Nr. 4 des UN-Ausschusses für die Rechte von Menschen mit Behinderungen. Herausgeber in Deutsch: Deutsches Institut für Menschenrechte Information Nr. 12, September 2017, ISSN 2509 -9493. Zugriff: https://www.institut-fuer-menschenrechte.de/fileadmin/user_upload/Publikationen/Information/Information_12_Das_Recht_auf_inklusive_Bildung.pdf

UN-Ausschuss zum Schutz der Rechte von Menschen mit Behinderungen (2015): Abschließende Bemerkungen über den ersten Staatenbericht Deutschlands. CRPD/C/DEU/CO/1. In der Übersetzung durch das Deutsche Institut für Menschenrechte Berlin. Zugriff auf: https://www.institut-fuer-menschenrechte.de/fileadmin/user_upload/PDF-Dateien/UN-Dokumente/CRPD_Abschliessende_Bemerkungen_ueber_den_ersten_Staatenbericht_Deutschlands.pdf (10.2018).

UNESCO – United Nations Educational, Scientific and Cultural Organization (2005): Guidelines for Inclusion: Ensuring Access to Education for All. Zugriff: http://unesdoc.unesco.org/images/0014/001402/140224e.pdf

Natascha Korff / Mira Telscher

Berufsbilder im Wandel

Erkenntnisse und Überlegungen zur Professionalisierung
für eine inklusive Schule

Eine inklusive Grundschule an sich ist kein neues Arbeitsfeld – verstehen sich doch gerade Grundschullehrkräfte schon lange als Lernbegleiter*innen für alle Kinder. Die „grundlegend demokratisch gedachte ‚Schule für alle' prägt die Identität der Grundschule als Institution, der Grundschulpädagogik als wissenschaftliche Disziplin und das Professionsverständnis der Grundschullehrkräfte von Beginn an bis heute" (Götz et al. 2019, 16). Dieser Anspruch war und ist aber stets Einschränkungen und Widersprüchen ausgesetzt und mit der UN-Behindertenrechtskonvention sind Überlegungen dazu, was eine konsequente Umsetzung für wirklich alle Schüler*innen bedeutet, intensiviert worden. Bisher marginalisierte Lernzugänge wie nonverbale Kommunikation oder mathematische Basisfähigkeiten im Verhältnis individuellen und gemeinsamen Lernens werden ebenso genauer beleuchtet wie die Unterstützung sozialer Entwicklung und Einbindung. Schließlich werden neben Ressourcenfragen auch grundsätzliche Anfragen an die Funktionen des Schulsystems etwa im Kontext von Leistungsstandards gestellt.

Durch strukturelle Neuerungen sind dabei in Deutschland tradiert getrennte Lehramtstypen zunehmend in geteilter Verantwortlichkeit tätig, wodurch die Selbstverständnisse beider Gruppen neu justiert und stärker aufeinander bezogen werden müssen. Auch lehramtsübergreifende Zusammenarbeit ist nicht neu, sondern mindestens seit den 1980er-Jahren ein zentrales Thema der Grundschul- und insbesondere Integrationsforschung sowie Praxis (vgl. Neumann 2019, 81 f.). Allerdings wurde bislang vor allem Kooperation auf individueller bzw. Teamebene bearbeitet. Erst in den letzten Jahren werden grundlegende Fragen zu Berufsprofilen an die gesamte Profession gestellt: Nähern sich die Berufsbilder an und wird der gemeinsame Ausgangspunkt betont oder findet eher eine Abgrenzung und Ausdifferenzierung statt? Welche Kompetenzen sind unabdingbar und in welcher Breite können sie durch eine einzelne Lehrkraft abgedeckt werden?

Für eine zukunftsfähige Lehrer*innenbildung offenbaren sich durch diese Fragen gewinnbringende wie zugleich herausfordernde Perspektiven auf Berufsbilder im Wandel. Der Beitrag gibt einen Einblick, was hierzu aktuell in der Forschung diskutiert wird. Ergebnisse einer Interviewstudie mit Lehrkräften, die sich jenseits klassischer Modelle von Regel- und Sonderpädagogik bewegen, werden mit Blick auf Potenziale, Widersprüche und mögliche Schlussfolgerungen zur inklusionsorientierten Lehrer*innenbildung diskutiert.

Professionalität in der inklusiven Schule: Forschungszugänge und -befunde

Die Aufmerksamkeit für Lehrer*innenhandeln im Kontext Inklusion hat in den letzten Jahren auf verschiedenen Ebenen zugenommen. Dies zeigt sich etwa in Förderprogrammen des Bundesministeriums für Bildung und Forschung (2018) oder in Vorgaben der Hochschulrektorenkonferenz und Kultusministerkonferenz (2015). In der Lehrer*innenbildung wird u. a. die Wirkung kooperativer Seminare zwischen verschiedenen Lehramtstypen entwickelt und beforscht. In der schulischen Praxis werden außerdem Aufgaben und Kompetenzen verschiedener Lehrkräfte im gemeinsamen Unterricht analysiert.

Unterschiede zeigen sich hier erst im Detail. So ist etwa Diagnostik oder auch Beratung keine alleinige Aufgabe von Sonderpädagogiklehrkräften und die Kernaufgabe des Unterrichtens wird von regel- und sonderpädagogischen Lehrkräften[1] übernommen. Tätigkeiten allgemeinpädagogischer Lehrkräfte im gemeinsamen Unterricht umfassen dabei allerdings die Orientierung am Lehrplan und fokussieren auf den Klassenunterricht – wohlgemerkt einschließlich der Anpassung von Materialien an eine heterogene Lerngruppe. Hingegen sind sonderpädagogische Lehrkräfte stärker für die Unterstützung im Unterricht und die individuelle Förderung in Kleingruppen zuständig (vgl. Melzer et al. 2015, 74 sowie Moser/Kropp 2015, 198). Zusammenfassend lässt sich eine geringe Trennschärfe von Aufgaben und Kompetenzen feststellen und zugleich wird, betont es gäbe eine „Differenz der ‚Blicke' und Rollen" (Arndt/Werning 2016, 168).

Die scheinbar typische, wenn auch eher graduelle und hochgradig teamabhängige Aufgabenteilung spiegelt sich auch in den Vorstellungen von Lehrkräften und Fachexpert*innen zur Unterscheidung von Lehramtsprofilen: Der Fokus liege entweder eher auf dem einzelnen Kind und der Beziehungsarbeit oder dem Curriculum und dem Unterrichten der Gesamtgruppe (vgl. Weiß et al. 2013). Dies wird allerdings an anderer Stelle auch kritisch hinterfragt (z. B. Brügelmann 2016; Korff 2016). Eine differenzierte Betrachtung zeigt z. B., dass bei (angehenden) Grundschullehrkräften im Vergleich zu Lehrkräften weiterführender Schulen eine stärkere Kindorientierung im Zentrum steht. Sie verbinden diese allerdings mit der an sie herangetragenen Anforderung einer Standardorientierung. Die Kindorientierung angehender Lehrkräfte für Sonderpädagogik orientiert sich hingegen an der Kritik solcher

---

1) Wir verwenden bewusst und z. T. abweichend zur zitierten Literatur die Bezeichnung *sonderpädagogische Lehrkräfte*, da im Aufgabenprofil – im Förderschulkontext wie auch in inklusiven Settings – das Unterrichten inbegriffen ist und das sonderpädagogische Lehramtsstudium mindestens ein Unterrichtsfach umfasst.

Vorgaben und dem Ziel, einen Ausgleich zu Begrenzungen des bestehenden Systems zu schaffen (Gercke 2020). Für weitere Forschungen sind die Vielschichtigkeit von beruflichen Rollen und Selbstbildern sowie externe Einflussfaktoren innerhalb eines Systems im Wandel zu berücksichtigen.

Fast gänzlich unerforscht ist die Frage, inwieweit sich Kenntnisse und Handlungskompetenzen aus den bisherigen Berufsbildern für eine inklusive Schule verändern müssten (Badstieber / Amrhein 2016). Erfasst werden bislang vorrangig Einstellungen zu ‚Inklusion', wobei diese relativ eng gefasst werden als Einschätzung der Möglichkeiten gemeinsamer Beschulung von Kindern mit und ohne sonderpädagogischen Förderbedarf sowie damit verbundene Selbstwirksamkeitserwartungen (für eine kritische Betrachtung und einen Forschungsüberblick vgl. Gasterstädt / Urban 2016).

Weiterhin gibt es allgemeine Forderungen zur Zusammenführung bzw. Veränderung der Berufsprofile: „Sonderpädagog*innen benötigen mehr Fachlichkeit bezogen auf die Unterrichtsfächer, Lehrkräfte der allgemeinen Schule mehr sonderpädagogisches Wissen!" (Heinrich et al. 2013, 77). Untersuchungen zur genauen Beschaffenheit eines solchen sonderpädagogischen Wissens oder der notwendigen Erweiterung fachdidaktischer und allgemeinpädagogischer Kompetenzen stehen aber noch am Anfang.

Es fällt außerdem auf, dass fast immer eine systematische Unterscheidung entlang der studierten Lehrämter (insb. Sonder- und Regelschullehramt) vorgenommen wird – obwohl die Befunde nahelegen, dass gerade für inklusive Strukturen die Unterscheidung zwischen den Professionshintergründen Regel- und Sonderpädagogik nur bedingt tragfähig ist.

Um zu differenzierteren Ergebnissen zu gelangen, scheint es gewinnbringend, sich dem Feld offen zu nähern und die unterschiedlichen Berufshintergründe nicht schon vorab als Analysekategorien festzulegen. Entsprechende Zuordnungen kritisch zu reflektieren wird spätestens dann notwendig, wenn Lehrkräfte aus verschränkten Lehramtsstudiengängen betrachtet werden.

Kottmann (2018) arbeitet für Absolvent*innen des Bielefelder Studiengangs *Integrierte Sonderpädagogik* heraus, dass mit der dortigen Doppelqualifikation für zwei Lehramtstypen ein ‚hybrides' professionelles Selbstverständnis einherzugehen scheint. Auch wenn die konkrete Praxis stark von den Einzelschulen und Teams abhängt, deutet sich etwa an, dass die Absolvent*innen keine Abgrenzungen von Verantwortungsbereichen vornehmen. Es gibt keine Aufgabenbereiche für die sie sich *nicht* zuständig oder *nicht* ausgebildet fühlen. Sie identifizieren sich vielmehr mit *beiden* Professionen und zeigen insgesamt „eine grundsätzliche Bereitschaft zur Flexibilität" (Kottmann 2018, 141). Ein solch „hybrides" berufliches Selbstverständnis im Verhältnis zu den vermeintlich typischen Berufsbildern genauer zu untersuchen ist eine vielversprechende Grundlage für eine zukunftsfähige Lehrer*innenbildung.

Nur ein hybrides Professionsverständnis?
Eine explorative Interviewstudie

Die hier vorgestellte Untersuchung fokussiert auf den doppelqualifizierenden Lehramtsstudiengang[2] an der Universität Bremen. Nach ersten explorativen Befragungen von Studierenden (Korff 2016) wurden acht als Lehrkräfte in Bremen tätige Absolvent*innen in Einzelinterviews zu ihren Erfahrungen im Studium sowie in der Praxis befragt.[3] Als besonderes Erkenntnispotenzial ergibt sich, dass diese Lehrkräfte mit einem spezifisch auf die inklusive Schule ausgerichteten Studium und in einem strukturell inklusiven System[4] tätig sind. Somit stellt sich die Frage, inwiefern sich bei ihnen der Blick auf das einzelne Kind *und* der Blick auf die Gruppe im Sinne eines spezifisch inklusiven Professionsverständnisses verschränkt. Aus den Erzählungen und Beschreibungen der Lehrkräfte wurde inhaltsanalytisch herausgearbeitet, welche beruflichen Profile und Selbstbilder sie explizit formulieren. Außerdem wurden implizite Wissensbestände und Orientierungen der befragten Lehrkräfte in Anlehnung an die dokumentarischen Methoden rekonstruiert (Nohl 2017).

Ergebnisse zum explizierten Rollen- und Tätigkeitsbild

Die Ergebnisse verweisen insgesamt auf ein vielschichtiges Berufs- und Rollenverständnis und verdeutlichen, dass sich die Befragten *sowohl* als Grundschullehrkräfte mit Unterrichtsverantwortung *als auch* als sonderpädagogische Lehrkräfte erleben.

„Also es gibt ja nicht nur eine feste Rolle für mich, […]. Ich bin Lehrerin und Sonderpädagogin. Ich finde – Sonderpädagogin nur, das klingt dann bisschen als würd ich immer dabeisitzen und nur ähm differenzieren oder irgendwie mit einzelnen Kindern was machen und [..] ich bin beides (lachen).*"* (L3)[5]

---

2) Das Studium schließt mit einer Doppelqualifikation für das Lehramt für Sonderpädagogik sowie für das Lehramt an Grundschulen ab, erst im Vorbereitungsdienst erfolgt die Entscheidung für eines der beiden Lehrämter.
3) Aufbauend auf der hier dargestellten Pilotuntersuchung finden aktuell eine durch die Max-Traeger-Stiftung geförderte Fragebogenerhebung und weitere vertiefende Interviews statt.
4) Sonderpädagogische Ressourcen in Bremen werden (in der Primarstufe) weitgehend systemisch gesteuert. Die Förderschulen für Lernen, Sprache, Emotional-soziale Entwicklung und Geistige Entwicklung sind (einschließlich der Sekundarstufen) seit ca. 10 Jahren aufgelöst und Lehrkräfte beider Professionen bilden zusammen ein gemeinsames Kollegium.
5) Die Interviewausschnitte sind zugunsten besserer Lesbarkeit sprachlich geglättet.

In Abgrenzung greifen die Befragten auf die o. g. typischen Rollen zurück. Sie schildern auch, sich in der Übernahme klassischer sonderpädagogischer Aufgaben wie (Status-)Diagnostik oder Differenzierung speziell für Kinder mit zugewiesenem sonderpädagogischen Förderbedarf als besonders zuständig und kompetent zu erleben. Zugleich grenzen sie sich von anderen als ‚sonderpädagogisch' beschriebenen Kolleg*innen ab, indem sie für sich selbst explizit einen erweiterten Fokus betonen.

> „Die [Sonderpädagogin-Kollegin] trennt – glaub ich – auch mehr, also zwischen den Aufgaben der Grundschullehrer und unseren Aufgaben. Ich glaube, für mich ist das bisschen verschwommener, wo sind da jetzt die Übergänge und so weiter, so in der Selbstwahrnehmung auch." (L2)

Nicht nur in der Selbstwahrnehmung, sondern auch in den ausgeführten beruflichen Tätigkeiten zeigen sich im Spiegel der Forschung Abweichungen vom sonderpädagogischen Profil. So übernehmen alle Befragten, wenn auch in unterschiedlichem Ausmaß, eigenständig bzw. im Team geplanten Fachunterricht für alle Kinder in mindestens einem Schulfach. Sie empfinden dies als bedeutsamen Teil ihrer Qualifikation, betonen aber zugleich eine Unterscheidung vom beruflichen Profil klassischer Fach- bzw. Grundschullehrkräfte.

> „[…] weil ich gerne auch Fachunterricht mache und ich finde das auch irgendwie gut, weil ich das Gefühl habe, ich hab noch mal alle so mehr im Blick als so der klassische oder die klassische Fachlehrerin." (L4)

Es finden sich also Integrationen und zugleich Abgrenzungen der typischen Rollen- und Aufgabenprofile einer Grundschul- bzw. Sonderpädagogiklehrkraft. Alle Befragten beschreiben sich weiterhin explizit als Inklusionspädagog*innen und beschreiben dies deutlich als Erweiterung der beiden als Referenz herangezogenen klassischen Professionsprofile. Dieser Teil ihres beruflichen Selbstverständnisses steht für die Befragten im Mittelpunkt und in enger Verbindung zu einer spezifisch inklusiven Haltung.

> „Wenn ich mich als Inklusionspädagogin sehe, ist es eher so, dass meine Rolle dann ist zu gucken, dass wir alle gemeinsam darauf achten, dass der Unterricht so gestaltet ist, dass wirklich alle gut lernen können." (L1)

Sie führen den Anspruch an, einen Unterricht anzubieten, der allen Schüler*innen Partizipation ermöglicht und damit gleichermaßen auf das einzelne Kind und mögliche Barrieren sowie auf den Gesamtunterricht der Gruppe fokussiert. Beinahe durchgängig beschreiben die Befragten in diesem

Zusammenhang die Konfrontation mit im System dominierenden Annahmen von Zuständigkeiten sowie die Abhängigkeit von gelingender Kooperation als belastende Faktoren. Zudem zeigt sich, dass gerade die inklusionsorientierte Rolle mit hohen Erwartungshaltungen der Kolleg*innen einhergeht.

„Wenn man inklusiv arbeiten will, muss man erst mal beweisen, dass es funktioniert. Und das funktioniert nur dann, wenn die Kollegen sich entlastet fühlen. Das (lachend) bedeutet, dass man sehr viel Arbeit auf sich nimmt, so das ist so meine Erfahrung, ne?" (L8)

Diskussion impliziter Orientierungen

Das Material liefert zahlreiche Hinweise auf ein facettenreiches und komplexes Professionsprofil. Dessen spezielle Ausrichtung wird von den Befragten immer wieder mit einer im Studium der Doppelqualifikation erworbenen (inklusiven) Grundhaltung in Verbindung gebracht. Analog zu dem von Kottmann (2018) beschriebenen professionellen Selbstverständnis von Lehrkräften mit Doppelqualifikation bezeichnet sich eine interviewte Person explizit als „ein Hybrid" (L6).

Die genaue Beschaffenheit eines solchen hybriden Berufsprofils ist in folgenden Untersuchungen genauer herauszuarbeiten. Es scheint sich allerdings nicht um reine Kopplung von Zuständigkeiten für typische sonder- und grundschulpädagogische Aufgaben zu handeln. Vielmehr schimmert ein spezifisch inklusives Professionsverständnis durch, das die erwähnten Rollen nicht nur zusammenbringt, sondern sie auf besondere Weise und auf Basis einer inklusiven Haltung verschränkt.

Veranschaulichen lässt sich dies anhand von Beschreibungen diagnostischer Kompetenz bei *gleichzeitigem* Verweis auf eine dekategorisierende Perspektive auf Schüler*innen. Das heißt, die Einteilung von Lernenden in Gruppen, insbesondere nach Kategorien sonderpädagogischen Förderbedarfs, wird kritisiert und ihre Relevanz für die pädagogische Arbeit hinterfragt, ohne dass dies einer Diagnostik entgegenzustehen scheint. Im Gegenteil: Die fehlende Anwendung von Kategorien wird als unterstützend und ergänzend für die diagnostische Expertise dargestellt.

„Aber unterscheiden [kann ich mich] sicherlich [durch] diese Diagnostik, und zwar im Sinne von wirklich zu gucken, wo steht das Kind genau? […] Wo steht das Kind, was braucht es jetzt? […] Ich glaub, dass mein Studium mich schon dazu eher befähigt, so zu sein, wie ich jetzt bin. Also das glaub ich ganz sicher, weil's mir einfach leichter fällt. Weil ich gewisse Dinge nicht kann, wie Kategorien und so. Das kann ich nicht und das ist auch gut." (L8)

Während der Verweis auf die eigene Diagnostikkompetenz hier in erster Linie zur Erläuterung der Abgrenzung zu *Grundschullehrkräften* dient, wird in der Kritik an Kategorien wiederum eine Abgrenzung zu *sonderpädagogischen Lehrkräften* formuliert. In diesem Zusammenhang scheint besonders das Studium eine wichtige Rolle zu spielen. So beschreiben nahezu alle Befragten, eine starke inklusionsorientierte „Selbst- und Wertebildung" (L2) erhalten zu haben, die im Sinne eines Leitbildes im Berufsalltag relevant zu sein scheint:

> *„Auf jeden Fall das Bild von Inklusion oder auch das Menschenbild, da hab ich auch das Gefühl, dass das ganz anders ist als das, was die meisten Menschen, die sich damit weniger damit beschäftigt haben, so unter Inklusion verstehen, die sagen dann Inklusionskinder oder (…). Da bin ich froh, dass ich da was anderes gelernt hab und weiß, wie's eigentlich sein sollte."* (L2)

Alle Befragten formulieren eine inklusionsorientierte Perspektive, die für sie von hoher persönlicher Relevanz ist und grenzen sich von Zuschreibungen wie „sonderpädagogischer Förderbedarf" ab. Trotz dieser explizit formulierten Kritik an einer Zwei-Gruppen-Theorie finden sich in anderen Teilen der Interviews immer wieder auch kategorisierende Begrifflichkeiten wie ‚I-Kinder'. Ebenso wägen die Befragten inhaltlich unterschiedliche sonderpädagogische Förderbedarfe gegeneinander ab und formulieren mit Bezug auf diese Kategorien gruppenbezogene Zuständigkeiten („meine Kinder"). Auf der einen Seite wird also explizit als spezifische eigene Kompetenz benannt, über einen nonkategorialen Blick zu verfügen, der nicht zwischen Kindern mit und ohne zugewiesenen sonderpädagogischen Förderbedarf unterscheidet. Auf der anderen Seite scheinen diese Kategorien doch als gedankliche Trennungen zu fungieren und auch für die Handlungspraxis etwa im Sinne getrennter Zuständigkeiten relevant zu sein. Dabei werden gerade typisch sonderpädagogische Tätigkeitsfelder stark durch Erwartungen der Kolleg*innen und schulische Strukturen geprägt.

> *„[D]a muss ich irgendwie noch dran arbeiten, dass ich hier nicht immer nur als die Helferin von der Lehrerin so für die Kinder rüberkomme. Das ist irgendwie nicht die Rolle, die ich gerne haben möchte."* (L2)

Solche expliziten (kritischen) Auseinandersetzungen mit dem Widerspruch zwischen dem eigenen Berufsbild und der Alltagspraxis sind allerdings nur an wenigen Stellen im Material zu finden – und beziehen sich eher wie in anderen Untersuchungen auch auf Problematiken der konkreten Kooperation im Team. In Bezug auf das eigene Denken und Handeln wird die Unstimmigkeit zwischen der tatsächlichen Rolle und den selbst formulierten Ansprüchen fast gar nicht thematisiert (vgl. Michel / Telscher / Korff i. Dr.). Genauer zu verfolgen wäre, inwiefern Lehrkräfte im Handlungsdruck diese Widersprüche überhaupt wahrnehmen und explizit benennen können, sowie welchen bewussten und unbewussten Umgang sie damit finden (vgl. Telscher in Vorb.).

Fazit und Ausblick

Rollen und Aufgaben von Lehrkräften in einer inklusiven Schule sind vielschichtig. Sie lassen sich nur bedingt anhand der Differenzlinie Kinder (und Lehramtsstudiengänge) mit und ohne zugewiesenen sonderpädagogischen Förderbedarf aufschlüsseln. Beispielsweise müssen Barrieren für das Lernen individuell fokussiert und zugleich unmittelbar im Kontext des gesamten Unterrichts betrachtet werden. Somit ist gerade die Verbindung und Veränderung der bislang als typisch angeführten Berufsprofile als Entwicklungsbedarf und -chance zu sehen.

Im Bremer Studium wird daher zum Beispiel die Auseinandersetzung mit speziellen Entwicklungsbedingungen (bislang in der Sonderpädagogik verortet) mit diskriminierungssensiblen Reflexionsfähigkeiten (bislang in der Inklusiven Pädagogik fokussiert) verbunden und erfährt inhaltsbezogene Konkretisierungen (anhand der fachdidaktischen Perspektive). Umgesetzt wird dies unter anderem durch Begleitung des Praxissemesters im Team-Teaching von Lehrenden der Fachdidaktik und Inklusiven Pädagogik, ohne dabei die Beratungen entlang vermeintlich trennbarer Schüler*innengruppen zu organisieren.

Für die Studierenden ist die Verbindung der zuvor im Studium getrennten Wissensbestände – trotz hoher inhaltlicher Überschneidungen – eine Herausforderung, die eine enge Begleitung benötigt, aber auch zu einem vertieften Verständnis beiträgt (Korff/Bönig 2018). In Interviews beschreiben

Absolvent*innen die Vernetzung tradiert getrennter Studien- und Berufsprofile als Eckpfeiler der eigenen Professionalität. Sie betonen ihren „inklusiven Blick", der sich gleichermaßen auf das einzelne Kind und die Gruppe richtet sowie individuelle Beziehung und zugleich fachliche Curricula fokussiert. Es deutet sich eine spezifische Perspektive an, die mit einer hohen Innovations- und Veränderungsbereitschaft verbunden scheint.

Die Analysen zeigen aber auch, dass diese inklusiven Orientierungen in Konfrontation mit bestehenden schulischen Strukturen herausgefordert werden. Es ist wenig verwunderlich, dass die im Studium entwickelten inklusionsorientierten Leitbilder in Anbetracht des Handlungsdruckes gerade bei Berufsanfänger*innen an ihre Grenzen stoßen und trennendes Denken entlang formaler Kategorien schnell wieder an Bedeutung gewinnt. Interessant ist, dass die Diskrepanzen zwischen dem eigenen inklusiven Professionsverständnis einerseits und der von einer Zwei-Gruppen-Theorie geprägten Handlungspraxis kaum explizit in den Interviews angesprochen werden.

Für die Lehrer*innenbildung scheint daher nicht nur die Zusammenführung bisher getrennter Studienbereiche angezeigt; es scheint auch notwendig zu sein, Impulse für eine Analyse bestehender Widersprüchlichkeiten zu setzen. Dies betrifft die oben problematisierte Zwei-Gruppen-Theorie sowie insgesamt versteckte Praktiken der Reproduktion von (sozialen) Ungleichheiten (vgl. Hackbarth et al. 2019). Dabei sind kritische Betrachtungen gerade der *eigenen* Praxis und Orientierungen im Verhältnis zu eigenen Normen und Zielen ein zentrales Element von „Reflexivität als professionelle Haltung" (Budde/Hummrich 2014, o. S.).

Im Studium kann dies durch kollegiale und kooperative Reflexionen und die Arbeit an konkreten Fallbeispielen unterstützt werden. Geeignet scheinen hier solche Beispiele, in denen die Widersprüche zwischen verschiedenen Zielsetzungen und Anforderungen nicht einfach aufzulösen sind oder (ungewollte) Nebeneffekte von eigenem Handeln deutlich werden. Weiterhin können Irritationen etwa durch kritische Anfragen an eigene Machtpositionen und Spiegelung von widersprüchlichen eigenen Perspektiven zum zentralen Element der Professionalisierung werden.

Ein Beispiel aus dem Studium in Bremen ist ein Seminar zu (Anti-)Diskriminierung, in dem Studienanfänger*innen ihre eigene gesellschaftliche (Macht-)Position erarbeiten. Dieses wird bewusst von externen Lehrbeauftragten und erfahrenen Diversity Trainer*innen angeboten, um Denk- und Kritikspielräume jenseits von Handlungs-, aber auch Notendruck zur Verfügung zu stellen und entstehende Unsicherheiten aufzufangen.

Abschließend sei darauf verwiesen, dass die vorgeschlagene Betrachtung von Professionalisierung jenseits der (einfachen) Unterteilung in vermeintlich sonder- und regelpädagogische Profile keineswegs mit der Vernachlässigung spezifischer Kompetenzen einhergeht.

„Stattdessen werden flexibel einzusetzende Kompetenzen wie bspw. eine besonders umfängliche Erfahrung in der Mathematikförderung (auch für mathematisch interessierte Lernende) oder in der Beratung von Eltern in schwierigen Lebenslagen, Kenntnisse der Deutschen Gebärdensprache, Qualifikationen zu Trauma oder Bindungsarbeit, aber auch Expertise in der Diagnostik bei bestimmten Problemlagen relevant für die Aushandlung von Zuständigkeiten." (Korff / Neumann i. Dr.)

Allen Kindern einer (inklusiven) Grundschule würde damit durch verschiedene Lehrende in geteilter Verantwortung und gemeinsamer Reflexion der Barrieren eine individualisierte und ganzheitlich kindorientierte Zuwendung in Verbindung mit einer fachlich-inhaltlichen Rahmung in der Gesamtgruppe zuteil.

Literatur

Arndt, A. / Werning, R. (2016): Unterrichtsbezogene Kooperation von Regelschullehrkräften und Sonderpädagog/innen im Kontext inklusiver Schulentwicklung. Implikationen für die Professionalisierung. In: Moser, V. / Lütje-Klose, B. (Hg.): Schulische Inklusion 62. Beiheft der Zeitschrift für Pädagogik. Weinheim: Beltz Juventa, 160–174.

Badstieber, B. / Amrhein, B. (2016): Lehrkräfte zwischen sonderpädagogischer Qualifizierung und inklusiver Bildung. In: Zeitschrift für Pädagogik. Beiheft(62), 175–189.

Baumert, J. / Kunter, M. (2011): Das Kompetenzmodell von COACTIV. In: Kunter, M. u. a. (Hg.): Professionelle Kompetenz von Lehrkräften. Ergebnisse des Forschungsprogramms COACTIV. Münster: Waxmann, 29–54.

BMBF [Bundesministerium für Bildung und Forschung] 2018: Perspektiven für eine gelingende Inklusion. Beiträge der „Qualitätsoffensive Lehrerbildung" für Forschung und Praxis. Online unter: https://www.qualitaetsoffensive-lehrerbildung.de/files/BMBF-Perspektiven_fuer_eine_gelingende_Inklusion_barrierefrei.pdf [Zugriff am 31.08.20].

Brügelmann, H. (2016): Braucht die inklusive Schule wirklich »sonderpädagogische Fachkompetenz«? In: Grundschule aktuell, H. 135, 2.

Budde, J. / Hummrich, M. (2014): Reflexive Inklusion. In: Zeitschrift für Inklusion, 8(4). Online unter: https://www.inklusion-online.net/index.php/inklusion-online/article/view/193/199 [Zugriff am 31.08.2020].

Gasterstädt, J. / Urban, M. (2016): Einstellung zu Inklusion? Implikationen aus Sicht qualitativer Forschung im Kontext der Entwicklung inklusiver Schulen. Empirische Sonderpädagogik 1, 54–66.

Gercke, M. (2020): Ein rekonstruktiver Vergleich berufsbezogener Orientierungsmuster von Studierenden der Lehrämter Grund-, Regelschule und Förderpädagogik im Hinblick auf schulische Inklusion. Dissertation. Universität Erfurt, Erziehungswissenschaftliche Fakultät.

Götz M. / Miller S. / Einsiedler W. / Vogt M. (2019): Diskussionspapier zum Selbstverständnis der Grundschulpädagogik als wissenschaftliche Disziplin. In: Donie, C. u. a. (Hg.): Grundschulpädagogik zwischen Wissenschaft und Transfer. Jahrbuch Grundschulforschung. Wiesbaden: Springer VS, 12–21.

Hackbarth, A. / Köpfer, A. / Korff, N. / Sturm, T. (2019): Reflexion von Inklusion und Exklusion in der Lehrkräftebildung: Herausforderungen und hochschuldidaktische Überlegungen. In: Ricken, G. / Degenhardt, S. (Hg.): Vernetzung, Kooperation, Sozialer Raum – Inklusion als Querschnittaufgabe. Bad Heilbrunn: Julius Klinkhardt, 87–95.

Heinrich, M. / Urban, M. / Werning, R. (2013): Grundlagen, Handlungsstrategien und

Forschungsperspektiven für die Ausbildung und Professionalisierung von Fachkräften für inklusive Schulen. In: Döbert, H. / Weishaupt, H. (Hg.): Inklusive Bildung professionell gestalten – Situationsanalyse und Handlungsempfehlungen. Münster / Berlin: Waxmann, 69–146.

Hochschulrektorenkonferenz; Kultusministerkonferenz (2015): Lehrerbildung für eine Schule der Vielfalt – Gemeinsame Empfehlung von Hochschulrektorenkonferenz und Kultusministerkonferenz. Online unter: https://www.hrk.de/uploads/media/HRK-KMK-Empfehlung_Inklusion_in_LB_032015.pdf [Zugriff am 28.08.2020].

Kottmann, B. (2018): »Ich sehe mich eher als Lehrerin für alle …« – Ergebnisse der Befragung von Absolventinnen und Absolventen des Studiengangs »Integrierte Sonderpädagogik« in Bielefeld. In: Miller, S. u. a. (Hg.): Profession im Diskurs. Jahrbuch Grundschulforschung. Band 22. Wiesbaden: Springer VS, 138–144.

Korff, N. (2016): „…und dann kommst du aber in eine Klasse, die gewohnt ist nur Arbeitsblätter zu bearbeiten." Herausforderungen der Lehrer*innenbildung für inklusiven Unterricht. In: Steinweg, A. S. (Hg.): Inklusiver Mathematikunterricht – Mathematiklernen in ausgewählten Förderschwerpunkten: Tagungsband des AK Grundschule in der GDM 2016. Bamberg: Bamberg University Press, 25–40.

Korff, N. / Bönig, D. (2018): Vernetzung inklusions- und mathematikdidaktischer Professionalisierung durch kooperative Lehre. In Fachgruppe Didaktik der Mathematik der Universität Paderborn (Hg.), Beiträge zum Mathematikunterricht 2018, 1031–1034. Münster: WTM-Verlag. Online unter https://eldorado.tu-dortmund.de/bitstream/2003/37478/1/BzMU18_KORFF_Lehrkoope-ration.pdf

Korff, N. / Neumann, P. (2020, i. Dr.): Unterricht und Inklusion. In: Hascher, T. u. a. (Hg.): Handbuch der Schulforschung (erweiterte Neuauflage). Wiesbaden: Springer VS.

Melzer, C. / Hillenbrand, C. / Sprenger, D. / Hennemann, T. (2015): Aufgaben von Lehrkräften in inklusiven Bildungssystemen – Review internationaler Studien. In: Erziehungswissenschaft 26(51), 61–80.

Michel, S. / Telscher, M. / Korff, N. (i. Dr.): „Ich bin ein Hybrid." Eine explorative Interviewstudie zur Professionalisierung im Studiengang Inklusive Pädagogik. In: Böhme, N. u. a. (Hg.): Mythen, Widersprüche und Gewissheiten der Grundschulforschung. Eine wissenschaftliche Bestandsaufnahme nach 100 Jahren Grundschule. Band 25. Wiesbaden: Springer.

Moser, V. / Kropp, A. (2015): Kompetenzen in Inklusiven Settings (KIS) – Vorarbeiten zu einem Kompetenzstrukturmodell sonderpädagogischer Lehrkräfte. In: Häcker, T. / Walm, M. (Hg.): Inklusion als Entwicklung. Konsequenzen für Schule und Lehrerbildung. Bad Heilbrunn: Klinkhardt, 185–212.

Neumann, P. (2019): Kooperation selbst bestimmt? Interdisziplinäre Kooperation und Zielkonflikte in inklusiven Grundschulen und Förderschulen. Empirische Erziehungswissenschaft; 73. Münster: Waxmann.

Nohl, A.-M. (2017): Interview und Dokumentarische Methode. Anleitungen für die Forschungspraxis. Wiesbaden: VS.

Telscher, M. (i. Vorb.): Zum Verhältnis beruflicher Selbstbilder und Handlungspraxis von Lehrkräften [Promotionsprojekt].

Weiß, S. / Kollmannsberger, M. / Kiel, E. (2013): Sind Förderschullehrkräfte anders? Eine vergleichende Einschätzung von Expertinnen und Experten aus Regel- und Förderschulen. Empirische Sonderpädagogik (2), 167–186.

Diemut Kucharz

Kinder lernen Zukunft
Die Zukunftsfragen der Grundschule

100 Jahre gemeinsame Grundschule und 50 Jahre Grundschulverband sind ein angemessener Anlass, um über die Zukunftsfragen der Grundschule nachzudenken. Der Grundschulverband hat es in der Vorbereitung auf den Bundesgrundschulkongress 2019 ausführlich getan und trägt die Erkenntnisse aus vielerlei Perspektiven in diesem und dem vorherigen Band sowie in seinem kurzen Programmpapier „Anforderungen an eine zukunftsfähige Grundschule" zusammen (Grundschulverband 2020). Auch dieser Beitrag versucht aus der Perspektive der Grundschulpädagogik an der Goethe-Universität Frankfurt, dem Lehrstuhl, den einst Erwin Schwartz, Gründungsmitglied des Grundschulverbandes, innehatte, sich mit den Zukunftsfragen auseinanderzusetzen. Dafür soll die Frage der Bildungsgerechtigkeit sowie die Qualität und Professionalität von Grundschularbeit in ihrer Bedeutung diskutiert werden.

Bildungsgerechtigkeit

Mit der Gründung der Grundschule als gemeinsamer Schule für alle ging das Versprechen einer weitreichenden Bildungsgerechtigkeit und einer größtmöglichen Bildung unabhängig von herkunftsbedingten Privilegien einher. 100 Jahre später stellen wir fest, dass dieses Versprechen nie ganz eingelöst wurde (Götz 2019): Es gibt immer noch benachteiligte und privilegierte Kinder mit unterschiedlichen Bildungschancen. Zwar haben sich manche Merkmale verändert und verschoben, aber noch immer bestimmt die sozio-ökonomische Herkunft über den Bildungserfolg mit, und dieser Zusammenhang hat sich für die Grundschule in den letzten Jahren wieder verstärkt (IGLU 2016; IQB 2016).

Nun gibt es auf diesen Befund verschiedene denkbare Reaktionen. Man kann darüber nachdenken, ob das Versprechen überhaupt einlösbar sei (Lassek / Brügelmann / Ramseger 2018; Benner 2019), oder aber man überdenkt, wie genau Bildungsgerechtigkeit zu verstehen sei (Bellmann / Merkens 2019). Bildungsgerechtigkeit und Leistungsprinzip scheinen zunächst unhinterfragt, wobei Heid (2019) zu Recht darauf aufmerksam macht, dass diejenigen, die bestimmen, was als Leistung zählt und wie diese zu berücksichtigen ist, die sind, „die zum einem die dafür vorgesehene Definitionsmacht und zum anderen ein Interesse daran haben, dass ihre eigenen Aktivitäten als (besondere) Leistungen anerkannt werden" (Heid 2019, 86). Damit habe das Leistungsprinzip schon die „statusabhängige Ungleichheit in sich aufgenommen" (ebd.), die es eigentlich überwinden sollte. Deshalb, so folgert Heid (2019) weiter, könne Gerechtigkeit kein Ziel pädagogischer Praxis sein, sondern allenfalls als „Projekt – nur realisierbar als *unablässiger und unabschließbarer Versuch –*" gerechtfertigt werden (94, Hervorh. im Original).

Angesichts von Inklusion ist der Begriff „Bildungsgerechtigkeit" tatsächlich neu zu diskutieren, weil das meritokratische Prinzip, das das Herkunftsprinzip abgelöst hat, unter der Bedingung von Inklusion kaum zu mehr Bildungsgerechtigkeit führt (Katzenbach 2013). Offenbar ist es doch nicht immer so klar, was genau mit Bildungsgerechtigkeit gemeint ist, obwohl, wie Bellmann (2019) kritisiert, alle so tun, als ob darüber Konsens herrsche. Er schlägt deshalb vor, genauer auszuloten, welche Dimensionen von Bildungsgerechtigkeit gemeint sind, ob es eher um Verteilungsgerechtigkeit, um Teilhabegerechtigkeit oder um Anerkennungsgerechtigkeit gehe, und was das dann jeweils für Schule bedeute.

Ein solcher Diskurs darüber, welche Gerechtigkeit wir heute vor allem meinen, welche Konsequenzen sie für das Bildungssystem mit seiner Mehrgliedrigkeit und seinen Übergängen, welche sie für Unterricht und seine Gestaltung hat, könnte sich lohnen und ist unter der Vorgabe von Inklusion neu zu bestimmen. Und, so ist mit Bellmann (ebd.) weiter zu fragen: Wer sind die Adressaten, die eine solche Gerechtigkeit herstellen sollen? Die Bildungspolitik? Die pädagogischen Fachkräfte in der Kita? Die Einzelschule mit ihren Lehrkräften vor Ort? Derzeit werde die Diskussion überwiegend entpolitisiert geführt, wie Bellmann feststellt, sodass die Fragen nach Bildungsgerechtigkeit, insbesondere auch angesichts von Inklusion, an die pädagogischen Akteure vor Ort weitergegeben werde als eine Aufgabe von effektiver Schulsteuerung, die dann z. B. mit einem Schulpreis belohnt werde. „Die Botschaft lautet: Qualität und Gerechtigkeit sind – auch unter widrigen Bedingungen – herstellbar; sie werden als Frage der *best practice* von Schulen und Unterricht behandelt (Bellmann 2019, 13; Hervorh. im Original). Dabei gilt es längst zu klären, ob es bei dem Dilemma von Meritokratie und Inklusion um eine typische Antinomie pädagogischen Handelns geht (Helsper 2012) oder ob hier politische Weichenstellungen und ein „Masterplan" zur Umsetzung der UN-Behindertenrechtskonvention notwendig sind, wie es Bartnitzky (2020) einfordert.

Förderung und Selektion

Am Übergang in die Sekundarstufe wird das Paradoxon pädagogischer Arbeit besonders deutlich: Über vier Jahre hinweg bemühen sich die Grundschullehrkräfte, alle Kinder bestmöglich und individuell zu fördern, gleichzeitig für ein gutes Klassenklima und gegenseitige soziale Anerkennung und Wert-

schätzung zu sorgen, um dann am Ende die Verteilung auf unterschiedliche Schulen mit unterschiedlichen Bildungs- und Berufschancen vorzubereiten. Wie wirkmächtig bei diesen Übergangsentscheidungen die Herkunft der Kinder und nicht nur ihre Schulleistungen sind, ist hinreichend belegt. Aber die Überwindung dieser frühen Selektion für eine längere gemeinsame Schulzeit, wie in anderen Ländern üblich, scheiterte bislang immer an partialen Eigeninteressen von Entscheidungstragenden (Ramseger 2020). Die Debatten um eine Veränderung der Sekundarstufe sind in den letzten Jahren wieder deutlich verhaltener geworden, das Gymnasium bleibt nach wie vor unangefochten.

Was würde passieren, wenn sich die Grundschullehrkräfte diesem schizophrenen Handeln verweigerten, weil es keinerlei Evidenz für dessen Nutzen gebe und entgegen ihrer pädagogischen Überzeugungen sei? Vermutlich gäbe es öffentliche Irritation und Unverständnis, weil die Grundschullehrkräfte über keine solche Lobby verfügen wie beispielsweise Gymnasialkräfte. Wird von deren Seite verkündet, Inklusion sei in Gymnasien nicht möglich oder Gymnasiallehrkräfte könnten nicht an Gemeinschaftsschulen unterrichten, wird dies eher medial aufgegriffen und Verständnis gezeigt – obwohl solche Behauptungen wiederum jeder empirischen Grundlage entbehren.

Ein Zukunftsforum auf dem Bundesgrundschulkongress hat sich aus verschiedenen Perspektiven unter dem provokanten Titel „Noch 100 Jahre nur 1 bis 4?" mit dem Thema eines längeren gemeinsamen Lernens befasst. Merz-Atalik fasst die Diskussion zusammen: „Es hat historisch vielfältige Diskurse gegeben über längeres gemeinsames Lernen, jedoch ohne eine übergreifende Bedeutung für die Strukturen im deutschen Bildungssystem" (Merz-Atalik 2020, 27) und fordert dazu auf, Allianzen zwischen den verschiedenen Diskurssträngen zu bilden, um in dieser Frage weiterzukommen. Der Grundschulverband sieht sich hier durchaus in der Pflicht und ist aktiv in mehreren solcher Allianzen tätig. Diese Aufgabe wird dennoch auch in Zukunft bleiben, mit vielfältigen Argumenten und Studien für eine solche im umfassenden Sinne inklusive Schule zu kämpfen.

Gleichzeitig gilt es, auch wieder stärker den Blick auf die Ungleichheiten zu lenken, die die Grundschule als Institution, getragen durch ihre verschiedenen Akteure, selbst herstellt und die von Gomolla und Radtke (2009) als institutionelle Diskriminierung identifiziert wurden.

Migration und „antimuslimischer Rassismus" (Schiffauer 2018, 19), in der Grundschule oft festgemacht an den Sprachkompetenzen im Deutschen, sorgen bereits am Übergang von der Kita in die Grundschule für Selektion. „Kinder werden in Deutschland (…) nicht einfach automatisch eingeschult, wenn sie das schulpflichtige Alter erreicht haben, sondern werden einem komplexen Einschulungsverfahren unterzogen", stellen Huf und Kelle (2015, 71) anhand ihrer Studien zur Einschulungspraxis fest. Daran schließen sich ggf. eine Zurückstellung vom Schulbesuch oder eine Zuweisung zu einer Vorklasse, einem Schulkindergarten, einer Sprachfördergruppe o. Ä. an mit dem Auftrag, Defizite zu kompensieren. Auch Verfahren zur Überprüfung eines sonderpädagogischen Förderbedarfs werden angeregt. Damit findet unter dem Deckmantel der Förderung bereits vor Schuleintritt Selektion statt, ohne dass es bisher hinreichende Evidenz für einen Erfolg solcher kompensatorischen Fördermaßnahmen gäbe (Kucharz 2016).

Nach wie vor spielt der sogenannte Migrationshintergrund in schulischen Zusammenhängen als Problembeschreibung eine bedeutende Rolle, indem dieser „mit stereotypen Zuschreibungen verbunden" wird wie mangelnden Deutschkenntnissen oder fehlendem Teilhabewillen (Hummrich / Terstegen 2020, 15). „In öffentlichen Diskursen wird oft pauschal von Kindern und Jugendlichen mit Migrationshintergrund gesprochen, wobei ein defizitorientiertes Bild vorherrscht", konstatieren auch Jähnert und Reisenauer (2020, 18), obwohl die Lage sehr viel differenzierter zu betrachten wäre und weitere Faktoren wie soziale, kulturelle und nationale Herkunft eine Rolle spielten. Die Chancen und Potenziale von Transnationalität stärker in den Blick zu rücken, die in Bereichen der besonderen Mobilitätskompetenzen, Mehrsprachigkeit oder interkulturellem Wissen liegen (ebd.), gelingt den Pädagoginnen und Pädagogen in den deutschen Bildungsinstitutionen im internationalen Vergleich noch zu wenig (Kratzmann et al. 2013; Olszenka / Riedel 2020). Häufig werden solche Formen institutioneller Diskriminierung (Gomolla / Radtke 2009), die zu Bildungsungerechtigkeiten führen, in der pädagogischen Diskussion personalisiert, indem die unzureichenden sprachlichen Fähigkeiten im Deutschen des jeweiligen Kindes mit Migrationshintergrund für sein schulisches Versagen verantwortlich gemacht werden, statt die Strukturen zu hinterfragen, die zum Beispiel die vorhandenen Kompetenzen der Kinder in ihren Herkunftssprachen weitgehend ignorieren.

Qualität von Grundschularbeit

Durch die Implementierung der (inter-)nationalen Leistungsvergleichsstudien sowie die Einführung von Bildungsstandards und Kompetenzorientierung hat sich die Definition dessen, was unter schulischer Leistung verstanden wird und wer die Definitionsmacht darüber hat, nach Ansicht vieler verschoben. Insbesondere Vertreter und Vertreterinnen des Grundschulverbands werden nicht müde, dies zu kritisieren und auf die Einseitigkeit des Bildungsverständnisses hinzuweisen, das durch Leistungsvergleichsstudien wie IGLU und VERA transportiert würde (z. B. Bartnitzky 2018).

Bei aller berechtigten Kritik an diesen Leistungsstudien liegen darin aber auch Chancen, die es wahrzunehmen und zu nutzen gilt. Niemand geht ernsthaft davon aus, dass den Testentwicklungen von IGLU oder VERA ein umfassendes Bildungsverständnis zugrunde liegt (z. B. IQB), und es empfiehlt sich, die jeweiligen Studien, deren Anlage und Ergebnisse sorgfältig zur Kenntnis zu nehmen, statt die Interpretationshoheit der Bildungspolitik und den Medien zu überlassen. Gerade was die Qualität von Aufgabenstellungen und ihren Anregungsgehalt angeht, lässt sich viel für die Grundschularbeit übernehmen: Statt immer gleicher Übungsaufgaben, wie sie viele Freiarbeitsmaterialien und Arbeitshefte der Schulbuchverlage vorsehen, finden sich dort Beispiele für intelligente Formen von Übungs- und Anwendungsaufgaben, die kognitiv aktivieren und trägem Wissen vorbeugen. Darüber hinaus bieten die Kompetenzmodellierungen, die diesen Testaufgaben zugrunde liegen, wertvolle diagnostische Hilfen für die Lehrkraft zur gezielten Förderung (IQB 2016). Eine intensivere Auseinandersetzung damit, was intelligente Übungsformen, kognitiv anregende Aufgabenstellungen und deren adaptiver Einsatz im Unterricht bedeuten, sind wichtige Themen für die Sicherung von qualitätsvoller Grundschularbeit.

Die Corona-Pandemie mit dem Lockdown im Frühjahr 2020 und der monatelangen Schließung von Kitas und Schulen hat die Bildungsungleichheiten noch deutlicher zutage treten lassen. Unzureichende Ausstattung und fehlendes Know-how für digitale Bildung und Fernunterricht auf Seiten vieler Schulen haben die Kinder auf ihre jeweils vorhandenen häuslichen Ressourcen für das distanzierte Lernen verwiesen. Manche Kinder hatten Glück und konnten die Zeit mit vielen kreativen und abwechslungsreichen Aktivitäten und Spielen füllen, für die neben Schule und Hausaufgaben sonst nicht genügend Zeit bleibt. Andere hatten Glück, weil ihre Lehrerinnen es verstanden, ihnen regelmäßig anregende, abwechslungsreiche Aufgaben in den verschiedenen Lernbereichen zu stellen und differenzierte und aufmunternde Rückmeldungen zu geben. Wieder andere hatten dagegen Pech, weil sie kaum Kontakt zu ihrer Klassenlehrerin hatten oder nur immer gleich gestaltete Wochenpläne mit stupiden Übungsaufgaben erhielten, die abgearbeitet werden mussten und bei denen lediglich die Erledigung bestätigt wurde. Manche Kinder hatten niemanden, der ihnen beim Strukturieren eines solchen Tages bzw. Woche zu Hause half und der ermunterte und motivierte, die schulischen Aufgaben zu erledigen. Anderen Kindern fehlten zu Hause der Raum und die Ausstattung zur Erledigung schulischer Aufgaben oder Personen, die mit ihnen anregungsreiche Ausflüge unternahmen. Fast allen Kindern fehlte der Kontakt und Austausch mit Gleichaltrigen.

Die kurzfristigen Folgen dieser Zeit werden die Lehrkräfte im Schuljahr 2020/21 spüren, die mittel- und langfristigen Folgen werden uns die nächsten Leistungsvergleichsstudien präsentieren. Aber es werden sich noch deutlich mehr Auswirkungen zeigen, die wir bisher noch nicht absehen können.

Bereits in den Vorbereitungen und auf dem Grundschulkongress im September 2019 zeigten die Podien und Diskussionsrunden zum Thema digitale Medienbildung eine große Diversität an Kenntnissen, Überzeugungen, Ideen und Konzepten zur digitalen Bildung. Zum Zeitpunkt des Kongresses war gerade der Digitalpakt verabschiedet worden, um den lange gerungen wurde, vor allem wegen Zuständigkeitsdiskussionen zwischen Bund und Ländern. So sieht Thomas Irion (2020) auch die Aufgabe des Grundschulverbands, „… für eine digitale Bildung die Zukunftsvision der Grundschule zu entwickeln und Schulen und Lehrkräfte bei den ersten Schritten zu unterstützen" (Irion 2020, 13). Allerdings hat es dieses Thema nicht bis in die vom Grundschulverband zum Kongress veröffentlichen „Forderungen an Politik, Pädagogik und Gesellschaft" (Grundschulverband 2019)[1] geschafft und der Lockdown hat die meisten Schulen kalt erwischt, weil sie eben noch nicht so weit mit ihrem Konzept und der Ausstattung und Schulung für digitale Bildung waren, um dieses für distanziertes Lernen einsetzen zu können. Das Frühjahr 2020 hat in sehr vielen Bereichen in Deutschland für einen digitalen Schub gesorgt, nicht nur in den Bildungsbereichen. Diese Zeit hat aber auch sehr deutlich gezeigt, woran es an Ausstattung und an Know-how fehlt und dass einschlägige schulinterne Fortbildungen sowie eine ausreichende Verankerung der Thematik in ihren verschiedenen Facetten im Lehramtsstudium erforderlich sind.

---

1) Abdruck hier nachfolgend in diesem Buch.

Professionalität der Grundschule

Die Grundschule hat im Laufe ihrer Geschichte einen beispiellosen Weg der Professionalisierung zurückgelegt (Einsiedler 2015). Aus der Volksschule wurde die Grundschule als eigenständige Schulart, die Ausbildung wurde zunehmend professionalisiert und eigene Studiengänge für das Grundschullehramt etabliert. In den letzten Jahren verlängerten immer mehr Bundesländer das Lehramtsstudium, vor allem in Folge des Bologna-Prozesses, sodass auch das Grundschullehramtsstudium wie die anderen Lehramtsstudiengänge eine Bachelor- und Master-Phase hat. Doch nach wie vor zeigen sich in vielen Bundesländern deutliche Unterschiede zwischen Gymnasial- und Grundschullehramt, die sich nicht zuletzt in unterschiedlichen Gehaltsstufen und Aufstiegsmöglichkeiten materialisieren. Die Entwicklung der Grundschulpädagogik als wissenschaftliche Disziplin und als Profession (Schönknecht et al. 2017) sowie die Erkenntnisse der empirischen Unterrichts- und Bildungsforschung machen dagegen deutlich, dass das hierarchische Gefälle zwischen Gymnasial- und Primarbereich obsolet ist und den heutigen Anforderungen in keiner Weise gerecht wird. Weder lässt sich rational begründen, warum eine zukünftige Gymnasiallehrkraft ein längeres Studium benötigt als eine zukünftige Grundschullehrkraft, noch warum sie nach höheren Besoldungsstufen entlohnt wird. Hier haben Strukturen aus dem 19. Jahrhundert über-

lebt und sich inzwischen deutlich überlebt (Kucharz 2020). Anpassungen in diesem Bereich sind in der nahen Zukunft zwingend erforderlich, um dem Lehrkräftemangel, der Feminisierung des Berufsfelds und den Anforderungen an die Aufgabe, Bildung für alle Kinder grundzulegen, gerecht zu werden (Kucharz 2019).

Bereits heute zeigt sich, dass die Grundschule mit den wachsenden Herausforderungen durch Inklusion und mehr Kindern mit vielfältigen ethnisch-sprachlichen Herkünften ziemlich alleingelassen wurde. Die Ausstattung mit zusätzlichen Ressourcen fehlte vielerorts ebenso wie die angemessene Ausbildung zukünftiger Grundschullehrkräfte. So steht die Grundschule derzeit ohne ausreichendes professionelles Personal vor großen Aufgaben, die sie offenbar nicht mehr in der vorherigen Qualität bewältigen kann (Skorsetz/Bonanati/Kucharz 2019). Hier hat die Bildungspolitik eindeutig versagt. Der derzeitige Aktionismus mit der Einstellung von sogenannten „Quereinsteiger*innen" wird sich nicht als zielführend erweisen (DGfE Kommission Grundschulforschung 2018).

Die entscheidende Zukunftsfrage wird sein, wie die Professionalisierung der Grundschularbeit weiter vorangetrieben werden kann, auch gegen bildungspolitische Strömungen und Interessen an der Beibehaltung des hierarchischen Bildungssystems. Gerade um in der eingangs aufgeworfenen Frage nach Bildungsgerechtigkeit weiterzukommen, an deren Herstellung auch die Grundschule beteiligt ist und sein muss, braucht es professionelle Grundschulpädagogik. Obwohl bislang vielerlei Strukturen und Rahmenbedingungen eine zufriedenstellende Bildungsgerechtigkeit behindern, gibt es dennoch zahlreiche Ansätze für deren Umsetzung. Die letzten Publikationen des Grundschulverbands, „Anforderungen an eine zukunftsfähige Grundschule" (Grundschulverband 2020) und die beiden Bände „Kinder lernen Zukunft. Anforderungen und tragfähige Grundlagen" (Hecker/Lassek/Ramseger 2020) sowie der hier vorliegende, zeigen dies für alle Bereiche der Grundschularbeit auf. Theoriegeleitet und, wo möglich, auch evidenzbasiert wird hier zusammengetragen und ausgeführt, wie zukunftsfähige professionelle Grundschularbeit aussieht. Denn, wie der Bundespräsident in seiner Rede auf dem Bundesgrundschulkongress 2019 sagte: „Grundschullehrer, das ist einer der wichtigsten, einer der anspruchsvollsten Berufe, die wir haben" (Steinmeier 2019, 6).

Literatur

Bartnitzky, H. (2018): Wir müssen endlich wieder über Bildung reden! In: Grundschule aktuell Heft 143, 2.
Bartnitzky, H. (2020): Zur Resilienz der Praxis. In: Grundschule aktuell Heft 150, 2.
Bellmann, J. (2019): Bildungsgerechtigkeit als Versprechen. Zur Einleitung in den Band. In: Bellmann, J./Merkens, H. (Hg.): Bildungsgerechtigkeit als Versprechen. Zur Rechtfertigung und Infragestellung eines mehrdeutigen Konzepts. Münster: Waxmann, 9–22.
Bellmann, J./Merkens, H. (Hg.) (2019): Bildungsgerechtigkeit als Versprechen. Zur Rechtfertigung und Infragestellung eines mehrdeutigen Konzepts. Münster: Waxmann.
Benner, D. (2019): Über Gerechtigkeit in pädagogischen Kontexten. In: Bellmann, J./Merkens, H. (Hg.): Bildungsgerechtigkeit als Versprechen. Zur Rechtfertigung und Infragestellung eines mehrdeutigen Konzepts. Münster: Waxmann, 23–40.
DGfE Kommission für Grundschulforschung und Pädagogik der Primarstufe (2018): Stellungnahme zur Einstellung von Personen ohne erforderliche Qualifikation als Lehrkräfte in Grundschulen (Seiten- und Quereinsteiger). Verfügbar unter: https://www.dgfe.de/fileadmin/OrdnerRedakteure/Sektionen/Sek05_SchPaed/GFPP/2017_Stellungnahme.pdf (Abruf am 16.05.2019).
Einsiedler, W. (2015): Geschichte der Grundschulpädagogik. Bad Heilbrunn: Klinkhardt.
Gomolla, M./Radtke, F.-O- (2009): Institutionelle Diskriminierung. Die Herstellung ethnischer Differenz in der Schule. Wiesbaden: Springer VS.
Götz. M. (2019): 100 Jahre Grundschule – eine Erfolgsgeschichte? In: Grundschule aktuell, Heft 146, 7–11.
Grundschulverband e. V. (Hg.) (2020): Anforderungen an eine zukunftsfähige Grundschule. In: Hecker et al. (2020), 16–17. Online verfügbar unter: https://grundschulverband.de/unsere-themen/anforderungen-zukunftsfaehige-grundschule/ (Abruf am 7.9.2020).
Grundschulverband e. V. (Hg.) (2019b): Für die Grundschule und ihre Kinder! Forderungen an Politik, Pädagogik und Gesellschaft. Verfügbar unter: https://grundschulverband.de/wp-content/uploads/2019/09/GSV_Forderungen_Mailing.pdf (Abruf am 14.08.2020).
Hecker, U./Lassek, M./Ramseger, J. (Hg.) (2020): Kinder lernen Zukunft. Anforderungen und tragfähige Grundlagen. Beiträge zur Reform der Grundschule Bd. 150. Frankfurt: Grundschulverband e. V.
Heid, H. (2019): Gerechtigkeit? Was im Diskurs über Bildungsgerechtigkeit nicht außer Acht bleiben sollte. In: Bellmann, J./Merkens, H. (Hg.): Bildungsgerechtigkeit als Versprechen. Zur Rechtfertigung und Infragestellung eines mehrdeutigen Konzepts. Münster: Waxmann, 61–102.
Helsper, W. (2012): Antinomien im Lehrerhandeln. Professionelle Antinomien – vermeidbare Verstrickung oder pädagogische Notwendigkeit? In: Lernende Schule, 15. Jg., Heft 60, 30–34.
Huf, C./Kelle, H. (2015): Selektionspraktiken und Inklusionspotentiale in Grundschulen und flexiblen Schuleingangsstufen. In: Huf, C./Schnell, I. (Hg.): Inklusive Bildung in Kita und Grundschule. Stuttgart: Kohlhammer, 71–94.
Hummrich, M./Terstegen, S. (2020): Migration. Eine Einführung. Wiesbaden: Springer VS.
IGLU (2016): Internationale Grundschul-Lese-Untersuchung. Verfügbar unter: https://www.kmk.org/fileadmin/Dateien/pdf/PresseUndAktuelles/2017/IGLU_2016_Berichtsband.pdf [Abruf am 12.02.2020].
IQB (2016): Institut zur Qualitätsentwicklung im Bildungswesen: Bildungstrend Primarstufe. Verfügbar unter: https://www.iqb.hu-berlin.de/bt/BT2016/Bericht [Abruf am 20.02.2020].

Irion, T. (2020):. In Zeiten der Digitalisierung: Welche Medienbildung brauchen Kinder? In: Grundschule aktuell Heft 149, 11–13.

Jähnert, A./Reisenauer, E. (2020): Aufwachen in Migrationsfamilien. In: DJI-Impulse, Heft 123, 15–19.

Katzenbach, D. (2013): Inklusion – Begründungsfiguren, Organisationsformen, Antinomien. In: Burtscher, R. / Ditschek, E. / Ackermann, K. / Kil, M. / Kronauer, M. (Hg.): Zugänge zu Inklusion. Erwachsenenbildung, Behindertenpädagogik und Soziologie im Dialog. Bielefeld: WBV, 27–38.

Kratzmann, J. / Smidt, W. / Pohlmann-Rother, S. / Kuger, S. (2013): Interkulturelle Orientierungen und pädagogische Prozesse im Kindergarten. In: Faust, G. (Hg.): Einschulung. Ergebnisse aus der Studie „Bildungsprozesse, Kompetenzentwicklung und Selektionsentscheidungen im Vorschul- und Schulalter (BiKS)". Münster: Waxmann, 97–110.

Kucharz, D. (2016): Schuleingangsberatung. In: Giesecke, W. / Nittel, D. (Hg.): Handbuch Pädagogische Beratung über die Lebensspanne. Weinheim: Beltz Juventa, Kap. 3.2.1, 177–185.

Kucharz, D. (2019): 100 Jahre Grundschule. Fit für die Zukunft? In: bildung & wissenschaft, 73. Jg., Heft 6, 20–23.

Kucharz, D. (2020): LehrerInnenbildung für die Primarstufe in Deutschland. In: Journal für LehrerInnenbildung Heft 3 (im Druck).

Lassek, M. / Brügelmann, H. / Ramseger, J. (2018): Die Entwicklung unserer Gesellschaft und Fragen zur Zukunft der Grundschule. Ein Gespräch nach dem Expertenhearing des Grundschulverbands am 2./3. März 2018 in Frankfurt am Main. In: Grundschule aktuell Heft 143, 4/7.

Merz-Atalik, K. (2020): Noch 100 Jahre nur 1 bis 4? Wie inklusive Schule Wirklichkeit werden kann. In: Grundschule aktuell Heft 149, 26/31.

Olszenka, N. / Riedel, B. (2020): Früh gefördert oder abgehängt? In: DJI-Impulse Heft 123, 20/24.

Ramseger, J. (2020): Grundschule 2030: Was bleiben wird und was sich ändern könnte. Eine Reise in die Zukunft. In: Grundschule aktuell Heft 149, 3–11.

Schiffauer, W. (2018): Antimuslimischer Rassismus und Schule. In: Grundschule aktuell Heft 143, 19–21.

Schönknecht, G. / Kucharz, D. / Bennemann, E. / Koch, K. / Ramseger, J. (2017): Profession und Disziplin. Verbindendes – Trennendes? In: Miller, S. / Holler-Nowitzki, B. / Kottmann, B. / Lesemann, S. / Letmathe-Henkel, B. / Meyer, N. / Schroeder, R. / Velten, K. (Hg.): Profession und Disziplin – Grundschulpädagogik im Diskurs. Jahrbuch Grundschulforschung. Band 22. Wiesbaden: Springer VS, 69–80.

Skorsetz, N. / Bonanati, M. / Kucharz, D. (2019): Diversität und soziale Ungleichheit als Herausforderung an die Grundschule. Einleitung. In: dies. (Hg.): Diversität und soziale Ungleichheit. Herausforderungen an die Integrationsleistung der Grundschule. Jahrbuch Grundschulforschung Bd. 24. Wiesbaden: Springer VS, 2–7.

Steinmeier, F.-W. (2019): Rede des Bundespräsidenten zum Festakt in der Paulskirche „100 Jahre Grundschule – 50 Jahre Grundschulverband". In: Grundschule aktuell, Heft 148, 3–6.

Für die Grundschule und ihre Kinder: Forderungen an Politik, Pädagogik und Gesellschaft

Grundschulverband e. V.

Für die Grundschule und ihre Kinder!
Forderungen an Politik, Pädagogik und Gesellschaft

Die Grundschule arbeitet erfolgreich unter schwierigen Bedingungen. Seit 100 Jahren ist sie die einzige „gemeinsame Schule für alle Kinder" in unserem Land. Darüber hinaus hat sie mit Sachverstand und Engagement viele Herausforderungen angenommen, die aus der gesellschaftlichen Entwicklung erwachsen sind: Ganztagsschule, Übergänge, Inklusion, Integration von Flüchtlingskindern sind nur einige Beispiele. Die Ansprüche der Gesellschaft an die Grundschule sind enorm gewachsen und die in ihr Arbeitenden sind dabei unter erheblichen Druck geraten. Es ist höchste Zeit, auch Schattenseiten und Missstände zur Sprache zu bringen und Änderungen einzufordern:

- Lehrerinnen, Lehrer und andere pädagogische Fachkräfte fehlen in einem bedrückenden Ausmaß.
- Von einer sach- und fachgerechten Ausstattung kann vielerorts keine Rede sein, die pädagogische Infrastruktur ist teilweise marode oder gar nicht vorhanden.
- Schulversagen ist immer noch Alltag. Rund 20 Prozent der Schülerinnen und Schüler verlassen die Grundschule ohne ausreichende Kompetenzen im Lesen, Schreiben und in der Mathematik.
- Sachunterricht und musisch-ästhetische Bildung haben vielfach nur nachrangige Bedeutung.

Grundschulen brauchen tatkräftige Unterstützung und konkrete Veränderungen. Die Bildungsansprüche der Kinder und der Weg zur inklusiven Schule verlangen eine entschiedene Bildungsoffensive.

Aufgefordert zum Handeln sind alle, die für die Grundschule und ihre Kinder Verantwortung tragen: die Pädagoginnen, Pädagogen und Eltern, die Bildungsverwaltungen, die Bildungs- und Finanzpolitik, eine kritisch-konstruktive Wissenschaft und eine Öffentlichkeit, der die grundlegende Bildung aller Kinder ein Anliegen ist.

Kinder brauchen ein allseitiges Bildungsangebot

In der öffentlichen Wahrnehmung wie in der Schulpraxis drängen Teilbereiche des Deutsch- und Mathematikunterrichts als „Hauptfächer" alle anderen Lernbereiche mehr und mehr in den Hintergrund. Die Rechtschreibleistungen der Kinder scheinen bisweilen für wichtiger befunden zu werden als alle anderen Lernfelder der Grundschule. Sachunterricht, die musisch-ästhetische Bildung und soziales Lernen haben faktisch nur noch einen nachrangigen Stellenwert. Dies steht im Widerspruch zu einem umfassenden Bildungsanspruch.

Der Grundschulverband fordert:
- Die vielfältigen Potenziale aller Kinder sind durch die Sicherung eines qualitätsvollen Angebots im musisch-ästhetischen Lernbereich und die Schaffung von Erfahrungsräumen für demokratisches, nachhaltiges und umweltgerechtes Handeln zu fördern.
- Allseitige Bildung verlangt eine rhythmisierte Struktur der Schultage. Die Unterscheidung von Betreuungszeit und Lernzeit muss überwunden werden, denn der ganze Schultag ist Bildungszeit, in der Persönlichkeitsbildung und soziales Lernen gleichermaßen bedeutsam sind. Die Stundentafeln sind zu flexibilisieren, damit Kinder fächerübergreifend, nachhaltig und kooperativ arbeiten können.
- Der Anspruch der Kinder auf allseitige Bildung verlangt die Intensivierung der allgemeinpädagogischen Grundlagen und der musisch-ästhetischen Ausbildungs- und Weiterbildungsangebote an Universitäten, Studienseminaren und Lehrerfortbildungsinstituten.
- Eine anspruchsvolle und förderorientierte Grundschulbildung setzt die Erweiterung der Stundenkontingente für die einzelnen Fächer voraus und als Konsequenz mindestens 30 verbindliche Unterrichtsstunden pro Woche. Diese Erweiterung muss in allen Bundesländern umgesetzt werden, denn immer noch gibt es je nach Bundesland unterschiedliche Bildungszeiten für die Kinder in der Grundschule.

Kinder brauchen ein kindgerechtes Leistungskonzept

Leistungsbeurteilung in der Schule steht im Widerspruch zwischen Entwicklungsfunktion (Förderung der bestmöglichen Lernentwicklung der Schüler/innen) und Steuerungsfunktion (Entscheidung über die weitere Schullaufbahn). Die frühe Auslese ist in einer inklusiven Pädagogik widersinnig, denn sie setzt den Förderauftrag außer Kraft und schadet damit allen Kindern. Dies bedeutet nicht den Verzicht auf Leistung – im Gegenteil: Alle Kinder sollen zu ihrer bestmöglichen Leistung herausgefordert und befähigt werden.

Der Grundschulverband fordert:
- In der Grundschule als inklusiver Schule ist auf jede Form von Auslese zu verzichten. Alle Kinder, gleich welcher Herkunft und welcher Leistungsfähigkeit, sollen gemeinsam lernen können und alle sollen die individuell nötige Unterstützung erhalten.
- Im Rahmen einer pädagogischen Leistungskultur haben Rückmeldungen über Lernprozesse und Leistungen zum Ziel, individuelle Entwicklungen

zu erfassen, den Lernwillen jedes Kindes zu stärken und es zum weiteren Lernen zu ermutigen. An die Stelle von Ziffernzensuren, die die individuelle Lernentwicklung nicht abbilden, müssen sachbezogene und individuelle Rückmeldungen treten. Kinder müssen befähigt werden, über ihre Arbeitsziele und Lernwege mitzuentscheiden und ihre Lernergebnisse mit zu reflektieren. Dazu dienen zum Beispiel Lerntagebücher, Lerngespräche mit den Kindern und ihren Eltern und Portfolios als individuelle Leistungsnachweise.
- Eine solche pädagogische Leistungskultur ist an jeder Schule umzusetzen. Lehrkräfte müssen durch ihre Aus- und Weiterbildung und die Teamarbeit in ihrer Schule befähigt werden, eine derartige pädagogische Leistungskultur zu realisieren. Lehrkräfte und alle in der Schule pädagogisch Tätigen verständigen sich über eine kindgerechte leistungsförderliche Lernkultur und über die Bandbreiten der Entwicklungen, in denen die Kinder ihrer Schule tragfähige Grundlagen für ihr weiteres Lernen erwerben sollen.
- Die Wahl der weiterführenden Schulen ist von der Anforderung bestimmter Mindestnoten zu befreien. Die Entscheidung treffen die Erziehungsberechtigten des Kindes in eigener Verantwortung auf der Basis eines Beratungsgesprächs durch die Grundschule, das die gesamte Lernentwicklung des Kindes berücksichtigt und würdigt. Dieses Vorgehen löst allerdings nicht das grundsätzliche Dilemma der Aufteilung der Kinder in ungleichwertige Bildungsgänge.

Kinder brauchen anregungsreiche Lernumgebungen

Die Grundschule ist strukturell unterfinanziert. Im Vergleich zu anderen Schulstufen und zu ökonomisch gleich starken Ländern besteht bei Gebäude-, Raum- und Sachausstattung erheblicher Nachhol- und Investitionsbedarf. Allein die Kosten für die dringend notwendige Sanierung maroder Grundschulgebäude werden auf einen hohen zweistelligen Milliardenbetrag geschätzt.

Der Grundschulverband fordert:
- Für jedes Bundesland ist ein pädagogisch orientiertes, verbindliches Raumkonzept zu entwickeln, das konkrete Angaben zu Gebäuden, Schulgelände und Sporteinrichtungen enthält. Einzubeziehen sind Maßnahmen zum Schutz vor Lärm, störenden Lichteinflüssen und ökologischen Belastungen.
- Flexible Lern- und Fachräume, die alle an Schule Beteiligten zum individuellen und gemeinschaftlichen Arbeiten einladen, müssen geschaffen werden: für forschendes und entdeckendes Lernen, zum Musizieren, Theaterspielen und Gestalten, zur produktiven Nutzung von Medien aller Art, zur Kommunikation und Präsentation. Ein Veranstaltungsraum für Feiern, Feste und Versammlungen zählt zur Grundausstattung.

- Eine gesundheitsfördernde Ausstattung muss Verpflichtung sein. Dazu gehören Schulküchen und Essensplätze für eine gemeinsame Esskultur, Bewegungs- und Spielmöglichkeiten im Innen- und Außengelände, Ruheoasen und Rückzugsmöglichkeiten sowie Räume für Beratung und Therapie.
- Teamarbeit verlangt geeignete und funktionale Arbeitsräume für das pädagogische Personal, insbesondere in der Ganztagsschule.
- Jede Grundschule muss täglich eine Bildungs- und Betreuungszeit von 7 bis 17 Uhr anbieten. Alle Grundschulen sind zu Ganztagsschulen auszubauen, um den zukünftig geltenden Rechtsanspruch auf Ganztagsbetreuung qualitativ zu gestalten.

Kinder brauchen eine qualitätsvolle Personalausstattung

Zum Nachteil der Grundschullehrkräfte werden Lehrerinnen und Lehrer in Deutschland trotz gleichwertiger Ausbildung und Tätigkeit unterschiedlich bezahlt. Aktuell ist der Lehrermangel in der Grundschule besonders hoch und die Quote der Quereinsteiger folglich groß. Unterschiedliche Standortbedingungen von Schulen werden in der Personalzuweisung nicht bedarfsgerecht berücksichtigt.

Der Grundschulverband fordert:
- Grundschulen benötigen eine personelle Grundausstattung in Höhe von mindestens 110 Prozent, um die Verlässlichkeit von Unterricht und Betreuung gewährleisten zu können. Für die ganztägige Bildung ist die verlässliche Einbindung weiterer Professionen abzusichern.
- Die Besoldung der Grundschullehrkräfte ist der in anderen Schulstufen in allen Bundesländern gleichzustellen, gleiche Aufstiegsämter müssen eröffnet werden. In die Arbeitszeitberechnung müssen Teamarbeit, Unterrichts- und Schulentwicklungsarbeit sowie Beratungstätigkeiten einfließen und durch Zeitkontingente unterlegt werden. Schulleitungen und Kollegien sind von Verwaltungsaufgaben zu entlasten.
- Schulentwicklung braucht eine Qualifizierung der Schulleitungen und Steuergruppen, ausreichende Ausstattung und Unterstützung durch die Schulverwaltung. Die Qualifizierung von Quereinsteigern muss über Angebote für das Studium eines zweiten Fachs und den Erwerb von pädagogischen Kompetenzen gewährleistet werden.
- Zur langfristigen Sicherstellung einer hinreichenden Ausstattung mit ausgebildeten Lehrkräften muss die Lehrerbedarfsplanung der Länder von einer reaktiven auf eine proaktive Lehrerbedarfsberechnung und -planung auf der Basis einer soliden und kontinuierlichen Bevölkerungsprognostik umgestellt werden.

Kinder brauchen eine inklusive Schule

Alle Kinder haben ein Recht auf Teilhabe an allen Errungenschaften der Gesellschaft – auch an der allgemeinen Grundschule. Kein Kind sollte gegen seinen Willen von der allgemeinen Schule ausgeschlossen werden. Mit der Unterzeichnung der Behindertenrechtskonvention hat sich Deutschland u. a. verpflichtet, das Bildungssystem inklusiv zu entwickeln. Die Bundesländer reagieren auf die Verpflichtung mit unterschiedlichen Vorgaben. Schulen, Lehrkräfte und pädagogische Fachkräfte fühlen sich mit der Umsetzung und der Entwicklung von Konzepten vielerorts überfordert.

Der Grundschulverband fordert:
- Jedes Bundesland und alle Schulträger müssen ein umfassendes Inklusionskonzept entwickeln, das auf schulpraktischen Erfahrungen und wissenschaftlichen Erkenntnissen beruht. Dieses Konzept ist über einen Aktions- und Meilensteinplan für die Umwandlung aller Grundschulen des Landes zu inklusiven Schulen im Laufe von zehn Jahren zu konkretisieren.
- Schulpädagogische und inklusionspädagogische Beratungs- und Unterstützungszentren sind in allen Schulbezirken einzurichten.
- Assistenzkräfte für die pflegerische Betreuung und die pädagogische Begleitung von behinderten Kindern müssen für jede Schule eingestellt werden.
- Die Einrichtung von regionalen inklusiven Schwerpunktschulen für alle anderen Grundschulen eines Bezirks darf nur einen Zwischenschritt auf dem Weg zur Inklusion darstellen.
- Inklusionspädagogische Pflichtveranstaltungen in allen lehramtsrelevanten Fächern und Fachrichtungen der Universitäten einschließlich der Fachdidaktiken sind einzuführen.
- Die Landesinstitute für Lehrerfortbildung und/oder die Universitäten müssen inklusionspädagogische Fortbildungsprogramme für alle in der Schule tätigen Pädagoginnen und Pädagogen anbieten, insbesondere für die sogenannten „Quereinsteiger/innen".

Kinder brauchen längeres gemeinsames Lernen

Alle Kinder haben ungeachtet ihrer sozialen, ethnischen, sprachlichen, sozioökonomischen oder kulturellen Herkunft sowie unterschiedlicher religiöser und weltanschaulicher Überzeugungen und Lernvoraussetzungen das Recht auf gemeinsames Lernen in einer Schule für alle. Trotzdem werden am Übergang von der Grundschule in die Sekundarstufe Kinder nach wie vor auf ungleichwertige Sekundarschulbildungsgänge aufgeteilt.

Der Grundschulverband fordert:
- ▶ Die Kontinuität individueller Bildungsbiografien in einer inklusiven Schule darf nicht mehr durch die Auslese am Ende der Grundschulzeit behindert werden. Dafür sind entsprechende Bedingungen zu schaffen: Vor und am Ende der Grundschule treffen Einrichtungsleitungen, Lehrkräfte und pädagogische Fachkräfte verbindliche Absprachen für die Übergänge. Unterrichtskonzepte, Lerninhalte und Förderansätze sind über Kooperation zwischen den Einrichtungen transparent zu machen und aufbauend zu gestalten.
- ▶ Eltern sind kontinuierlich in die Reflexion und Planung der Lernbiografien ihrer Kinder einzubeziehen.
- ▶ Die Einrichtung von Gemeinschafts- und Langformschulen vom ersten bis zum zehnten Schuljahr muss politisch gefördert, durch wissenschaftliche Begleitung unterstützt und über die Schulgesetze der Bundesländer abgesichert werden.

„Die für alle gemeinsame Grundschule" hatte die Weimarer Verfassung 1919 beschlossen, aber nicht ihre Dauer festgelegt. Ein Jahr danach wurde die gemeinsame Schulzeit – nach heftigen öffentlichen Auseinandersetzungen – auf nur vier Jahre begrenzt.

100 Jahre später ist diese zeitliche Einschränkung ein Anachronismus. Mit dem Blick auf die Zukunft gilt es heute, eine Strukturreform des deutschen Schulwesens bis zum Ende der Schulpflicht durchzusetzen, die alle Kinder und Jugendlichen einschließt.

Autorinnen und Autoren

Dr. hab. Martin Binder, Privatdozent im Bereich Technik und ihre Didaktik an der Pädagogischen Hochschule Weingarten, Leiter des Publikationsreferats der Deutschen Gesellschaft für Technische Bildung, Schriftleiter von „tu: Zeitschrift für Technik im Unterricht". Wichtigste Publikationen für den Bereich Grundschule: „Wie wäre es, technisch gebildet zu sein" (2020), „Technisches Handeln" (2014, online verfügbar) und „Zum Verhältnis von Planen und Handeln" (2013 in: tu Heft 150).

Ulrich Bosse, Diplompädagoge für außerschulische Jugend- und Erwachsenenbildung, Lehrer für Grund- und Hauptschulen, von 1982 bis zur Pensionierung 2017 Lehrer an der Bielefelder Laborschule, seit 2003 Leiter der dortigen Primarstufe.

Dr. Hans Brügelmann, hatte bis 2012 eine Professur für Grundschulpädagogik und -didaktik an der Universität Siegen inne und war von 2000 bis 2017 im Grundschulverband für das Fachreferat Qualitätsentwicklung verantwortlich. Seine wichtigsten Publikationen: „Kinder auf dem Weg zur Schrift" (9. Aufl. 2014), „Die Schrift erfinden" (mit Erika Brinkmann, 3. Aufl. 2016) und „Schule verstehen und gestalten" (2005).

Sandra Czerwonka, Wissenschaftliche Referentin in der Geschäftsstelle des Rates für Kulturelle Bildung e. V., www.rat-kulturelle-bildung.de

Rainer Devanité, seit 1992 Lehrer für Deutsch / Geschichte und Theaterpädagogik in Buenos Aires, Köln, Helsinki und Bielefeld, von 2012 bis 2014 Lehrender am Oberstufenkolleg in Bielefeld, seit 2014 Leiter der Laborschule Bielefeld.

Dr. Ariane Garlichs, 1972 bis 1999 Professorin für Erziehungswissenschaft mit dem Schwerpunkt Primarstufe an der Gesamthochschule / Universität Kassel. Schwerpunkte: Schulforschung, Entwicklungstheorie, Psychoanalytische Pädagogik; Aufbau eines Grundschulpädagogischen Labors (zusammen mit Herbert Hagstedt).

Dr. Ulrich Gebhard, Professor für Erziehungswissenschaft mit dem Schwerpunkt Didaktik der Biowissenschaften an der Universität Hamburg, FB Biologiedidaktik; Arbeitsschwerpunkte u. a.: Bedeutung von Natur für die psychische Entwicklung, Natur und Gesundheit, Deutungsmuster und Werthaltungen von Kindern gegenüber Natur, Sinn und Erfahrung in schulischen Lernprozessen, Bildungs- und Evaluationsforschung.

Yasmin Goudarzi, M.A., Erziehungs- und Bildungswissenschaft, wissenschaftliche Mitarbeiterin im Fachbereich Biologiedidaktik der Fakultät Erziehungswissenschaft der Universität Hamburg mit den Themenschwerpunkten: Kinder- und Jugendpartizipation, Naturerfahrungspädagogik, Reflexion und Erfahrungslernen, Umweltgerechtigkeit.

Marion Gutzmann, Referentin für Deutsch / Grundschule und Sprachförderung / DaZ am Landesinstitut für Schule und Medien Berlin-Brandenburg, seit 2012 Vorstandsmitglied des Bundesvorstandes des Grundschulverbands.

Ulrich Hecker, Grundschulrektor i. R., war von 2004 bis 2020 verantwortlicher Redakteur der Zeitschrift „Grundschule aktuell" und von 2006 bis 2020 Stellvertretender Vorsitzender des Grundschulverbands.

Torsten Hoke, Psychologe (M.Sc.) Schwerpunkt Umweltpsychologie; Psychoanalytischer Kunsttherapeut, Professor für Kunst- und Theatertherapie an der HfWU Nürtingen, Lehrbeauftragter an der HfBK Dresden.

Dr. Thomas Irion, Professor für Erziehungswissenschaft, Abteilungsleiter Grundschulpädagogik und Direktor vom Zentrum für Medienbildung an der Pädagogischen Hochschule Schwäbisch Gmünd. Leitung verschiedener Labs zum digitalen Lernen in der Hochschule und in der Grundschule. Vorstandsmitglied des Grundschulverbands und Senior Fellow im Kolleg Didaktik:Digital der Joachim Herz Stiftung. Arbeitsschwerpunkte: Digitale Grundbildung, Nutzungsfreundlichkeit von digitalen Lernumgebungen, Lehrerprofessionalisierung für digitale Grundbildung. www.zentrum-fuer-medienbildung.de

Dr. Lydia Kater-Wettstädt, Verwaltungsprofessorin für Inter- und Transkulturelle Bildung und Sachunterricht am Institut für Integrative Studien der Leuphana Universität, Arbeitsschwerpunkte sind Bildung für nachhaltige Entwicklung, Globales Lernen in der Lehrerbildung, reflexive pädagogische Praxis sowie Migration und Flucht in Schule und Unterricht.

Dr. Natascha Korff, Professorin für Inklusive Pädagogik mit dem Schwerpunkt Inklusive Didaktik an der Universität Bremen. Arbeitsschwerpunkte sind inklusiver Fachunterricht in der Primarstufe, Professionalisierung von Lehrkräften sowie inklusive Schul- und Unterrichtsentwicklung.

Dr. Diemut Kucharz, Professorin für Grundschulpädagogik und Sachunterricht am Institut für Pädagogik der Primar- und Elementarstufe im Fachbereich Erziehungswissenschaften der Goethe-Universität Frankfurt/Main. Arbeitsschwerpunkte u. a. Offener Unterricht, jahrgangsübergreifendes Lernen, inklusiver Sachunterricht, alltagsintegrierte Sprachförderung am Übergang Kita – Grundschule.

Maresi Lassek, Grundschulleiterin i. R., war von 2010 bis 2020 Bundesvorsitzende des Grundschulverbands und engagierte sich insbesondere zu den Themen: Schulen und Kinder in prekären Lagen, jahrgangsübergreifendes Lernen, Schulentwicklung und Teamarbeit.

Dr. Kerstin Merz-Atalik, Professorin für Pädagogik bei Behinderung und Benachteiligung / Inklusion an der Pädagogischen Hochschule Ludwigsburg. Arbeitsschwerpunkte u. a.: Inklusive Bildung, Lehrerbildung für Inklusion, International Vergleichende (Sonder-, inklusive) Pädagogik.

Dr. Julie A. Panagiotopoulou, war von 2005 bis 2010 Professorin für Grundschulpädagogik an der Universität Koblenz und ist seit 2010 Professorin für Erziehungswissenschaft, mit dem Schwerpunkt Frühkindliche Bildung an der Universität zu Köln. Zu ihren Arbeitsschwerpunkten zählen: Soziale Ungleichheiten, Bildung und Heterogenität in der Kindheit, Migration und Inklusion/Exklusion, Umgang mit Mehrsprachigkeit in Familien, Kindertagesstätten und Schulen.

Dr. Markus Peschel, Professor, leitet die Arbeitsgruppe Didaktik des Sachunterrichts an der Universität des Saarlandes. Seine Forschungsgebiete sind Offenes Experimentieren, Didaktik der Lernwerkstätten, Sprachlichkeiten – Fachlichkeiten und Mediales Lernen. Er ist Fachreferent für Lernkulturen des Grundschulverbandes sowie Vorsitzender des Internationalen Netzwerks der Hochschullernwerkstätten.

Dr. habil. Galina Putjata, Professorin für Grundschulpädagogik und -didaktik an der Goethe-Universität Frankfurt. Sie forscht und lehrt zu den Bereichen mehrsprachige Entwicklung im Kontext von Migration, schulischer Wandel mit Fokus auf sprachliche Bildung und Mehrsprachigkeit sowie Professionalisierung im Umgang mit sprachlicher Heterogenität.

Ulrike Quartier, nach internationalem Standard zertifiziert in Fährtenkunde, Wildnispädagogik und Permakultur; Pädagogische Fachkraft an der Laborschule Bielefeld mit dem Schwerpunkt Natur- und Wildnispädagogik, seit 2018 Begleitung, Entwicklung und Koordination natur- und wildnispädagogischer Projekte und Vorhaben der Bielefelder Versuchsschulen.

Dr. Jörg Ramseger, war bis zu seiner Pensionierung 2016 Professor für Schulpädagogik mit dem Schwerpunkt Grundschule und Leiter der Arbeitsstelle Bildungsforschung Primarstufe an der Freien Universität Berlin. Er ist Fachberater mehrerer Bildungsstiftungen. Seine Arbeitsschwerpunkte sind Allgemeine Grundschulpädagogik, Schulentwicklungsforschung und Grundschuldidaktik.

Jess Rehr, Abenteuer- und Erlebnispädagogik (MA), natursportliche Zusatzqualifikationen im In- und Ausland; seit 2013 Pädagogische Fachkraft an der Laborschule Bielefeld mit dem Schwerpunkt Natur- und Wildnispädagogik.

Stephan Riegger, Akademischer Rat i. R., war ab 1977 Lehrer in Hamburg (Sozialkunde, Sport). Von 1982 bis 2011 in der Sportlehrerausbildung in Kiel, an der Freien Universität Berlin und der Humboldt-Universität Berlin beschäftigt. Schwerpunkte sind u. a. Gesundheitsförderung, „Moving School 21" – nachhaltig bewegte Ganztagsschule, bewegte Unterrichtspausen, Bewegungsbaustelle, Partizipation und Schulhofplanung, bespielbare Schulwege. Als Fortbildner in Deutschland, Italien und Dänemark tätig. www.movingschool21.de

Dr. Mandy Singer-Brodowski, wissenschaftliche Mitarbeiterin an der Freien Universität Berlin. Koordinatorin des nationalen Monitorings zu Bildung für nachhaltige Entwicklung und wissenschaftliche Leitung des Projektes Transformatives Lernen durch Engagement. Sie hat über Hochschulbildung für nachhaltige Entwicklung im Rahmen problembasierter Nachhaltigkeitskurse promoviert.

Mira Telscher, M. Ed. Lehramt Inklusive Pädagogik / Sonderpädagogik an Grundschulen, wissenschaftliche Mitarbeiterin an der Universität Bremen, Fachbereich 12, im Projekt „Inklusive Schulentwicklung in der Stadtgemeinde Bremerhaven".

Ian Voß, Lehrer für Informatik und Mathematik am Oberstufenkolleg des Landes NRW, seit 2010 dortiger Leiter für Organisation und Haushalt; seit 2006 u. a. Projektleiter in mehreren Projekten zur Praxisforschung am Oberstufenkolleg.

Dr. Rolf Werning, Professor für Inklusive Schulentwicklung an der Leibniz Universität Hannover. Arbeitsschwerpunkte: Inklusive schulische Bildung, Professionalisierung von Lehrkräften für inklusive Bildung, Pädagogische Förderung von Kindern und Jugendlichen mit besonderem Förderbedarf im Lern-, Leistungs- und Verhaltensbereich.

Dr. phil. habil. Christian Wiesmüller, vormals langjähriger Hauptschullehrer in Bayern, seit 2009 Professor für Technische Bildung an der PH Karlsruhe. Schwerpunkt ist u. a. die bildungstheoretische Begründung der Technik als allgemeiner Unterrichtsgegenstand. Er ist seit 2013 Erster Vorsitzender der Deutschen Gesellschaft für Technische Bildung.

Dr. Hans Wocken, war von 1980 bis 2008 Professor für Lernbehinderten- und Integrationspädagogik an der Universität Hamburg. Seit der Emeritierung zehn Bücher mit zahlreichen Aufsätzen über politische, rechtliche, theoretische und praktische Fragen der schulischen Inklusion publiziert. Mitglied im Expertenkreis „Inklusion" der Deutschen UNESCO-Kommission.

Dr. Bernd Wollring, war bis zu seiner Pensionierung 2015 Professor für Didaktik der Mathematik mit dem Schwerpunkt Grundschule an der Universität Kassel. Er lehrt an den Universitäten Dortmund, Kassel und Leipzig und berät die Aufgabenentwickler der nationalen Vergleichsarbeiten Mathematik für die Grundschule.

Forderungen an Politik, Pädagogik und Gesellschaft

Eine zukunftsfähige (Grund-) Schule muss eine Schule der allseitigen Bildung und des gemeinsamen Lernens für alle Kinder sein, zugleich auch eine demokratische Schule, ein Ort der Lebens- und Lernfreude und eine Schule, die Leistungen würdigt und fördert.
Um eine in diese Richtung weisende Entwicklung zu unterstützen, formuliert der Grundschulverband „Forderungen an Politik, Pädagogik und Gesellschaft".

Anforderungen an eine zukunftsfähige Grundschule

Im Rückblick auf die vergangenen Jahre und vorausschauend auf das Lernen in der nahen und mittleren Zukunft hat der Grundschulverband „Anforderungen an eine zukunftsfähige Grundschule" formuliert.

Die beiden Flyer erhalten Sie kostenlos über unsere Geschäftsstelle.
Senden Sie einfach eine Mail an info@grundschulverband.de oder rufen Sie uns an: Tel. 069 776006.
In der reinen Textfassung können Sie sie von unserer Homepage mit den folgenden Shortlinks herunterladen: Forderungen: https://t1p.de/oylo | Anforderungen: https://t1p.de/vde1

Gutachten jetzt erschienen

Zu viele Aufgaben, zu wenig Zeit: Überlastung von Lehrkräften in der Grundschule

Die vorliegende Studie überprüft das Aufgabenspektrum von Lehrerinnen und Lehrern in der Grundschule und gleicht dessen Leistbarkeit mit den von den Kultusministerien zur Verfügung gestellten Zeitressourcen ab.

- Was sind die ureigenen Aufgaben im Unterricht, was kommt an übergreifenden Aufgaben und Verwaltungsverpflichtungen hinzu?
- Was belastet die Lehrkräfte besonders und wo würden sie ihr pädagogisches Fachwissen gerne viel intensiver einbringen können?
- Wie steht es eigentlich um die Verantwortung des Arbeitgebers für den Gesundheits- und Arbeitsschutz?
- Welche Folgen zeigen sich für die Bildungsbedingungen der Kinder?

ISBN 978-3-941649-29-3| Best.-Nr. 2043
19,50 € (für Mitglieder 16,– €) zzgl. Versandkosten

Bestellungen über unseren Shop auf www.grundschulverband.de
(Shortlink zur Bestellung: https://t1p.de/n50z) oder telefonisch unter 069 776006

Lieferbare Bücher des Grundschulverbandes

Herausgeber: Der Vorstand des Grundschulverbandes e.V.

Mitgliederbände

150	KINDER LERNEN ZUKUNFT: Anforderungen und tragfähige Grundlagen
148/149	Auf dem Weg zur kindergerechten Grundschule
147	Bildung für nachhaltige Entwicklung. Eine Aufgabe für alle Fächer und Lernbereiche
146	Sprachen und Kulturen
145	Kinder beim Übergang begleiten. Von der Anschlussfähigkeit zur gemeinsamen Verantwortung
144	Gemeinsam Mathematik lernen – mit allen Kindern rechnen
143	Forschung für die Praxis
142	Grundschrift – Kinder entwickeln ihre Handschrift
141	Neue Medien in der Grundschule 2.0
140	Rechtschreiben in der Diskussion – Schriftspracherwerb und Rechtschreibunterricht
139	Erzählen, vorlesen, zum Schmökern anregen
138	Gemeinsam unterwegs zur inklusiven Schule
137	Lernwerkstätten – Potenziale für Schulen von morgen
136	Sachunterricht in der Grundschule entwickeln – gestalten – reflektieren
135	Kompetenzen stärken – individuell fördern, Schuber II (ab Kl. 3)
134	Kompetenzen stärken – individuell fördern in der Eingangsstufe (Kl. 1 und 2)
133	Schreibkompetenz und Schriftkultur
132	Grundschrift. Damit Kinder besser schreiben lernen
131	Grundschule entwickeln – Gestaltungsspielräume nutzen
130	Kinder in Gesellschaft – Was wissen wir über aktuelle Kindheiten?
129	Allen Kindern gerecht werden. Aufgabe und Wege
126	Fremdsprachen in der Grundschule. Auf dem Weg zu einer neuen Lern- und Leistungskultur
125	Schule außerhalb der Schule. Lehren und Lernen an außerschulischen Orten
124	Pädagogische Leistungskultur: Ästhetik, Sport, Englisch, Arbeits-/Sozialverhalten
123	Lehren und Lernen in jahrgangsgemischten Klassen
121	Pädagogische Leistungskultur: Materialien für Klasse 3 und 4
120	Deutsch als Zweitsprache lernen
119	Pädagogische Leistungskultur: Materialien für Klasse 1 und 2
118	Leistungen der Kinder wahrnehmen – würdigen – fördern
116	Kinder beteiligen – Demokratie lernen?
114	Freiarbeit in der Grundschule – offener Unterricht in Theorie und Praxis
113	Schatzkiste Sprache 2
104	Schatzkiste Sprache 1

„Eine Welt in der Schule"

Sammelband (grün): Eine Welt in der Schule
Aminatas Entdeckung (Kinderbuch)
Material-CD zu Aminatas Entdeckung

Wissenschaftliche Expertisen

Zu viele Aufgaben, zu wenig Zeit: Überlastung von Lehrkräften in der Grundschule
Jahrgangsübergreifendes Lernen
Sind Noten nützlich und nötig?
Inklusive Bildung in der Primarstufe

Extras

Förderkartei zur Schreibmotorik.
  25 Impulskarten und 1 Heft mit Praxishilfen
Grundschrift-Kartei zum Lernen und Üben.
  Teil I und II
Faktencheck Grundschule.
  Populäre Vorurteile und ihre Widerlegung

Sie können sich per Post an
Grundschulverband e. V., Niddastr. 52,
60329 Frankfurt / Main
oder Fax (0 69 / 7 07 47 80) anmelden oder auch
auf unserer Homepage www.grundschulverband.de

Ich bin dabei!

● Für meine **Ausbildung** finde ich zu vielen Themen nachhaltige Informationen, Ideen und Praxisbeispiele.

Ich beantrage die Mitgliedschaft im Grundschulverband e. V.
Als Mitglied erhalte ich jährlich zwei neue Mitgliedsbände aus der Reihe „Beiträge zur Reform der Grundschule" sowie viermal im Jahr die Zeitschrift „Grundschule aktuell" jeweils nach Fertigstellung kostenfrei zugesandt.

Den angekreuzten Jahresbeitrag

☐ **Mitgliedsbeitrag Einzelmitglied** 75,– €
☐ **Ermäßigter Beitrag** 39,– €
  (während Studium oder Referendariat / bitte belegen)
☐ **Probemitgliedschaft für 1 Kalenderjahr** 25,– €
  (während Studium oder Referendariat / bitte belegen)
☐ **Mitgliedsbeitrag Schulen** 75,– €
☐ **Förderbeitrag** mindestens 39,– €
  (z. B. für Pensionäre, die weiterhin aktuell informiert werden wollen und andere Förderer, die die Arbeit des Grundschulverbandes unterstützen möchten)

☐ zahle ich nach Erhalt der Jahresrechnung
☐ zahle ich per Einzug im SEPA-Lastschriftverfahren:

Kreditinstitut (Name und BIC) _____

IBAN _____

_____
Vor- und Nachname

_____
Straße und Hausnummer

_____
PLZ und Ort

_____ Tel. _____
E-Mail

☐ Ja, ich möchte den kostenlosen Newsletter erhalten.

_____
Datum und Unterschrift

Als neues Mitglied im Grundschulverband e. V. erhalten Sie kostenfrei einen Band aus der Reihe „Beiträge zur Reform der Grundschule" als Aufnahmegeschenk *(gilt nicht für Probemitgliedschaft)*:

☐ Als neues Mitglied im Grundschulverband wünsche ich mir
   den Band _____ als Aufnahmegeschenk.

● **Als Ausbilder/in** bekomme ich Materialien und Informationen, die mir helfen, die Inhalte der Aus- und Weiterbildung zukunftsorientiert zu gestalten.

● Für meine **tägliche Arbeit** und für fachliche Diskussionen erhalte ich durch die Veröffentlichungen des Grundschulverbands praxiserprobte Unterrichtsvorschläge und Praxishilfen.

● Meine Schule findet für ihre **Schulentwicklung** Impulse, Bestärkung, Austauschforen und Bündnispartner.

● Für das **Gespräch mit Eltern** bekomme ich fundierte Argumentationshilfen zu Schulpraxis und Bildungspolitik, die meine Wirksamkeit in der Zusammenarbeit mit Eltern stärken.

● Ich erhalte **Argumente** zu bildungspolitischen, schulpraktischen und forschungsbezogenen Entwicklungen und bin stets gut informiert für fachliche Diskussionen.

● In der **Landesgruppe** meines Bundeslandes komme ich mit Gleichgesinnten, mit Experten aus Wissenschaft und Praxis in einen anregenden Austausch.

● Über einen **mitgliederstarken Verband** kann ich meine Ideen weitergeben und meine Anliegen finden mehr Gehör.

● Durch **meine Mitgliedschaft** kann ich dazu beitragen, dass die Bildungsansprüche ALLER Kinder in der politischen Diskussion überparteilich und bundesweit mehr Gewicht bekommen.

Machen auch Sie mit!